◉诉讼法学文库 2012（1）
总主编　樊崇义

法官证据评判研究

Evidence Evaluation

陈惊天　著

中国人民公安大学出版社
·北　京·

图书在版编目（CIP）数据

法官证据评判研究/陈惊天著．—北京：中国人民公安大学出版社，2012.11

（诉讼法学文库/樊崇义主编）

ISBN 978-7-5653-1093-5

Ⅰ. ①法…　Ⅱ. ①陈…　Ⅲ. ①刑事诉讼—证据—研究　Ⅳ. ①D915.313.04

中国版本图书馆 CIP 数据核字（2012）第 266711 号

诉讼法学文库

法官证据评判研究

Evidence Evaluation

陈惊天　著

出版发行：中国人民公安大学出版社

地　　址：北京市西城区木樨地南里

邮政编码：100038

经　　销：新华书店

印　　刷：北京信彩瑞禾印刷厂

版　　次：2012 年 11 月第 1 版

印　　次：2012 年 11 月第 1 次

印　　张：18.75

开　　本：787 毫米×1092 毫米　1/16

字　　数：337 千字

书　　号：ISBN 978-7-5653-1093-5

定　　价：68.00 元

网　　址：www.cppsup.com.cn　www.porclub.com.cn

电子邮箱：zbs@cppsup.com　zbs@cppsu.edu.cn

营销中心电话：010-83903254

读者服务部电话（门市）：010-83903257

警官读者俱乐部电话（网购、邮购）：010-83903253

法律图书分社电话：010-83905745

“诉讼法学文库”总序

诉讼法制是现代法治的重要内容和标志之一，也是依法治国的重要保障。我国法制建设的历程已经证明，诉讼制度是否健全与完善，直接决定着实体法律的实际效力：没有相应的诉讼制度作为依托，实体权利只能是“镜中花、水中月”；没有完善的诉讼制度予以保障，实体法律将无法如其所愿地实现其追求的立法目的。更为重要的是，诉讼法制的完善程度如何，还直接反映和体现着一个国家、一个民族进步、文明、民主和法治的程度，是区分进步与落后、民主与专制、法治与人治、文明与野蛮的标志。在现代法治国家，诉讼制度作为法治的一个重要环节，受到了前所未有的重视。美国联邦最高法院法官威廉·道格拉斯曾谈道，“权利法案的大多数规定都是程序性条款，这一事实绝不是无意义的。正是程序决定了法治与恣意的人治之间的基本区别”。①

我国1999年宪法修正案正式确立了“依法治国，建设社会主义法治国家”的治国方略，为推进我国社会主义民主、法制建设，完善我国司法体制，提出了新的纲领和目标。而社会主义市场经济的初步发展则培育了公众的权利观念，并由此对司法公正提出了更高的要求。在此大背景下，通过增设新的诉讼制度以充实公民实体权利的实现途径，通过完善现行诉讼制度以保障实体法律的公正实施，从而推进依法治国，加快社会主义民主与法制建设的步伐，已经成为我国法治建设的关键所在。

诉讼制度的构建，与人们对诉讼原理的认识和把握有着密切的关系。诉讼原理是人类在长期的诉讼实践中，在大量经验教训的基础上总结出来的、对有关诉讼活动的规律性认识。诉讼原理在诉讼制度的构建及运作中发挥着高屋建瓴的作用。只有正确认识和准确把握诉讼原理，才能构建较为完善的诉讼制度，才能推动诉讼活动向良性运作的状态发展。我国在改革与完善诉讼法律制度时，对于人类经过长期理论与实践探索获得的原理性认识，不能不予以重视，也不能不认真加以借鉴、吸收。

我国诉讼的立法和实践曾十分严重地受到“左”倾思潮和法律虚无主义的影响，诉讼规律和诉讼原理长期被忽视、被冷落。由此造成的后果之一是司法

① 转引自季卫东：《法律程序的意义》，载《比较法研究》总第25期。

机关和诉讼制度的功能被狭隘化。例如，刑事司法机关和刑事诉讼法律仅仅被视为镇压敌人、惩罚犯罪并通过镇压敌人、惩罚犯罪来维护社会秩序的功能单一的工具，忽视了司法机关和诉讼法制所具有的制约国家权力使之不被滥用和保护包括犯罪嫌疑人、被告人在内的公民基本人权的作用，忽视了刑事诉讼所具有的独立品格和价值。对诉讼原理、诉讼规律认识的片面和浅陋，已经严重地制约了我国诉讼法制发展的步伐，而且直接对公正、文明地进行诉讼活动产生了非常消极的影响。要扭转这一局面，必须在宏观法律观念上作一个大的转变，同时大力借鉴、吸收法治发达国家丰富的研究成果和宝贵的实践经验，加强对诉讼原理、诉讼规律的研究。

对诉讼原理的正确认识是诉讼立法科学化的前提条件。正确把握诉讼原理，可以帮助我们全面地认识司法机关的功能，并对各种不同的诉讼模式、规则进行正确的取舍，从而在一定的诉讼原理的指导下构建更为科学和更适合“本土资源”的诉讼模式、规则。由此制定的法律，将具有更强的民主性、文明性和科学性。反之，如果不能正确把握诉讼原理，对于存在着内在价值冲突的各种可供选择的立法方案就可能难以作出正确的选择，立法活动就可能要多走许多弯路，甚至要付出沉重的代价。

对诉讼原理的正确认识对于司法活动同样具有重要的积极价值。对诉讼原理的正确把握可以在一定程度上弥补立法的不足。法律永远是抽象的。要将抽象的法律适用于具体的案件，就必须有科学的观念作为指导。对基本诉讼原理的正确认识，将有利于指导人们对司法活动中必然存在的种种法律适用问题作出科学的解释，从而使法律文本本身存在的不足得到补救。在现代社会，由于法律的稳定性与现实生活千变万化之间的落差只能通过赋予司法人员自由裁量权的途径予以调和，所以对基本诉讼原理的认识，还直接决定着司法人员在行使法律赋予的自由裁量权时，能否作出符合公正标准的决定或者裁判。

要贯彻“依法治国，建设社会主义法治国家”的治国方略，保障诉讼活动的公正进行，也必须认真研究诉讼原理，把握诉讼规律。当前，我国已有不少学者开始探索一些诉讼原理性的问题，如诉讼法律观、诉讼法哲学、诉讼目的、诉讼职能、诉讼价值、诉讼法律关系等，并已取得了一定的研究成果，这有力地推动了人们法律观念的变化，并对立法和司法活动发挥着积极的影响作用。但总的来看，我国诉讼法学界对诉讼原理问题的研究距离立法、司法实践的需求还有很大差距，还需要继续深入。尤其是现有的研究成果一般只是就诉讼的某一方面进行探讨，缺乏对一般性诉讼原理的全面和系统的探讨。因此，随着我国法治进程的推进，探讨一般性诉讼原理已经成为我国诉讼法学界必须研究的课题。

为吸引更多的诉讼法学者致力于诉讼原理的研究，同时也为了能够促使诉讼原理研究及时对立法、司法、学理研究等多个领域产生积极的影响，并对司法实践工作有所帮助，中国政法大学诉讼法学研究中心特意组织力量进行此项题为"诉讼法学文库"的大型丛书的编辑出版工作。"诉讼法学文库"是中心的一项长期出版项目，面向国内外专家、学者开放，凡以诉讼原理、诉讼规律为内容且有新意、有深度、有分量的专著、译著，以及对公安、司法工作有指导意义，对立法工作有参考价值的其他诉讼法学著作均可入选。

"诉讼法学文库"自 2001 年面世以来，得到了诉讼法学界专家、学者、实务工作者的热情支持，现已出版发行专著 60 多部，这些成果深受广大读者的青睐，已有多部著作获省部级以上的奖励，在这里特向广大读者和作者致以诚挚的谢意！由于编辑工作的需要，该文库从 2006 年起，每年以入选先后另行排序。特此说明。

中国政法大学诉讼法学研究中心名誉主任

樊崇义

2007 年元月于北京

序

惊天的博士毕业论文《法官证据评判研究》要出书了，请我作序，我欣然应允。

该书以法官评判为视角，全面分析和探讨了证据法学的基本问题，表达了作者对证据领域的系统思考，自成体系，有较多创新观点，可读性很强。概括地说，有五方面的亮点：

一、方法论的继承和创新

书中以正确的理念为指导，从规律中把握方向、从中国的传统文化中寻找思路，坚持系统的观点和普遍联系的方法，结合国情进行理论定位、探求解决方案。关于“从点和圆圈说起”、“立足中国之中”的论述，点明了该书的基本研究坐标和主要研究方法，颇具新意。

二、证据法学基本概念和范畴的梳理

该书以新视角界定了证据概念，并对证据概念进行了深入的微观剖析，提出和引入了证据信息、可识素因等概念；在此基础上更新了证据分类学说，调整了证据资格、证明能力与证明力理论；并进一步以诉讼概念的语境切入，按照逻辑同一律的要求，对当前主流的证明概念进行了重新定位，对证明责任、证明标准等概念与理论进行了重新诠释。全书逻辑严谨，观点自成体系。

三、证据法学的基础理论研究和系统化思考

在前人研究的基础上，该书进一步总结了诉讼认识论的个性特征，即在辩证唯物主义认识论的基础上，关注认识论的相对性、主观性与有限性的特点。由诉讼认识的个性特征总结出证据评判的另外两个基础理论：正当法律程序与利益衡量（价值选择）理论，并阐释了它们的地位、作用与核心功能。进而以全新的角度总结了正当法律程序的核心要素以及利益衡量的主要方法。该书通过对证据裁判和自由心证的历史发展的回顾，客观探讨了神示裁判的积极意义和自由心证的辩证进路；通过对以人证为主到以物证为主的必然性探讨，客观揭示了刑讯逼供的产生和消亡规律。这些基础理论的研究和系统化思考对未来的证据法学研究进路和未来的司法改革方向有着一定的借鉴性和启发性意义。

四、哲学基本问题的突破性探索

书中指出，事实的“实”在哲学层面是“真实”的意思，在逻辑层面是“证实”的意思。事实有两层含义，一是指客观真实的事，二是指已经证实的事。前者是哲学的客观范畴，描述的是客观存在状态；后者是逻辑的主观范畴，描述的是主观认识客观的结果状态。法官证据评判实际上就是从证据到事实的过程，是一个逻辑的过程，是主客观对立统一的过程。这可以说是将法律真实和客观真实的研究又向前推进了一步。

该书综合运用哲学、逻辑学、信息学、符号学等知识，详细剖析了证据评判的整个过程，揭示其完整的工作运行机理，展现了证据、可识素因、证据信息、符号、命题与事实之间的相互关系，揭开了证据评判活动的神秘面纱。信息论的引入，在一定程度上丰富和发展了辩证唯物主义关于意识与物质相互关系的基本理论，尽管一些观点仍值得探讨和商榷，但确实是对哲学基本问题的突破性探索。

该书在认识论的基础上，从经验法则、逻辑规则和利益衡量的分析入手，厘清了司法认知、司法推理与司法推定之间的相互关系。书中还分析和总结了情理与法律的基本关系，提出了情理是中国“自然法”的观点。

所有的这一切研究，无不反映出作者的法哲学思考和探索，我们可以批判其观点，或者提出质疑，但是不能否认本书在法哲学研究方面的努力和成果。

五、理论与实践关系的分析和把握

惊天这些年来在全国各地做了大量的实证调研，同时他还一直兼职从事实务工作，积累了丰富的经验。他是善于独立思考的，注重理论与实践的结合，也懂得如何把握诉讼规律、探索司法改革方向，并以此指导其研究和写作。由于他一直在理论界和实务界“徘徊”，所以对理论与实践之间的关系有着比较深刻的理解。在书中，他指出了“类型化”、“模型化”对于学术研究的必要性和必然的内在缺陷，总结出理论与实践脱节难以对实践进行有效指导的核心原因，并以此为分析工具研究证据评判问题。

本书的闪光点还有很多，当然有些措辞和观点还是值得商榷的。对于学术研究来讲，包容心很重要，接受批评和指正更重要，希望关爱惊天的人们多与他交流和探讨，以呵护其更好地成长。希望惊天在攀登学术高峰的过程中，能够一直坚持独立思考，有所建树。

是为序！

中国行为法学会会长
原最高人民法院副院长
刘家琛
2012 年 5 月 22 日

自　序

人是有惰性的，要是能够改变这一点，我们都能够成为大师，这是我完成博士毕业论文后最大的体会。只要有确定的方向，有韧性有毅力，做事专注，有执行力，成功指日可待。

道理简单，做到却难。毕业论文的选题较大，她容纳了我当时关于证据法学的大部分学术观点，必然显得有点庞杂和啰唆。在成文后的两年时间里，我一直想着如何“整容”的问题，却由于惰性使然，一拖再拖，最终还是决定就让她原型现世。

决定一字不动，也是我深思熟虑后的结果，因为她是我学术道路上的“初恋”，更是我学术生命中的历史见证。书中表达的学术观点虽略显生涩却也能自圆其说，虽行文较散但观点紧凑。2012 年刑事诉讼法修改后，又将她细细端详一下，感觉她虽是个“青苹果”，但表达的观点还是相对比较成熟的。因此，在书中相应部位加注标明了刑事诉讼法修正案的内容后，决定原文出版。

决定一字不动，还有一个原因就是因为她已经“有孕在身”：有了她之后，我的证据法学专题研究成果会在不久的将来面世。

陈惊天

2012 年 5 月 25 日

于一易书斋

目　　录

前　　言

一、道可道非常道[①]

我们从牙牙学语开始，从1、2、3……开始，便展开了“知”的旅程。当我们读书破万卷、行程逾万里，阅历丰富、满腹经纶的时候，却经常感觉到语言和文字的苍白与无力。语言和文字作为沟通的主要工具，竟然有时候反而会成为沟通的障碍。[②] 恍然间，我仿佛明白了佛祖为什么不亲自写经书的原因（经文均以“如是我闻”为经首，表明佛经都是释迦牟尼弟子们整理的“听经笔记”）。[③] 恍然间，我仿佛明白了文圣人孔夫子为什么从不亲自写教材的原因。[④] 圣贤佛祖不亲自立著，根本原因可能在于他们觉得文字是难以准确而全面地表达思想的。那么，他们为什么要讲经布道呢？是因为语言

---

① 笔者从硕士在读期间开始领悟下文所述之道理，从自我怀疑到逐渐地肯定，再到内心确信，经历了数年光景。“道可道非常道”这句话此前实际上看过无数次了，但是一直没有领悟。博士在读期间，有一次练习书法，将这几个字写在纸上，突然被震撼得目瞪口呆了。因为，自己五六年的修行方才明白的道理，能够用十多分钟向别人讲清楚的道理，古人竟然早就用六个字概括了。中国文化的博大精深，由此可见一斑，进而觉得自己更加渺小了。

② 语言和文字可以被传达，但语言和文字只是一种容器。如果我们没有体验与感悟，我们拿到的就只是一个空洞的容器。当我们看到它或者听到它，我们会用我们的体验去理解它。例如，一方面，许多人一辈子都没有爱过，他们一辈子也不能理解“爱”这个字的意义，尽管字典里也在解释“爱”字的意义，但他们理解不了，他们只能姑妄听之；另一方面，我们所有爱过的人，对“爱”的阐释也是各不相同的。语言和文字的魅力也在于此。而当这个容器里面的东西装得不一样的时候，我们虽然用的是同一个字或者词，但是实际上我们在各说各话，由此产生的争论也就毫无意义。学界产生的大部分争论，恰恰就是这一种没有意义的争论，结果让语言和文字这些用来表达自己思想与感受的东西结果反而成了沟通与交流的障碍。

③ “如是我闻”的出处在《佛地经论》一：“如是我闻者，谓总显己闻，传佛教者言如是事，我昔曾闻如是。”释迦牟尼佛入大般涅槃前，曾嘱咐四件事：“一是佛弟子应依‘波罗提木叉’为师；二是佛弟子应依‘四念处’为住；三是集结经文之首应冠以‘如是我闻’；四是对待恶性比丘应用‘默摈’为之。盖‘如是’者，指经中所说之佛语，‘我闻’者，阿难自言也，佛经为佛入灭后多闻第一之阿难所编集，故诸经之开卷，皆置此四字。”

④ 《论语》开头就是“子曰……”

可以通过听者的反应和领悟情况有针对性地进行反复讲解使其明白，当然听者还必须有相当的悟性才行。故而讲究“佛度有缘人”，也就是说以佛的法力与智慧，也只能度有缘人而难度其他人。孔门三千，有成就者也寥寥，便是印证。所谓“信则有，不信则无”，大概是指听者应顺应布道者的思路去理解，方能得悟的意思吧。至此，也终于解开了小时候倍感困惑的“无字天书”之奥秘。

我想，《道德经》开篇第一句话“道可道，非常道。”讲的就是这个道理。① 能够说得明白的“道”，就不是永恒的“道”。毛泽东主席一生读书无数，但是他最注重的还是读无字之书，原因就在于此。

圣贤佛祖的境界是常人所不能及的。博士毕业论文是必须要写的，写的过程也恰恰是最好的学的过程。写的过程才真正领会学问之不易，很多事情能够想得明白却不见得能说得明白，说得明白又不见得能写得明白，更何况有些事情自己也不见得真想明白了。论文虽然完成了，但总是感觉心里还有很多东西没有准确地表达出来，故仍心存忐忑，难以释怀。

二、研究方法：从点和圆圈说起

既然要写，就要考虑从何写起。经过20余年对太极拳的锻炼与领悟，我形成自己的理解。无极生太极，太极生两仪，两仪生四象，四象生八卦，八八六十四卦乃至于无穷……其中的内涵和道理极其深奥，能够用于指导人生，当然也能够用于指导治学。从一定视角来看，无极是一片混沌世界，无法进行任何表述。要想说点什么，首先要先画一个圆圈，进行前提界定，这个圆圈代表的就是太极。然后在界定的前提基础上进行引申，展开论证，从而太极生两仪，两仪生四象，四象生八卦，八八六十四卦乃至于无穷……

我们的整个知识体系是庞大和复杂的。还是用圆圈来比喻，那就是圈内有圈，圈外有圈，圈圈相扣，纷繁而复杂。当我们洞悉了一个圈内的事物的时候，我们感觉到自己的知识是渊博的，自信的。当我们知道了很多圈之后，就会感叹自己的无知与不足，因为圈外的事物太多了，并且圈与圈之间的空

① 传说老子活到了90岁高龄那一年，骑着一头青牛，从函谷关进入沙漠，从此不知所终。当他经过边境的时候，函谷关的关令尹喜把他拦住了。因为尹喜看到一位鹤发童颜的老头要进入沙漠，感到很好奇，向老子询问了许多问题，顿时被老子的智慧所倾倒。尹喜恳求老子写一本书传世，否则不放他过去。老子笑着回答：“可以说出的道，就不是永恒的道，更别提用文字描述，我恐怕做不到。”尹喜沉吟着说：“请你能够描述多少算多少。无论你能够留下多少内容，总比没有的好。”从此才有了《道德经》。

白更是我们探索的疑点与难点。从这个视角来讲，未知的领域是无限的，我们的探索总是有限的，我们只不过是不停地在无极的混沌世界里面画圆圈而已。

要想画圆圈，首先要画点。圆圈当然是由无数个点组成的，关键还在于第一个点。这个点基本决定了我们在“混沌世界”中的位置，不管我们的圆圈画至何方，总是要回到这个点来的。作为证据法研究方向的博士研究生，我之所以第一篇论文要写《证据概念新论》，就是试图给自己画一个点，经过了三年的学习和研究，这篇博士毕业论文算是一个小的圈吧。当然，在更大的时空中考察，它可能是以后的圈上的一个点……

我想，从治学的角度看《道德经》的第二句话：“无名，天地之始；有名，万物之母。”也就是我所说的点与圆圈的关系问题吧。

三、指导思想：立足中国之中

说完了写的方法，当然要考虑写的指导思想。中国的哲学与文化，如果一定要归纳到一个字的话，我所能想到的只有“中”字。中国之所以称为“中”国，大概就是这个原因吧。因此，在治学的指导思想上，就是要做到持“中”。然而，很多人却是持一种非左即右，不是黑就是白的指导思想，由此产生大量问题。例如，在诉讼法学领域，学理上有当事人主义模式与职权主义模式的划分；具体到证据法学领域，有法定证据制度和自由心证证据制度的区分。一般而言，我们就是在这些理论的基础上谈改革思路，什么当事人主义改造，什么自由心证引进，等等。这些理论是具有逻辑周延性的，这些观点也往往能够被认同。我们为了便于研究与教学，将复杂的事物简单化、类型化。我们需要把事物抽象化，提炼出典型的模型。从一定程度上讲，这样的做法是正确的，也是必要的。但是，与此同时，这些做法就已经在无意识状态下犯了没有持中的错误，这也就是导致法学理论难以指导实践的根本原因所在。因为现实的世界中根本不存在绝对的当事人主义模式，也不存在绝对的职权主义模式。可以绝对地讲，所有的国家实行的都是“混合式”，只不过是“混合”的比例不同而已。同理，现实世界中也根本不存在绝对的法定证据制度或者绝对自由的心证制度，所有的证据制度也都是采用法定与心证相结合的模型。客观世界远比我们“想象”的复杂，如果我们没有洞悉实践存在的问题与原因，想解决实践问题，那几乎是不可能完成的任务。以现有的理论指导实践方式，必然会导致我们近年来的司法改革也是在忽左忽右、磕磕碰碰中前行。有的时候，理论上的自圆其说，只能够停留在一种理论模型的状态，对于实践是难以直接发挥指导作用的。

那么我们如何持“中”呢？答案就在于我们研究问题要立足于中国之中。在法学领域，要研究普适的一些价值与一般的规律，相对还是比较容易的，各国实际上也能够达成一些共识。但是普适价值与一般规律只是给了我们一个宏观的方向，具体的实现方案与实现进度是不可能相同的，实现的手段更是千差万别。因此，难就难在研究事物的特殊性方面，难在对“度”的拿捏方面。要推进我国的司法实践，改革的立足点只能是中国之中，而不是其他。只有在中国这个“圆圈”中，切实洞悉国情，才有可能做出正确的司法改革方案。具体到诉讼法修改，也适用同样的道理。否则，就会产生书生误国的悲剧。某些形式完美的理论模型，如果以国情为基点对其进行是否持“中”的考核时，往往是“走偏”了。我们只有时刻立足于中国之中，并以此为坐标，才能够最大限度地避免过左或过右的错误。

《中庸》开篇即指出：“中者，天下之正道。”在第一章又进一步总结“致中和，天地位焉，万物育焉”。说明了“中”的重要性。我们能够做到持“中”的话，天地将会秩序井然，万物将会和谐发展……

四、研究目的和创新观点

本书的研究主要得益于多年的理论学习与实践经历相结合所产生的体会。当前我国的法官证据评判处在一个基本没有规范的境地，对法官证据评判的过程、机理方面也没有系统的研究，法官的随意性和恣意性极大。笔者认为，在这种情况下对证据评判开展研究，必定会产生重要的理论意义和实践意义，故将之作为博士毕业论文的题目。

以证据评判为视角的切入，也需要对证据法学的相关理论问题进行梳理。由此，也对一些传统的概念进行了新的阐释，同时，也挖掘和发展了一些新的观点。客观上，本书实际上已经将证据法学所涉及的一些主要的基本问题，按照笔者的思路，重新进行了系统化的整理，基本形成自己的理论框架，为今后继续深入研究奠定了基础。

总的说来，本书的主要创新观点可能主要有以下几点：

第一，以新视角界定了证据概念，并对证据概念进行了深入的微观研究，提出和引入了证据信息、可识素因等概念。更新了证据分类学说，调整了证据资格、证明能力与证明力理论。

第二，阐发了事实的定义，剖析了事实主观说和事实客观说的理论背景，勾画了客观事实与主观事实之间的管道，用信息论发展了辩证唯物主义关于意识与物质相互关系的基本理论。

第三，从诉讼概念的语境切入，按照逻辑同一律的要求，矫正了当前主流的证明概念，并由此对证明责任、证明标准等概念与理论进行了重新诠释。

第四，关于基础理论的调整。明确总结了诉讼认识论的个性特征，即在辩证的唯物主义认识论的基础上，关注认识论的相对性、主观性与有限性的特点。由诉讼认识的个性特征总结出证据评判的另外两个基础理论：正当法律程序与利益衡量理论，并阐释了它们的地位、作用与核心功能，并以全新的角度总结了正当法律程序的核心要素以及利益衡量的主要方法。

第五，关于证据评判的基本工作机理。综合运用哲学、逻辑学、信息学、符号学等知识，详细剖析了证据评判的整个过程，揭示其完整的工作运行机理。展现了证据、可识素因、证据信息、符号、命题与事实之间的相互关系，揭开了法官证据评判活动的神秘面纱，为规范法官自由裁量问题提供了思路。

第六，其他创新观点主要还有：1. 总结了从神证为主、人证为主到物证为主的历史发展规律，以此剖析证据裁判制度的发展方向；2. 从经验法则、逻辑规则和利益衡量的分析入手，厘清了司法认知、司法推理与司法推定之间的相互关系；3. 分析和总结了情理与法律的基本关系，提出了情理是中国的“自然法”的观点；4. 分析了理论与实践之间的关系，总结出理论与实践脱节难以对实践进行有效指导的重要原因，等等。

最后我要说明的是，群众的智慧才是终极的智慧。纪晓岚满腹经纶而只有一本《阅微草堂》传世，原因之一就是他主持编撰《四库全书》后，发现该写的前人已经都写过了。在本书的写作过程当中，我有过无数次的惊喜“发现”，比如信息哲学、符号哲学等方面的问题。当时的愉悦和快感是难以言喻的，而现在回观这无数次惊喜过程，却是完全不同的心境：一方面对自己的理性思维能力和创新能力更加自信；另一方面却是对自己的无知深感惭愧。因为，通过研究的继续深入，在查阅大量资料以后，发现自己想到的总是有人先想到了。总体上来说，本书的论述和研究在人类知识的总量上，几乎是毫无所加的。本书，充其量也不过是按照笔者自己的视角和思路，对前人的智慧进行了一次可能是有一些积极意义的梳理而已。关于前文总结的创新观点，有可能是笔者无知的又一次暴露。

这一段文字作为前言，算是对我的研究方法、指导思想、研究目的和创新观点的一个说明。

第一章　证据评判概说

本章为开篇，我们首先区分了证据评价、证据评判与证据裁判之异同，阐释了证据评判的内涵，进而简要介绍了证据评判的主体、客体和内容。书名确定为法官证据评判研究，目的就是强调以审判阶段为中心的证据评判观念，揭示法官证据评判的过程和原理。本书所谓的证据评判，就是指法官对证据进行评价和判断并形成裁判事实的行为以及过程。法官是事实裁判者，是证据评判的主体。证据是指符合法定形式的，用以证明案件事实的信息载体，是证据评判的客体。（作者按：这个证据概念形成于 2005 年发表于 2006 年，樊崇义教授在全国人大法工委一次会议上提出作者这个证据概念，与会者基本表示认同，此后刑事诉讼法修正案曾一度采用“用于证明案件事实的信息材料”的提法。2012 年《刑事诉讼法》最终确定的证据概念为“可以用于证明案件事实的材料”。）定案证据是证据的子概念，是指在经过庭审质证确认了真实性、关联性与合法性的证据，具有证明能力和证明力。证据评判的内容就是要确定证据的证明能力、判断和评估证据的证明力。笔者在本章中对证据的概念提出了新的诠释，区分了证据与证据信息，对证据资格、证明能力和证明力概念进行了新的解读。

第一节　证据评判的含义

笔者界定的证据评判就是特指法官对证据进行审查、评价和判断并形成裁判事实的行为以及过程。它不同于证据裁判，也不同于证据评价等概念。但是，毕竟这些名词均一字之差，容易混淆，所以书名上直接采用了法官证据评判的提法，突出了“法官”这个主体，以避免不必要的误读。为了行文的简练，在文内基本直接采用证据评判的提法。法官通过对全案证据的综合审查、评价与判断，形成裁判事实。法官对案件审理的过程就是根据证据认定案件事实的过程，即是证据评判的过程。正是从这个意义上讲，证据评判是从证据到事实的桥梁。

一、证据评价、证据裁判与证据评判

评判可以直接解释为评价和判断，还可以理解为评价和判定。判定是笔者的证据评判含义当中很重要的要素，是区别于其他相近概念的核心。在诉讼程序中，法官才具有最终的判定权，由此决定证据评判的主体只能是法官。笔者正是在这个意义上对证据评判进行了定义。

证据评价的主体则非常宽泛，法官、检察官、警官、律师以及所有的诉讼参与人都可以从自己的角度对证据进行评价，作出自己的判断。基于法院行使最终司法裁判权的规定，除法官之外的其他证据评价主体在诉讼中都不具有最终判定的权利（权力），所以评价的行为和过程不完全同于证据评判。证据评判包含证据评价的含义，更重要的是它具有最终判定的效果。

证据裁判则是证据法学的一项基本原则和制度，是证据评判的基石，是指在诉讼中对案件事实的认定必须依靠证据，其内涵明显不同于证据评判，它是证据评判理论的起点与核心精神。证据评判体现了证据裁判的精神，证据评判是证据裁判的内在要求。两者不是一个视角的概念，也是不同层面的概念。

对于笔者界定的证据评判内涵，需要关注以下四点：第一，证据评判的主体是法官，评判客体是证据，评判内容是证据的证明能力和证明力。第二，证据评判是对证据的审查、评价和判断行为。第三，证据评判是根据证据认定事实的过程。第四，证据评判是从证据到事实的桥梁。

二、证据评判是对证据审查、评价和判断的行为

据以形成裁判事实的证据需要具备真实性、关联性与合法性，具备上述三性的证据为定案证据。一起案件往往会涉及多个证据，甚至于几十个上百个。法官通过对三性的审查，确定哪些证据可以被采纳为定案根据，然后对相关证据进行综合评价，确定其证明力，最后形成心证，认定案件事实。证据评判就是法官对证据进行审查、评价和判断，进而认定案件事实的行为。

例如，一起杀人案件中，有从现场提取的被告人脚印，有从刀柄上提取的被告人指纹，有从刀刃上提取的被害人血迹，有目击证人。呈现在法官面前的是现场脚印与被告人的同一鉴定，刀柄上的指纹与被告人的同一鉴定，血迹与被害人的同一鉴定，证人证言，被告人口供。法官首先对所有证据的

真实性进行认定，然后审查其合法性，最后评价其关联性。法官通过对证据的证明力进行单一评价和综合评价，形成心证。法官由现场脚印与被告人的同一鉴定，认定“被告人到过犯罪现场”；由刀柄上的指纹与被告人的同一鉴定，认定“被告人拿过这把刀”；由血迹与被害人的同一鉴定、结合刀刃形状与被害人伤痕的比对结果，认定“这把刀是杀人凶器”；由证人证言和被告人口供对上述证据进行相互印证；最终综合全案证据认定被告人实施了杀人行为，构成故意杀人罪。可见，法官证据评判外化表现为法官的一系列行为。

研究证据评价，一个重要方面就是通过对行为规律和特点的研究，洞悉证据评判的内在过程，揭示证据评判的工作机理，充分认识证据评判的优势与不足，进而规范证据评判行为。

三、证据评判是根据证据认定事实的过程

证据评判可分为单一证据评判与综合证据评判两大步骤。在上述案例中，对现场脚印，刀柄上的指纹、血迹，死者身上的伤痕，人证等进行的单一证据评判就是审查证据的真实性、关联性与合法性的过程。对证据的单一评判完成了一个个事实片段的认定，通过对全案证据的综合评判，形成案件事实的全貌。法官证据评判就是法官根据证据认定案件事实的过程。法官如何评价证据直接关系到案件的事实认定与裁判结果，因此剖析并探究证据评判的过程，了解与证据评判的相关因素，对于我们构建合理的证据评判体系，设定相应的制约机制，规范法官的自由裁量，具有重要意义。

在证据评判过程中，我们以证据裁判理论为基石，要求法官认定案件事实必须依据证据；我们正确对待法定证据和自由心证的相互关系，建构符合我国国情的法官心证制度；我们深入分析经验法则、逻辑规则、价值选择和利益衡量与司法认知、司法推理、司法认定的内在关系，规范证据评判方法的运用；我们比较分析排除合理怀疑与确定无疑的证明标准对证据评判的影响，确立正确的理性的评判标准；我们直面法律真实与客观真实的状况，确立证据评判的应然目标，理性对待证据评判的实然结果。我们通过对证据评判过程的剖析，建构合理规则以克服证据评判的盲区，通过正当法律程序对证据评判的规范，体现公平与公正，强化裁判结果的正当性。

四、证据评判是从证据到事实的桥梁

证据评判作为证据与事实之间的桥梁，其桥体结构的情况将直接影响从

证据到事实的过程。我们有必要形象地描述一下这座桥梁的基本情况。

如前所述，单一证据的证据信息，展示了一个事实片段，相当于铺在桥面上的一块木板，全案证据组合成一块块的桥面木板。如果桥面铺满了木板，并且用铆钉紧紧地连接在一起，我们就能够稳稳当当地、安全地到达彼岸。然而客观情况并非这么乐观，事实上我们难以做到让全案的所有事实片段都得到证明。案件的很多细节由于各种原因，往往无法搜集到足够的证据进行证明。证据评判这座“桥梁”的桥面上的所有木板之间的间距不是均等的，也不是严丝合缝的。木板与木板之间经常需要铁链连接，有的木板与铁链之间的铆钉铆得很结实，有的铆接点质量还有可能让人不放心。这些连接木板的铁链，在证据评判中往往表现为推理和推定等形式，推理的质量以及推定的正当性直接影响着整个证据评判的结果。我们就是通过这样的桥梁一步步地走向事实。连接木板的铁链还往往包括法官的经验、感觉和直觉等主观因素，一旦经验、感觉和直觉出现偏差，评判认定的裁判事实就可能与客观事实发生出入。可以说，如果其中一块关键部位的木板腐朽，就可能会让我们掉进河里；如果其中某条铁链的质量存在问题，就可能导致整座桥梁的断裂和崩塌。

还是用前面的案例来接着分析。被告人留在现场的脚印证明了“被告人到过犯罪现场”这么一个事实片段，这是我们桥面的第一块木板；被告人留在刀柄上的指纹证明了“被告人拿过这把刀”这么一个事实片段，这是我们桥面的第二块木板；刀刃上的被害人血迹、被害人身上的伤痕、刀口与刀的形状特征结合到一起证明了“这把刀是杀人的凶器”这样一个事实片段，共同组成了我们桥面的第三块木板；目击证人的指证以及被告人的自白印证了前述物证。通过证据评判，我们可以得出一个结论：被告人持刀杀害被害人的事实。这个评判过程看起来好像没有什么问题，这座通往事实的桥梁让人觉得是很坚固的。

那么，让我们再增加一些情景看看会有什么变化。通过调查我们得知：被告人与被害人住在筒子楼的同一层，各住一个房间，但共用厨房和卫生间；地面上除了被告人和被害人的脚印之外还有第三人的脚印。被告人当庭抗辩：“我也在这里生活，当然会有我的脚印；我也要用这个厨房做菜，这把刀子我中午刚用它切过菜，上面有我的指纹很正常；我与证人的个人矛盾很深，经常发生言语冲突，证人是陷害我；我的口供是被刑讯逼供的，我身上有伤痕可以证明。”这个时候我们再做出被告人杀害了被害人这个结论的底气可能就不是那么足了。因为，我们不能够完全排除第三人作案的可能。前面的几个事实片段还是没有变，但是增加的几个事实片段可能会把我们引向另外一个方向。假如被告人自始至终一直喊冤，不认罪，实践中对事实的认定会不会产生影响?

这些问题我们会在后文涉及并深入探讨。在这里，我们先勾勒证据评判这座证据通往事实的桥梁形状，搞清楚其到底是怎么样的结构，便于我们充分地理解诉讼认识的相对性、主观性与实践检验的有限性，从而突出了正当法律程序构建的重要性，突出了规则裁断的作用，明确了客观公正、情理判断、综合评判、理由公开、价值选择与利益衡量方法在证据评判理论中的功能，明确了证据评判的救济途径和监督方法的设计思路。

第二节　证据评判的主体

研究证据评判，首先就要解决评判的主体问题。在现代司法中，法官是拥有司法裁判权的唯一主体，当然也是证据评判的唯一合法主体。孟子曰："徒善不足以为政，徒法不足以自行"，证据评判过程体现了法官形成裁判事实的思维过程，体现了法官主客观相统一的动态过程，法官的职业道德、综合素质以及评判环境直接影响到证据评判的结果。根据前文对证据评判过程的简要描述，我们可以清楚地看到，法官队伍必须走职业化和专业化的精英建设道路，要关注法官的职业伦理与道德建设，要保证法官的独立和中立。但是，现实也并不尽如人意。

一、评判主体的伦理与道德建设

与证据评判的复杂性和专业化相匹配，法官除具备丰富的法律技能之外，还应当具备高尚的道德品质。① 专业的学历、出色的法律实践使法官具备丰富的法律知识、高超的法律解释技巧，从而保障了法律的准确适用；法官具备正确的价值观、正义感、高尚的品行操守，以及对人性的理解和人文关怀的精神，增强了裁判的道德感和可接受性。

"每个社会，社会中的每个次文化群体，无论过去还是现在，都有一个道德法典。"② 在证据评判遇到真伪难明之时，法官需要使用道德的、社会的

---

① 我国《法官法》第9条即要求担任法官的条件之一是"有良好的政治、业务素质和良好的品行"。

② ［美］理查德·A. 波斯纳著:《道德和法律理论》，苏力译，中国政法大学出版社2001年版，第21页。

和其他非法律因素来进行阐释和理解，进而以此为指导来作出裁判。道德因素不但运用于创制先例、适用先例，也被用来区分和推翻先例。当法律以“合理注意”、“正当理由”、“良好行为”、“精神损害”等语言表达一个抽象概念、规则或原则时，法官的评判事实的解释经常考验到法官的道德、伦理标准。①

世界上大多数国家也都以品行良好作为法官终身任职的首要条件，1700年英国的《王位继承法》规定：法官品行端正即可终身任职。这一规定曾被视为普通法国家司法独立的开端，其措辞也为其他国家所效仿。法官职业的特殊性，也使职业伦理建设成为法官职业化建设的基础，公众对法官的职业伦理期望值很高，远远超出普通的道德标准；而业内对法官的要求很严格，超越了对其他职业的品德要求。在法官必须具备的诸品性中，公正居于首位，只有公正才能对良心精心守护，才可能成为一个真正意义上的法官。②

二、评判主体的职业化与专业化

证据评判理论要求精英司法，这就意味着法官队伍建设要走职业化和专业化道路。我国对这一点已经有明确的认识，《最高人民法院关于加强法官队伍职业化建设的若干意见》第4条规定：“法官职业化，即法官以行使国家审判权为专门职业，并具备独特的职业意识、职业技能、职业道德和职业地位。要根据审判工作规律和法官的职业特点，采取一系列措施，培养法官的职业素养，提高法官队伍整体素质。”职业法官经历了专业训练和职业经历后，不仅懂得了如何控制感情和偏见，而且也磨炼了他们的品行，养成了独立、公正和坚持追求真理的职业品德。为了保障这种职业化和专业化，我们一方面要完善法官遴选制度，另一方面要坚持法官的职业培训，不断提高法官的专业能力。

目前我国法官职业化和专业化建设才刚刚起步，还存在着许多问题。邹川宁先生认为：一是长期忽视法官职业的特殊性，把法官等同于全无专业背景的公务员；二是职业大众化导致法官缺乏职业保障；三是由于法官整体素质不高，法官职业的神圣感和荣誉感难以在法院内部树立起来，使法官抵御干扰的勇气和能力受到削弱，导致社会公众对法官甚至法律产生不信任感；

---

① 参见李静著：《证据裁判原则初论——以刑事诉讼为视角》，中国人民公安大学出版社2008年版，第89页。

② 王淑荣：《论法官职业伦理——一种法官职业化视角的研究》，吉林大学2007年博士学位论文，第3页。

四是习惯于以制度来管理法官、管理审判，缺乏有效性；五是缺乏统一的职业形象，保持中立、耐心听诉等一些基本的职业要求还未被自觉遵从，职业道德建设滞后。①

美国联邦大法官霍姆斯断言：法律的生命不在于逻辑，而在于经验。根据西方法学家的研究，法官是需要固态智力的一项工作，并且这种固态智力往往在60岁以后依然增长，可能持续到80岁。对法官这个职业而言，是不能提倡年轻化的。英国很少见到40岁以下的法官，法官最初任职平均年龄为47岁。② 从事专业领域的工作时间长短，也与专业化程度有很大的关联。我国的法官队伍建设追求年轻化，这一点对于法官专业化的影响还是很大的，应当引起我们的注意。

三、评判主体的独立与中立

客观公正是法官证据评判的基本要求，法官独立和法官中立是客观公正的重要保障。法官的职业道德和综合素质是法官独立的前提保障，盲目地追求独立也是危险的，易导致司法的恣意和妄断。我们应当结合当前法官队伍的整体情况来形成恰当的法官独立形式。而中立是法官必须秉持的核心理念，只有不偏不倚，才能够作出公正的评判，形成令人信服的裁判。当然，独立与中立之间没有必然的因果关系。独立并不必然带来中立，中立也不必然要求独立。关于当前认为不绝对独立就无法中立的观点是有点偏颇的。但是，不独立经常会导致无法中立，这一点也是需要我们注意的。

（一）关于评判主体的独立

如果法官不能够独立地依法裁判，那么法庭审理就会丧失形成裁判结论的功能而完全流于形式。“在一个机构内部不能保证其成员独立的情况下，该机构抗御外部压力的能力会降到最低。”③ 保障法官的独立包括职权上独立于机构内部的其他法官或管理人员，还包括任职资格和薪金报酬得到充分保障，如果法官身份、薪金发放等受制于其他部门或个人的决定和影响，法官的独立性就无从谈起。当然，独立并非任由法官恣意妄为，而是强调法官的司法活动及裁判不受不正当的干涉或影响，以至于因此做出违背法律、良知

---

① 邹川宁：《论法官职业道德建设》，载《法官职业化建设指导与研究》2003年第2辑，第169～170页。

② 肖扬主编：《当代司法体制》，中国政法大学出版社1998年版，第28页。

③ 陈瑞华著：《看得见的正义》，中国法制出版社2000年版，第58页。

和理性认识的裁判。①

在我国，当前法官独立的问题比较复杂。第一，法院不完全独立。宪法规定了法院独立行使审判权原则，但是由于经费开支和财政预算掌握在政府财政部门手中，法院必受诸多掣肘。笔者认为这是亟待解决的问题，否则法院就可能会经常受到不当的干预，法院都无法独立，法官独立就更是一席空话。第二，法官不完全独立。独立行使审判权，强调的是法院作为一个整体的独立，而不是法官个人的独立。对于当前我国法官是否应当独立，实务界和理论界均存在争议。但笔者认为，在当前国情下，法院都无法实现完全独立，我们强调法官独立，可能也没有现实的意义。另外，当前法院内部的审判委员会制度，以及向主管院长、庭长汇报案件和裁判文书的审批制度也在不同程度上也影响着法官的独立。② 对这个问题应该一分为二地看待：一方面，根据诉讼规律，这两种制度必将成为司法文明的障碍，必将逐渐退出历史舞台，这是历史发展的必然。另一方面，这两种制度在当前国情下对保障案件质量也经常发挥重要作用，目前还有现实的合理性。

法官的独立程度直接取决于法官整体的职业道德和综合素质，我国地区差异很大，应当根据各地法官的不同情况进行差异化的制度改良。在条件允许的情况下，尽可能地提高法官的独立程度，这应当是改革的基本方向。

（二）关于证据评判主体的中立

法官的根本任务是在两造间做出判决，解决纠纷。争议双方把纠纷交给法官来解决，就希望他不偏不倚，从中决断。如果法官做不到这一点就等于丧失了公众对他的信任。《公民权利和政治权利国际公约》第 14 条第 1 项明确规定："……在判定对任何人提出的任何刑事指控或确定他在一件诉讼案中的权利和义务时，人人有资格由一个依法设立的合格的、独立的和无偏倚的法庭进行公正的和公开的审讯……"法官如果存在偏颇，那么证据评判就会出现很大的问题，将直接影响裁判结果的公正。法官作为独立于双方当事人的中立的第三人，在纠纷的处理结果上，关键要体现出公平正义的社会价值追求。

为了保障法官的中立，一般要求：（1）任何人不做自己的法官。这里的

---

① 参见李静著：《证据裁判原则初论——以刑事诉讼为视角》，中国人民公安大学出版社 2008 年版，第 90 页。

② 参见李静著：《证据裁判原则初论——以刑事诉讼为视角》，中国人民公安大学出版社 2008 年版，第 90 页。

含义是比较广泛的，任何人不做自己的法官，首先意味着法官不能依靠权威，把自己与其他人的纠纷交由自己解决。其次，法官处理的案件不能与自己有利害关系。（2）认真听取争议双方的陈述，平等给予双方举证、质证的机会。法官需要全面了解案件的事实。俗话说："兼听则明，偏信则暗。"只有充分听取双方的陈述后，才能对案件有一个比较全面的了解。法官断案不能靠客观事实来说话，客观事实本身也不会说话，所以谁能提供证据证明自己的主张正确，或者是能够证明对方的主张不正确，就能得到有利于自己的结果。这样，举证、质证是相当关键的，法官也只能通过对全案证据的评判，才能认定案件事实，做出公正的裁判。（3）不接受任何一方的物质或精神利益。我们不能相信法官从一方当事人得到恩惠后，能够中立对待双方当事人。只有法官做到中立，才能够做到客观公正，才能为准确的证据评判结果提供前提保障。

四、精英司法的理想与现实

精英司法是我们的理想，精英化道路是我们必然的选择。这些观点基本都能够达成共识，事情的关键在于精英化建设也不能保证法官队伍当中就肯定全是精英。面对这种客观情况，应当怎么办？我们认为，精英化建设针对的是法官队伍的整体建设。保证每一位法官都能够完全胜任自己的职务，是一种理想状况。实践中我们更加关注的，还是法官队伍的整体状况。当然，也不能忽视这种实践存在个别法官不能够胜任职务要求的情形。因此我们应当至少通过以下两方面的措施进行保障：

（一）我们要通过遴选、晋升考核等方式保证法官队伍的质量

从2001年修正的《中华人民共和国法官法》的规定来看，我国法官遴选与晋升考核制度与西方法治发达国家相比还存在一些缺陷与不足。主要表现在：一是我们对初任法官资格要求较低。法官是个需要丰富经验的职业，而经验的积累很大程度上依赖于社会的阅历，英美法系的"年长、经验、精英"模式是非常有其合理性的。在美国要成为联邦法院的法官，任命前必须完成4年的大学课程，接受3年的法律院校的教育，一般应具有15~20年执业律师或从事法律教学的经历。二是我们的法官晋升考核行政化，不符合司法规律的要求。世界上无论采取何种法官选拔模式，一般都实行法官逐级晋升制，而我国法官的晋升以行政化的方式进行，上、下级法院法官的调任也是行政式的调任，这种以行政式的晋升和调任方式决定法官的级别，以最初任职法院级别来决定法官能力。这就造成了下级法院优秀法官很难进入上级

法院任职。同时，由于法官没有竞争意识，缺乏从基层法院开始的锻炼经历，不利于法官素质的提高。我们要有针对性地进行一些改革，以有效推进法官队伍建设。

（二）我们要建构对法官裁判结果的合理救济通道，以及对法官枉法行为的惩戒措施

我们要建构合理的案件考核机制，要建构对法官裁判结果合理救济的有效通道，让存在错误裁判的案件得到纠正。正当法律程序关于上诉制度和再审制度的规定，也都是解决这个问题，这里的关键是要进一步强调法官内部纠错机制的有效运行，并以此结合法官的晋升考核来发挥作用。另外，对于法官枉法行为的认定要建构科学的评价制度，将存在枉法行为的法官坚决清除出队伍。

第三节　证据评判的客体

证据评判是法官对证据进行评价和判断的行为，体现了主体（法官）与客体（证据）之间的相互关系，证据是证据评判的客体。传统的证据概念混淆了证据与证据信息的区别，混淆了证据与定案证据的区别，从而进一步混淆了证据资格（证据能力）、证明能力的内涵。因此，有必要对相关概念进行重新梳理。

一、证据概念之学说[①]

我国传统的证据概念采用事实说，认为证明案件真实的一切事实，都是证据。越来越多的学者认识到事实说存在立法和理论上的悖论：一是立法之悖论。（作者按：2012 年《刑事诉讼法》将证据概念修改为："可以用于证明案件事实的材料，都是证据。"解决了该立法悖论。）1996 年《刑事诉讼法》第 42 条规定："证明案件真实情况的一切事实，都是证据……以上证据必须经过查证属实，才能作为定案的根据。"由此可推导出"事实必须经过查证属实"之悖论。上述逻辑矛盾同样不同程度地存在于民事诉讼法和行政诉讼法当中。二是理论之悖论。（作者按：2012 年《刑事诉讼法》中的证据概念将会进一步推进该基本理论的研究与修正。）对于证据的属性问题，我

---

① 关于证据概念的各种学术观点学界讨论已经非常充分，笔者在此只作简单介绍与评析，不予赘述。

国法学界普遍接受的通说是所谓的“三性说”，即证据具有客观性、关联性和合法性。但是，这种理论根本无法解释大量涌入诉讼程序的“证据”有真有假的现象，这些“证据”即使经过“查证属实”，实际上只能靠查证主体的有限理性和良知来保证其真实性，又怎么能够保证是绝对真实的？至于关联性和合法性也只有在查证（质证）后方有定论，又由谁来限制没有真实性、关联性和合法性的“证据”进入诉讼程序呢？在此传统证据理念基础上建立的证据资格理论必然也会产生无法克服的缺陷。

在对传统的事实说进行质疑和反思的同时，学者们提出了很多替代方案，主要有根据说①、材料（资料）说②、信息说③、方法（手段）说④、原因和

---

① 根据说：该说把证据界定为证明案件事实的根据。如有台湾学者认为：“证据者，足使法院认定当事人之主张为真实之凭据者，谓之。”

② 证据材料，是指“在诉讼开始后，由诉讼参与人提供或者由办案人员收集的未经查证核实而准备确认为证据的材料”。参见王振河：《谈我国诉讼中有关证据立法的修改与完善》，载《中国诉讼法研究会1995年年会论文》。现在有很多学者支持“证据材料”的概念，认为“证据材料”中最终查证属实被采信作为“定案根据”的，才是证据。认为证据材料可真可假，自然也就解释了证据材料没有关联性和合法性的问题。这样，在一定程度上解决了证据的属性问题，捍卫了传统理论。事实上，“证据材料”和“证据”的概念划分导致传统理论陷入了更大的悖论，颠覆了传统的词语习惯不说，也导致了在诉讼过程中竟然无法知道什么是证据，只有到法官作出判决书之后，才能够揭开证据那神秘面纱。在这样的理论基石之上，如何能够建立证据法学的理论大厦？但是，这种学说在实践中却产生了很大的影响，如最高人民法院《关于民事诉讼证据的若干规定》第1条就采用了“证据材料”的提法。如此下去，看来“证据法”要改为“证据材料法”了！

③ 信息说：证明案件真实情况的证据，其实就是能够使人据以相信某案件事实是真实的一种信息。参见彭漪涟著：《事实论》，上海社会科学院出版社1996年版，第123页。

④ 手段说：认为证据是确认待证事实的手段和方法，美国法学家理查森认为：“证据包含用来确认或否定提供审查的任何事实真相的一切方法和手段。”参见《程序法论》，中国政法大学刑诉教研室1993年编印，第155页。在日本诉讼法理论中，认为证据是用来推定诉讼中需要确认事项的事实资料或方法。参见彭勃著：《日本刑事诉讼法通论》，中国政法大学出版社2002年版，第244页。如将证据分为言词证据和实物证据就是以证据方法的不同为依据的。苏联法学家A. Φ. 克林曼认为：“证据是借以确认对某一案件有法律意义的存在或不存在的一种手段。”转引自吴永农：《案件证据问题新探》，载《法学研究》1993年第5期。

结果说[①]、关系说[②]、统一说[③]、综合说[④]、可识素因说[⑤]，等等。根据说克服了事实说的缺陷，力求与一般人的语言习惯相符合，并且与诉讼法中“证据必须经过查证属实，才能作为定案的根据”的规定吻合。但是这种定义方式无法准确反映不同的诉讼阶段证据概念内涵上的差异，也无法解释为什么进行证据采信时要遵循一定的证据标准，比如真实性、关联性、合法性，实质上也回避了证据的属性问题。材料说一方面并没有克服根据说的缺陷，另一方面还对证据外延的界定处于一种摇摆状态。再者也不能将证据法改为证据材料法。信息说明显弥补了材料说的外延问题，但其内涵和属性的缺陷是明显的。方法（手段）说将证据界定为一种借以揭示、认定事实的一种方法或者手段，殆无疑义，但这类定义总是给人一种不够深入证据实质的感觉，因此在我国证据法学研究中不大流行。[⑥] 原因和结果说与方法（手段）说一样回避了证据的实质问题。统一说在事实说的基础上进一步完善其形式合法性的表述，看起来好像更加完整和系统，但是从根本上还是没有脱离事实说的理论悖论。综合说似乎综合了几种学说的优势成为集大成者，但最终却更让人感觉云里雾里，不知证据为何“物”。可识素因说强调了证据的物符或意融的形式，但其最终落脚点还是在“可识素因”，没有捋顺“可识素因”与其载体的关系。

我们对各种学说存在缺陷的简单概括并不全面，也不见得十分准确，但是已经不难看出：对证据的科学定义是一件非常困难的事情。实际上，国外

---

① 原因说：证据的作用是认定案件事实的依据和原因，“任何事物，其效果和形式，在使心意上发生一种信服、足证或否认其他事实之存在者，均得称之为证据”。转引自毕玉谦著：《民事证据法及其程序功能》，法律出版社 1997 年版，第 2 页。

② 关系说：英国法学家边沁认为证据一词系指证据性事实与另一事实的关系，“任何意见事实进入人的头脑，其效力、倾向性或宗旨就是产生对某一事实的存在的说服力”。参见沈达明编著：《英美证据法》，中信出版社 1996 年版，第 15 页。塞耶也认为证据是与待证事实之间逻辑上的关联性。参见 Jon R. Waltz, Roger C. Park: Evidence Case and Material, Foundation Press, 10, New York 2004, p. 74。

③ 统一说：认为证据是内容（事实材料）与形式（证据形式）的统一，“证据是以法律规定的形式表现出来的能够证明案件真实情况的一切事实”。参见卞建林主编：《证据法学》，中国政法大学出版社 2000 年版，第 70 页。

④ 综合说认为，民事诉讼证据既是事实，又是根据，同时还是当事人主张权利、实现诉讼请求的手段以及人民法院揭露当事人伪造事实、颠倒是非、推脱责任的工具。

⑤ 证据是讼事以物符或意融的形式，留存于时空内，并为听讼人借以听断讼事的可识素因。参见郑禄：《证据概念素说》，载《证据科学》2008 年第 16 卷第 5 期。

⑥ 卞建林主编：《证据法学》，中国政法大学出版社 2005 年版，第 138 页。

很多立法对证据定义也是采取回避的态度，往往采取列举证据的形式来表现。[①]

证据概念实为证据评判理论研究的原点，概念的确定直接影响着整个证据法学理论大厦的建立。因此，我们在下文首先研究证据与证据信息的概念问题。

二、证据与证据信息

（一）证据概念新论

我们认为，所谓证据，是指符合法定形式的，用以证明案件事实的信息载体。[②] 在这里要强调的是：第一，证据的概念要坚持物质存在第一性问题，明确证据的物质属性，证据首先是物质载体，是承载了一定信息的物质载体；第二，强调物质存在与意识思维的统一性问题，明确证据与案件事实之间的关系，诉讼主体是能够用证据证明案件事实的；第三，强调证据的工具性，是诉讼主体用以证明案件事实的手段，这也是证据自身的价值所在；第四，证据在进入诉讼程序之初是不能直接确定其真实性、关联性与合法性的，只有在诉讼进程中，不同的诉讼主体对证据进行反复甄别后，最终将具备三性

---

① 如美国《加利福尼亚州证据法典》第140条规定："证据是指被提供用以证明某一事实存在或者不存在的证言、文书、物品或其他可感知物。"印度1872年《证据法》第3条规定："'证据'是指并包括（1）法庭许可或要求证人在法庭面前作出的、与所调查事实问题有关的一切陈述。这样的陈述叫做口头证据。(2）提交法庭审查的一切文书。这类文书称为书证。"而美国《联邦证据规则》、《统一证据规则》并未提到什么是证据。

② 笔者认为，研究证据的概念，不仅要研究证据概念所要反映的对象，分析概括对象所具有或者应该具有属性、特征，还要进一步反思研究者研究证据概念所反映对象的方式和角度。在以往的概念研究中，上述第一类研究，是应有之义。要对于对象进行概念化的表述，就必须要研究对象的属性和特征。但是对象的属性是多方面、多层次的，不同的研究者其思维习惯与价值观念也均不相同，从而关注对象的方式和角度也就会发生差异，进而导致对于同一对象所表述的概念不相同，并由此发生种种争议。要消除争议，有时并不是要从对象的属性、特征入手，而是要从研究者与研究对象发生关系的方式和角度入手。澄清了研究者的视角差异、方式差异，可能由此产生的争议也就自然消弭了。当前证据概念的纷争，原因大致如此。正如博登海默所言："一个概念的中心含义也许是清楚和明确的，但当我们离开该中心时它就趋于变得模糊不清了。"参见［美］E. 博登海默著：《法理学：法律哲学与法律方法》，邓正来译，中国政法大学出版社2004年版，第505页。

的证据作为定案的根据;① 第五，在坚持可知论，坚持主观能够正确反映客观的同时，承认人类思维的非至上性，即诉讼主体用证据证明的案件事实并不绝对等同于客观真实，并且不同的诉讼主体认识的案件事实是可能存在出入的，因此在概念中不能够采用客观真实的提法。这里的案件事实既包括诉讼主体主张的案件事实，也包括诉讼主体认定的案件事实。也就是说，这里的主体是多元的（包括所有的诉讼主体），这里的案件事实也是多元的（包括不同主体主张或认定的事实）。②

（二）证据信息的概念确立

证据的物质属性决定了证据发生作用主要是通过其本身所承载的信息。证据信息就是指证据本身所承载的用以证明案件事实的信息。证据信息才是用以证明案件事实的根据，是证据价值所在。证据的真实性和关联性判断，当然是针对证据信息而言。信息当然不是物，信息必然要经过人脑的加工，是经过人脑加工后的产品，对信息的认识就是一个主观见之于客观的过程。由此，证据便不可避免地带有了主观属性。因此，可以说物质属性是证据的

① 对于证据是什么的研究深入，首先面临的就是在多大的范围内去界定。每个人都可以从自己的视角去认识和界定，结论当然是不同的，这也是学界中对证据概念产生争论的一个重要原因。当然，这种争论谈不上对实践有什么指导意义，实际上还造成混乱。从尊重实践出发，当然要贯穿诉讼法规定的全过程为范围界定，这没有什么好争议的。从这个角度看，诸如将定案证据才能叫做证据，其他叫证据材料的类似理论根本不值得一驳。

② 笔者对证据概念的研究明确了以下的前提：第一，证据概念的存在价值就在于更便宜地指导司法实践，为司法实践提供证据审查的科学标准、价值标准，离开这一点，对于证据概念的研究就会成为无根之木，空中楼阁。第二，证据概念的语词选择必须符合司法实践中各诉讼参与者的一般语言习惯和用法，因为证据概念的研究就是为司法实践来服务，不符合司法实践中各诉讼参与者的语词习惯是不便于学术界与司法实务界进行观念交流的，证据概念研究的价值也就大受影响。也就是说学理上的“证据”这一语词，应该与司法实践中的用法大体一致。这就决定了证据概念的研究对象，或者说证据概念的外延应该包括司法实践中诉讼参与者所指称为“证据”的那些对象。第三，证据概念的外延与内涵与司法实践中诉讼活动发展进程相适应，既不能将眼睛盯住诉讼活动的某一个阶段，只就某一特定阶段的证据特点进行概括表述，导致以偏概全，以局部代整体；也不能忽视诉讼各阶段证据概念内涵的差异性，使证据概念的表述以抽象一般代替具体的现实标准，使证据概念的研究失去对于诉讼实践的指导意义。从外延上看，司法实践中诉讼参与者所指称为“证据”的那些对象，出现在诉讼过程各个阶段，只对于某一个或者某几个诉讼阶段的被指称为“证据”的对象进行研究，并发掘其内涵以形成对证据概念的表述，显然是不合适的。比如，定案证据在上述范畴内，只能作为证据的子概念，是法院最终据以判决的依据，是经过庭审质证，确定其真实性、关联性和合法性后予以采信的证据。也就是说，用以支持案件事实的证据，其最初状态并没有除法定形式外的其他标准要求。证据在不同的诉讼阶段具有不同的内涵，从而在不同的程度上满足真实性、关联性和合法性标准。因此将证据等同于定案根据就犯了外延过小的毛病，自然是不可取的，不能将之作为诉讼法学或者证据法学范畴内的概念。

根本属性，而证据信息赋予了证据主观属性。

证据是物，是客观存在。大凡学过哲学的人应该都不会有什么意见，关键是有的时候为论证自己钻牛角尖的想法而暂时把基础理论给忽略而已。证据不但是客观存在，而且还应当是可以“呈堂”（在法庭上出示）的有形之物。如此一来，证人证言、当事人陈述等言词还能够叫证据吗？那么这类东西是什么？笔者的证据信息概念就是基于上述思考后产生的。之所以立法把这些言词信息叫做证据，是因为证据（人证）的价值体现就在于其承载的证据信息。实践的这种实用主义做法就不自觉地混淆了证据和证据信息的概念，是应当值得我们注意的。

（三）证据及证据信息的种类

根据证据与证据信息概念的区分，证据应当分为人证、物证两大类。从笔者界定的证据与证据信息概念出发，去分析现有诉讼法的规定，就可以发现当前理论界和实务界最大的问题就是将证据和证据信息混为一谈，将证据信息直接视为证据本身。依据我国的诉讼法规定，民事证据的表现形式有：书证、物证、视听资料、证人证言、当事人的陈述、鉴定结论、勘验笔录（《民事诉讼法》第63条）；刑事证据的表现形式有：物证；书证；证人证言；被害人陈述；犯罪嫌疑人、被告人供述和辩解；鉴定结论；勘验、检查笔录；视听资料（1996年《刑事诉讼法》第42条）。（作者按：2012年《刑事诉讼法》中证据的表现形式修改为：物证；书证；证人证言；被害人陈述；犯罪嫌疑人、被告人供述和辩解；鉴定意见；勘验、检查、辨认、侦查实验等笔录；视听资料、电子数据。）在这些证据形式中间，证人证言、被害人陈述、犯罪嫌疑人及被告人的供述和辩解、当事人的陈述实际上应当理解为是“人证”这个证据所携带的信息表现形式，是证据信息，不是证据本身。鉴定结论、勘验检查笔录属于特定专业人员对物证的证据信息提炼和固定。（作者按：2012年《刑事诉讼法》将“鉴定结论”改为“鉴定意见”，更加清晰地展现了证据的信息属性）视听资料则要视其内容区分情况对待，因为它可以记录人证信息，也可以记录物证信息。

（四）区分证据与证据信息的意义

界定证据概念、区分证据与证据信息的理论意义主要在于：第一，解决了传统理论和立法实践的悖论问题，准确而科学地勾勒出证据概念的外延和内涵。证据为信息载体的表述揭示了证据的物质属性，划清了以往全部传统理论和反思改良理论的界限，指出和批判了传统证据理论中制造混乱的病根。第二，从证据的静态内涵和动态内涵两方面分析，建构了全新的证据资格理论，以及证明能力和证明力理论。揭示了证据的真实性、关联性和合法性审查与证明能力、证明力评判的动态过程。证据的证明能力和证明力取决于证据信息，证据的真实性、关联性审查判断当然也是针对证据信息而言。第三，通过区分证据与证据信息揭示了证据产生作用的机理，为评判理论解决了基础问题。明确证据信息的实践意义在于我们以后要注重对证据信息的研究，因为绝大多数的证据规则其重要立足点在证据信息。证据信息属于信息范畴，因此信息的特性成为我们研究证据评判需要重点考虑的因素之一。

混淆证据和证据信息的危害性也是明显的：理论上，难以建立完整的证据法学体系；实践中则难以建立完善科学的取证规则、质证规则以及相应的评判标准。区分了证据与证据信息，我们就可以进一步探索证据、证据信息和事实之间的关系；评判主体与证据之间的相互关系等深层次问题了。

三、证据与定案证据

定案证据，裁判者据以认定案件事实的证据。前文的论述已经明显地揭示了证据与定案证据的区别与联系。具备证据资格的证据不必然是定案证据，定案证据则必然是证据。定案证据是证据的一个子概念。证据不必然具有真实性、关联性与合法性，而定案证据必须具备真实性、关联性与合法性，并且三性缺一不可。裁判者必须综合判断全案所有的具备三性的证据，可以对具备三性的证据的证明力进行理性评价，但是不能对具备三性的证据进行取舍，即具备真实性、关联性与合法性的证据，裁判者必须将之作为定案证据，这是客观要求的，不能由裁判者随意地进行主观取舍。由此，证据的三性具有非常重要的意义，正是通过动态的过程对证据的三性反复进行甄别与评价，决定其是否能够作为定案的根据，从而完成了从证据到定案证据的飞跃。

（一）定案证据的真实性

定案证据的真实性，是指定案证据必须是伴随着案件的发生、发展的过程，而遗留下来的，不以人们的主观意志为转移而存在的，其携带的证据信息能够真实地反映案件事实。如果其证据信息存在重大疑问，不能排除合理怀疑而具有不真实的现实可能，则该证据不能作为定案证据。由于所有的证据都是客观存在，都具有客观性，为了明确定案证据的特征，笔者采用真实性的提法，主张真实性是定案证据信息基本的因素和特征之表现。尽管定案证据的载体形式是客观实在的，但其所包含的证据信息却还是有可能由于认识主体的原因导致偏差，这就是证据主观属性的表现。比如，人证本身就可能基于其主观能动性对其表述的证据信息（证言）进行过滤与选择，从而使证据信息偏离真实的轨道。

对于证据的真实性问题研究，其主要作用和意义有三个方面：一是裁判者不能把个人的纯主观判断，或人们的想象、假设、推理、臆断、虚构等，作为定案的证据适用。二是按照真实性的要求，定案证据必须要有正确的来源与合法的形式保障，对于没有正确来源的证据信息，如匿名信的内容、小道消息、马路新闻、道听途说等，由于无法进行查证，无法认定其真实性，当然不能作为定案的证据信息使用。三是我们要有意识地训练我们的识别能力，提高我们的认识能力，建构我们科学的辨识方法体系。

（二）定案证据的关联性

定案证据的关联性，指证据信息必须同案件事实存在某种联系，由此对证明案情具有直接的实际的意义。证据对于案件事实有无证明力，以及证明力之大小，完全取决于证据信息与案件事实有无联系，以及联系的紧密、强弱程度，即定案证据一方面是客观存在物，另一方面其承载的信息必须与案件事实存在某种客观联系。证据的关联性表现在两个方面：一是证据是伴随着案件发生过程形成的，它和案件事实之间应当具有必然的客观联系。二是证据与案件事实的联系要按照辩证唯物主义的世界观和方法论来认识。世界上的万事万物，因果联系是普遍的，关联的形式是多元的。“自然界和社会中的一切现象，不管如何错综复杂，千奇百怪，它们之间都有着严格的不以人的主观意志为转移的因果联系。客观世界的任何现象都有产生的原因，任何原因也都必然产生一定的后果。即使有些现象的原因暂时还没有被人们发现，这并不是说这些现象的出现是没有原因的。事实上出现这些现象的原因是客观存在的，只是我们现在还没有认识而已。随着科学技术的发展和人们认识能力的提高，总有一天是会被人们所发现的。”总而言之，证据与案件事实之间的关联性是客观存在的，是普遍联系的，这是一个颠扑不破的真理。我们可能会基于当时的特定物质技术条件或者认识能力的限制，无法对其形成全面准确的认识。这就要求我们在收集、判断证据和查明案件事实真相的过程中，必须认真发现证据的关联性，并进行准确的评价，既不能主观臆造，也不能牵强附会，更不能强加，才能够保证案件的质量，否则就会导致冤、假、错案。

同时我们不可否认，确定证据的关联性是一个非常重要又极为复杂的问题。因为，有的关联关系比较明显，容易判明；有的关联关系比较复杂，不大容易判明；有的关联关系需要经过仔细地检查、辨认、检验和鉴定才能识别。特别是言词信息，由于每个做证主体的背景不同，同案件的利害关系不同，所提供的证据信息要经过对比、分析、推理、实物验证等，关键还要结合物证信息分析，才能确定。因此，发现并且准确评价证据的关联性，是裁判者的一个重要的基本功，只有正确地解决证据的关联性，才能防止错案，保证裁判的质量。

（三）定案证据的合法性

定案证据的合法性，也叫证据的许可性，即要求搜集证据的主体要合法，每个证据来源的程序要合法，证据必须具有合法形式，证据必须经法定程序质证认证。合法性要求证据的收集、固定、保全和审查认定应当符合法律的规定。证据的合法性，是证据真实性和关联性的重要保证，也是证据具有法律效力的重要条件。为了确保证据的合法性，三大诉讼法对于搜集证据，固定和保全证据，审查和判断证据，查证核实证据等，都规定了严格的程序和制度。证据资格的取得只需要达到法定证据形式标准即可，但是对于定案证据的合法性就要通过质证程序对证据进行全方位的辨识。正如前文所言，法律规定的一些证据合法性要求，有些是基于对认识规律的总结而作出的技术性规定，有些则基于其他价值的考虑，甚至容忍对发现案件事实真相的放弃。这是一个非常复杂的平衡问题，从长远看又恰恰是为了最大限度地保障真实，或者说最大限度地避免错案，从而对特定证据的证明能力进行了理性的限制。比如，我国立法严格禁止司法人员以刑讯逼供和威胁、引诱、欺骗以及其他非法的方法搜集证据。1996 年《刑事诉讼法》第 43 条规定："审判人员、检察人员、侦查人员必须依照法定程序，收集能够证实犯罪嫌疑人、被告人有罪或者无罪、犯罪情节轻重的各种证据。严禁刑讯逼供和以威胁、引诱、欺骗以及其他非法的方法收集证据……"（作者按：2012 年《刑事诉讼法》为第 50 条）《最高人民法院关于执行〈中华人民共和国刑事诉讼法〉若干问题的解释》第 61 条规定："严禁以非法的方法搜集证据。凡经查证确实属于采用刑讯逼供或威胁、引诱、欺骗等非法的方法取得的证人证言、被害人陈述、被告人供述，不能作为定案的根据。"并非刑讯取得的证据就必然不具备真实性与关联性，相反，根据笔者的实践考察与调研情况来看，绝大部分刑讯取得的口供还是基本符合案件事实的，失实的仅仅是很少一部分。立法之所以如此规定，是因为保障无罪的人不受追究是我们的一个非常重要的价值目标，同时保障人权也是司法文明的必然要求，我们参与的国际条约也存在一些最低的标准，等等。正是经过多元的价值平衡后，我们决定宁可作出存在损害真实发现可能的代价，严禁适用刑讯取得的言词证据。

同时需要注意的是，证据的合法性不能做僵化的理解，我们必须认识到合法性的要求是动态的过程，是需要根据实践国情进行微调的，这也是准确司法对我们提出的要求。比如，司法部门在民事诉讼中证据合法性的看法有一个发展的过程，这种变化比较明显地体现在对待音像资料的态度上。1995年3月6日最高人民法院在《关于未经对方当事人同意私自录音取得的资料能否作为证据使用问题的批复》中指出："证据的取得首先要合法，只有经过合法途径取得的证据才能作为定案的根据。未经对方当事人同意私自录制其谈话，系不合法行为，以这种手段取得的录音资料，不能作为证据使用。"这一批复就将证据的合法性规定得比较严格。然而，实践中大量的权利人处在取证难的尴尬境地，为了更好地保护当事人的合法权益，体现公平公正的原则，有必要对证据合法性的范围作适当扩张性的规定。最高人民法院在2001年12月6日通过的《关于民事诉讼证据的若干规定》第68条规定："以侵害他人合法权益或者违反法律禁止性规定的方法取得的证据，不能作为认定案件事实的证据。"换句话说，除了以侵害他人合法权益和违反法律禁止性规定的方法取得的证据以外，以其他方法取得的证据都具有合法性。

关于非法证据可采性，世界各国的做法也不一致，如英美法系各国，特别是美国严禁采用非法证据作为定案的根据，《美国宪法修正案》第4条规定，采用非法搜查、扣押得来的证据，不允许采纳。此后，根据实践情况也经历了不断调整的过程，逐步规定了一系列的例外。大陆法系一些国家，一方面立法规定禁止采信非法证据，另一方面在认为有必要采信时，也采取了一系列手段进行合法转化，把非法证据转化为合法证据之后采用。（作者按：2012年《刑事诉讼法》规定了五条关于非法证据排除的条文）综上可见，我们应当用辩证的态度对待证据的合法性问题，应当用动态的思维结合实践国情进行理性对待，以做到准确定位。

综上所述，定案证据的属性是由证据的真实性、关联性和合法性三个基本因素构成的。这三个因素是互相联系、缺一不可的。真实性、关联性和合法性表明了证据内容和形式的统一，明确了什么样的证据可以作为定案证据，搜集证据、审查和运用证据的方法和途径，从而为我们正确地运用证据查明案件事实，指明了方向和途径。定案证据的三个基本特征，实际上就是我们收集、审查和判断每个证据的基本标准，掌握了这三项标准，判明整个案件事实真相就有了可靠的基础。否则，就会一错百错，就会发生冤、假、错案。

四、证据的客观属性与主观属性

证据与证据信息的概念区分，让我们清晰地看到证据是客观属性与主观属性的有机统一。

（一）证据的客观属性及其表现

物证外化为已发生过的事实在客观世界留下的各种印记或痕迹，它们与该事实之间存在的联系也是客观的，这种客观性是物证能够被用来认定事实的基础与前提。也正是由于物证的这种客观属性，决定了物证本位理念在证据法学中重要地位。

人证两个字区分了一般意义的人与诉讼法上成为证据的人。人是血肉之躯，本身就是一种客观存在，是一种哲学意义上的物。之所以容易造成混淆，是因为人是一种高级智能的动物，具有独立的思维。但是，不管其主观能动性如何，其本身的客观属性是殆无疑义的。

（二）证据的主观属性及其表现

证据本体的主观属性表现在证据这个物质载体所承载的信息对认识主体的主观反映问题，即证据信息对主体的意识刺激问题。对于人证的主观属性分析自然没有任何问题。但有人会提出物证是完全的，纯客观的证据，没有主体主观反映的问题。笔者认为这完全是一种误解，归根到底还是混淆了证据本体和证据信息的结果。物证自身固然可以说是客观的，没有主观因素的，但是物证本身却不能证明案件中的任何问题。任何物证想要证明案件中的有关事实，同样必须是物证所承载的信息对有关人员的意识造成反映。换句话说，物证这个载体所承载的信息必须对人的主观认识产生刺激，然后才能转化为证明案情的根据，那么它就不可避免地带有人的主观因素，即物证本身承载的信息是客观的，但由于认识主体的认识能力以及价值取向可能会导致证据信息反映得不完全或者曲解。

对于人证问题需要特别强调的就是，人证这个载体本身就是主观认识活动的主体。人作为高级智能动物，本身有着趋利避害的原始本能，其不同于物证主观属性的特殊性还在于其能够自动地对其承载的证据信息进行取舍和剪裁，甚至于编造和杜撰。正是由于人证有如此的特殊性，决定了我们对待人证表现的证据信息应当采取更加审慎的态度，需要与其他物证相互印证方能采信，即人证所呈现的证据信息其本身的客观性需要进一步的证明或印证。

总的来讲，证据信息对主体的意识刺激是客观存在的，是静态的，不以人的意识为转移的。

第四节 证据评判的内容

证据评判在一定程度上就是对证据的价值的评价和判断。证据的价值体现在证据的证明能力和证明力两个方面，它们共同组成了证据评判的内容。（作者按：关于证明能力和证明力的辨析，书中表述得不是十分清晰透彻，为保持原文风貌，未做删改。）法官最终作出的裁判事实就是对全案所有证据的价值进行综合评判的结果。同理，对于案件某一个情节的认定，就是对与该情节相关证据进行评判的结果。

一、证明能力

具备证据三性的证据就具备证明能力，可以成为定案的根据。

（一）证据能力和证明能力的辨析

传统理论认为，证据能力，也称为证据资格，或证据的适格性。“何种的资料可供严格的证明，称此具有可为严格的证明资料之能力为证明能力，或称证据资格，亦即证据适格性。”① 传统的证据概念要求证据具备真实性、关联性与合法性，从而具备证据资格的证据自然就拥有证据能力，证据资格是与证据能力在同一个意义上使用的。笔者对证据概念进行了广义的界定，对证据资格没有三性的要求。证据的三性问题是诉讼过程中要解决的问题，是通过庭审质证、认证过程完成的。具备三性的证据是定案证据，定案证据才具备证明能力。定案证据是证据的子概念，具备证据资格（证据能力）的证据不必然具备证明能力，定案证据才具备证明能力。

（二）证明能力是证据价值存在的基础

由于在不同的诉讼阶段，立法者通过诉讼程序所达到的价值各有侧重，所以，体现在证据的标准上，在不同的诉讼阶段，对于证据的审查标准也有所区别，这是由认识的一般规律所决定的，也是由诉讼规律决定的。诉讼活动的进行，在本质上也就是一个认识发展的过程。在这一过程中，通过对证据信息的深入梳理，逐渐接近事实的真相。这里需要强调的是，这个从宽松到严格的过程，实质上具体外化为不同的诉讼阶段对证据信息的审查判断主体、审查判断方式和手段以及审查判断的程序和程序后果的不同来控制的。这个过程也就是对证据的证明能力和证明力的反复检验甄别确定的过程。只

---

① 陈朴生著：《刑事证据法》，台湾三民书局 1970 年版，第 249 页。

有具备证明能力的证据才对证明案件事实有价值，没有证明能力的证据就不能够作为定案的根据。因此，证明能力是证据价值存在的基础。

（三）真实性和关联性是证明能力的前提

证明能力和证明力的大小主要取决于证据承载信息的具体情况。证据的真实性、关联性、合法性决定着证据的证明能力有无。这三个标准中，真实性、关联性的存在价值主要是由认识论决定的，不具有该属性的证据，对于查明案件的真相就不具有任何价值，相反，还会影响对于案件客观真实情况的认识。证据的价值取决于其承载的信息，从这个角度深入剖析，证据的真实性和关联性指的就是证据信息的真实性和关联性。具备真实性与关联性的证据就必然具备证明能力，它们是证据证明能力的前提。

（四）合法性的价值在于对证明能力的理性限制

合法性所涉及的法律规定，在性质上具有多重性，有些法律规定属于技术性规定，是对于人类认识规律的总结，对于该类法律规定的遵守，有助于查明案件的真相。在这里，合法性的价值仍然是由认识论来决定的。有些法律规定则基于其他价值的考虑，与查明案件事实的真相无关，甚至在一定程度上与案件事实真相的查明相冲突。这些法律规定所涉及的价值包括但不限于保护人权的考虑、诉讼效率、伦理道德的考虑，等等。因此，合法性的标准不是一个绝对的标准，各国差异很大。在确立这一标准的时候，要进行复杂的利益衡量。首先，要对合法性的“法”进行分析，区分不同法所保护的利益的不同以及在一国法律秩序中所处的地位；其次，要分析因为合法性标准排除证据使用所导致的法律利益损失的种类和地位；最后，要综合比较适用合法性标准排除非法证据的法律利益得失，决定在多大程度上应该采纳什么样的标准。正是在这个视角上讲，证据合法性的主要价值就体现在对证据证明能力的理性限制。

二、证明力

证明能力是证据价值之基础，有证明能力的证据就具备了证明力。证明力的大小是证据认定事实的核心与关键。

（一）证明能力是证明力的前提

证据的证明力，又称为证据价值，是指证据对案件事实的证明作用力的大小的程度。[①]“证据对于待证事实之认定具有实质之价值即有证据价值者，称为证据之证明力。”[②] 在普通法系国家也常被称作证据分量（weight/strength）。具备真实性、关联性与合法性的证据即具备了证明能力，有证明能力的证据才会产生证明力的大小问题。没有证明能力的证据就肯定没有法律意义上证明力。因此，证明能力是证明力的前提。有证明能力的证据自然就有证据价值，但是证据价值的大小取决于证据证明力的大小。证明力是证据价值的直接体现。[③]

（二）关联性决定证据证明力的大小

证据的关联性，是指证据所承载的信息必须与待证案件事实具有内在的必然联系。具备真实性与合法性的证据，其关联性就表现为该证据能够证明待证案件事实的全部或一部。关联性的存在使得证据具有证明的实际能力，从而对案件事实有证明力。关联性是证据的最根本特征，是证据三性说中唯一没有任何异议的。在质证时，证据信息的关联性是当事人相互进行质疑、说明与辩驳的一个最主要对象。没有关联性的证据肯定不能发挥证明作用。不管关联性的表现形式如何多样，它必然是客观存在的，并且能够为认识主体所认知。关联性程度的大小和多少，决定了证据证明力的大小。

（三）证明力的判断是一个复杂的综合的过程

法律无法对千变万化的事物之间的联系做出预先规定，证据信息是千姿百态、复杂多变的，在这充满变化和流动性的世界无法预先设计好关于各类证据的证明价值的标准。因此，证明力的大小属于事实裁判者运用逻辑和经验的理性判断范畴。事实裁判者拥有很大的自由裁量权。由于证明力的判断主要是经验问题，应当交给法官结合具体案情进行心证，主观性就不可避免地客观地存在。法律出于对证据可靠性，或者政策性的考虑，可以设置必要

---

① 日本《世界大百科辞典》对证据的证明力解释为：“指证据对需要证明的事实所具有的作证效力，即把证据的可靠程度叫做‘证据力’。也又把它叫做‘证据价值’或‘证据力’。”参见黄道主编：《诉讼法》，知识出版社 1981 年版，第 206 页。台湾学者对此是这样描述的：“所谓证据力亦称证据之证明力，系证据资料得为证明之价值。”参见台湾云五社会科学大辞典：《法律学》，第 453 页，转引自叶久根：《民事诉讼证据能力研究》，载《法律适用》1999 年第 7 期，第 37 页。

② 蔡墩铭著：《刑事诉讼法论》，台湾五南图书出版公司 1993 年版，第 259 页。

③ “关联性，从其应受客观的事物间关系之知识的拘束，不得任意决定，固与自由心证之应以关联性，判断其证据之价值同出一辙；惟证据评价之关联性，乃证据经现实调查后之作业，系检索其与现实间之可能的关系，为具体的关联，属于现实的可能；而证明能力之关联，亦即单纯的可能，可能的可能。故证据之关联性，得分为证明能力关联性与证据价值关联性二种。前者，属于调查范围，亦即调查前之关联性；后者，属于判断范围，亦即调查后之关联性。”参见陈朴生著：《刑事证据法》，海天印刷厂有限公司 1979 年版，第 276 页。

的证明力规则。

对证据证明力进行判断主要内容有三项：一是证据的真实性考察；二是对证据的合法性辨识；三是证据与待证事实之间关联程度的大小。只有当证据既具有真实可靠性又具备较强的关联性时，该证据才具有较强的证明力。合法性则是基于政策性的考虑，进行必要的价值平衡，实质上也往往是对证据可靠性追求的结果。

对于判断单一证据的立法限制通常有两种情况：一是法律从否定的角度限制某些证据的证明力或规定其不具有完全的证明力；① 二是法律从肯定的角度确立某些证据具备较高的证明力。② 证据证明力的判断经常是需要综合其他证据全面进行的。针对直接证据，重点考察其真实性、关联性与合法性，然后综合分析全案证据。针对间接证据，在考察完证据三性后，还要求所有证据之间形成一个相互依赖的完整的闭合的证明链。用间接证据证明一个事实需要做到五点：一是每个间接证据都形式合法；二是每个间接证据都查证属实；三是每个间接证据经过合理推论可以获知其与案件事实之间存在客观联系；四是每个间接证据之间的推论相互协调一致，不存在矛盾冲突，具有同向性；五是所有间接证据结合起来只能得出一个案件事实结论，具有排他性。

证据的证明力评判极其复杂，无法通过法定形式完全确定，经常依赖于事实裁判者的经验、理性与逻辑，法官具有较大的自由裁量权。证明力的判断属于“证明的科学”，是一门言之不尽且无法言尽的科学。需要裁判者运用丰富的生活经验和职业经验去独立判断，需要裁判者有意识地进行逻辑训练，需要裁判者理性的保障。

---

① 前者如美国《联邦证据规则》第 404 ~ 415 条规定的品格证据规则、习惯证据规则、事后补救规则、和解证据规则等，因缺乏关联性而不具备证明力被排除；后者如补强规则，最为典型的是仅凭口供不能定案的规则。

② 如《法国刑事诉讼法典》第 430 条规定，除法律另有规定外，勘验轻罪的笔录与报告作为一般情况而具有价值。

第二章 证据评判的理论基础

何为理论基础，在学界是见仁见智。就证据法学的理论基础来讲，就有一元论、二元论、三元论、多元论等争论。[①] 证据法学发展需要多元的理论支持，涉及诸如认识论、价值论、效率论、方法论、信息论、正当程序等诸多理论。之所以产生争议，其关键在于大家对理论基础的“基础”两字的理解不同所致。各种争议之所以能够存在，是因为各自的视角不同，采用的标准不同。如果我们能够与之取相同视角和标准，则会发现均各自有其道理。证据法学的基础理论如此，证据评判的基础理论肯定也是相同的情况。并且，证据评判的基础理论与证据法学的基础理论也应当有不同的侧重。笔者在这里不对各种观点进行剖析和点评，而是仅就自己的观点简述理由。

证据评判首先涉及认识问题，因此诉讼认识论必定是证据评判理论基础中最“基础”的部分。当个体认识产生相对性、主观性和有限性制约难以达成主客观相统一的效果时，如何保障认识结果的正当性就成了一个核心的问题。这时，我们就要发挥正当法律程序及其规则裁断功能的作用。当认识出现困境，事实真伪难断，规则裁断功能又无所凭借时，价值选择和利益衡量方法是我们的最佳出路。因此，正当法律程序理论、价值选择和利益衡量理论亦成为证据评判的理论基础。证据评判的基础理论表现在其解决认识问题和认识的正当性保障问题，除此之外当然还有很多理论与证据评判有关，但

---

① 一元论中存在辩证唯物主义认识论的一元论和价值论的一元论两种截然对立的观点，辩证唯物主义认识论中的一元论也存在传统的认识论和发展的认识论的区别；二元论主张以认识论和价值论作为证据法学的理论基础，但对价值论内部构成存在不同认识；三元论主张以认识论、价值论、方法论作为证据法学的理论基础；多元论的主要差异在于对“多”的把握和细分上，有的是在上述二元论、三元论的基础上进行解构，有的主张以多学科或多项哲学命题为共同基础。值得注意的是，在以上四种维度中，许多观点之间存在一些交叉地带，一些学者自身的观点也历经一些改变，但大致风貌依旧清晰可见。参见宋英辉、汤维建主编：《证据法学研究述评》，中国人民公安大学出版社 2006 年版，第 76 页。

没有必要将之作为“基础”。本章中，笔者从新的角度深入阐释了诉讼认识论与唯物主义认识论之间的关系；重新界定了正当法律程序的五大核心要素，突出了规则裁断的功能和意义；强调了价值选择与利益衡量理论在证据评判中的重要作用。

第一节 诉讼认识论

关于诉讼中的认识论问题，学界争论非常大。辩证唯物主义认识论到底要不要，它与诉讼认识有着什么样的关系等问题都比较复杂。笔者认为，诉讼认识论是在唯物主义认识论指导下产生的。唯物主义认识论具有确定性与辩证性的特点，体现出绝对性（绝对真理）与相对性（相对真理）的统一，客观性反映与主观性认识的统一，实践检验的无限性与有限性的统一。唯物主义认识论最终强调和突出的是对宏观的、规律性的认识，因此主要着眼于认识论的绝对性、客观性与无限性的研究。而诉讼认识强调的是对微观的、个别性的认识，因此着眼于认识论的相对性、主观性与有限性的研究。在诉讼中，裁判者对案件事实的认定有终局性的要求，为了超越认识论的相对性、主观性与有限性的局限，必须进行诉讼认识正当性的建构，以取得裁判事实被社会最大限度地接受的客观效果。证据评判是诉讼认识的核心内容，裁判者对案件事实的认定集中表现在证据评判的过程。

一、唯物主义认识论的确定性和辩证性

（一）唯物主义认识论的确定性

唯物主义认识论认为：世界是物质的，意识是对物质的反映；物质第一性，意识第二性，物质决定意识；人具有主观能动性，人的认识可以正确反映客观世界。辩证唯物主义认识论有三大要点：一是可知论，即人的认识可以正确反映客观世界；二是反映论，即意识是对物质的反映；三是决定论，即物质第一性，意识第二性，物质决定意识。物质决定意识，必然能够最终检验意识反映的正确性，决定论实质上充分体现了实践观。辩证唯物主义认为，世界是可知的，人的思维是至上的，能够认识客观世界的一切事物和现象。这种可知论在证据评判中的体现，主要在于案件事实在理论上都是可以认识和查明的。这种反映论在证据评判中的体现，主要在于法官的主观意识能够对案件事实进行客观的反映，其反映的特点与主观意识的特性紧密相关。这种决定论的实践观在证据评判中的体现，主要在于法官的主观意识不能任

意进行，它需要努力与案件事实相统一，案件事实也能够对法官主观意识进行检验。马列主义的辩证唯物主义认识论作为人类认识社会的普遍真理是不容置疑的，当然也对证据评判起着根本性的指导作用。

1. 可知论与证据评判

辩证唯物主义可知论认为人的思维是至上的，是能够认识客观世界的。但这里所说的人的思维是指“作为无数过去、现在和未来的人的个人思维而存在”，是泛指人类的思维，而不是指单个人的思维。辩证唯物主义的可知论是从人类在整体上、在无止境的世代更迭中所具有的对客观世界的无限认识能力或所能实现的终极认识目标上来说的。从人类认识的本性来说，人的认识能力是无限的，人最终能够正确认识客观存在的一切事实。不承认人类认识能力的无限性，否认客观存在的事实的可知性，是典型的唯心主义不可知论。这种可知论在证据评判中的体现，主要在于任何案件事实在理论上都是可以认识和查明的。否则，我们的证据裁判理念以及相应的证据评判活动都将毫无意义。根据可知论的观点，法官是有能力通过证据认识案件事实，并能够最终作出正确的判决和裁定的。

2. 反映论与证据评判

反映论是辩证唯物主义关于认识的理论。反映论主张人的认识不是来自天赋的观念，不是来自头脑本身，而是后天形成的，是人脑对客观现实的反映。一方面，心理、意识是脑的产物，脑是心理的器官。恩格斯说：“我们的意识和思维，不论它看起来是多么超感觉的，总是物质的、肉体的器官即人脑的产物。”列宁也指出：“心理的东西、意识等等是物质（即物理的东西）的最高产物，是叫做人脑的这样一块特别复杂的物质的机能。”另一方面，心理、意识的结果有赖于外界事物作用于感觉器官。列宁指出：“没有被反映者就不能有反映，被反映者是不依赖于反映者而存在的。”例如，最近考古学上依据从河南内黄县发现的古城遗址将人类的生活史、文化史退到了七千年前。从深埋地底发掘的内黄古城遗址是数千年前的人类活动遗留的痕迹，经过数千年的沉寂最终被今人所发现，今人就是依据这些发现推断出了当时的人类生活的时代和文明。内黄古城遗址当然不依赖于反映者而存在，而一旦其作用于人们的感觉器官，就产生了对当时人类活动的认识。从根本上说，心理终究是客观现实的反映，而不是脱离客观现实而存在的东西。由此，也就否定了一切形式的先验论。这种反映论在证据评判中，表现在法官对案件的主观认识也不是来自法官头脑本身，而是后天形成的，是人脑对案件事实的反映，是由与证据相关的案件事实作用于法官的感觉器官形成的结果。

3. 决定论的实践检验观与证据评判

辩证唯物主义认识论认为实践是检验真理的唯一标准。“判定认识或理论是否是真理，不是依主观上觉得如何而定，而是以客观上社会实践的结果如何而定。真理的标准只能是社会实践。”在法官的证据评判活动中，法官的主观意识也是不能任意进行的，它取决于案件的证据，案件的事实与证据能够对法官主观意识进行检验。法官的主观意识不能够恣意妄为，它受制于案件事实，需要去忠实地反映案件事实。

（二）唯物主义认识论的辩证性

1878 年 7 月，恩格斯在莱比锡出版了其重要著作《反杜林论》。作为马克思主义经典著作之一，《反杜林论》不仅在唯物主义自然观和历史观上占据着重要的地位，而且在辩证唯物主义认识论中同样有着不可磨灭的贡献。在这部著作中，恩格斯针对杜林无休止地罗列终极的真理、思维的至上性、认识的绝对可靠性等词句，宣扬形而上学的真理观“永恒真理”、“绝对真理”的谬论，着重论述了认识论的辩证性。恩格斯指出，如果不是囿于在细小问题上使用大字眼的话，就谈不到永恒、最后的终极。正是在对杜林的这一系列谬论的批判中，恩格斯阐明了辩证的唯物主义认识论。恩格斯指出：人类认识运动是一个矛盾过程，即人类认识运动是一个有限与无限的矛盾运动过程。认识过程本身的这种矛盾，决定在这个过程中产生的认识成果，即真理与谬误也是相矛盾的。真理与谬误的矛盾是认识过程中的基本矛盾，同时由于这个矛盾又引申出了真理自身的矛盾，即真理是绝对真理和相对真理的统一。真理自身的矛盾，决定了真理是发展的，同时认识过程本身的矛盾，也决定了真理是个不断地由相对走向绝对的过程，是在同谬误的斗争中不断地向前发展的。这一段话让我们认识到：第一，作为人类的认识运动，是无限的。但是作为一个个体的人，其认识运动是有限的。具体到一个案件中，法官作为一个个体对案件的认识运动，则更加有限。第二，认识运动本身的矛盾决定了真理也是不断地由相对走向绝对，人类也是在同谬误的斗争中不断地向前发展的。真理本身即是绝对真理和相对真理的统一。

1. 可知论的辩证

人类的思维是至上性与非至上性的统一。恩格斯在《反杜林论》中进一步指出：“每一个人的思维所达到的认识的至上意义，那么我们大家都知道，它是根本谈不上的，而且根据到目前为止的一切经验看来，这些认识所包含的需要改善的因素，无例外地总是要比不需要改善的或正确的因素多得多。换句话说，思维的至上性是在一系列非常不至上地思维着的人们中实现的；

拥有无条件的真理权的那种认识是在一系列相对的谬误中实现的；二者都只有通过人类生活的无限延续才能完全实现……一方面，人的思维的性质必须被看做是绝对的，另一方面，人的思维又是在完全有限地思维着的个人中实现的。这个矛盾只有在无限的前进过程中，在至少对我们来说实际上是无止境的人类世代更迭中才能得到解决。从这个意义来说，人的思维是至上的，同样又是不至上的，它的认识能力是无限的，同样又是有限的。按它的本性、使命、可能和历史的终极目的来说，是至上的和无限的；按它的个别实现和每次的现实来说，又是不至上的和有限的。”① 这几段话让我们认识到：从终极意义上讲，从人类整体上讲，人类具有无限的认识能力，人类的认识可以达到绝对真实，但从人对具体事物的认识来看，从认识的每一个阶段来看，绝对真实是无法全部绝对达到的。在这个意义上理解，可知实际上也是相对的，如团藤重光教授认为，“真正绝对的真实，只有在神的世界才可能存在，在人的世界中，真实毕竟不过是相对的。诉讼领域中的真实当然也不例外”。②

2. 反映论的辩证

辩证唯物主义的反映论认为，人的认识并不是客观现实作用于人脑的消极的、被动的产物，而是在人与客观世界相互作用的实践过程中产生的。不同的人，甚至同一个人在不同情况下，对同一事物所产生的映象，除随当时处境和过去经历外，还随需要而转移。人的这种选择性不只取决于生物性，更重要的是取决于人所处的社会关系。因此，法官的主观认识也不是消极的、被动的，它在与证据的相互作用过程中同样具有选择性，这种反映的特点与主观意识的特性紧密相关。在侦查人员、公诉人员与辩护律师身上，这种选择性将表现得更加充分。

3. 实践检验观的辩证

实践检验的相对性在社会科学领域表现得极为明显。以考古学为例，对于考古学家最为关注的地球人类最早出现的时间和地点问题，历史上有很多考古学家都曾经宣布自己发现了人类最早的起源，但每一次新的人类遗址的发现又否定掉前人的推断，于是人类最早出现的时间不断提前，地点也不断改变。考古学家们曾经认为大约在四五十万年前出现的北京人是人类最早的起源；1993 年，考古学家们又在南京市汤山一个溶洞内发现了古人类颅骨，

---

① 《马克思恩格斯选集》（第 3 卷），人民出版社 1972 年版，第 126 页。

② ［日］团藤重光：《刑事诉讼中的主体性理论》，载《法学家》1988 年第 4 期。

被证实距今已有58万年到62万年的历史，从而提出了“人类起源于南京人”的观点；[①] 2000年8月初，美国和以色列的地质、考古学家发现人类远祖至少在78万年前就从非洲迁居到以色列，地中海东岸是人类祖先走出非洲、迁徙欧洲、亚洲的“走廊”，从而证明了“人类最早起源于非洲”的观点。[②] 人类的起源显然是一个客观的、无可更改的事实，但人们对这一事实的探索却是无穷尽的，其中每一次探索都是有限的，而且每一次实践的检验都只能否定以前的结论，而不能提供一个终结性的结论。

自然科学领域的认识是相对更加具有精确性的，但是仍然不能例外：亚里士多德—托勒密的地心说在当时是符合人们的感觉经验的，并以一定的观测资料为依据，因此一直统治着人们的头脑长达十几个世纪。直到15～16世纪，随着航海业的发展和哥伦布等航海家们发现了新大陆，打开了人们的眼界，人们才对这种学说发生了根本性的疑虑，在这个背景下，哥白尼以大量的天文观测材料为依据，运用严密的数学计算和逻辑推理，提出了“日心说”，在事实和理论上否定了“地心说”的正确性。但是“日心说”本身也有重大缺陷，比如强调太阳是宇宙的中心，行星按正圆形轨道绕太阳运行等，因此其对“地心说”的检验是相对的，所以后来才有英国的数学家狄杰斯和意大利的自然科学家布鲁诺提出的宇宙无边无际，有无数个中心的理论。[③] 这一例证说明在某一个具体的历史时期，人对客观事物的认识是有限的，且其认识是否符合客观事实以及在多大程度上符合客观事实只能通过以后的实践活动来检验，这种检验是一个无限发展的过程，所以每一次具体的检验都是有限的、相对的。

二、诉讼认识的相对性、主观性和有限性

通过对辩证的唯物主义认识论的确定性与辩证性的分析，我们明白了认识的可知论体现了绝对性与相对性的统一，认识的反映论体现了客观性与主观性的统一；认识的实践检验观体现了无限性与有限性的统一。诉讼活动也是一种认识活动，是诉讼主体对诉讼客体（已经发生的案件事实）的一种追溯性认识活动。诉讼中的认识活动属于认识个体在有限时空内的认识活动，不能够运用唯物主义认识论的绝对性、客观性与无限性进行直接的指导，而

---

① 见2001年2月23日《北京晨报》。

② 见2000年8月23日《光明日报》。

③ 徐端康著：《欧洲近代经验论和唯理论哲学发展史》，武汉大学出版社1992年版，第13～15页。

是将之作为一种宏观的理论指引，即诉讼认识论在辩证的唯物主义认识论的基础上，关注于认识论的相对性、主观性与有限性的研究，并且对此有针对性地采取正当性处理，消化相对性、主观性与有限性带来的负面影响，以保证认识结果能够得到社会最大程度的认同。

（一）诉讼认识——一种特殊的历史认识①

1. 诉讼认识本质上是一种历史认识

其一，诉讼认识目的是确定案件事实，案件事实是过去了的事实，是历史性事实。诉讼认识具有历史认识的一般特点。在历史认识中，“历史事实是过去了的事实，我们只能通过历史证据（文献、钱币、建筑遗迹等等）来确立它，而这些证据有真、伪之分，这就显示了确定历史事实的特异之处。一方面，历史学所处理的事实是实际上已经发生了的，我们不能改变它们，也就是说它有某种给定的东西；但另一方面，由于历史学需要区分真证据和伪证据，历史事实的确定更依赖于人们的批判性认识”。② 在诉讼认识中，作为认识对象的案件事实也是一种预先给定的东西，我们只能认识它而不能改变它；对案件事实的认识需要借助证据，取决于对证据真伪的甄别、证据推理是否正确等因素的批判性认识。其二，诉讼认识与历史认识的方式都具有间接性。“过去绝不是一件历史学家通过知觉就可以从经验上加以领会的给定事实……他（历史学家）十分清楚地知道，他对过去唯一可能的知识乃是转手的或推论的或间接的。”③ 诉讼认识也必须借助一定的证据并通过推论，间接地获得案件事实的轮廓。其三，两者的认识目的都是确证某一表述具体历史事实的单称命题，而非探寻普遍命题或规律。由于案件事实是过去偶然发生的独一无二的事实，诉讼认识不可能像自然科学那样就同一类现象通过反复实验对认识结果予以反复的检验与核实。“司法调查者——陪审员——所必须处理的事情一般来说不具备这些以相同或相似的形式重复或再现的性质或能力。尽管存在着无数产生某一犯罪行为的相同的环境条件，也不能指望犯罪再次发生。即使它能够且确实发生了，也无助于前一问题的解决；它仅仅意味同样的制裁机制将要启动，而且，将构成新一轮制裁机制中调查的

---

① 关于本部分观点，主要参考了樊崇义主编：《诉讼原理》，法律出版社 2003 年版，第 326 ~ 333 页。其中一些注也转引于此，下文不再单独说明。

② 袁吉富著：《历史认识的客观性问题研究》，北京大学出版社 2000 年版，第 43 页。

③ ［英］柯林武德著：《历史的观念》，何兆武、张文杰译，商务印书馆 1997 年版，第 389 页。

主题。”[①] 探寻历史事实与案件事实不同于研究普遍命题或规律。其四，诉讼认识与历史认识都是由果及因的逆向推理过程，两者的认识结果都不可避免地存在或然性。恰如历史学家柯林武德所言：“没有任何历史的论证曾经以精确科学所特有的那种强制性的力量证明了它的结论。这种说法似乎是指，历史推论从来都不是强制性的，它至多只是许可性的；或者像人们有时相当含糊地说的，它决不能导致确凿性，而只能导致或然性。”[②]

2. 诉讼认识是一种特殊的历史认识

在历史学中，由于历史事实已经远去，对特定历史事实的认识主要是作为智识活动而存在的，其认识结果对现实社会生活一般不产生直接影响；诉讼认识却是一种直接影响现实生活的认识活动。很明显，我们可以不关心历史上项羽是否真的烧了阿房宫，却不会忽视是谁在你家放了一把火！与一般的历史认识相比，诉讼认识具有以下典型特征：其一，诉讼认识必须在相对确定的期限内得出确定的结论。“历史学家没有义务在任何规定的时间之内做出他的决定。对他来说，除了他的定案（当他达到这一点时）必须是正确的而外，就再没有别的问题了；这对于他就意味着，它将不可避免地要跟着证据而来。”[③] 历史学家无休止的争论一般不会给我们的生活带来什么不便，而武断地下一个定论反而可能阻塞历史真相的发现。在历史学中，所有的争论和分歧都可以通过“信传信、疑传疑”的方式留待新证据出现之后予以澄清。而诉讼的目的是解决纠纷。“倘若人们求助法律程序来解决争执，那么争执须在某一阶段上最终解决，否则求助法律程序就毫无意义。”[④] 即诉讼认识不可能无休止地持续下去，而必须在相对确定的期限内做出确定的回答。其二，诉讼认识只要求查明案件事实的特定内容，而不是全部。在法律规范中，特定的类型化事实可以分解为一系列的可重复性特征，即法律构成要件。因此，在诉讼认识中，对具体案件事实的认识开始被转化为对该类型化事实中的可重复性特征（即法律构成要件）的认识。只要能够证明法律构成要件所要求的事实，在法律上，即足以产生证明该案件事实全部内容同样的法律

---

① Alexander M. Burrill, A Treatise on Circumstantial Evidence, (1868. p. 94); quote from John Henry Wigmore, The Principles of Judicial Proof, Little, Brown, and Company(1913), p. 10.

② [英] 柯林武德著：《历史的观念》，何兆武、张文杰译，商务印书馆 1997 年版，第 363－364 页。

③ [英] 柯林武德著：《历史的观念》，何兆武、张文杰译，商务印书馆 1997 年版，第 371 页。

④ [美] 迈克尔·D. 贝勒斯著：《法律的原则》，张文显等译，中国大百科全书出版社 1996 年版，第 37 页。

效果。[1] 例如，对一般侵权行为的证明，只需要证明以下法律构成要件成立就可以了：(1) 须有某项行为；(2) 须该行为致人损害；(3) 须该行为违法；(4) 须该行为系出于过失或者故意；(5) 须行为人有责任能力。在历史学上，何种历史事实被选择为认识对象主要取决于特定研究者的个人兴趣。因此，作为历史学家认识对象的历史事实一般是随机的、多样的；就认识广度而言，由于历史学家的目的是如实地揭示人类曾经历过的社会生活或生活片段，对历史事实的认识又往往是要求全面的。其三，诉讼认识是裁判者与双方当事人的三方参与下进行，从头到尾地直接地在当事人双方的认识对抗中进行。因此，在结构形式上，诉讼认识不是单纯的主客体认识，而是在证明活动中展开的多主体间互动的认识，它同时混杂了证实和证伪交叉论证过程。换句话说，一方当事人对证明对象的证明是在另一方当事人对该命题证伪的制约下进行的，该当事人对命题的证明直接受到另一方当事人对其论据、论证的质疑、责难、检验，甚至于遭受对方当事人对证明命题的直接证伪。[2]

（二）认识论在诉讼认识中的体现

1. 相对性在诉讼认识中的体现

可知论的绝对真理是以人类历史长河为视角进行观察的。列宁指出："认识是思维对客体的永远的、没有止境的接近。"[3] 而诉讼中，作为主要认知主体的裁判者需要在特定的时间与空间内，在对有限的案件证据进行评价和判断的基础上，认定案件事实的。诉讼中的认识活动具有突出的相对性，

---

① 在张俊浩教授主编的《民法学原理》一书中，主张区分法律规范层面的法律构成要件和事实的构成要件事实（书中称之为"法律事实"），希望以此强调二者的差别，以及社会事实必须经过法律构成要件这一环节才能产生实际的法律效果。参见张俊浩主编：《民法学原理》，中国政法大学出版社1997年版，第56页。何秉松教授在其《犯罪构成系统论》一书中，亦主张"讲到犯罪构成概念时，应把刑法上规定的犯罪构成与社会现实生活中的犯罪构成事实严格加以区分"。参见何秉松著：《犯罪构成系统论》，中国法制出版社1995年版，第109页。

② 吴宏耀、魏晓娜著：《诉讼证明原理》，法律出版社2002年版，第34页。

③ ［苏联］列宁：《哲学笔记》，载《列宁选集》（第38卷），人民出版社1960年版，第280页。

我们要充分考虑认识主体思维的非至上性。①

在诉讼进展中，受制于特定的诉讼规律、条件，如诉讼期限、证据收集的不完全性、案件事实的复杂性以及认识手段的有限性等，诉讼中的认识活动的相对性，属于典型的认识的“个别实现”②，都是“在完全有限的思维着的个人”③ 中实现的。绝对性是着眼于宏观和全局，但是它并不意味着人们可以轻易地查明一切案件事实，不意味着裁判者认定的裁判事实与案件事实能够绝对吻合。现实中已经出现的大量错案表明：极有可能由于当事人在证据上的误导，或者其他原因，导致裁判者所作出的裁判事实认定与实际发生的案件客观事实相距甚远。④

因此，我们可以明确地得出结论：在诉讼过程中，我们对案件事实的认识只是一种相对的真实，而非绝对的真实。但是，在这种相对的真实中，蕴含着绝对的真实。这种相对的真实是法律视野下的产物，诉讼中的证明需要

---

① 恩格斯还论述了真理与谬误的辩证关系：“……认识就其本性而言，或者对漫长的时代系列来说是相对的而且必然是逐步趋于完善的……甚至永远是有缺陷的、不完善的，而谁要以真正的、不变的、最后的、终极的真理的标准来衡量它，那末，他只是证明他自己的无知和谬误……真理和谬误，正如一切在两极对立中运用的逻辑范畴一样，只是在非常有限的领域内才具有绝对意义……对立的两极都向自己的对立面转化，真理变成谬误，谬误变成真理。”参见［德］恩格斯：《反杜林论》，载《马克思恩格斯选集》（第3卷），人民出版社1972年版，第465～469页。

② 恩格斯在《反杜林论》中指出：“一方面，人的思维性质必然被看做是绝对的，另一方面，人的思维又是在完全有限的思维着的个人中实现的。这个矛盾只有在无限的前进过程中，在至少对我们来说是无止境的人类世代更迭中才能得到解决。从这个意义来讲，人的思维是至上的，同样又是不至上的。它的认识能力是无限的，同样也是有限的。按它的本性、使命、可能和历史的终极的目的来说，是至上的；按它的个别实现和每次的现实来说，又是不至上的和有限的。”

③ 恩格斯在《反杜林论》中指出：“一方面，人的思维性质必然被看做是绝对的，另一方面，人的思维又是在完全有限的思维着的个人中实现的。这个矛盾只有在无限的前进过程中，在至少对我们来说是无止境的人类世代更迭中才能得到解决。从这个意义来讲，人的思维是至上的，同样又是不至上的。它的认识能力是无限的，同样也是有限的。按它的本性、使命、可能和历史的终极的目的来说，是至上的；按它的个别实现和每次的现实来说，又是不至上的和有限的。”

④ 列宁认为：“在波格丹诺夫（以及一切马赫主义者）看来，承认我们知识的相对性，就是根本不承认绝对真理。在恩格斯看来，绝对真理是由相对真理构成的。波格丹诺夫是相对主义者。恩格斯是辩证论者。”“在辩证唯物主义看来，相对真理和绝对真理之间没有不可逾越的鸿沟。”“从现代唯物主义即马克思主义的观点来看，我们的知识向客观的、绝对的真理接近的界限是受历史条件制约的，但是这个真理的存在是无条件的，我们向它的接近也是无条件的。……你们会说：相对真理和绝对真理的这种区分是不确定的。我告诉你们：这种区分正是这样的‘不确定’，以便阻止科学变成恶劣的教条，变为某种僵死的凝固不变的东西；但同时它又是这样的‘确定’，以便最坚决果断地同信仰主义和不可知论划清界限，同哲学唯心主义以及休莫和康德的信徒们的诡辩划清界限。”参见［苏联］列宁：《唯物主义与经验批判主义》，载《列宁选集》（第38卷），人民出版社1960年版，第207页。

达到法定的程度。例如，在一起故意伤害致死案中，被害人是一名江苏籍男人，21 岁，未婚，无业，因入室盗窃被发现从三楼跳下，头部撞到路边的树上。犯罪嫌疑人或被告人是一名男子，36 岁，东北口音，物业保安，月薪千元，他见被害人跳楼逃跑即火速追至楼下，发现被害人躺在地上，遂用木棍击其头部数下，后被害人抢救无效死亡。在这里，裁判者必须确定的是故意伤害行为是否发生、实施伤害的行为主体是否确定、被害人是否确定，等等。至于被害人的年龄、婚姻状况、工作状况，以及被告人的收入等事实并非必须查明。即便如此，这个案件中由于受伤部位重合，对致死责任的证明和认定就存在极大的难度，直接涉及罪与非罪的问题。实践中类似的案件绝不是仅此一件，可见诉讼认识的复杂性。

2. 主观性在诉讼认识中的体现

所谓认识的主观性，在马克思主义看来，是指认识需要通过人的感官来进行，是主观对客观的反映。尽管案件事实是客观存在的，但是在认识的某一具体阶段，并不能保证我们的认识就是最终的认识，绝对正确的认识。因此，在司法实践和理论研究中，我们必须认识到，诉讼过程中对事实的认识，就是在一个又一个认识的具体环节上发生的，所以，这种认识，也不能等同于最终的认识。由于案件的认识有赖于案件证据，证据当然都是客观存在的，能够对人们的主观进行反映，但是侦查人员在搜集证据的时候就会由于各种主客观原因无法收集全部的所有的证据。[①] 而公诉人员与辩护律师的思维选择性是必然存在的，属于职业的习惯。即便不存在这种利益冲突导致的选择差异，两个人从同一个窗口看到的景物感受也肯定是不同的。法官在双方提供的证据与观点的基础上作出判断，难度不言而喻。

3. 有限性在诉讼认识中的体现

对诉讼认识的实践检验存在两个问题：其一，案件事实作为一种客观存在，由于时间的一维性和不可逆转性，它必然随着时间的推移在发生的同时而一去不复返。这样，通过诉讼认识认定的裁判事实与客观发生的案件事实之间根本无法进行直接的比较。其二，实践是检验真理的标准是要求检验的

---

① 我们可以实证地考察一下侦查人员是如何在侦查思维的指导下收集和判断证据的。在侦查阶段，根据有限的一些证据，侦查人员一般会先断定（或者假设）究竟是谁实施了犯罪行为、如何实施的。许多侦查人员往往非常相信自己的经验，在他得出初步的结论后，他就会有倾向性地去收集能够证明这一结论的证据。除非犯罪嫌疑人能够拿出充足的证据证明不是他干的，否则他就要倒霉了，因为等待他的往往是要求他坦白交代的刑讯逼供。刑讯逼供的心理原因就在于侦查人员认为自己认定的事实是正确的，至少正确的可能性非常大，而不是简单的官本位或者特权思想作祟的问题。

无限性的。正如毛泽东所说，“实践、认识、再实践、再认识，这种形式，循环往复以至无穷，而实践和认识之每一环节的内容，都比较地进到了高一级的程度”。[①] 而无期限、无数次的对裁判事实进行实践检验是不现实的。诉讼活动的确是一种实践活动，但是其对裁判事实的检验要受到有限性原则的制约，如在刑事诉讼中，立案、拘留、逮捕、起诉、判决的不同阶段实际上也在一定程度上体现了实践检验步步深入的展开和反复的进行，但是限于期限的要求，这些检验终究还是有限的。尤其是对裁判事实的再检验，次数更加有限。[②]

（三）诉讼认识需要正当性建构

诉讼认识之所以属于特殊的历史认识是因为其一方面无法绝对避免相对性、主观性与有限性的局限，另一方面其又必须具有终局性的特点。既然诉讼认识在具体的现实条件下只能达到相对的真理性，那么，我们如何才能使这种相对的真理使人们心甘情愿地接受和认同呢？在特定的时空条件下，人类的认识不可能达到绝对的真理性，只能达到一种相对的真理性，这种相对的真理性认识想要取得权威性，就必须经过一种正当性的建构。[③] 陈瑞华博士曾指出：“刑事诉讼是一种认识活动，但又不仅仅是一种认识活动。”[④] 他说，一方面，刑事程序要有助于事实的发现，但另一方面刑事程序还有本身独立的伦理价值。他的观点实际上也隐含了对诉讼认识的正当性看法。

这种正当性建构的关键在于化解了诉讼认识局限性的矛盾，并且合理地进行了矛盾转移，导致即使裁判结果有误，但是公众仍然能够信服于国家审判权，承认司法的权威，其有两个要点：

---

① 毛泽东著：《实践论》，人民出版社 1963 年版，第 21 页。

② 对诉讼认识的检验还有一个重要的难度就在于诉讼不同程序阶段有不同的证据要求，这进一步加大了认识检验的复杂性。诉讼过程中，提请批捕书、公诉意见书、起诉书（状）、判决书等司法文书就是用证据和法律语言建构起来的对案件事实的认识结论。检验这些认识结论的标准在诉讼中的直接体现就是证据标准。由于不同诉讼阶段的诉讼任务不同，以及所要解决的纠纷性质不同，检验这些认识结论的证据标准应当划分层次，如在刑事诉讼中，应当依据立案、拘留、逮捕、起诉、判决的不同阶段适用由低到高不同的证据标准。实际上，这个过程本身也体现了实践检验步步深入的展开和反复的进行，但是限于期限的要求，这些检验终究还是有限的。

③ 美国学者希拉里·普特南提出了“合理的可接受性”的概念，“简单地说是，在真理概念和合理性概念之间有着极其密切的联系。粗略地说来，用以判断什么是事实的唯一标准就是什么能合理地加以接受”。参见［美］希拉里·普特南著：《理性、真理与历史》，童世俊、李光程译，上海译文出版社 1997 年版，第 2 页。普特南的观点当然是过于绝对，存在一定的片面性，但是他确实在一定视角上引出了正当性的问题。

④ 陈瑞华著：《刑事审判原理论》，北京大学出版社 1997 年版，第 50 页。

第一，建立正当法律程序体系，在真伪难断的时候运用程序规则作出最终裁断，用程序上的公平公正来化解诉讼认识局限性的矛盾。

在诉讼中的体现主要表现在证明标准的合理建构、举证责任的分配、推定的适用、疑罪从无或者罪疑惟轻的原则，[①] 等等。比如：一楼房上掉下一个瓶子砸伤了路人王某，当时王某所在位置往上有六户人家有窗户，法院最终认定六户承担连带责任。这就是民事案件中关于高楼坠物造成损害的责任分担问题，是比较典型的规则断案例子；刑事案件中巨额财产来历不明罪也是典型的规则断案例子。其精髓在于用看得见的公平与公正，用看得见的书面规则对真伪难断的案件进行裁断，取得裁判事实的正当性。

第二，运用价值选择与利益衡量的方法，在真伪难断又无规则可凭借的

---

① 笔者对绝对的疑罪从无观点表示值得商榷。无罪推定是从人权保障角度提出的一个重要理念，但是无罪推定不能够论证疑罪从无的正当性，无罪推定是一种理念指引，疑罪从无是一种具体裁断，两者是不同的。对于疑罪的做法，笔者认为应当参考我国古代罪疑惟轻，以及疑罪以赎论的做法更为妥当，但是要建构一套具体的处理办法，彰显程序价值，表现其正当性。关于这个问题，笔者在第六章有相对详细的论述。

时候作出评价，来取得社会的普遍认同。①

清朝时期纪昀在《阅微草堂笔记》卷十《如是我闻四》中描述了一个断狱的故事："门人吴生冠贤，为安定令时，余自西域从军还，宿其署中，闻有幼男幼女，皆十六七岁，并呼冤于舆前。幼男曰：此我童养之妇，父母亡，欲弃我别嫁。幼女曰：我故其胞妹，父母亡，欲占我为妻。问其姓犹能记，问其乡里，则父母皆流丐，朝朝转徙，已不记为何处人也。问同丐者，则曰：是到此甫数日，即父母并亡，未知其始末，但闻其以兄妹称，然小家童养媳与夫亦例称兄妹，无以别也。有老吏请曰：是事如捉风捕影，杳无实证，又不可刑求，断离断合，皆难保不误，然断离而误，不过误破婚姻，其失小；断合而误，则误乱人伦，其失大矣。盍断离乎？推研再四，无可处分，竟从

① 马克思和恩格斯认为，价值观念和道德观念只是一定物质条件的产物。"我们驳斥想把任何道德教条当做永恒的、终极的、从此不变的道德规律强加给我们的企图，这种企图的借口是，道德世界也有凌驾于历史和民族差别至上的不变的原则。相反地，我们断定，一切以往的道德论归根到底都是当时的社会经济状况的产物。而社会直到现在还是在阶级对立中运动的，所以道德始终是阶级的道德；它或者为统治阶级的统治和利益辩护，或者当被压迫阶级变得足够强大时，代表被压迫者对这个统治的反抗和它们的未来的利益。"参见［德］恩格斯著：《反杜林论》，载《马克思恩格斯选集》（第3卷），人民出版社1972年版，第134页。但是，如果从这里得出结论说马克思主义不讲价值观，那就错了。马克思主义实际上是将无产阶级的价值观暗含在其理论体系之中了，这种价值观是建立在对历史规律或者历史的必然性的把握之上的，而不像以往的价值论，是将价值观念强加于社会现实和历史之上。所以，我国目前兴起的价值论或者评价论研究，也正是马克思主义哲学进一步发展的表现。我国学术界公认价值论研究的真正标志是1980年第10期《学术月刊》发表的杜汝楫的文章《马克思主义论事实的认识和价值的认识及其联系》。在20世纪80年代前半期，我国价值论的研究已经展开，但重点是关于价值论的认识论方面即评价论。到80年代后半期，对价值论研究的重点从认识论转到本体论。90年代，评价论研究出现了一批新成果。参见陈汉新、余红：《认识论研究的新发展》，载《哲学动态》1998年第3期，第7页。苏格拉底早就提出"美德即知识"的命题，将关于真理的认识与价值的认识统一起来。但是，这一问题并没有在他那里终止，反倒成了一个开端，因为它成了苏格拉底以后一直到现在哲学界长期聚讼纷纭的一个重大的哲学问题。休谟首次明确提出"事实"的知识和"价值"的知识问题。他认为，事实的知识是从经验观察的来的知识，并且由经验来检验，但是人们关于正义与非正义的知识，即价值的知识，不是从经验观察得来的，也不可能由经验来证明和反证。一切价值观念，如"自由"、"平等"、"幸福"等，无非是人们的喜爱或社会风尚，无所谓真理与非真理。康德一方面赞同休谟关于事实和价值的逻辑区分，但他不愿接受休谟那种否定价值真理的消极结论。他认为，价值的知识以及价值真理的必然性只能是先验的，其必然性只能在经验世界之外。所以，事实的知识是知性的经验知识，而价值的知识是先验的理性知识。参见杜汝楫：《马克思主义论事实的认识和价值的认识及其联系》，载《学术月刊》1980年第10期，第3页。马克斯·韦伯提出了事实—价值的现代区分，并且否定了价值判断的客观性，他的理由是：不可能制定一个使所有可能的理性的人都满意的价值判断的真理。参见［美］希拉里·普特南著：《理性、真理与历史》，童世俊、李光程译，上海译文出版社1997年版，第186页。以上争论和探索是客观存在的，但是笔者认为不管如何争论，都不能否认一定社会时期内社会公众对道德和价值会形成一个相对固定的体系，是能够为人所认识和遵从的。

老吏之言。”纪昀评：“天下必不能断之狱，不必在情理之外。”

再如，王某在半夜到商店实施盗窃过程中被发现，为抗拒值班保安李某的抓捕，王某拿出随身携带的匕首。李某毫不畏惧，在搏斗中将刀反夺将王某杀死。从上述情节来看，该案应当适用无限防卫权的规定认定李某正当防卫成立。但是，与王某一同作案在商店外面把风的张某说他看见李某将刀夺过去之后，王某即放弃抵抗跪地求饶，李某是在这种情况下将王某杀害。王某家属要求治李某故意杀人之罪。当时的情节只有张某的言词证据，张某是目击证人，但没有其他证据印证。法官该如何判定？是认定为防卫过当？还是认定为故意伤害致死？是认定为故意杀人？还是认定为正当防卫？这个案子也只能运用价值选择与社会利益衡量的方法作出判决，才能够取得社会的最大认同。

总的说来，真理性判断是一个经验问题或者逻辑问题，它涉及的是认知领域；正当性判断是一个价值问题或者道德伦理的问题，它涉及的是评价领域。在诉讼领域，真理性问题和正当性问题不是互不相关的，而是密切联系的。“在理想的条件下，如果我们能够获得绝对真理，那正当性问题就不存在了，因为绝对的真理就有绝对的正当性。但是，在一个具体的条件下，我们无法获知绝对的真理，那么，相对真理的可接受性就是因为它可以正当地被接受。”① 在诉讼领域中，一个裁判事实可以被合理地接受，必须满足这样三个条件：第一，它是根据充足的证据合理的推理出来的，具有高度的真实性；第二，它是在合法的科学的程序之中得出来的，具有正当性与合法性；第三，得出裁判事实的过程与手段符合道德的要求和主流的价值观，符合社会利益的要求。凯尔森说“法律程序创造了事实”，但是这个“事实”能够被社会最大限度认同，就必须符合上述几个条件。

三、诉讼认识论对证据评判的若干启示

通过辩证唯物主义认识论原理对诉讼认识论进行了解读后，我们要进一步考察诉讼认识论对证据评判的启示。笔者认为，主要表现在以下几个方面：

第一，根据辩证唯物主义认识论的客观性理论，人类的认识源自于客观现实，是对客观现实的反映；诉讼中的案件事实认定活动，必须建立在客观证据支持的基础之上，我们应当实行证据裁判制度。

第二，根据辩证唯物主义认识论的主观性理论，认识需要通过人的感官

---

① 樊崇义等著：《刑事证据法原理与适用》，中国人民公安大学出版社 2001 年版，第 24 页。

来进行，是主观对客观的反映；诉讼中我们要注重对法官心证的挖掘，同时提高与培养法官的个人理性，抑制其认识的任意性，实行理性的法官心证制度。

第三，根据辩证唯物主义认识论的相对性理论，人类的认识，包括在诉讼程序中对案件事实的认识，都只是一种相对的真实，这种相对的真实只能通过进行正当的程序建构、引入利益衡量与价值选择机制才能获得正当性。因此，我们要建立合理的证据收集、审查判断规则，建构合理的证明标准。

第四，根据辩证唯物主义认识论的绝对性理论，人类是有能力认识客观世界的，在诉讼中我们也是有能力认识案件真实的。因此，我们的证据评判要以追求真实发现为目的，探寻案件真实。同时，我们还要建立必要的纠错机制。

第五，根据辩证唯物主义认识论的实践检验有限性和无限性理论，我们不可能对裁判事实进行无限的检验，我们要根据有限性理论对裁判事实的检验设置合理的次数和合理的期限，我们应当建立最容易让司法人员操作和让人们接受的事实判断标准。①

第二节　正当法律程序理论

前面关于认识论的讨论涉及两个核心问题：一是诉讼认识具有相对性、主观性与有限性；二是基于诉讼认识的特点，必须进行正当化建构以弥补其缺陷。如何进行正当化建构，笔者认为也有两个要点：一是进行正当法律程序建构；二是建立价值选择和利益衡量机制。下文首先讨论正当法律程序理论，然后讨论价值选择和利益衡量问题。

尽管正当法律程序理念已经逐渐被各国所接受，但是理解各有不同，并且一国内部也都存在不同认识，甚至于每个人也都会有自己的理解。正当法律程序本身从起源到发展，经历了不同的历史时期，相应也都有其不同的含义。但是所有的不同，并不是对立的不同，只是或宏观理解，或相对具体理

---

① 美好的愿望带给人们的并不都是幸福和成就，而是不幸和失败。在历史上，不止一个哲学家这样警告过世人。荷尔德林曾说："总是使一个国家变成人间地狱的东西，恰恰是人们试图将其变成天堂。"转引自［英］弗里德里希·奥古斯特·哈耶克著：《通往奴役之路》，王明毅、冯兴元等译，中国社会科学出版社 1997 年版，第 29 页。房龙也曾说过，对于许多美好的蓝图来说，"播下的是龙种，收获的却是跳蚤"。客观事实标准带给人们的，只是一幅非常美妙的景象，可能反而会给我们的诉讼程序带来不幸和失败。

解，或进行了某一方面的侧重，大抵上还是可以说是视角的差异造成的不同，当然也存在着一些误读。对于在我国树立正当法律程序理念的核心关键，我们认为有五点：一是程序必须由法律明确规定；二是程序的设计要尽量公平公正；三是程序的运行要尽量公开透明；四是程序的规则设置具备止争功能，在出现真伪难明的情况下，能够运用程序规则作出裁判；五是违反程序的制裁措施和救济。对于证据评判理论的程序要求，我们认为主要有：法官中立、独立审判、集中审理、平等对抗、直接言词等。

一、正当法律程序的起源及其发展①

正当法律程序理念已经取得理论界和实务界的共识，但对其具体内容的理解还是存在分歧。为了更加准确地理解其含义，故先就其缘起与发展进行介绍，以形成清晰的脉络。

（一）正当法律程序的萌芽

正当法律程序，亦称为正当程序。② 从今天的考证来看“希腊语中没有与我们的‘正当法律程序’观念对应的术语”，但他们认为“若一个人未经审判或定罪（akriton kteinein）而被处死是一种暴行……是不经判决的暴力”，这表明在当时“至少存在着一种强烈的，即便并不专业性的支持有序的、无偏的司法程序的情感”。③ 罗马人同样认为，在任何情况下“像野蛮人或无所忌惮的暴君那样，不经审理而处罚某人的做法都不应在和平时期采纳，这将会成为可怕的先例”。④ 11 世纪的西欧，神圣罗马帝国皇帝康拉德二世

---

① 关于正当法律程序的起源和内容介绍，笔者主要参考了樊崇义著：《迈向理性刑事诉讼法学》，中国人民公安大学出版社 2006 年版，以及史立梅著：《程序正义与刑事证据法》，中国人民公安大学出版社 2003 年版。其中一些注也转引于此，下文不再单独说明。

② 从对历史的考察中我们知道正当法律程序源于自然正义法则（natural justice），其要求：任何人均不得担任自己诉讼案件的法官（nemo judex in parte sua）和法官在制作裁判时应听取双方当事人的陈述（audi alterm parten），虽然如此，但在相当长的历史时期中正当法律程序并不能取代自然正义法则，二者是并存的，“自然正义原则本质要求是中立不偏和申诉辩解，而法律的正当程序则要求司法机关在行使权力之时，应当按照公正的程序采取公正的方法进行，可见，二者在内容上是互补的，二者缺一不可”。参见汤维建：《关于程序正义的若干思考》，载《法学家》2000 年第 6 期。笔者认为当下对自然正义的理解可能过于狭窄了，自然正义的两项具体要求只不过是其中列举的两项罢了，应该有更加广大的含义。正当法律程序应当是自然正义的体现，该两项实际上也应当构成正当法律程序的组成部分。这仅是笔者的一种见解，没有仔细研究过相关原著，待以后再深入研究。

③ ［爱尔兰］J. M. 凯利著：《西方法律思想简史》，王笑红译，法律出版社 2002 年版，第 29～30 页。

④ Metamorphoses 10. 6，转引自［爱尔兰］J. M. 凯利著：《西方法律思想简史》，王笑红译，法律出版社 2002 年版，第 73 页。

(1024～1039) 曾颁布诏令:“不依帝国法律以及同等地位贵族的审判，不得剥夺任何人的封邑。”① 简短的诏令中包含了对剥夺封邑的基本法律要求：依照帝国的法律进行；由同等的贵族组成法庭进行审判；审判是剥夺封邑的必经程序。其中任何一项内容的缺失都会导致剥夺封邑行为的非法性结果。这大概可以说是正当法律程序的萌芽。

（二）在英国的起源及其早期发展

1215年6月15日，英国国王约翰（1199～1216年）签署了今人尽知的《大宪章》(Magna Carta)，在《大宪章》的第39条中规定：“凡自由民除非经同等人的依法判决或遵照国家的法律（by law of the land）之规定外，不得加以扣留、监禁、没收其财产、褫夺其法律保护权，或加以放逐、伤害、搜查、或者逮捕。”最早将《大宪章》中的“国家的法律”阐发为“正当法律程序”的是英国大法官柯克，在其著作《英国法律机构》中，提出“国家的法律（by law of the land)”与“正当法律程序（due process of law)”相同，“正当法律程序”即为“根据普通法的正当程序”，也就是“通过由良好、守法的人组成的陪审团起诉或审判……或者通过起源于普通法的令状”。② 爱德华三世时期又先后颁布了6个法令，强化了《大宪章》与正当法律程序的联系，其中最著名的是爱德华三世在1354年颁布的《伦敦威斯敏斯特自由法》(Statute of Westminister of the Liberties of London）第三章第28条的规定：“任何人非经法律正当程序之审判，不问该人身份与社会地位如何，皆不得将其驱逐出国，或强迫其离开所居住之采邑，亦不得予以逮捕、拘禁，或取消其继承权，或剥夺其生命。”③ 至此，正当法律程序一词正式走进人们的视野，并从那时起大量地出现在成文法中。

此后的三个世纪中，以1628年《权利请愿书》(The Petition of Right）为起点，先后通过了《人身保护法》（Habeas Corpus Act)、《大抗议书》(Grand Remonstrance)、《人身保护法修正案》、《权利宣言》（Declaration of Right)、《权利法案》(Bill of Right）等一系列的限制王权、保护公民自由的文件，在这些文件中确认了：不得任意拘禁、逮捕公民；拘捕公民要说明理

① ［爱尔兰］J. M. 凯利著：《西方法律思想简史》，王笑红译，法律出版社2002年版，第62页。

② Carl J. Franklin, Constitutional law for the criminal justice professional, p. 205, 1999 by CPC Press LL.

③ 28Edw. III Ch. 3 (1354). 转引自樊崇义著：《迈向理性刑事诉讼法学》，中国人民公安大学出版社2006年版，第78页。

由；迅速审判；最大限度地保障公民的自由等正当法律程序权利。①

从1215年的《大宪章》到1689年的《权利法案》，正当法律程序是英国人民对王权进行斗争的成果，每一次对王权进行限制的成功，都以重申并丰富正当法律程序原则为标志。可以说，作为保障公民基本权利的最重要的武器，正当法律程序奠定了英国宪政与法治的根基。

（三）正当程序在美国的发展

正当程序虽然发源于英国，但对于其最终能够跨越社会、民族、文化、政治、经济差异而被其他非英美法系国家所接受、借鉴甚至成为一项国际性的司法准则起决定作用的，却是其在美国的发展历程。

1641年《马萨诸塞自由宪章》第1条规定："除非根据本团体经由大会依照公平、正义、明白制定而已公布之法律的权力，对任何人，均不得剥夺其动产及不动产。"② 其间，英国式的正当法律程序思想在其中表露无遗。接着，1677年的《新泽西协定》，1682年的《宾夕法尼亚政府框架》，1683年的《纽约自由与权利宪章》，1701年的《宾夕法尼亚权利宪章》等地方性的宪法性文件中，正当法律程序发展成为一系列具体的程序性要求。在独立战争时期，正当法律程序精神不仅没有被破坏，相反却成为殖民地人民争取独立和自由的法律武器。这一特点导致了战争时期的正当法律程序原则更多的具有宣言和口号的作用，如《魁北克居民声明》、《弗吉尼亚权利宣言》、《马萨诸塞权利宣言》，等等。

至1780年马萨诸塞州宪法规定：未经正当法律程序，任何人的生命、财产不得剥夺。这是美国历史上第一个规定正当法律程序的文件。1783年美国正式宣布独立，然而在1787年的宪法草案中只对联邦与州之间的权力划分进行了分配，确立了立法、行政、司法三权分立和制衡的政府结构，但是对公民权利却没有提及，③ 这在当时引起了很大争议。1789年，纽约州的一项法

---

① ［英］戴维·M. 沃克编：《牛津法律大辞典》，邓正来译，北京社会科学发展研究所组织翻译，光明日报出版社1988年版，第392页。

② R. B. Morris, Basic Documents in American History, D, Van Nostrand Co. (1956).

③ 宪法草案的支持者认为这主要基于两方面考虑：其一，与美国当时面临的主要问题以及解决这一问题的基本理论有关，具体而言，当时的美国基于外交、国防、对外贸易的需要，迫切需要建立一个强有力的中央政权，但同时为防止过度集中的权力对人们造成侵害，权力本身必须进行合理配置，即将立法、行政与司法权分别由不同的主体来行使，并使他们之间互相制约，只有这样才能保证人们的权利不受威胁；其二，在联邦体制之下，对公民权利负有保护责任的应当是各州政府，而国家的宪法只应规定与国家有关的问题。参见Ronald Banaszak, Ed, Fair Trial Rights of The Accused: A Documentary History, Greenwood Press 2002, p. 37。

律中规定：除非依照“正当法律程序”，否则，任何人都应得到保证，不被剥夺特定的权利。① 麦迪逊在起草宪法修正案时受到了启发。② 1791 年 12 月 15 日，国会和各州批准了麦迪逊起草的法案中的 10 条，这 10 条就是联邦宪法第 1 至第 10 条修正案，后人将这 10 条称为《权利法案》（Bill of Rights）。从此，正当法律程序正式写进了美国的宪法，并成为保障公民基本权利的重要的宪法性原则。《权利法案》中涉及正当程序的条款有第 4、5、6、8 条。根据第 4 修正案的规定，人民的人身、住宅、文件和财产不受无理搜查和扣押的权利，不得侵犯。除依据可能成立的理由，以宣誓或代誓宣言保证，并详细说明搜查地点和扣押的人或物，不得发出搜查和扣押状。根据第 5 修正案的规定，除非根据大陪审团的报告或起诉书，任何人不受死罪或其他重罪的审判，但发生在陆、海军中或发生在战时或出现公共危险时服役的民兵中的案件除外；任何人不得因同一犯罪行为而两次遭受生命或身体的危害；不得在任何刑事案件中被迫自证其罪；不经正当法律程序，不得被剥夺生命、自由或财产。不给予公平赔偿，私有财产不得充作公用。根据第 6 修正案的规定，在一切刑事诉讼中，被告有权由犯罪行为发生地的州和地区的公正陪审团予以迅速和公开的审判，该地区应事先已由法律确定；得知控告的性质和理由；同原告证人对质；以强制程序取得对其有利的证人；并取得律师帮助为其辩护。根据第 8 修正案的规定，不得要求过多的保释金，不得处以过重的罚金，不得施加残酷和非常的惩罚。由于权利法案是属于联邦的宪法修正案，因此其所规定的公民基本权利和自由只能在联邦范围内适用，而不适用于各州，被告人的上述权利保障也只能在联邦司法系统中适用，而在各州的宪法和刑事司法中，权利法案所规定的这些权利不一定都能够得到保障，因为各州的宪法虽然也对个人的自由和权利进行了保障，但所列举的权利清单并不完全相同。将正当程序条款的效力范围从联邦推广到各州的是 1868 年批准生效的美国宪法第 14 修正案。1868 年 7 月 28 日颁布的第 14 条修正案重申了正当法律程序的内容，它规定：“合众国出生和归化合众国并受其管辖的人，均为合众国的和他们居住地州的公民。任何一州，都不得制定或实施限制合众国公民的特权或豁免权的任何法律，不经正当法律程序，不得剥夺任何人的生命、自由或财产；对于其管辖下的任何人，亦不得拒绝给予平等

---

① ［美］伯纳德·施瓦茨著：《美国法律史》，王军、洪德、杨静辉译，中国政法大学出版社 1990 年版，第 65 页。

② ［美］伯纳德·施瓦茨著：《美国法律史》，王军、洪德、杨静辉译，中国政法大学出版社 1990 年版，第 36 页。

法律保护。”这两个条款被直接称为“正当法律程序条款”。第14修正案明确规定了正当法律程序在各州的适用，并成为联邦最高法院审查各州立法的一项实体标准，但由于在第5修正案之中，正当法律程序与被告人享有的其他诉讼权利并列，这就产生了正当法律程序条款与第4、5、6、8修正案所规定的其他条款之间的关系问题，这一问题在联邦的刑事诉讼中不甚明显，因为无论是根据正当程序条款还是其他条款，权利法案所规定的刑事被告人的基本权利必须得到保障，但是第14修正案所规定的各州必须遵循的正当法律程序究竟包含哪些内容却并非一个不证自明的问题。由于第14修正案的正当法律程序条款直接关系到联邦最高法院对各州的立法进行审查的范围，进而关系到联邦与各州之间的权力分配界限，所以在第14修正案产生至今的一百多年间，联邦最高法院内部基于第14修正案的正当法律程序条款所包含的权利内容而产生的争议一直没有停止。第14修正案产生之后，联邦最高法院对于正当程序条款所作的解释使得正当程序的内容和要求细化为一系列程序规则和证据规则，而同时由于联邦最高法院在不同时期所持的立场或激进或保守，从而导致这些规则自身又处于变动不居的发展变化过程中。

美国对于正当程序的发展所作的贡献主要体现在两个方面：一方面，正当程序的内涵日渐丰富，属于公民个人权利清单上的内容越来越多，这些权利内容不仅对大陆法系国家产生了重大影响，而且也被欧洲、美洲、非洲等区域性人权组织乃至联合国这一全球性国际组织所接受，成为区域性人权公约以及国际人权公约的重要内容，从而实现了正当程序的国际化；另一方面，基于美国的宪政体制和司法审查原则，[①] 正当程序不仅是保障公民自由、财产和生命免受非法剥夺或限制的程序机制，也成为司法机构对立法机关所制定的法律进行审查的重要实体标准，从此，正当程序包含了程序性正当程序

---

① 在1787年的美国宪法中，根据第3条第2款的规定，联邦法院就拥有了对“由于本宪法、合众国法律和根据合众国权力已缔结或将缔结的条约而产生的一切普通法的和衡平法的案件”的管辖权，但是在美国明确确立司法审查原则的则是著名的1803年马伯里诉麦迪逊一案，根据大法官马歇尔对该案的判词，法院有权对法律是否违反宪法进行“司法审查”。因此宪法（包括修正案）在内的所有条文都有可能成为联邦最高法院进行司法审查的实体性标准，而规定于第5修正案之中的正当法律程序原则毫无疑问也是其中之一。但在第14修正案产生之前，在刑事诉讼中正当法律程序原则很少被最高法院法官援引作为司法审查的依据，因为第5修正案的其他条款以及第4、6、8修正案所规定的刑事被告人所享有的一系列权利比正当法律程序原则更明确，因而更容易受到法官们的青睐。只有在第14修正案产生之后，正当法律程序条款才经常被各州诉讼案件的当事人及其律师援引作为向联邦最高法院提起上诉的理由，从而迫使联邦最高法院不得不以此标准来审查各州的法律，正当法律程序才真正具有了实质性意义。

与实质性正当程序两个层面。实质性正当程序的价值在于防止立法机关通过新的法律来限制甚至取消司法中的正当程序从而使公民基本权利受制于国家权力。因此，对正当法律程序的借鉴必须从宪法的高度开始，只有将其作为一项宪法原则加以规定，司法中的具体规则和制度才有生存和发展的空间。当然，仅仅将正当程序规定在宪法之中尚不足以确立起实质性正当程序，这种宪法规定必须能够司法化，即应当设立专门的机构负责审查法律、法规的合宪性并且在这些法律、法规违反正当程序原则时宣告其无效。

（四）正当程序的国际化

正当程序原则所特有的权力约束和权利保障价值使其不仅在英美拥有持久的生命力，而且随着旨在保障人权的一系列国际组织的建立而走向全世界，并最终被许多非英美法传统的国家所接受和借鉴。

正当程序国际化的过程首先开始于一些区域性国际组织对该原则的接受。第二次世界大战之后，基于法西斯主义对人权的践踏带给世界人民的痛苦，保护公民基本人权的呼声日益高涨，在这一背景下，欧洲、美洲、非洲都成立了旨在保护公民人权的国际性组织，并且出台了一系列人权文件，包括《欧洲人权公约》、《美洲人权公约》以及《非洲人权与民族权宪章》，等等。这三个区域性人权文件虽然在人权保护的内容与发展水平上不尽相同，但其所提供的诸多程序保障实际上都包含在英美的正当程序范围之内，是对正当程序原则和精神的接纳与吸收，对正当程序制度的学习与借鉴，其目的均在于防止国家机关滥用权力以至任意侵犯或者剥夺公民基本权利的行为，这些人权文件在本区域内发挥着重要的人权保障作用。

正当程序的完全国际化是通过联合国这一全球性国际组织来实现的。作为拥有最多成员国的国际组织，自其成立之日起，联合国先后通过了一系列国际人权文件，如《联合国宪章》、《世界人权宣言》、《公民权利和政治权利国际公约》、《执法人员行为守则》、《禁止酷刑和其他残忍、不人道或有辱人格的待遇或处罚的公约》、《关于司法机关独立的基本准则》、《联合国少年司法最低限度标准》、《保护所有遭受任何形式的拘留或监禁的人的原则》、《关于律师作用的基本原则》、《关于检察官作用的准则》，等等。对刑事司法应当遵循的基本准则进行了详细的规定，这些规定贯穿了刑事司法的审前、审判和审后阶段，为各成员国实现刑事司法的正当化提出了明确而具体的要求，其中有关公正审判的最低限度程序保障中许多条款的用语，比如对质权、辩护权、不自证有罪权等与美国权利法案的一些条款极其类似，从而体现了联合国刑事司法准则与英美特别是美国权利法案所规定的正当程序之间颇深的渊源关系。当然这与美国作为联合国的发起国以及在联合国的地位有着直接的关系，但是，随着联合国成员国的数目日益增加，这些刑事司法准则不但没有被废除，反而越来越受到各国的重视，这体现了正当法律程序在人权保障方面的重要功能是符合世界发展的潮流的。

由于联合国刑事司法准则对正当程序的推动，加之本国人权保障的需要以及诉讼价值观念的调整，第二次世界大战以后，正当程序观念和制度也开始进入日、意、法、德、俄等非英美法传统国家的视野，并成为一些国家进行法律改革的基本方向和重点内容，如日本于1946年制定的《日本国宪法》第31条规定了“不经法律规定的程序，不得剥夺任何人的生命或自由，或科以其他刑罚”。意大利国会则于1999年通过了在1947年宪法第111条中增添正当程序原则的第二号宪法性法律，从而将正当法律程序作为一项宪法原则在意大利予以确立。法国、德国、俄罗斯也通过自己的法律改革对正当程序原则和制度予以了程度不同的接受和吸收。

二、正当程序内容的发展与变化

基于英美的判例法传统，尽管英美的宪法性文件中对正当程序的内容有所规定，比如英国1689年的《权利法案》，美国1791年的宪法修正案所规定的正当程序条款，但这些条文极为原则和抽象，从中很难得出正当程序的全貌。数百年来，正当程序从刑事司法领域走向行政法及一切公法领域，从程序性正当程序走向实质性正当程序，这一过程不是通过成文法，而是通过成千上万的司法判例来完成的。对于受正当程序影响的其他国家而言，完全照搬照抄这些判例法的内容是极不明智的，因为判例法本身就处于变动不居的过程之中，每一个判例所确定的内容也有可能会被下一个判例所推翻。因此，对于任何一个想要借鉴正当程序的国家而言，都面临着如何建构正当法律程序的难题。不过，这也并不意味着建构正当程序没有任何规律可循：其一，任何对正当程序的建构都始自于对正当程序所涉及的两个基本问题的回答，即正当程序保护的客体是什么以及什么样的程序才是正当程序；其二，尽管各个国家对上述问题的回答可能不尽相同，从而导致各种不同的正当程序的产生，但有些内容是这些正当程序所必备的，它们构成了正当程序的最低限度要求，对这些内容的缺失将直接导致正当程序的有名无实。

（一）正当程序保护的客体

虽然正当程序保护的是公民的基本权利不受国家的任意侵犯，但究竟公民的哪些权利属于正当程序的保护范围，这并非一个没有争议的问题。根据

《美国宪法修正案》第5条的规定："……未经正当法律程序，不得剥夺任何人的生命、自由和财产……"因此，对于法院而言，遇到有关正当程序的争议，首先必须决定系争被剥夺的利益是否为正当法律程序条款内的"生命（life）"、"财产（property）"或"自由"的实体要件。如果系争利益，根本构不上是"生命"、"财产"或"自由"，便没有正当法律程序保障的问题。[①]然而，关于系争利益是否属于"生命"、"自由"、"财产"权利这一问题却并不容易判断。因为在这三项基本权利中，除了生命权的含义比较特定之外，自由权和财产权的含义和范围都是很不明确的。就自由权而言，既包括消极的自由（即不受别人干涉的自由）也包括积极的自由（即要求他人作为或不作为的自由），既包括行为自由，也包括精神自由；就财产权而言，既包括先验性的权利（rights）也包括借由法律的制定而赋予的特权（privileges）。此外，生命、自由、财产是限于个人利益还是可以扩大到公共利益。对这些问题的回答在很大程度上制约着正当程序作用的发挥。在美国，有关正当程序保护客体范围的争议一直没有停止，联邦最高法院的态度也一直处于发展变化之中。

正当程序应当保护公民的哪些权利？这是任何借鉴正当程序的国家首先要解决的问题，是将正当程序的保护范围限定于个人的生命、自由和财产权利，还是在此基础上有所扩大，乃至不对正当程序保护的客体进行任何限制，从而将公民享有的所有权益都列入正当程序的保护范围？笔者认为这取决于每个国家各自的传统以及社会发展的实际状况，不能一概而论。但是，对于那些属于公民最基本的权利，任何现代国家都不得以任何借口将其排除在正当程序的保护范围之外。这些最基本的权利在联合国《世界人权宣言》中有明确的规定，具体而言包括以下六个方面：（1）生命健康权，包括生命安全权和身体安全权；（2）自由权，包括人身自由权、意志自由权和政治自由权，人身自由权包括不受奴役、不受任意逮捕、拘禁和放逐等消极权利以及迁徙自由等积极权利；意志自由权包括思想、良心和宗教自由；政治自由权包括主张、发表意见自由以及集会结社自由，等等；（3）平等权，包括在享受权利方面的平等、法律地位上的平等以及受法律保护的平等；（4）财产权，包括财产所有权和财产不受任意剥夺的权利；（5）人格权，包括私生

---

① 叶俊荣：《美国最高法院于正当程序双阶结构与利益权衡理论的演变与检讨》，载焦马凯主编：《美国最高法院重要判例之研究》（1990—2002），我国台湾地区"中央研究院"欧美研究所1995年版。

活、家庭、住宅、通讯不受任意干涉的权利以及名誉、荣誉不受侵犯的权利等；（6）诉讼权，包括由独立无偏倚的法庭进行公正、公开审讯的权利以及无罪推定权利。当然，国家对于公民权利保护的范围越宽广就越彰显其文明与进步，但是这取决于复杂的综合因素，不能简单盲目地拔苗助长。

（二）程序正当性的标准

明确了正当程序保护的客体范围，接下来要解决的问题就是什么样的程序才是正当的。有关程序正当性的标准，在英美国家也不是非常明确：在英国，自然正义原则的两项要求经常被当做程序正当性的判断标准，即任何人不得在与自己有关的诉讼案件中担任法官；法官在制作裁判时应听取双方当事人的陈述，并须给予所有与案件有利害关系的人以充分陈述意见的机会。[①]而在美国，虽然宪法修正案第4、5、6、8条对搜查、扣押、起诉、审判、辩护等程序进行了规定，但这些程序是否是正当程序的当然内容也是充满争议的，否则第14修正案出台以后联邦最高法院就不会在州所适用的正当程序标准上产生完全合并理论、有序自由理论以及选择性合并理论[②]等重大分歧。

至于英美学者对程序正当性标准的界定则更是莫衷一是。比如英国的丹宁勋爵认为："我所说的经'法律的正当程序'，系指法律为了保持日常司法工作的纯洁性而认可的各种方法：促使审判和调查公正地进行，逮捕和搜查适当地采用，法律援助顺利地取得，以及消除不必要的延误，等等。"[③] 英国学者戴维·M. 沃克则认为："正当程序被认为是要求向当事人提供律师，律师不在场时不受审问，不采用非法获得的证据。"[④] 美国学者萨默斯提出了程序正当的十项基本内容：程序参与性、程序正统性、程序和平性、人道性及尊重个人的尊严、保护个人隐私、协议性、程序公平性、程序法治、程序理

---

① 陈瑞华：《程序正义论》，载《中外法学》1997年第2期。

② 完全合并理论认为权利法案所规定的所有自由与权利都应当属于第14修正案所规定的正当法律程序的内容，因此应当全部适用于各州。"基本公正"理论有两个核心观点：一是权利法案的全部内容并没有通过第14修正案对各州产生约束力；二是判断各州的司法程序是否符合第14修正案的正当程序要求应当基于"基本公正"或"有序的自由"标准，并且应该根据个案的不同情况作出判断。选择性合并理论则既不简单肯定权利法案的所有内容全部适于各州，也不一概否定权利法案的内容不能适用于各州。关于以上各种理论的具体内容及其在实践中的适用请参见樊崇义等著：《正当法律程序研究——以刑事诉讼程序为视角》，中国人民公安大学出版社2005年版，第36～47页。

③ ［英］丹宁勋爵著：《法律的正当程序》，李克强等译，法律出版社1999年版，前言第1页。

④ ［英］戴维·M. 沃克编：《牛津法律大辞典》，邓正来译，光明日报出版社1988年版，"正当程序"词条。

性、及时性和终结性。[①] 美国学者戈尔丁认为正当程序有三个方面九项原则：第一方面，中立性。包括三个原则：（1）与自身有关的人不应该是法官；（2）结果中不应含纠纷解决者的个人利益；（3）纠纷解决者不应有支持或反对某一方的偏见。第二方面，劝导性争端。包括四个原则：（4）对各方当事人的诉讼都应给予公平的注意；（5）纠纷解决者应听取双方的论据和论证；（6）纠纷解决者应只在另一方在场的情况下听取一方的意见；（7）各方当事人都应得到公平机会来对另一方提出的论据和证据作出反响。第三方面，解决。包括两个原则：（8）解决的诸项条件应以理性推演为根据；（9）推理应论及所提出的论据和证据。[②] 美国学者迈克尔·D. 贝勒斯认为正当程序应确定如下原则：（1）和平原则：程序应是和平的；（2）自愿原则：人们应能自愿地将他们的争执交由法院解决；（3）参与原则：当事人应能富有影响地参与法院解决争执的活动；（4）公平原则：程序应当公平平等地对待当事人；（5）可理解原则：程序应当能为当事人所理解；（6）及时原则：程序应提供及时的判决；（7）止争原则：法院应作出解决争执的最终决定。[③] 史立梅教授认为，尽管上述学者对正当程序标准的界定不尽一致，但其中有些内容则是共同的，而这些共同之处即构成程序正当性的最低要求。这些要求包括：（1）程序法定，即程序必须事先由法律明确规定。[④]（2）程序人道，即程序必须以尊重人的基本尊严、保护人的基本权利和自由的方式进行。（3）程序中立，即裁判者在双方当事人之间严守中立，不存有针对任何一方当事人的偏见。（4）程序平等参与，即给予受实体结果影响的当事人以平等的、充分的机会和便利参加诉讼，并保证其参与对裁判者的裁判产生实质性影响。（5）程序自治，即裁判的结果必须产生于程序自身，排除一切非程序因素的干扰。（6）程序公开，即程序不仅要向受程序结果影响的双方当事人公开，也要向社会公众公开，从而使程序正义真正成为“看得见的正义”。总之，在涉及对公民基本权利的限制或者剥夺时，国家应当遵循上述程序来进行，

---

① 陈瑞华：《通过法律实现程序正义——萨默斯“程序价值”理论评析》，载《北大法律评论》1998 年第 1 卷第 1 辑，第 187 ~ 191 页。

② ［美］马丁·P. 戈尔丁著：《法律哲学》，齐海滨译，三联书店 1987 年版，第 240 ~ 234 页。

③ ［美］迈克尔·D. 贝勒斯著：《法律的原则——一个规范的分析》，张文显等译，中国大百科全书出版社 1996 年版，第 34 ~ 37 页。

④ 程序法定一方面可以保证程序具有确定性和可预见性，使程序参与人在参与具体程序之前能够对自己在程序中所处的地位和所拥有的权利及应尽的义务有明确的了解，这有利于程序参与人实现自己的诉讼权利和实体权利；另一方面可以保障程序具有适用的普遍性和平等性，即“同种情况同种对待”，防止出现程序适用上的特权和歧视现象。

否则即使理由再充分，也不足以为这种行为提供充分的正当性辩护。

笔者认为，正当法律程序在合理限制权力、保障权利的框架内，其概念的内涵和外延几乎就是不确定的，不同国家、地区和个人的理解和阐释也当然会有差异。人们在对自身权利逐步深入认识的同时，理性对待权力的行使，从而日益加深对正当法律程序的理解。正当法律程序既是一个法律原则，更是一项权力与权利的关系原则，需要特定的社会共同体取得基本一致而划定轮廓发挥作用，而这种一致也只能是在动态中形成，并在动态的发展中保持。20 世纪 70 年代末期开始，美国最高法院开始逐步地限制和取消部分正当法律程序条款，90 年代形成一个小的高潮，现在这种趋势在英美国家仍在继续，这被美国的一些学者称为反正当法律程序的革命（the due process conter-revolution）。① 笔者认为这是对正当法律程序内容的理性调整，不能够称为对正当法律程序的反对。正当法律程序是一个与人类共同发展的思想概念，人类进步不停止，正当法律程序的扩展趋势就不可逆转。

三、正当程序的核心要素

通过上文介绍我们可以看出，正当程序的起源与发展过程中，贯彻了对权力的限制与对权利的保护两大方面，这也是程序正当性的源泉。尽管对正当程序的内容没有达成绝对的一致，但是对于程序的“真善美”的追求是一致的，或者说，对程序的确定性、合理性与科学性的追求是一致的。

笔者认为对于正当程序内容的总结，具体的表现肯定有很多，但是核心要素应当包括程序法定、程序公平、程序公开、程序止争、程序救济与制裁五大方面。

（一）程序法定

程序法定包括两层含义：一是立法方面的要求，即诉讼程序应当由法律事先明确规定。同时要具备善的品质，如体现人道、理性等内容。二是司法方面的要求，即诉讼活动应当依据国家法律规定的程序来进行。当然法定的程序未必就是“正当”的程序，但是正当法律程序则必定是法定的程序，要具备确定性。程序的法定性对于维护诉讼的安定性、诉讼进程的可预知性具有重要的作用，是诉讼的公平、正义等价值得以实现的基础性条件。

（二）程序公平

对权利的保护不是一方面的，而是要兼顾当事人双方。因此，我们必须

---

① Richard. J. Pierce, Jr, The Due Process Conterrevolution of The 1990s Columbia Law Review Volume96 Number7 1973 - 1999.

在程序设计上尽量做到公平公正，体现科学性。主要体现在举证责任的合理分配，赋予同等的攻防手段平等武装等。当然，裁判者的公平公正也是至关重要的。前文中美国学者戈尔丁提出的正当程序三个方面九项原则也无不体现了程序公平的要求，但是可以说其概括并不全面。

（三）程序公开

对权力的限制要求我们的程序运行要尽量公开透明。程序公开要求我们最大限度地挤压法官自由裁量的空间，最大限度地避免当事人关于法官“徇私枉法”的遐想。从而为裁判结果的正当性找到合理的支点，达到裁判结果被最大限度认同的效果。“正义不仅要实现，而且要以看得见的方式实现”从一个侧面说明了程序公开的意义。程序公开的前提是程序的确定性，程序公开意味着程序内容要让人们知晓，程序进行的过程允许人们了解，程序的结果的公示，即程序运作过程的透明化，增强其正当性。从诉讼运行的角度说它是一项诉讼原则，从当事人角度说它是一项诉讼权利，从公众角度看是社会监督司法的窗口。程序公开是现代诉讼的必然要求，是诉讼科学化、民主化的重要环节。

（四）程序止争

可以说程序止争功能是程序独立价值的根本所在，主要体现在两个方面，一方面通过公平公开的程序对案件事实进行了认识和证明，得出了一个确定的结果，达到了定分止争的状态；另一方面是在案件事实出现真伪难断的情况下，运用程序规则作出裁判，达到定分止争的状态。从一定程度上讲，要求裁判者在一定的期限内对案件事实做到确定的认识明显超出了个人的实际能力。一方面，在裁判当时，裁判者对证据是否已经穷尽难以知晓，在现在看来已经确证无疑的结论可能会因新证据的出现而变更甚至被彻底推翻；另一方面，基于人类认识能力的局限，即使这种建立在不完全证据基础之上的认识，仍然可能出现半信半疑的认识状态。面对这种客观存在的认识局限，现代证明制度在“求真”的大前提下，不得不做出了一系列无奈的妥协性选择。例如，默认法庭在不存在合理怀疑状态下做出裁判的正当性，并附以必要的纠错制度；[①] 在诉讼认识只能达到半信半疑状态时，借助证明责任制度强行在当事人之间进行风险分配，对举证不能一方作出不利的结果；借助推定等法律手段进行法律上的拟制。诸此等等程序的设计，其关键就在于让程序能够运用规则决断，实现止争的客观效果，并且让双方当事人能够最大限

① 在英美国家，陪审团裁定的事实曾一度被视为“神见的事实”，不允许对其正确性提出怀疑。

度地认同程序决断的结果。这也是正当法律程序成为证据评判的基础理论的核心所在。

（五）程序救济与制裁

由于诉讼认识的相对性、主观性与有限性特点，以及程序功能的形式正当性功能，可能存在两个方面的问题。一是裁判事实的可出错性。二是程序违法导致结果正当性受到质疑。因此，程序救济与程序制裁的制度设计就显得非常重要，不可或缺。当然，救济的途径与制裁的方式应当根据本国国情确定。

其他的诸如程序人道、程序理性、程序中立、程序平等参与也是正当程序的一部分体现。但是究其核心要素，不外乎以上五项而已。具体的内容，则要根据一国之具体情况落实到法律条款中。

四、正当程序的正当化表现

正当程序之所以能够在全世界范围内被认同，在很大程度上取决于其所具有的权力正当化与结果正当化功能。这种正当化功能是通过形式与实质两个方面来完成的。

（一）形式正当化功能

根据韦伯的观点，现代社会公共权力的权威性已经从魅力型和传统型转变为法理型，在法理型权威之下，人类的行为建立在可计算与逻辑一致性为特征的形式合理性基础之上，这是现代社会最典型的合法性统治。[①] 并且，正当程序提供了规则裁断功能，体现了形式合理性的价值。正是由于正当程序契合了形式合理性的要求，在实质正义相对难以确定的情况下，程序能够起到吸收社会不满的客观效果。我国学者季卫东先生提出正当程序对于法律秩序所具有的八种作用：第一，程序可以对各种主张和选择可能性进行过滤，找出最适当的判断和最佳的决定方案；第二，通过充分的、平等的发言机会，疏导不满和矛盾，使当事人的初始动机得以变形和中立化，避免采取激烈的手段来压抑对抗倾向；第三，既排除决定者的恣意，又保留合理的裁量余地；第四，决定不可能实现皆大欢喜的效果，因而需要吸收部分甚至全体当事人的不满，程序要件的满足可以使决定变得容易为失望者所接受；第五，程序参加者的角色分担具有归责机制，可以强化服从决定的义务感；第六，通过

---

① 郑成良、杨云彪：《关于正当程序的合法性与合理性思考——兼及中国宪政制度的反思》，载《法制与社会发展》1999 年第 3 期。

法律解释和事实认定，作出有强制力的决定，使抽象的法律规范变成具体的行为指示；第七，通过决定者与分担角色的当事人之间的相互作用来进行合理的选择，这在一定程度上可以改组法律体系的结构，实现重新制度化，至少使变法的必要性容易被发现；第八，可以减轻决定者的责任风险，从而也就减轻了请示汇报、重审纠偏的成本负担。① 由此可见，正当程序的形式正当化功能主要体现在促使决策的最佳化、吸收当事者的不满、限制决定者的恣意、减轻决定者的责任风险、增强决定的可预见性、权威性和可执行性等方面。

（二）实质正当化功能

正当程序虽然符合形式合理性的要求，但单纯的形式合理性并不足以完成权力正当化与结果正当化的任务。正如哈贝马斯所言："使一种规范得以存在的无争论程序，也就是一种程序的法律形式，本身仅仅保障了权威能够承担起对有效法律的责任，这种权威是在政治系统中建立起来的，具有一定的职能，并在该系统中得到承认。但是，这些权威是统治系统的构成部分。如果纯粹的正当性想被视为合法性的一种标志，那么这个统治系统就必须在整体上被合法化。例如，在法西斯统治下，行政管理的法律形式至多有一种伪装功能。这就意味着，如果不能在行使统治的法律形式之外使统治系统合法化，那么法律的技巧形式本身，即纯粹的正当性，将不能永远保障得到人们最终的承认。"② 那么，程序的正当性如何才能为人们所最终承认呢？哈贝马斯认为："一种程序只有间接地通过与权威的联系才能提供合法性。而这些权威本身也必须获得承认。因此，资产阶级成文宪法中就包含着一系列不容修改的基本权利范畴。只要而且只有在把这份权利清单同一种关于统治系统的意识形态联系起来时，它才具有一种合法化的力量。"③ 正当程序不仅与宪法所包含的一系列不容修改的基本权利直接相关，是这些权利最重要的保障，同时对公权力的行使进行了必要的限制。也正是基于正当程序的如上特征，才能够取得社会的最大认同，取得程序结果的权威性与正当性。并且正当程序本身所包含的程序、中立、人道、公平、公开、参与等一系列要求也决定了正当程序的"正义"属性。由此，正当程序取得了实质正当化的

---

① 季卫东著：《法治秩序的建构》，中国政法大学出版社 1999 年版，第 36 页。

② ［德］尤尔根·哈贝马斯著：《合法化危机》，刘北成、曹卫东译，上海人民出版社 2000 年版，第 131 页。

③ ［德］尤尔根·哈贝马斯著：《合法化危机》，刘北成、曹卫东译，上海人民出版社 2000 年版，第 131 页。

功能。

五、证据评判的基本程序要求

证据评判的过程和特点决定了其对程序正当化有基本的要求，主要表现在法官中立、独立审判、集中审理、平等对抗、直接言词五大方面。客观公正是证据评判的首要原则，程序上必须要求法官中立。在我国刑事司法领域改革方面，控审分离是一项主要的体现。独立审理是司法独立的一项基本要求，在我国的基本国情下，表现为法院独立的进一步贯彻落实和保障，在法院内部实现法院独立与法官独立的合理平衡。不独立可能会造成难以中立，不能保证中立就不能保证证据评判的客观公正。集中审理是证据评判不间断的要求，是证据评判认识规律和特点的要求。在实践中，简易案件的比例占80%以上，案件的繁简分流亟待落实，对于简易案件要贯彻落实集中审理的程序要求，以利于证据评判的准确性，也利于证据评判公正性的程序性彰显。平等对抗在证据评判中体现为双方举证、质证的机会平等，充分表达自己意见，法官在听取双方证据意见的基础上，形成自己心证，完成证据评判过程。直接言词在人证的作用发挥方面有着至关重要的作用，在言词证据存在矛盾的时候，发挥程序功能。尤其人证在当前还占据主要作用的实践情形下，直接言词的程序精神应该最大限度地得到具体的贯彻和落实。

第三节 利益衡量理论

价值和利益的概念经常存在交叉与重合，从最广义的角度看，价值也可以属于利益的范畴，但价值也有其突出的个性与特征。从现有研究成果来看，利益衡量理论的发展比较成熟，从内涵和外延上考量，基本能够包含价值选择的内容。为便于行文，笔者在本书中也用利益衡量理论涵盖价值选择的内容。但是，仍然要在这里强调价值选择与利益衡量之不同，以明确今后深入研究的细分方向。利益衡量理论的关键意义就在于对事实真伪难明情况下的证据评判提供方向性的指导。具体方法主要有：遵循立法精神、公平正义指引、价值权衡、经济分析、衡平补偿、参与协商等。

一、利益衡量理论的起源及其发展①

中外文明史上很早就开始出现了对利益问题的探讨。在我国，远在春秋战国时期，人们就把利益问题放到重要位置考虑。先秦时期的“百家争鸣”中，墨子提出“兼相爱，交相利”，注意行为的社会效果，把利益作为社会生活的基本内容。战国思想家荀况也说：“今人之性，饥而欲饱，寒而欲暖，劳而欲休，此人之情性也。”“人之性，生而好利。”西方对利益思想的探索可以追溯到古希腊罗马时期。色诺芬的《经济论》中说，财富是“一个人能够从中得到利益的东西”。柏拉图著作《理想国》中的人物色拉叙马霍斯，道出了“在任何国家里，所谓的正义就是当时政府的利益”，而“政府当然有权”，因此唯一合理的结论就是“正义不是别的，就是强者的利益”。② 无论东方西方，利益问题都是一个长盛不衰的话题，利益的衡量与选择当然也就在不断地发生和进行着。

法学领域内的利益衡量论主张，是在德国的耶林和美国的霍姆斯对法律形式主义进行了质疑和反思过程中形成的。③ 在大陆法系国家，利益衡量论以耶林的目的法学发端，在赫克和惹尼的利益法学那里得到全面阐发；在英美法系国家，其理论因素主要体现在霍姆斯的经验主义法学和庞德、卡多佐的社会学法学理论之中。

耶林在1870年后开始主张克服形式主义解释的弊端，根据功利的要求自由地进行社会利益的衡量和调整。耶林认为，目的是全部法律的创造者，每条法律规则的产生都源于一种目的，即一种实际的动机。平衡个人利益与社会利益，保护社会生活条件的总和，构成法律的实质性目的。耶林认为法律总是有漏洞的，需要通过类推来填补，类推不能仅靠概念和逻辑，必须根据有关利益进行。④ 霍姆斯认为，法官应该认识到权衡考虑社会利益的责任，必须考虑并权衡立法的目标、实现它们的手段及其成本，对其进行经济学上

---

① 关于利益衡量的发展，主要参考了沈仲衡：《价值衡量法律思维方法论》，吉林大学2005年博士学位论文。

② ［古希腊］柏拉图著：《理想国》，张竹明、郭斌和译，商务印书馆1986年版，第18页。

③ 利益衡量论发轫于对法律形式主义的质疑和反思，而法律形式主义是一种源远流长、影响巨大的法学理论主张，其产生之初的主要理论代表是概念法学和传统分析实证主义法学。概念法学最早产生于19世纪初法国的法典编纂运动，并在19世纪初至20世纪初德国关于法典编纂问题的论争中逐渐发展到顶峰。与概念法学有着法律形式主义异曲同工之处的还有传统分析实证主义法学，其主要代表人物主要有边沁和奥斯丁。

④ 张文显著：《二十世纪西方法哲学思潮研究》，法律出版社1996年版，第129页。

的利益比较和衡量。在审判实践中，演绎逻辑的作用不是全能的，法官关于时代的要求、盛行的道德和政治理论、公共政策的直觉知识以及法律共同体的偏见在确定规则方面也发挥着很大的作用。霍姆斯在1894年后的许多名言体现了这种思想观点。例如，“法律的生命始终不是逻辑，而是经验”；“认为法律系统能像数学那样依据一些一般公理进行运作，是一个谬误”；“谬误就是认为促成法律发展的唯一力量就是逻辑”；“一般命题不解决具体案件”，以及“当遇到问题时，单一的逻辑工具是不够的”。①

受耶林目的法学影响，从批判概念法学出发，在德国和法国出现了利益法学的法学理论运动。利益法学在德国的代表人物有赫克、斯托尔等，法国的代表人物是惹尼。利益法学对利益衡量论进行了全面的阐发。赫克认为，实在法必然是不完整和有缺陷的，法官仅仅根据逻辑推理不能完全适应现实生活的需要。因此，法官必须要考虑立法者的意图，检查有关的利益，表达法律的价值。法的每一个命令都决定着一种利益的冲突：法起源于利益的斗争，法的最高任务是平衡利益。② 法律规范构成了立法者为解决种种利益冲突而制定的原则和原理，法官必须确定立法者通过某条特定的法律规则所旨在保护的利益，在相互冲突的利益中，法律所倾向保护的利益应当被认为是优先的利益。③ 惹尼强调法律的正式渊源不能覆盖司法活动的所有领域，在某些领域中需要法官发挥主动性和创造性通过自由裁量来解决。法官裁判必须以立法者的意志为依归，立法者体现在法律规则中的价值判断构成司法判决正当性的根据。法官自由裁量权的行使不能是专断和任意的，他必须“认识所涉及的利益，评价这些利益各自的分量、在正义的天平上对它们进行衡量，以便根据某种社会的标准去确保其间最为重要的利益的优先地位，最终达到最为可欲的平衡”。④ 为保证利益衡量的正当性，法官必须考量占支配地位的道德情感和探究当时当地的社会经济条件。

欧洲在19世纪和20世纪之交出现了较利益法学更为激进的自由法学运动，其代表人物是爱尔里希和坎特诺维茨。自由法学运动提出“活法论”，

---

① ［英］H. L. A. 哈特：《耶林的概念天国与现代分析法学》，陈林林译，载邓正来主编：《西方法律哲学家研究年刊》（2006年总第1卷），北京大学出版社2006年版。

② 参见张文显著：《二十世纪西方法哲学思潮研究》，法律出版社1996年版，第130页。

③ 参见［美］E. 博登海默著：《法理学：法律哲学与法律方法》，邓正来译，中国政法大学出版社1999年版，第145页。

④ ［美］E. 博登海默著：《法理学：法律哲学与法律方法》，邓正来译，中国政法大学出版社1999年版，第145页。

主张在司法过程中赋予法官自由裁量的必要性。爱尔里希认为，法律是有空隙的，在制定法没有覆盖的领域，法官应该运用“自由判决的方法”去发现“活法”并把它们适用于当下的案件，以弥补成文法的不足，更好地解决当前的案件。“活法”是人类组织的“内在秩序”，它是原始的法的形式，在今天仍是最基本的法的形式。坎特诺维茨尖刻地把盛行于欧洲大陆的概念法学讥讽为“自动售货机”的法律理论，因为概念法学忽视社会现实和法律价值，过分夸大逻辑和规则在司法过程中的作用。他主张在存在法律漏洞的时候，法官应根据占支配地位的正义观念来审判案件。①

在利益法学和自由法运动基础上，产生了评价法学或价值法学理论主张。威斯特曼是主要代表人之一，他主张利益的内涵是多重的，评价法学主张限定利益的内涵。② 必须把利益的概念与法律所规定的价值评价标准严格区别，致力于重建某种客观的价值标准。威斯特曼认为，法官应根据法律规定的客观价值标准进行司法裁判，而不能自为独立的价值判断，立法者的价值评价是法官进行利益衡量的根本依据。法官必须透过法律规定，认识体现在法律规定中的关于立法者如何评价不同的利益、需求，其赋予何者优先地位。后期的许多评价法学论者进一步认为，立法者的价值判断有时也是难以认识和探知的，立法者的评价有时对解决新型疑难案件也是无能为力的。可能会出现法官用自己的价值判断取代立法者的价值判断，而且无法依据客观的价值标准对其进行事后审查，因此要致力于尽可能地缩小“纯粹依法官的意志”为裁判的剩余空间为理论目标。

庞德继承了耶林和霍姆斯的学术思想，是利益衡量论的集大成者。庞德主张应当根据法律调整的实际生活的各种变化不断地对法律进行检查和修正，批判“对既有的、无视事实真相并常常与事实相抵触的法律概念进行严密的逻辑推演”的法律进化方法。③ 庞德主张注重研究法律秩序，而不是单纯地争论法律的性质；主张考虑各种利益、主张和要求，而不是单纯地考虑权利。他认为20世纪的法学正经历着重大的转变，这种转变表现在研究法律制度和

---

① 参见［德］阿图尔·考夫曼、温弗里德·哈斯默尔主编：《当代法哲学和法律理论导论》，郑永流译，法律出版社2002年版，第169页。

② 威斯特曼认为，必须将利益这一概念“限制在指称——努力想取得有利的法律结论之——争讼当事人所具有（或必须具有）的追求欲望”。参见［德］卡尔·拉伦茨著：《法学方法论》，陈爱娥译，台湾五南图书出版公司1996年版，第1页。

③ 庞德使用了许多贬抑性的字眼形容这种错误的方法，如“机械的”、“自动售货机”、“形式的”和“概念主义”。

法律学说的实际社会效果；研究那些得以使法律规则有效的手段；为立法工作进行社会学的研究；研究法律方法；从社会学的角度研究法律史；研究公正合理地解决个别案件的方法。[①] 庞德认为法律是一种社会工程，它的目的是尽可能合理地建筑社会结构，以有效地控制由于人的本性而不可避免地出现的社会矛盾和冲突，以最小的阻力和浪费最大限度地满足社会中人类的利益。[②] 法律秩序乃是在不断地努力实现尽可能多的利益的进程中调整彼此重叠的权利主张和协调相互冲突的要求或愿望的一种过程。[③] 庞德阐述了利益的内涵，并对利益进行了分类。他认为利益必然会有相互的重叠和冲突，法律在协调解决利益冲突的时候应遵循必要的价值尺度和价值准则。庞德认为在不同的时期会有不同的利益评价标准。但法律应尽可能保护所有的社会利益、并维持这些利益之间的某种平衡或协调，从而表现出了社会利益至上的价值取向。[④] 庞德认为，法律秩序必须既稳定又灵活，以适应社会生活的变化。为此必须协调稳定的必要性与变化的必要性之间的关系，这种协调实际上就是在规则与自由裁量权之间进行调适的问题，实现两者的平衡。

卡多佐认为，“法律作为一系列规则、原则和准则，为了某个目的，在适用于新的事物组合过程中，不断地分门别类、被挑选、被铸造、被修改。在一个不断试错的过程中，判决形成了”。[⑤] 他认为法官是促进法律发展的重要力量，司法实践中存在一些为法官创造性地阐释法律提供机会的案件。司法过程有四种需服从的力量，有四种需运用的方法，四种方法都应考虑和分析，因为“在司法的过程中可以适用的不止一种方法，可以弹奏的也不是一根琴弦”。[⑥] 首先，逻辑或类比的力量，可以清除情感中的专断和恣意，实现法律的形式正义。其次，历史的力量，指示着历史的或进化的方法。再次，习惯的力量，产生了传统的方法。最后，正义、道德和社会福利的力量，宣

---

① 参见［美］罗伯科·庞德著：《法律史解释》，邓正来译，中国法制出版社 2002 年版，第 227 页。

② 参见张文显著：《二十世纪西方法哲学思潮研究》，法律出版社 1996 年版，第 123 页。

③ 参见［美］罗伯科·庞德著：《法律史解释》，邓正来译，中国法制出版社 2002 年版，第 233 页。

④ 参见［美］E. 博登海默著：《法理学：法律哲学与法律方法》，邓正来译，中国政法大学出版社 1999 年版，第 148 页。

⑤ ［美］本杰明·N. 卡多佐著：《法律的成长法律科学的悖论》，董炯、彭冰译，中国法制出版社 2002 年版，第 32 页。

⑥ ［美］本杰明·N. 卡多佐著：《司法过程的性质》，苏力译，商务印书馆 1998 年版，第 38 页。

示或显现为社会学的方法。卡多佐认为，法律的功能和目的决定方法的选择，不同的方法导致不同的结果，而非确立一个指导优先性的标准。卡多佐认为，在他所处的时代，为了满足社会的需求，在社会学方法中表现出来的社会正义的力量正在成为所有力量中最大的力量。正义是可法律化或已经法律化的道德。正义的内涵随社会的变迁发展和道德观念的变化而处于不断的发展过程之中。法官必须通过阅读社会观念来发现正义或道德的价值，以及其他诸如便利的价值、经济的价值或促进文化的价值。所有的价值都必须接受调查、评估和权衡，法官通过洞悉和解释社会的思想、意志和愿望来提供价值评价和价值选择的标准和尺度。其中，最重要的是实现它们之间的妥协和调适，以最少的牺牲换取最大程度的社会利益保障。当面对两个或更多相互冲突的社会利益时，法官，如同立法者一样，需要糅合多种因素来进行判断，来评价它们的相对价值。法官“必须谨防纯粹个体的或主观的价值论。通常而言，一个法官适用的不是自己的价值标准，而是在阅读社会观念所揭示的价值标准。他尤其不能用自己的理解取代立法机关在宪法允许的范围内用成文法确立的价值标准”。[①] 卡多佐认为，需要通过对社会利益的衡量、社会价值的评判以及社会观念的理解来填补法律制度的缝隙。

波斯纳也认为逻辑在法律推理中的作用有限，法官需要一定程度的自由裁量权。法官在行使裁量权时考虑的“主要的问题不是法律的起源，而是法律的目标，对法官来说，最后的选择原则应当是适合目的的原则”。[②] 哈特认为，所有的规则都有一个不确定的边缘，这个边缘或“暗区”使法律存在“空缺结构”，从而需要法官的自由裁量。[③] 法官“都应具有在相互竞争的利益之间力求公正的权衡和平衡的品行”。[④] 麦考密克和魏因贝格尔认为法律不仅包括法律规则，而且包括法律的目的价值或法律原则，强调法律推理不仅要重视法律的规范因素，而且还要重视法律的价值因素和目标因素。拉伦茨提出，法益衡量是解决原则冲突及规范冲突的一种法律方法。“个案中的法益衡量是法的续造的一种方法，它有助于答复一些——法律未明定其解决规

① ［美］本杰明·N. 卡多佐著：《法律的成长法律科学的悖论》，董炯、彭冰译，中国法制出版社 2002 年版，第 125 页。

② ［美］理查德·A. 波斯纳著：《法理学问题》，苏力译，中国政法大学出版社 2002 年版，第 38 页。

③ 参见［英］哈特著：《法律的概念》，张文显等译，中国大百科全书出版社 1996 年版，第 126 页。

④ ［英］哈特著：《法律的概念》，张文显等译，中国大百科全书出版社 1996 年版，第 200 页。

则之——规范冲突问题，对适用范围重叠的规范划定其各自的适用空间，借此使范围尚不明确的权利得以正当化。”① 日本学者加藤一郎和星野英一认为，法律解释应当更自由、更具弹性，解释时应考虑实际的利益，注重实质判断。对从属于具体事实的利益所作的利益衡量或价值判断构成结论的实质理由，在实质理由之外还要加上依据法规的形式上的理由。他们认为如果法律的规定不明确，法官依次通过各种法律解释的方法仍不能处理案件时，法官才可以进行利益衡量和价值判断。

中国台湾学者杨仁寿、王泽鉴等也对利益衡量问题进行了深入的研究。杨仁寿认为，利益衡量是法官处理具体案件之一种价值判断，一种裁判的结论。在目的考量和利益冲突时，恒须为利益衡量，恒应为价值判断，初不必限于何种阐释方法始得为之，或于阐释方法已穷，始得为之。法官的价值判断应以“外行人”的立场进行，应以社会通行的观念为基础，且不能我行我素。② “法官在阐释法律时，应摆脱逻辑的机械规则之束缚，而探求立法者与制定法律时衡量各种利益所为之取舍，设立法者本身对各种利益业已衡量，而加取舍，则法义甚明，只有一种解释之可能性，自须尊重法条之文字。若有许多解释可能性时，法官自须衡量现行环境及各种利益之变化，以探求立法者处于今日立法时，所可能表示之意思，而加取舍。斯即利益衡量。换言之，利益衡量乃在发现立法者对各种问题或利害冲突，表现在法律秩序内，由法律秩序可观察而得知立法者的价值判断。发现之本身，亦系一种价值判断。”③ 王泽鉴认为，利益衡量是一种法律解释方法，通过利益衡量可以建立起价值导向的思考方式，以填补法律漏洞，具体化不确定条款，解决法律规定之间的冲突。利益衡量的正当性在于一方面应结合立法者的利益衡量或价值判断，另一方面应考量社会价值观念的变迁，以大多数人的正义观念和社会价值共识为依据。梁慧星教授也对作为一种法律方法的利益衡量问题进行了深入的研究。他认为，利益衡量是20世纪60年代以来兴起的一种法律适用方法。法官在审理案件时，不是先寻找本案应适用的法律规则，而是综合把握本案的实质，结合社会环境、经济状况、价值观念等，对双方当事人的利害关系作比较权衡，做出本案当事人哪一方应当受保护的判断。它又强调

---

① ［德］卡尔·拉伦茨著：《法学方法论》，陈爱娥译，台湾五南图书出版公司1996年版，第320页。

② 参见杨仁寿著：《法学方法论》，中国政法大学出版社1999年版，第178～179页。

③ 参见杨仁寿著：《法学方法论》，中国政法大学出版社1999年版，第234～235页。

在某个具体问题上如果有两种解释的时候，利益衡量是判断作何种取舍的依据。①

其实，中国自古就注重价值和利益衡量的裁判理论的研究。明朝官员海瑞在当时的价值观基础上总结道："凡讼之可疑者，与其屈其兄，宁屈其弟；与其屈叔伯，宁屈其侄；与其屈贫民，宁屈富民；与其屈愚直，宁屈刁顽。事在争产业，与其屈小民，宁屈乡宦，以救弊也。（乡宦计夺小民田产债轴，假契侵界威逼，无所不为。为富不仁，比比有之。故曰救弊。）事在争言貌，与其屈乡宦，宁屈小民，以存体也。（乡宦小民有贵贱之别，故曰存体。弱乡宦擅作威福，打缚小民，又不可以存体论。）"② 站在当时的历史背景下来看，这些总结不但精辟，且极具可操作性，实为典范之作。对现今仍有诸多可借鉴之处。

二、利益衡量理论要点

根据证据评判理论，结合上文介绍的内容，我认为利益衡量理论的基本要点可概括为：第一，不管是成文法还是判例法，都不可避免地存在漏洞和空隙，世界上不存在完美无缺的法律；第二，在司法裁判领域，逻辑的作用不是万能的，三段论推理不能够让所有的案件都得出确定的结论；第三，由以上两点可以得知，法官裁判存在创造性活动的空间，一定的自由裁量权的存在是必要的，但要加以理性的限制；第四，在司法裁判过程中，在表面的逻辑推理背后不可避免地存在利益衡量与价值判断；第五，在司法裁判过程中，当遇到某个具体问题存在多种解释或者难以进行逻辑判断的时候，法律的目的价值、法律原则、国家政策、政治理念、道德规范、社会价值观念等因素将发挥重要作用。在古罗马时代，即有"法是公平与善的艺术（Jus est ars boni at aegui）"的法谚。笔者理解为，在大多数情况下法律条文本身就体现了其保护的利益与价值，体现公平和善。因此，在司法裁判领域，法官首先要遵循公平的理念根据法律对具体问题做出认定。当遇到疑难问题的时候，根据公平原则无法决断的时候，应当遵循"善"的指引。这个"善"的指引，即是利益衡量的指导思想。这里需要强调的是，从严格意义上讲利益衡量与价值判断是不同层面的问题。但从宏观上讲，价值最终可能体现为利益，

---

① 参见梁慧星主编：《自由心证与自由裁量》，中国法制出版社2000年版，第178页。

② 陈义钟编校：《兴革条例》，《海瑞集》上册，中华书局1962年版，第117页。转引自苏力：《"海瑞定理"的经济学解读》，载《中国社会科学》2006年第6期。

利益是价值的直观的外化的表现形式，两者区别不大，可以在一个意义上使用。因此，笔者在本书中没有严格区分利益衡量与价值判断，简单说明于此。

三、证据评判的若干利益衡量方法

根据笔者关于证据评判的基础理论的研究进路，我们可以看出法官裁判首先要遵循认识论的基本原理和方法去依法认识案件事实。在事实难明的情况下，正当法律程序中的规则裁断功能就发挥了重要作用。当然，法官引用规则裁断必须是根据明文法律规定。当事实难明，又欠缺规则裁断的法律规定的时候，利益衡量就成为法官断案的重要手段。[①] 法官在运用利益衡量进行自由裁量的时候，也不能恣意和妄为。因此，笔者对证据评判的若干利益衡量方法进行研究，并介绍如下：

（一）遵循立法精神

大多数情况下法律条文本身就体现了其保护的利益与价值。当法官碰到法律规定模糊的情况时，就要考虑立法机构和立法者所要取得的效果，然后根据立法精神去解释法律。不要简单按照法律规范中的语言的字面意思或句子的语法结构去理解和执行法律，而应该遵循法律语言词句背后的立法者的构思和意图去行事。法官应取向于法律精神、法律原则、法律的目的价值，充分考虑执政党政策、公共政策的变化，从个案的实际出发，进行理性决断。

（二）公平正义指引

司法精神本身就具有公平正义的内涵，没有公平正义也就没有司法之必要。包青天等古代清官都以司法中的公平正义之精神传至后世，他们所处的时代尽管法制不如今日之健全，但以公平正义之精神却使当时之法制得到最大限度的实施，并没有因法制之缺失而让人们感到司法不公正，相反却通过司法过程中公平正义精神之彰显弥补了法制之不足。

（三）价值权衡

对案件事实中所涉及的各种利益进行质的价值评估与价值比对，明确各种利益的价值基础，确定相互冲突的利益是具有同质性还是具有异质性。对于相互冲突的具有异质性的各种利益，应确定它们在法律价值体系中的位阶，考虑选择价值优位的利益给予保护。同时，还要考虑社会发展带来的社会价值观念的变迁。例如，改革开放之初，鼓励一部分人先富起来，效益原则得

---

① 当然，利益衡量的适用范围远不止证据评判领域，在法律条文的理解出现歧义时，利益衡量也要派上用场，等等。但是本书仅就证据评判相关问题进行探讨。

到更多的价值倾斜。但在强调以人为本，树立科学发展观，建立和谐社会的今天，公平原则应得到更多的关注。对于存在冲突的价值必须有所取舍时，应当在进行权衡的基础上进行取舍，应当考虑如下因素：（1）取此舍彼所要达到的目的；（2）被舍弃的价值有无依理性的其他替代方法获取的可能性；（3）被舍弃的价值没有依理性的其他替代方法获取的可能性时，这种舍弃是否值得。[①] 在价值权衡领域，比较突出的是公共利益优先[②]、道德良俗优位[③]、基本权利保障[④]与弱势群体保护[⑤]等问题。

（四）经济分析

效益原则要求对利益的保护与限制进行量的评估与比对，进行成本与收益的考量，考察能否以最小的摩擦和代价，保护人的利益追求，最大限度地实现个人、群体和社会的最大利益，即谋求利益最大化与损害最小化相结合。

---

① 张建伟：《证据法学的理论基础》，载《现代法学》2002 年第 2 期。

② 公共利益优先：个人利益与社会公共利益之间的价值定位问题一直是一个古老而常新的问题。在法律发展的不同阶段和不同法律传统的国家有不同的价值定位，并且深受意识形态和国内、国际政治斗争的影响和左右。其实，武断地强调个人利益本位或社会利益本位，对个人利益与社会公共利益做抽象的比对和选择，是不可取的。司法过程中应从个案的具体情事出发，明晰两种利益的性质和种类，做具体的价值评价和价值选择。一般而言，价值衡量的过程中要对当事人各方的利益与社会公共利益进行价值比对和价值评估，原则上，当事人各方的权利主张和利益要求应以不损害社会公共利益为必要，如果肯定一方当事人的利益主张会带来社会公共利益的损害，法官应作出限制或否定这一方当事人利益主张的价值判断。

③ 道德良俗优位：法律本身隐含着社会上的基本道德要求，而这些道德最普遍的是公序良俗，背离这些内容，法律不仅会背离民心而且会导致社会秩序的破坏。利益衡量中应当将公序良俗放在重要位置，而不管违背这一原则的人以多么堂而皇之的法律名义试图冲突之。

④ 基本权利保障：人权是人基于人的自然本性和社会属性而享有的，为人的生存发展所必需的、不可让渡、不可剥夺的基本权利。在司法实践中，对于关涉基本人权与非基本人权、基本人权与基本人权、基本人权与社会公共利益之间存在冲突的案件，必须充分考虑个案具体情事，进行价值上的衡平与选择。首先，基本人权优于非基本人权；其次，人身权优于财产权和其他社会政治、经济、文化权利；最后，对于关涉基本人权的个人合法正当利益如果与社会公共利益相冲突，某一方必须作出让步，应遵循最小限制原则，即在关涉人的生命安全、人身自由、人格尊严等利益上，即使出于社会公共目的，非经正当程序和合法理由不得任意限制和剥夺。如果要对关涉个人基本人权的正当利益进行限制，应考察所谓社会公共利益是否为“重大”，非为必要，不能进行限制。

⑤ 弱势群体保护：伴随着法律的社会化潮流，法律越来越侧重保护劳动者、消费者、低收入者、侵权行为的受害人等社会弱势群体的利益。对于关涉社会弱势群体法律保护的案件应遵循利益保护的价值倾斜原则。法律社会化潮流一方面表现为私法在价值本位上由权利本位向社会本位转变，私权利行使的绝对性受到限制，禁止权利滥用、公序良俗、诚实信用等原则得到确立；另一方面也表现为劳动法、消费者权益保护法、环境法等社会性立法的不断涌现。法律社会化的潮流要求对社会弱势群体的利益保护进行价值倾斜。

更通俗一点儿讲，就是两利相权取其重，两害相权取其轻。[①] 在上位法权利与下位法权利之间相矛盾时，应侧重于上位法权利；在同位法权利相矛盾时，必须将涉及的各种利益、弊害予以无一遗漏的考虑，然后从中择最大利益与最小弊害加以权衡并加以取舍。[②]

（五）衡平补偿

法律“无差别对待”的正义价值要求保证对所有利益主体的所有正当利益施以无差别的保护。对交叉重叠的利益，应扩大它们的互补性，力求保证所有正当合法利益能够同时实现。如果相互冲突利益的各方均有合法理由的支持，无法兼顾，无法同时实现，这就需要法官从实际情况出发，以一定的价值标准衡量各方的分量，确定各自在价值体系中的位序，作出倾向性的利益选择。对于无法给予一体保护的正当利益，要贯彻利益补偿原则，以适当的方式给予适当的补偿。我们就利益衡平与补偿原则在《宪法》和《民法通则》中都有体现，[③] 而且它也是处理相邻关系问题和紧急避险问题的重要原则。[④]

（六）参与协商

利益衡量的一种有效方法是让各方当事人自己讨价还价，公权力机关仅

---

① 例如，被告建了十层高楼，越界占了原告两平方米土地。原告诉至法院，请求拆屋还地。原告的利益肯定是要保护的，但是经过考量原告行使权利所获得的利益与给被告所造成的损害后，我们很难下决心支持原告的诉讼请求。原告行使权利收回两平方米土地的利益，但却要被告付出拆毁十层高楼的代价，明显不合经济原则。驳回诉讼请求行不通，教条地判决也不合适，这就需要法官先综合各种情况进行利益衡量，然后再确定采取何种工作的方法了。

② 梁慧星著：《民法解释学》，中国政法大学出版社 1995 年版，第 322 页。

③ 利益衡平与补偿原则在《宪法》中体现在第 10 条第 3 款：“国家为了公共利益的需要，可以依照法律规定对土地实行征收或者征用并给予补偿。”以及第 13 条第 3 款：“国家为了公共利益的需要，可以依照法律规定对公民的私有财产实行征收或者征用并给予补偿。”宪法中的这种规定肯定了公共利益的价值优位，但为了保证利益的衡平，也规定应该依照法律规定给予补偿。利益衡平与补偿原则在《民法通则》中体现在第 109 条：“因防止、制止国家的、集体的财产或者他人的财产、人身遭受侵害而使自己受到损害的，由侵害人承担赔偿责任，受益人也可以给予适当的补偿。”

④ 按照《民法通则》的规定，处理相邻关系应遵循有利生产、方便生活、团结互助、公平合理的精神。《最高人民法院关于贯彻执行〈中华人民共和国民法通则〉若干问题的意见（试行）》第 99 条规定：“相邻一方必须使用另一方的土地排水的，应当予以准许；但应在必要限度内使用并采取适当的保护措施排水，如仍造成损失的，由受益人合理补偿。”第 100 条规定：“一方必须在相邻一方使用的土地上通行的，应当予以准许；由此造成损失的，应当给予适当补偿。”第 156 条规定：“因紧急避险造成他人损失的，如果险情是由自然原因引起的，行为人采取的措施又无不当，则行为人不承担民事责任。受害人要求补偿的，可以责令受益人适当补偿。”第 157 条规定：“当事人对造成损害均无过错，但一方是在为对方的利益或者共同的利益进行活动的过程中受到损害的，可以责令对方或者受益人给予一定的经济补偿。”

作为中立的协调人，其职能是主持协调程序、执行协议。在法定范围内，利益衡量的结论由当事人各方在讨价还价的妥协过程中自主形成，合意性即正当性。这是主体自治的利益衡量方法，主要应用于民事与行政案件中。

根据前文三节的论述，我们可以看到：诉讼认识的对象是案件事实，案件事实是一个动态的、发展变化的一个过程。证据评判通过对证据的分析要查明证据直接反映的“静态的事实”，然后通过所有的“静态的事实”勾勒出“动态的事实”。我们看的电影，实际上也是通过静态的胶片播放形成电影视觉效果，两者的相似之处有助于我们理解通过证据评判展现案件事实的过程。可以看出，通过证据评判来认识“静态的事实”相对容易，而认识“动态的事实”则相对较难。通过唯物主义认识论的确定性我们知道我们是有能力准确认识案件事实的，通过唯物主义认识论的辩证性我们知道法官作为个体在有限的时空范围内准确认识案件事实是相对的，不是绝对的。具体到证据评判的过程中，就要求我们根据其中原理来建构评判规则和评判体系，不能盲目乐观过分地相信法官个体认识能力，也不能盲目悲观而追求纯粹的程序解决机制谋求绝对的程序至上。正当程序对于证据评判的重要作用之一在于其能够提供规则决断功能，在事实难明的情况下提供解决方案，用公平来吸收不满，彰显程序正义。利益的衡量实质上贯彻于法治的整个过程，立法过程其实也是一个利益衡量的过程。在事实难明又无规则决断的程序凭借时，法官还是需要运用利益衡量的方法进行裁判，从而取得裁判结果的正当性。由此，诉讼认识论、正当法律程序理论与利益衡量理论就成为证据评判的三大理论基础。

第三章　证据评判的基本原则

从汉语的词源上看，“原”本是“源”的古字，含有根本、推求、察究、原来、起初之意。《实用大字典》将“原”字解释为：“源，本也；推其本也。”而“则”字，则一直含有规则之意。古汉语中本无“原则”一词，在近代白话文运动中，将“原”与“则”结合在一起，形成了所谓“根本规则、行为准则”的义项。在现代汉语中，“原则”一词，根据《辞海》的解释，指的是“观察问题、处理问题的准绳”，《现代汉语词典》的解释是“说话或行事所依据的法则或标准”。可见，“原则”一词最基本的语义是指人类行为的普遍准则。① 据此，所谓证据评判的基本原则，就是指贯穿于证据评判全过程，对证据评判的规制和实施具有普遍指导意义的，法官在进行证据审查、评价、判断时必须遵循的指导性准则。

从证据评判基本原则的概念出发，我们认为，证据评判基本原则应当具有以下几项特征：规范性、根本性、普适性和政策性。证据评判基本原则的规范性，是指其对法官进行证据审查、评价、判断过程具有法律拘束力。就基本原则而言，它不具有规范的形式，但却具有规范的内容。正是由于这种规范性，使得证据评判原则与其他具体的证据规则一样成为法官证据评判行为的准则和法官制作裁判的直接或间接依据。基本原则的规范作用主要通过以下两种途径得以发挥：一是在法律有明文规定的情况下，与普通条文一样被适用。二是在法律没有明文规定的情况下发挥规范作用。在这种情况下，基本原则主要是为解释法律条文提供依据以及补充法律漏洞。基本原则之所以在法无明文规定的情况下仍然具有规范效力，是因为其反映了一种共识、一种“自然正义”，是一种“应有之义”，无须法律特别予以说明。证据评判基本原则的根本性，是指其在有关证据评判的法律条文和规范中处于根本性

---

① 樊崇义主编：《刑事诉讼法学》，法律出版社 2007 年版，第 7 页。

地位。证据评判基本原则构成了法官进行证据审查、评价、判断行为的出发点和基础，具有效力贯穿上的始终性。同时，基本原则的根本性特征也使其相对于其他具体证据规则来讲，在诉讼法律规范体系中处于更加稳定的状态。除此之外，证据评判基本原则还兼具普适性和政策性，作为法官证据审查、评价、判断机制内在规律和特质的反映，具有公理性意义，它超越了具体的国与国、人与人之间的差别而在世界范围内具有普遍适用性。与这种普适性相对的是，基本原则体系中，除了具有公理性的原则之外，还存在一些政策性原则。这些政策性原则体现和反映了该国在特定历史时期的社会政治、经济和文化状况，突出和体现了国情。

证据评判应当遵循的原则其实有很多，笔者在本章中系统论述的内容并不能代表全部。证据评判作为诉讼法的基本内容之一，刑事诉讼法和民事诉讼法的很多基本原则，与证据评判相关的部分也是证据评判的基本原则。例如，审判中立原则、诚实信用原则、诉讼参与原则、平等对抗原则、无罪推定原则，等等。这些基本原则在证据评判过程中也必然要发挥指导性作用。但对于证据评判来说，笔者认为最重要和根本的原则主要有五大方面，分别是客观公正原则、情理判断原则、综合评判原则、理由公开原则、价值选择与利益衡量原则。价值选择与利益衡量是证据评判的基础理论之一，基础理论中能够直接用于指导证据评判具体行为的，当然也是基本原则之一。由于价值选择与利益衡量理论在证据评判的理论基础一章已经有详细的论述，故在此不再重复。并且，笔者关于基本原则在实践中的问题以及在证据评判中的体现的归纳与总结，也不见得全面，只是拣了一些自己认为突出和重要的来分析。当然，深入研究这些问题是必要的，而且是真正有效推进证据法学研究的方法和途径，但是需要继续大量的实证调研方能做到。笔者尽管有近十年的实践经历，也有力不从心之感。其实，基本原则的重要性与魅力也恰恰在于我们总是无法对它们进行绝对的具体化，它们经常是在我们的实践出现困惑的时候，发挥指引功能，否则也就不能称之为基本原则了。

第一节　客观公正原则

一、客观公正原则的内涵

（一）法官中立与客观公正

在证据评判过程中，法官中立是非常重要的，中立的具体体现就是法官要做到客观和公正。所谓的法官中立，就是负责审判的法官在刑事诉讼中不仅独立于辩护方，而且还应该独立于控诉方，做到审辩分立、控审分立，法官不偏向任何一方，在刑事诉讼中形成控、辩、审三方组成的等腰三角形，法官位于这个等腰三角形的顶端，居中裁判。① 在民事诉讼中，也是同样道理，要做到“两造俱备”，法官居中裁判。就证据评判的过程来看，要置双方当事人于平等的地位，客观地根据证据所反映的信息，严格遵循自然法则、逻辑规律，审查、评价和判断证据，认定案件事实。

法官中立有着深厚的历史渊源，并为当代中外法学学者所尊崇。古希腊哲学家亚里士多德最早提出审判中立的观念：“诉诸裁判者就是诉诸中间，人们有时把裁判者称谓中间人，也就是说，如果得到中间，也就得到了公正。公正就是某种中间，所以裁判者也就是中间人。”② 戈尔丁对作为裁判者的法官的中立提出了三项具体要求：（1）任何人不能作为有关自己案件的法官；（2）裁判者与案件无利害关系；（3）裁判者不应当有对当事人一方的好恶偏见。③《战国策·秦策》记载：“商君治秦，法令至行，公平无私。”表明我国在先秦时即存在处理事务要合乎情理、不偏袒一方的可贵理念。④ 陈瑞华教授对于中立原则所持观点与戈尔丁没多大的差异：（1）与案件有牵连的人不得成为该案的裁判者；（2）法官不得与案件结果或争议各方有任何利益上或其他方面的关系；（3）裁判者不应存有支持或反对某一方参与者的偏见。⑤ 龙宗智教授对法官中立的定义是“法官中立是指法官在三方诉讼结构中，保持客观中立，不偏不倚”。⑥《公民权利和政治权利国际公约》第 14 条第 1 项规定：人人在法庭和裁判面前一律平等。在判定时，对任何人提出的任何刑事指控或确定他在一件诉讼案中权利、义务时，人人有资格由一个依法设立的、合格的、独立的和无偏无倚的法庭进行公正的和公开的审判。1966 年通过的《消除一切形式的种族歧视国际公约》第 5 条规定：“缔约国依本公约第二条所规定的基本义务承诺禁止并消除一切形式种族歧视，保证……享受下列权利：在法庭上及其他一切司法裁判机关中平等待遇之权……”其实，总结到一句话，在中立的前提下，核心就是法官要做到客观公正。

---

① 顾伟：《我国刑事庭审法官中立性研究》，四川大学 2005 年硕士学位论文，第 3 页。
② ［古希腊］亚里士多德著：《尼各马科伦理学》，苗力田译，中国社会科学出版社 1990 年版。
③ ［美］马丁·P. 戈尔丁著：《法律哲学》，齐海滨译，三联书店 1987 年版，第 240 页。
④ 转引自王红艳：《试论法官的中立角色》，苏州大学 2007 年硕士毕业论文。
⑤ 陈瑞华著：《刑事审判原理论》，北京大学出版社 1997 年版，第 66 页。
⑥ 龙宗智著：《刑事庭审制度研究》，中国政法大学出版社 2001 年版，第 1 页。

（二）客观与公正的含义

客观公正原则实际上包含两个方面内容：一是客观性要求，二是公正性要求。客观性一方面主要要求法官在进行证据的审查、评价和判断的时候，要给予双方当事人提供的证据同等的关注。尤其在刑事案件中，要求法官在关注有罪证据的同时要更加关注无罪和罪轻的证据。另一方面要求法官要始终关注客观情形，以客观事实为方向和目标指引，以实践检验为标准，及时调整控制自己的主观随意性，努力让自己的主观和客观相符合，达到主客观相统一的效果。公正性则要求法官站在中立的立场上，不偏袒任何一方。公正不但要实现，而且要以看得见的形式实现，以达到当事人和社会群众心服口服的效果。客观的含义比较容易理解，公正的含义却有必要进一步阐释。

公正是伦理学的基本范畴，给人应得是公正的经典定义。按照这个定义，公正是行为对象应得的行为，是给予人应得而不给人不应得的行为；不公正是行为对象不应得的行为，是给人不应得而不给人应得的行为。恶人得了恶报和善人得了善报，都是公正的，因为恶人应得恶报、善人应得善报。反之，恶人若得了善报而善人却得了恶报，则都是不公正的，因为恶人不该得善报、善人不该得恶报。并且，恶报和善报明显超过了应得的度，显然也是不公正，这一点是很重要的。亚里士多德认为，公正就是具有均等、相等、平等、比例性质的那种回报或交换行为。确切地说，公正是平等（相等、同等）的利害相交换的善的行为，是等利交换和等害交换的善行，是等利（害）交换的善行；不公正则是不平等（不相等、不同等）的利害相交换的恶行，是不等利交换和不等害交换的恶行，是不等利（害）交换的恶行。这一定义可以从影响深远的休谟关于“公正起源和前提”的理论得到印证。因为休谟将公正的起源和前提归结为两个必要条件：一个是客观条件，亦即财富的相对匮乏；另一个是主观条件，亦即人性的自爱利己。为什么财富的匮乏是公正的起源和前提呢？岂不就是因为公正的要义就是等利交换，而财富的匮乏必然要求等利交换？如果财富不是匮乏而是极大丰富，每个人需要什么就能够拥有什么，那么，人们就不需要斤斤计较的等利交换，就不需要公正了。所以，财富的匮乏是公正的客观的起源和前提意味着：公正的要义就是斤斤计较的等利交换。那么，为什么自利和有限的慷慨又是公正的起源和前提呢？岂不也是因为公正的要义就是等利交换，而自利和有限的慷慨必然要求斤斤计较的等利交换？如果每个人都爱他人胜过爱自己、为他人胜过为自己，那么，人们显然就不需要斤斤计较的等利交换，就不需要公正原则了。所以，自利和有限的慷慨是公正的主观的起源和前提意味着：公正的要义就是斤斤计较的等利交换。公正是等利害交换，显然意味着，公正有正反两面：等利交换是正面的、肯定的、积极的公正；而等害交换则是反面的、否定的、消极的公正。任何类型的公正，都是一种善行，都属于道德善的范畴。然而，等害交换却属于复仇、报复、害人的行为境界：它怎么能是一种道德善呢？如果它不是善而是恶，它也就不能属于公正范畴，因而也就不可能是公正的一种类型了。确实，等害交换，就其自身来说，不是善而是恶："报复感情，就其本身来说，并不是道德的。"但是，等害交换，就其结果来说，却是一种善。因为等害交换意味着：一个人损害社会和他人，他也会受到同等的损害。这样，他便不会轻易损害社会和他人了。所以，等害交换能够使人们避免相互损害，赋予社会和人们以安全，因而极为有利社会发展和人际交往，极其符合道德目的，是一种极其重要的善。这样，等害交换就其自身恶与结果善的净余额来说，无疑是善的、道德的，而不是恶的、不道德的。同等报复、等害交换是公正的、道德的、善的，而过火的、以大害报复小害的行为，其净余额为害，因而是恶的、不道德的。所以，报复、复仇一般不可由受害者私下进行，而必须由司法机关等部门执行。否则，极易过火、漫无节制而冤冤相报，使社会和人们蒙受巨大损害，因而便是恶的、不道德的行为了。① 因此，公正也就成为了司法机关应当遵循的首要的价值目标。

二、客观公正原则的实践问题

客观性主要受到法官自身的认识能力和道德品质的影响。在证据评判的理论基础一章中笔者对诉讼认识的相对性问题进行了论述，揭示了法官在有限的时空内，在思维的非至上性限制下，认识具有现实的出错可能性，由此决定了证据评判过程要注重规则裁断体系的建构。在后文中，笔者会具体剖析证据评判的过程，进一步揭示追求客观过程中面临的重重困境。也之所以这样，才更加有必要将客观性作为基本原则予以规定，以引导法官的具体证据评判行为。客观性如此，公正性又如何呢？

体制不顺造成法官中立困难，从而经常无法做到客观公正，这是我国当前存在的最大的一个问题。法院的领导人选实际上是由地方党委决定，人大任免；法院的经费均由地方人民政府划拨。人财物的依附关系必然导致司法

---

① 关于公正的定义主要参考了王海明：《什么是公正》，载学习时报网，http://www.china.com.cn/xxsb/txt/2007－12/03/content_9337071.htm。

行为也受其制约，由此产生地方保护主义和部门保护主义的弊端。对于这种情况，很多党政机关领导认为是想当然的、必须的。理由是司法职能要服从于党和政府的政策目标。在我国的政治体制下，其实在任何一个国家的政治体制下，笔者认为这个理由都是当然成立的。只是各国的理解和执行方案的设计有区别。司法职能必须要服从于党和政府的政策目标这个观点没有错，党和政府代表着国家利益，代表着统治阶级的意志，司法机关作为国家机器的组成部分，当然要服从于国家的政策目标。问题的关键就出来了，司法职能要服从的是国家的宏观的政策目标，这一点极其重要。司法职能决不能简单服从于地方政府的政策目标，因为地方政府存在狭隘的地方利益保护观念，由此经常出现与中央的整体政策相悖的情况。这种狭隘的地方保护观念一旦干预司法，必然造成司法的极大不公。公正是司法的灵魂，也是国家和社会的主流的价值观念，这种价值观念的破坏，不但损害了司法的权威，更重要的是极大地损害了国家的形象和社会价值体系。其实地方和部门的利益保护还不可怕，可怕的是在地方政府和党委干预司法的案例中，最经常出现的是个别领导的个人干预，在我国首长负责制的行政体制下，司法机关领导往往是屈从于个别领导的权威之下，而个别领导的意志绝对代表不了党和国家的意志，即使这位领导能够做到大公无私。更何况，大部分领导干预案件的动因起于私人关系的请托与反映。绝大部分的案件肯定是利害关系人找到领导反映，这位领导才知道案情的，从而不可避免地导致倾向性。司法的灵魂在于公正，司法机关站在解决纠纷的第一线，直接展现的是国家的形象，司法权威来自于国家权威，并且是国家权威的直接体现和外化，只要司法失去公正，就会严重损害国家的权威和形象。不管是来自于司法机关外部的干预，还是来自于司法机关内部的干预，只要影响了司法公正，都是绝对不可容忍的，因为它直接损害的是国家在人们心目中的权威和形象。这是一个极其重要的观念，一个亟待树立的观念。司法职能服从于党和政府的政策目标，只能是国家的政策目标，国家必须通过法律的制定，通过法官的选拔任免等手段贯彻落实，而公正是司法固有的秉承的属性。在个案中的公正决不允许有任何的干预，如果某个案件存在国家利益、集体利益与个人利益的矛盾，尤其要公正处理，这才是国家取信于民的重要手段。①

除此之外，司法机关还可能存在自身的利益问题导致的司法不公。比如经费不足存在创收压力，导致变相截留执行款物的情况也屡有发生。这都是应当严厉禁止并予以惩戒的，有损于国家形象。中国属于人情社会，法官也会经常由于个人的人情或直接和间接的利益关系等原因，受到影响，从而造成司法不公。这种情况就要加强对法官的职业道德教育，加强监督和惩戒措施来解决。

法官中立当然也无法绝对化，其实质上还是相对的。在民事诉讼中，法官中立相对比较容易做到；而在刑事诉讼领域，实质上法官很难中立，中立更多的是一种理念上的追求。人民法院肯定要代表和维护国家的利益，而违法犯罪则可能影响国家安全和社会公共安全。② 反映在司法实践中，法官经常站在控诉犯罪的一方，自觉不自觉地抵制辩护方的观点。尽管无罪推定是全世界认可的刑事司法理念，但是全世界也不能够否认大部分甚至于绝大部分犯罪嫌疑人被最终定罪的事实。不管法官如何地提醒自己做到中立，其内心的偏见却有意识或者无意识地，必然会产生。因为法官也是人，而不是神。有很多人把精力集中在这方面，试图最大限度地培养法官的“神”性，笔者却认为大可不必，因为只要客观和公正成为法官的灵魂，法官作为人所固有

---

① 有人会问，对于某个群众反映强烈的案件，领导就坐视不管了。错，不但要管，还要深管。但是管的方法绝不是直接插手干预审判，而是要求群众相信法官的公正。如果在判决生效后群众仍然强烈反映的，就应当组成专家团审查案卷（专家团的设置和组成方式不展开），确实存在司法不公的，严厉处理相关人员；判决公正的，应当充分阐明理由，以理服人。审查的结果有四种，一是公正且结果正确；二是公正但结果有误；三是不公正但结果正确（这种情况极少）；四是不公正结果有误。第一种情况要适当给予嘉奖，因为这种社会群众反映强烈的案件，法官不可避免地要受到各种干扰和压力，但是他仍然能够秉公执法并正确裁判；第二种情况属于业务素质的问题，要对法官进行处分，并进行一段时间的培训和考核；第四种情况，应当直接清除出法官队伍。

② 2002 年 3 月 10 日，原最高人民法院院长肖扬在第九届全国人民代表大会第四次会议上的《最高人民法院工作报告》中明确提出：“人民法院以维护国家安全和社会稳定为首任，突出重点，依法严厉打击危害国家安全、颠覆国家政权、破坏国家统一的犯罪……”法院的如上定位当然不是空穴来风，而是源于宪法和刑诉法的规定。我国《宪法》第 135 条规定：“人民法院、人民检察院和公安机关办理刑事案件，应当分工负责，互相配合，互相制约，以保证准确有效地执行法律。”我国《刑事诉讼法》第 1 条规定：“为了保证刑法的正确实施，惩罚犯罪，保护人民，保障国家安全和社会公共安全，维护社会主义社会秩序……”第 2 条规定：“中华人民共和国刑事诉讼法的任务，是保证准确、及时地查明犯罪事实，正确应用法律，惩罚犯罪分子，保障无罪的人不受刑事追究，教育公民自觉遵守法律，积极同犯罪行为作斗争，以维护社会主义法制，保护公民的人身权利、财产权利、民主权利和其他权利……”（作者按：2012 年《刑事诉讼法》修改了第 2 条，增加了“尊重和保障人权”的规定。）其实，不管在法律条文中如何表述，法院的这种定位在全世界各国家也都不例外。

的些许“偏见”的“误差”就不足为患了。

三、客观公正原则在证据评判中的体现

客观公正原则作为贯穿整个诉讼过程的司法指导原则，在证据的评判方面至少体现在以下两个方面：

（一）从形式公正的角度来看，法官应该赋予双方当事人平等的举证权利

客观公正原则要求法官为双方当事人平等提供举证机会。就我国的司法实践来看，在刑事诉讼中问题比较突出，主要表现在辩方与控方的机会不对等。鉴于整个诉讼程序的推动实际上是由控方推动的，因此，控方证据何时提交实际上也是由控方控制的，控方掌握着何时进入起诉阶段，并提交相关证据；控方在审判阶段如果认为证据不足还可以要求撤回起诉，进行补充侦查。与控方相比较，法律虽然规定了辩方有限的调查取证的权利，还受到很大的客观限制。在司法实践中，往往是在临近开庭前，辩方律师才能接到开庭通知，证据来不及搜集整理，就得匆匆开庭。对于辩方出于证据原因要求推迟开庭，缺乏明确的规定，完全取决于审判人员的自由裁量。实践中，辩方律师的要求很少能够得到满足。至于在庭审过程中，辩方要求暂停审理以收集相关证据，基本不可能得到满足。因此，就目前的司法实践看，控辩双方的证据即使在形式上也没有得到平等的对待。另外，举证责任的合理分配也是非常重要的内容。

（二）从实质公正的角度来看，法官应该在证据效力的认定及采信上平等对待双方当事人的证据

这一点同样突出地反映在刑事诉讼当中。从实质公正的角度来看，客观公正原则，要求法官在刑事诉讼程序的证据必须做到以下几点：第一，给予辩方充分说明己方证据的机会和时间。由于在程序上，控方有关证据的举证是在辩方的前面，因此，其总能得到充分的机会和时间，对于己方证据的资格和证明力给予充分的说明。而辩方的举证在控方之后，于是一些审判人员往往为了赶在预定的时间结束庭审，往往在辩方的举证时间给予限制，许多辩方的举证往往是草草收场。这是实践中经常出现的情况。第二，给予辩方充分质疑控方证据的机会和时间。控辩双方的有关证据的质证辩论，需要在不断的交锋中才能展现证据的真实性及证明力，因此，充分的质证辩论是必不可少的。由于在刑事诉讼中，主要的举证责任主要是由控方来承担的，因此，有关证据的举证、质证的交锋也主要是围绕控方证据进行。第三，对于

辩方有关证据的意见应做充分翔实的记录。由于我国当前庭审往往流于形式，庭审后的书面审理经常显得更加重要，因此，辩方的质证意见的完整记录就显得更加重要。第四，对于辩方的取证申请，法官要给予充分的重视，并给予必要的辅助。辩方的取证难在实践中已经成为人人共知的问题，为了实现客观和公正，必须给予充分的关注。关于法官介入取证会形成偏见的观点，笔者是不敢苟同的。这种偏见的形成是不可避免的，在前文中笔者已有提及，但是这些偏见是不足为道的，法官如果没有这种调整的能力，那么问题出在法官的遴选上面，而不是采取舍本求末的方法。当前国情下，法官取证的有限行使是有必要的，只是采取的方式、方法等具体问题有待深入规范和探讨。

第二节　情理推断原则

一、情理判断原则的内涵

西方法律思想当中一个很重要的思想是关于自然法的思想，认为所有违背了自然法的法都是恶法，我们应当遵循自然法的指引。① 我们中国古代没有人提出自然法概念，但是我们却一直将情理作为司法的指引与核心。西方的自然法是一种非常抽象的概念，而中国的情理是每个人都感同身受的，相对客观的东西。尽管我们难以将情理做一个非常具体的分析和描述，但是提起情理二字我们都不陌生。“理也者，情之不爽失也，未有情不得理得者也。天理云者，言乎自然之分理也。自然之分理，以我之情絜人之情，而无不得其平是。”② 情理来自于人们，是人们千万年来形成的，经验、价值和逻辑的混合物。情理是人们的普遍感情和普遍理性的结合，是人们情感和理性的集中体现，是人们智慧的结晶。情理是人们论事论理、论是论非的普遍标准。违反情理，人们就会认为不当；符合情理，人们就会认为理所当然。情理是

① 关于自然法的含义，在人类认识史上出现过多种不同的认识。但通常是指宇宙秩序本身中作为一切制定法制基础的关于正义的基本和终极的原则的集合。它萌发于古希腊哲学，其中智者学派将“自然”和“法”区分开来，认为“自然”是明智的，永恒的，而法则是专断的，仅出于权宜之计。苏格拉底、柏拉图和亚里士多德则断定能够发现永恒不变的标准，以作为评价成文法优劣的参照。启蒙运动后，自然法理论终于变成一个独立的理性主义思想体系。尽管对自然法的认识各有不同，但是以下三点却是共识：第一，自然法是永恒的、绝对的。第二，人的理性可以认识、发现自然法。第三，自然法超越于实在法之上，后者应当服从前者。

② 段玉裁：《说文解字注·玉部》。转引自柏桦、崔永生：《“情理法”与明代州县司法审判》，载《学习与探索》2006 年第 1 期。

法理的基础，法理是情理的升华。法理基于情理而产生，情理通过法理而升华。法理离不开情理，情理也不能脱离法理。情理是法律的精神，铺陈情理就是挖掘法律精神。以情理来理解法律，一般被认为是对法律精神的一种深刻理解。① 沈家本在比较了中西法律、法学之后认为，无论旧学、新学，“大要总不外‘情理’二字”，“不能舍情理而别为法也”。② 情理之与司法的关系在西方也有共识。美国著名法官波斯纳建议，要“以合乎情理作为司法的指南”，“法官最好是将他们的工作理解为：在每一案件中努力获得特定境况中最合乎情理的结果”。③

有这样一个案例：甲因城市改造需要，其房屋被拆迁，从乙房产公司购买了一套安置房屋。交付房屋以后，甲发现该套房屋有一间房四周都没有门，遂起诉乙房产公司要求为其开一扇门，并赔偿损失。法院经过审理认为，甲、乙双方签订的合同中，并没有约定乙一定要在讼争的房间开一扇门，因此，乙并没有违反合同的义务，甲主张的理由不成立，判决驳回甲的诉讼请求。该案的承办法官事后在接受采访时说：该判决虽然不合理，但却是完全合法的，即合法不合理。固然，根据我国《民法通则》和《合同法》的规定，合同双方当事人应当严格履行合同约定的义务。但合同义务既有约定的义务，也有法定的义务，还有附随义务。合同的附随义务取决于合同的种类和合同的特征，这需要基于社会生活经验来进行情理判断。房屋应当有门可以进出，这是人人共知的基本常识，根本无须在合同中约定。该案的错误在于法官未能根据社会生活经验知识来理解法律，而是机械地适用法律，没有正确把握法律的精神。④ 在他认为法律与情理发生冲突的时候，竟然还将情理让位于“他理解的法律”，错误的发生是不可避免的。

对于情理判断原则的理解，至少有以下三点是我们应当关注的。

（一）情理是客观的，又是发展变化的

情理存在于人们的“意识”中，具有一般认识的基本特点，即它的形式是主观的，内容是客观的。经验反映的是客观世界各种事物的性状及事物间的关系，其认识对象的客观性决定了经验内容的客观性，只是当其为人们所

---

① 梁治平著：《法意与人情》，海天出版社 1992 年版，第 151 页。

② 沈家本著：《历代刑法考》，中华书局 1985 年版，第 2240 页。转引自白丽云、王庆波：《法律与情理关系的辩证思考》，载《石家庄学院学报》2008 年第 4 期。

③ ［美］理查德·A. 波斯纳著：《法理学问题》，苏力译，中国政法大学出版社 2002 年版，第 165 页。

④ 黄松有：《谈法律适用中的情理》，载《人民法院报》2002 年 2 月 27 日。

认识和反映时，才具有主观的外在形式，如“马不如汽车跑得快”的经验命题中，命题的形式是主观的，它是人们通过经验归纳获得的一种知识，但是主观形式的命题是建立在对无数匹马的速度与汽车速度的比较之上，其内容具有客观真实性，并可还原为感性事实，为人所直接感知。逻辑也是客观世界的规律总结，具有普遍性和规律性。价值的出现依赖人们的实践，没有人们相关的社会实践，价值将无从出现。① 同时，情理又是发展变化的，不同历史阶段，人们对于情理的内涵和外延会进行微调，不是绝对不变的。情理作为逻辑、经验和价值的混合物，既是抽象的，又是具体的。

（二）人的理性能够认识和发现情理，情理就来自于人们的共识

情理存在于活生生的平常人之心。中国法文化中的情既有案情、实情的含义，也有情感、习惯的含义，主要指人之常情，是社会公认的情感，而非个人的好恶需求。理，古人常用道理、天理、天道来说明，它比较抽象，主要指当时人们认识到的各种规律和长久形成的关于天地宇宙的整体看法。理，是指包括习惯风俗在内的中国文明中不成文却为人们广泛承认的种种原理原则。情理，是中国式的理性和良心，是中国的道德伦理和常识。情理判断的中心部分是任何人都不会想到提出异议的普遍而不言而喻之理，其边缘部分则依具体情况可以呈现出千变万化的灵活性。情理并不是凭空掉下来的东西，而是与生活中的种种惯行密切联系或直接以惯行为素材而发挥作用的。② 情理就是常识性的正义和衡平感觉，能够被人们认识和发现。

（三）情理必然要超越于实体法之上，后者要服从前者

“合法不合理”——在社会生活中，尤其是司法实践中，会经常听到这样的说法。诚然，有些时候的确客观存在虽然合法但却不合情理的情况，法律、情理之间会出现价值上的冲突。但这种现象的出现和存在本身是否符合法的价值？法律、情理之间应当是一种什么关系？笔者认为，法律应当以情理作为其赖以存在和发展的基础，法律的内容和价值追求要尽可能地符合和体现情理的要求，情理要融于法的价值之中。立法者在制定法律时，必然要求法律符合社会生活的情理，符合公众所普遍认可的公正要求。司法审判就是要把抽象的法律规范与具体的案件事实相结合，把抽象的公正要求变成强制人们遵守的公正的力量。合法的就应当是合情理的。③ 当出现“合法不合

---

① 萧郁雯：《价值的客观性》，我国台湾地区哲学学会2008年学术研讨会议。

② 俞世峰：《中国法文化中的情理交融现象形成原因分析》，载《赤峰学院学报》（汉文哲学社会科学版）2008年第3期。

③ 黄松有：《谈法律适用中的情理》，载《人民法院报》2002年2月27日。

理”的情况时，应当反思的是法的本身出了问题，法应当服从于情理。

湖北某法院曾判决过一起车祸赔偿款归属案：某夫妇在路边捡到一初生女婴，抱回家养育，含辛茹苦养至14岁，女孩不幸因一场车祸被夺去生命，肇事方赔偿该夫妇7万元人民币。赔偿消息传出后，有对男女诉至法院，声称孩子是他们的，要求赔偿款归他们。经医学鉴定，证明这对男女确为该女孩的亲生父母。于是法院判决，由于未办理任何收养手续，收养关系不成立，所以赔偿款应全归女孩生父母。判决一出，舆论哗然。[①] 就此案来看，某夫妇和孩子之间是一种事实上的抱养关系，而没有形成法律上的收养关系，依法判决并无不当，但决不合情理，由此导致舆论的声讨。笔者认为，这类案件法官应当请示最高人民法院进行司法解释，而不是简单判决了事。当然，在现有法律框架下，也是有办法维护该养父母的权利的。[②] 当事法官在遇到“合法但不合理”的情形时，不以情理为重，只是僵硬教条地适用法律，因此才导致负面社会效果。

二、情理判断原则的实践问题

情理判断作为证据评判的一项基本原则，对于情理的理解于认识却在实践中经常出现很大的分歧。因为情理无法形之于文，没有确定的有形的标准。很多学者主张，法官在审理案件的时候，如果能够将情理判断作为一项基本原则，其自由裁量权过大。但是，这到底会不会成为不可克服的问题呢?

有这么一个案例，2007年9月6日南方网报道：“南京市鼓楼区法院对彭宇案做出了一审判决，称‘彭宇自认，其是第一个下车的人，从常理分析，他与老太太相撞的可能性比较大’。裁定彭宇补偿原告40%的损失，即45876元，10日内给付。判决书中还称如果不是彭宇撞的老太太，他完全不用送她去医院，而可以‘自行离去’，‘但彭宇未作此等选择，他的行为显然与情理相悖’。”该法官这样断案，无异于葫芦官判葫芦案。因此，此案一出，舆论哗然，指责纷至沓来。因为扶危济困、赈灾救难，乃中华民族自古的天道人伦，这是至高的美德，应该继承和传颂，这也是做人的基本人格。如果说情理，这便是正宗，岂料在法官那里却成了“与情理相悖”。相反，那些见义不为、见死不救的事情，不仅毫无情理，连基本人性都没有，理当令世人所唾弃。该案法官自认为以情理断案，其产生错误的根本原因恰恰在

① 王纳新著：《法官的思维——司法认知的基本规律》，法律出版社2005年版，第97页。

② 可以让养父母提起要求支付14年抚养费的诉讼，然后合并审理。

于他根本不懂情理。在这个案例中，法官的自由裁量权好像成了问题，但究其根本原因还在于法官的职业道德、专业素质和生活经验存在缺陷所致，不可将全部责任都归结到自由裁量权的问题。毕竟，法官的自由裁量权是必需的、不可或缺的，尽管笔者也主张尽可能地限制法官的自由裁量权，但根本的问题还在于要严格法官的准入制度入手。这个案例的判决结果也不是情理本身的问题，从社会舆论的反映情况，我们可以看出情理自在人心，情理并非是不可捉摸的、没有标准的。

三、情理判断原则在证据评判中的体现

情理判断原则作为证据评判的基本原则之一，在法官对证据的单一评判和综合评判过程中，以及分配举证责任的时候，均发挥着重要作用。在案件事实真伪难明的情况下，情理判断原则更具有不可替代的作用。例如，某建筑工人诉项目部经理欠发工资一案中，该经理承认工时数量，但是辩称工资已结清。工人没有用工合同等其他任何证据，如何定夺？依情理，发放工资应由工人出具领据或者在工资发放表上签收，项目部经理比工人更应该也更有能力举证，其举证不能，应负败诉后果。在个案事实真伪不明情形下，法官基于举证责任的分配作出决断时，裁判文书中阐述的理由必须符合情理。又如，甲诉乙归还借款，证据为乙亲笔书写的借条。乙辩称，借条确为亲笔书写，但甲在拿到借条后反悔，没有实际支付借款。乙方证据有借款当天向甲讨还借条发生纠纷的“110”报案记录。甲则声称，乙方早有预谋，甲在付款后乙即让其妻子拿走，然后又索还借条并报案，这完全是乙设计的骗局。假如款项数额巨大，笔者认为就有必要要求甲方举证证明款项来源（如银行取款单等）。总之，这样的案例就要结合款项数额的大小，甲乙双方平时的关系，警方笔录记录的内容等情况进行情理判断，然后作出举证责任的分配了。

对于有些案件能够确定责任人，但是难以确定损失数额的，也应当根据情理判断原则在现有证据的基础上，运用自由裁量权力作出判决。有这样一个案例：王某为结婚购置一套新房，由某房屋装修公司为其装修。即将完工时，王某去新房看装修情况，打开房门，看见该装修公司的一个油漆工吊死在新房内，当场晕倒在地。后经法医检验，死者死亡时间已达7天之久。事发后，王某找到装修公司，认为公司的油漆工吊死在新房内，使其遭受到了重大的精神损失，自己经常做噩梦，不敢去刚装修好的新房，而且其女友声称坚决不会在死过人的房屋内结婚。他要求装修公司承担赔偿责任，即装修

公司购买该房，支付相应价款由其另外购置一套房。但装修公司坚决不同意，认为王某并未遭到损失。最后诉讼到法院，法院判决认为，装修公司的油漆工在进行装修时吊死在新房内，并未对王某造成重大经济损失，房屋的居住使用功能并未受到任何损害，装修质量也符合要求，于是判决驳回了王某的诉讼请求，只是象征性地给予一定的经济抚慰。本案中，要求王某就其遭到重大损失的事实进行举证，实在有些勉为其难。但就社会日常生活经验来判断，王某所遭到的损失是不言而喻的事。电视台记者就该案对公众进行采访时，大多数人都认为房屋的损失是非常明显的，这样的房屋是不值钱的，还有人声称即使不出钱，也不愿意居住。[①] 为什么人们不认同法院的裁判？其实，根本的原因在于法官忽视了情理判断的重要性，从物理属性上认为房屋功能并未遭到损害，因而房屋的价值也就没有受到影响，这样的认定是违反人们生活常理的。违背情理而认定事实并据此作出的裁判，当然不会得到社会公众的认同，也缺少公正性。在这种情况下，法官完全可以依据社会生活中的经验事实，从公正和良知出发，根据情理判断原则认定损害事实的存在。其实，对于情理判断原则，国外律条虽无具体明确的规定和表述，但是在司法实务中也是主张遵循的。[②]

刑事案件中也有大量的关于情理判断的案例。甘肃某单位财务室被盗，仅在保险柜内壁提取了一枚清晰的指纹。公安机关通过指纹库比对后锁定犯罪嫌疑人。犯罪嫌疑人朱某，江苏人，在其家中被捕，但自始不承认犯罪事实，并否认到过甘肃。本案别无其他证据。一般来讲，刑事案件孤证不能定罪。但是，在本案中，如何解释在被盗保险柜内壁的指纹？笔者认为，根据情理判断足以认定朱某犯罪行为成立。河南曾发生一起投毒杀人案，甲乙在

---

① 黄松有：《谈法律适用中的情理》，载《人民法院报》2002年2月27日。

② 美国著名的法官波斯纳指出：合理司法决策需要的情感也往往要比完成非对抗性任务需要的更多。特别是，它可能需要愤慨与移情。愤慨是人们对违反其所属社会的道德规范之行为作出的通常反应。更为重要的是，愤慨常常是一种识别违法行为的方式。另外，当法官面对一个不能以形式推理作出判决的案件时，他要感受的另一种重要情感就是移情或者同感（fellow feeling）。移情是关于情感的认知特性的最好例子之一。移情中的认知因素在于，想象另一个人的处境；其中表达情感的要素，亦即使移情成为一种情感而不仅仅是理性的一个维度，就是感受那个人因其处境而产生的那种情感状态。波斯纳法官认为，在司法的超然和司法的移情之间并不一定存在紧张关系。当超然涉及在法官与当事人（以及证人和其他在场的人）之间制造一段情感距离，以便创造空间为富于想象力的重建潜在受到法官决定影响的不在场者的感受和利益时，超然并不是“冷漠”。法律制度给这一移情上的超然所起的名字是“司法气质”（judicial temperament）。那种以情感主义的对立面出现、以在当事人面前保持完全的、非人性的冷漠为骄傲的法官是不值得钦佩的。参见［美］理查德·A. 波斯纳著：《法律理论的前沿》，武欣、凌斌译，中国政法大学出版社2003年版，第233页。

同一个村子居住，结怨很深。某日甲暴死家中。经鉴定认定甲为中毒死亡，有人在甲的水杯中下毒。在水杯上提取了一枚指纹，经鉴定为乙的指纹。而乙承认双方结怨很深，但十多年没有到过甲的家里，甲的死与他没有关系。这个案子也在法院内部引起很大的争论，最终采取留有余地的判决方式结案。这也是典型的运用情理判断的案件，法院的处理应该是妥当的。①

第三节 综合评判原则

一、综合评判原则的内涵

证据的综合评判，是指在个别证据认定的基础，根据证据之间的逻辑联系，对个别证据的效力进一步进行判定，并在判断的基础上综合全案证据认定案件事实。综合评判原则，也就是要求法官在证据评判过程中，应该进行综合审查、评价和判断，不应该孤立地对待个别证据，要从证据之间相互关系的角度，对全案证据进行分析，以认定案件事实。一般上，案件事实几乎没有可能由单个证据认定。因此，法官对事实的认定包含了对若干证据的判断和选择，只有在若干证据的共同作用下，才形成案件事实的轮廓。“数个证据，各有其证明力，何者为强，何者为弱，即以何者为可信，乃应斟酌一切情形而判断。”② 对于一个要证事实，也许存在强弱不同的数个证据，“数个证据，属于同一方面者，每因数量增加，而增强其证明力；如属于反对方面者，每因数量增加而减轻其证明力”。③ 证明方向一致，也不见得要使用全部证据，可选择其中证明力最强的一个或数个，足以证明即可。对证明方向相反的，则要十分慎重，应当斟酌各方情形进行合理的综合评判，不能仅凭证据的种类、性质或数量为标准。对单个证据在案件中究竟能产生何种证明力，要结合案件的总体情形，综合评判。“这种情况往往发生在证据的综合评价之中。个别证据的价值最终总是在与其他所有证据的组合、比较中才得到确定。一些证据的信用性、证明力得到相互的补充加强，另一些证据的价

① 这两个案件笔者是听公安部的一位警官和法院的一位法官分别介绍的，两个案件有很大的相似点。对案件的处理也都引发了争论，但是笔者认为运用情理判断原则足以对这类案件进行恰当的处理，并且能够取得群众的认同和支持。

② 陈朴生著:《刑事证据法》，三民书局 1979 年版，第 578 页。

③ 陈朴生著:《刑事证据法》，三民书局 1979 年版，第 578 页。

值则下降乃至证据本身不被采用。"[①] 辛普森的辩护律师科奇兰在控诉方提出证据后向陪审团说："在美国，你必须在听完全部的证据后才能下结论……'人们并不在一开始就作出决定。你不会在半场时就确定一场棒球赛或者橄榄球赛谁输谁赢。你要一直等到最后。'"[②] 这段话清楚地表明，在美国对案件事实的认定也是主张要进行综合评判的。《德国刑事诉讼法典》第 261 条规定，法院对证据调查结果经由全部审判过程而获得确信作出决定，[③] 同样强调的是在全部审判过程中形成的综合评判结果的重要性。

二、综合评判原则的实践问题

在实践中的问题主要表现在间接证据的运用上，我国当前的证据评判过于僵化，没有运用综合评判原则，实际上造成很多案件打击不力。2003 年 9 月最高人民检察院召开的检察机关"强化法律监督，维护公平正义"教育活动在四川泸州现场会就有如下一个真实案例：[④]

2001 年 10 月 27 日凌晨，某宾馆 602 号房间被犯罪分子翻窗入室，盗走旅客曾某的现金 2000 元和价值 1100 元的摩托罗拉 998 型手机一部，失主报案后，公安机关在现场勘查时从 602 号房间窗台上提取指纹一枚。当时未能破案。2002 年 3 月 28 日凌晨，犯罪嫌疑人冯某翻窗进入该宾馆 608 房间时，被该房旅客当场抓获，送公安机关处理。经审讯，其供认翻窗进入 608 号房的目的是行窃。冯某被抓获后，经公安机关鉴定，2001 年 10 月 27 日 602 号房间盗窃案窗台指纹系其所留，并查实其于 2001 年 10 月 26 日晚入住该宾馆 601 号房间。经审讯，冯某拒不供认 2001 年 10 月 27 日凌晨盗窃过 602 号房间，未查获赃物也未发现其销赃情况。

2001 年 10 月 27 日盗窃案的主要证据有三：（1）留在窗台上的嫌疑人的指印，且指纹方向是从外向内，符合入室盗窃特征；（2）602 号房间被盗当晚，冯某入住与 602 号房间相邻的 601 号房间的证明；（3）冯某于 2002 年 3 月 28 日翻窗进入 608 号房间行窃，其作案手段与 2001 年 10 月 27 日盗窃手段一致。

---

① 陈朴生著：《刑事证据法》，三民书局 1979 年版，第 324 页。

② Bergman. P. TrailAdvocacy, WestPublish. Co, 1997, p. 281. 转引自毕玉谦、郑旭、刘善春著：《中国证据法草案建议稿及论证》，法律出版社 2003 年版，第 109 页。

③ 张弘：《证据评价问题探究》，载《国家检察官学院学报》2007 年第 3 期。

④ 下述案例转引自龙宗智：《印证与自由心证——我国刑事诉讼证明模式》，载《法学研究》2004 年第 2 期。

凭以上证据能否证明嫌疑人的盗窃事实？根据我国目前刑事诉讼中通用的证明理论与实践，答案是否定的。因为从理论上分析，窗台指印属于间接证据，不能单独证明案件主要事实，必须结合其他证据，形成证据锁链才能证明案件主要事实。案发前入住隔壁房间，虽然可以证明嫌疑人有作案条件，但不能确证其盗窃。至于2002年3月28日入室行窃事实，对于指控2001年10月27日盗窃而言，系品格证据。品格证据并未能证明案件事实本身，只是以两个事实之间的共同性逻辑关系说明嫌疑人具有作案的可能性。同时对品格证据的使用应严格限制，因为它容易导致对嫌疑人先入为主。

这个案例实际处理的情况是：由于该宾馆多次失窃，在公安机关与发案单位的迫切要求之下，检察院主诉检察官起诉了冯某2001年10月27日的盗窃事实（2002年3月28日的盗窃属于未遂），但法院认为证据不足，后该案撤回起诉作了不起诉处理。由于案件中存在对犯罪嫌疑人超期羁押，检察机关将此案作为典型案例举出以吸取教训。

此案在我国刑事诉讼实践中不能定罪的关键在于：缺乏现场目击证人，缺乏被告供述或案件赃物等直接证据。而笔者认为，在本案中被告人对自己入住以及在现场留下指纹的事实不能作出合理解释，而且由于现场在六楼，可以基本排除通过其他渠道在现场留下特定方向指印的可能性，并且冯某在2002年3月28日翻窗进入608号房间行窃的作案手段一致（现场有同样的证据），那么，在客观公正的基础上，根据情理判断与综合评判原则，完全可以作出有罪判决。

在实践中还反映了对单个证据的审查没有运用综合评判原则，可能导致的错误认定。笔者经手过一个合同纠纷案件：原告向被告账号转账了2000万，由被告用于房地产开发项目。此后，房地产价格不断攀升，双方发生纠纷。原告主张该笔款项为投资款，被告答辩为借款。原告的主要证据是被告签字的合同文本，里面有关于股份约定的条款，因此一审法院判决被告败诉。而笔者观察这个合同文本有以下疑点：（1）双方承认这个文本只有一份，由原告持有。（2）这个文本的载体是一个火锅店的点菜单（就是一张很薄的、质量极差的、上面还印着各种菜名的纸）的背面（是在两个人一起吃火锅的时候在餐桌上就地取材写的）。（3）文本全部为原告书写，被告只是在文末签字。（4）文本内容可以明显分为两部分：一部分为文本的前七条，明显可以看出条款约定的内容明为投资实为借款（包括固定回报数额，文本中采用了投资回报的提法，但是明显属于高额利息。），另一部分为文本后三条，约定了合作投资以及股份的比例。（5）从行间距与字间距可以明显看出第一部分与第二部分不同，并且，由于第一部分的七条已经占了整张纸的80%版面，下面有约三行的空白，然后是双方的签字，而第二部分的三条是写在了页面右侧的夹缝里（因此，字间距行间距都很小。）。被告辩称后三条是原告事后添加的，因为没有其他证据支持，未被法院支持。

笔者却认为，根据综合评判原则，支持原告借款的观点更加合理（尽管原告没有提供任何证据）。至少有以下理由：（1）一份文本由原告持有符合民间打借条的习惯，合同一般应一式两份。（2）在点菜单上写如此巨额的合作投资合同，过于不正式，违反情理，也有悖于公司法的程序规定。（3）合同两部分版面布局有极其明显的不同，且前后内容存在矛盾。（4）原告事后添加条款，完全具备条件。（5）房地产价格飙升的背景，原告存在不满足于借款回报的可能。因此，笔者认为一审法院判决是不妥当的。①

三、综合评判原则在证据评判中的体现

综合评判原则在证据评判过程中的作用是非常重要的，但是又很难进行一个确定的描述。从某种角度来讲，实践中对于综合评判原则至少应从以下几个方面进行把握：

（一）综合评判是建立在对于案件所涉及的单个证据认定的基础上

没有对于单个证据的认定，就没有对于证据的综合评判。辩证唯物主义的认识论认为，分析和综合是一对对立统一的范畴，就个案所涉及的全部证据而言，单个证据属于局部，全案证据属于整体。对于整体的认识（也就是综合）是建立在对于局部的认识（也就是分析）之上的，反过来对于整体的认识又能够深化对于局部的认识。因此，如果没有对于单个证据的判定分析，对于全案证据的综合也就失去了基础。需要明确的是，对单一证据的评判也存在综合评判的问题。

（二）综合评判是要把案件所涉及全部证据联系起来进行对照、比较研究，以便对案件事实得出一个总的看法

相互联系的观点是唯物辩证法的一个基本观点。任何事物、任何现象，都不是孤立存在的，而是彼此互相依存、互相联系的，我们要正确认识某个事物、现象，必须如实地反映这个客观存在。列宁强调指出，要认识客观世界的事物、现象，不弄清这些现象的联系和相互制约是不可能的。毛泽东同志指出，“正确的判断来源于周到的和必要的侦察，和对于各种侦察材料的

---

① 当然，本案还涉及鉴定的难度，以及判决书措辞和行文的难度，限于篇幅不再展开。

连贯起来的思索”。要正确地对全部证据进行综合审查判断，必须坚持全面的观点，反对片面观点。列宁说，“要真正地认识事物，就必须把握、研究它的一切方面、一切联系和‘中介’，我们绝不会完全地做到这一点，但是，全面性的要求可以使我们防止错误和防止僵化”。在这里，列宁既阐明了全面观点的含义，又阐明了坚持全面观点的重要意义。证据的来源不同，内容多样，所要证明的问题也各不相同。面对这种纷繁复杂的情况，法官要正确地对证据进行综合审查判断，就必须对各种证据进行全面认识，不能片面。只有这样，才能作出符合客观事实的判断。

（三）综合评判原则与证据评判的其他原则关系密切

就情理判断原则而言，证据之间的联系，很多情况下，都属于情理判断的内容。因此，对于证据之间联系的分析判断，必然要运用情理判断原则。就利益衡量原则而言，非法取得的证据能否采信，就涉及利益衡量问题，而对于该非法证据采信与否的利益衡量，必然要涉及对于该非法证据在案件事实还原中的地位作用。如果该证据是认定案件事实的关键证据，那么对于其非法性的质疑就可能具有削弱的作用。

第四节 理由公开原则

一、理由公开原则的内涵

理由公开原则即裁判理由公开原则，是指裁判书必须写明法官心证的理由并加以阐述。正是对于自由心证原则下限制法官在证据评判问题上的主观任意性的需要，催生了裁判理由公开原则的诞生。裁判理由公开原则主要体现在大陆法系国家，英美法系国家一般不要求陪审员公开心证。大陆法系国家的裁判理由公开原则的确立也经历了一个过程。在最初陪审团的自由心证下，法律也不要求陪审员阐述心证的达成过程以及裁判理由。在职业法官制度下，判决必须详述理由成为一种基本要求。心证公开的外延涵盖了三个方面：一是心证过程的公开。所谓“心证过程公开就是将司法过程中法官审查评判证据、认定事实的所有程序公开进行，从而使人们通过对程序正当性的认可建立起对于结果真实性的信赖。这是现代自由心证的主要内容，也是当事人防备突袭裁判的基本屏障”。[①] 二是心证结果的公开。心证结果的公开也就是判决结果的公开，即将载有裁判结果的裁判文书向社会公开。三是心证理由的公开。心证理由的公开是指司法者在判决书中应当载明根据现有证据所作出的事实认定和适用法律的理由，也即狭义的裁判理由公开。由此可见，裁判理由公开属于心证公开的一个重要组成部分，是对于法官在审判过程中事实认定和法律适用的思维过程的公开，一般理解为事后公开。当然，在庭审质证认证过程中，也要最大限度地体现心证过程的公开，尤其是进行认证的时候。但是庭审过程中的心证一般由法官根据情况决定是否公开，而裁判理由则要求必须公开。

法国、德国以及日本刑事诉讼法中均规定了严格的裁判理由公开原则。法国刑事诉讼法第 376 条和第 485 条，以及德国刑事诉讼法第 267 条均作出了规定。其中德国刑事诉讼法规定的判决理由包括六类，涉及有罪事实认定、量刑等，其中第一类规定了“被告人被判有罪判决时，判决理由必须写明已经查明的，具有犯罪行为法定特征的事实。证据如果是根据其他事实推断出来的时候，也要写明这些事实。写明时，对于细节，可以提示见存放案卷中的照片”。日本刑事诉讼法第 44 条规定，判决必须附以理由，并在第 335 条对有罪判决的具体理由表示进行了规定：“在作出有罪的宣告时，应当指明构成犯罪的事实、证据的目录及适用的法令。”

我国台湾地区的“诉讼法”中对裁判理由也加以规定，要求在判决书中阐述证据采纳与否的理由，以表明其推理符合经验法则。2003 年修改通过的“刑事诉讼法”的对此作出了详尽的规定，其中第 310 条规定：“有罪之判决书，应于理由内，分别情形，记载左列事项：一、认定犯罪事实所凭之证据及其认定之理由。二、对于被告有利之证据不采纳者，其理由。三、科刑时就刑法第五十七条或第五十八条规定事项所审酌之情形。四、刑罚有加重、减轻或免除者，其理由。五、易以训诫或缓刑者，其理由。六、谕知保安处分者，其理由。七、适用之法律。”[②] 根据我国台湾地区“最高法院”判例，属于判决说明理由不合乎法律要求的情形具体包括：第一，无具体说明理由的内容；第二，仅在判决书中载详见笔录或书状并以此作为理由；第三，判

---

① 郁云：《论心证公开的几个基本问题》，载《云南大学学报》（法学版）2004 年第 2 期，第 65 页。

② 条文见《刑法、刑事诉讼法》，中国台湾元照出版 2004 年版，第 455 页。转引自郑未媚：《自由心证原则研究——以刑事诉讼为视角》，中国政法大学 2005 年博士研究生毕业论文，第 105 ~ 106 页。

决书中对双方当事人攻防方法的取舍未予论断；第四，对斟酌辩论意旨及调查证据之结果其内容如何未予说明理由；第五，有利证据之不用未特别说明理由。①

裁判理由公开之所以为大陆法系国家采用为一项重要原则，其作用至少体现在以下三个方面：

（一）将法官主观评判证据认定案件事实的心理过程客观化

心证的过程是主观对客观的认识过程，心证主体之外的人很难直接去判断和认识。裁判理由公开要求法官把本来存在内心状态中的心证内容和过程表现出来，最终落实到纸面上，从而使法官心证的心理过程获得了外在性、可视性，进行了客观化。心理过程客观化之后，外界就能够对法官心证进行评价，从而制约心证的主观随意性。同时，心证的客观化也对法官的专业素质提出了更高的要求，必定不断推动和促进法官的队伍建设。裁判理由公开不仅为当事人以及全社会对判决的评价提供了直接对象，而且也构成了对司法者自由心证的有效制约，同时也为自由心证结果正当性提供了有利辩护。②

（二）便于上级法院对于案件事实的复查监督

“虽说是法官的自由心证，但必须从逻辑上加以证实其认定，因此在判决的理由部分中应表述从哪些资料得到什么样确信的过程，使有一般常识的人会认可其认定。如果从逻辑上和常识上认为无论如何也不能认定时，就不能说合法地认定了事实（参照第403条），那就应受上告审法院的审查。”③上诉制度就是以当事者的争议为契机，对法官的心证是否符合内在的经验法则和逻辑规则进行审查与核实。因此，心证的客观化就显得极为重要。否则，将很难对原审法官的心证进行检验与审核，同时也会严重影响诉讼的效率。我国的刑事案件二审一方面不仅是法律审还是事实审；另一方面审理的方式可以开庭审理也可以是书面审理。实践中书面审的情况远远高于开庭审理。由于不开庭审理，对于涉案的证据不进行开庭质证，因此，二审法官就不可能像一审法官一样，根据对于证据质证情况，一步一步形成心证。因此，二审法官的事实审严格说来并非是对于一审证据的审查评判，更大程度上是对于一审法官心证过程的审查评判，是通过审查判断一审人员的心证过程是否

① 吴宏耀、魏晓娜著：《诉讼证明原理》，法律出版社2002年版，第195页。

② 汪建成、孙远：《自由心证新论》，载何家弘主编：《证据学论坛》（第1卷），中国检察出版社2000年版，第358页以下。

③ ［日］兼子一、竹下守夫著：《民事诉讼法》，白绿铉译，法律出版社1995年版，第108页。

符合经验、符合逻辑，从而判断一审认定的事实是否正确、恰当。再审案件也是同样的道理。

（三）心证公开有利于案件当事人及社会公众案件的监督，也有利于提高司法的信服力

心证是法官根据经验法则、逻辑规则对于证据的真实性、关联性、合法性进行的综合评判，绝非是法官的任意评判、专横评判。在法官对证据的评判上，容易出现两个方面的问题：（1）法官以证据评判的主观性为借口，滥用自由心证原则，无视经验法则和逻辑规则，成为任意评判、专横评判。我说是就是，不是也是；我说不是就不是，是也不是。（2）社会公众出于对司法专横的戒心，不信任法官的心证，将法官根据经验法则和逻辑规则作出的正确认定曲解成任意评判、专横评判。为了避免上述两个方面问题的发生，裁判理由公开原则的确立是非常重要的。一方面，通过心证公开，将法官的主观的证据评判过程公开，接受社会公众的监督，法官有义务证明自己的证据评判符合经验法则和逻辑规则，从而避免评判的任意和专横。另一方面，一旦法官的心证过程被公开，法官将其在心证过程所运用的经验法则和逻辑规则客观地展现在社会公众的面前，以其充满理性的表述说服社会公众，从而提高人们对司法的信服力，破除由于审判中的神秘主义带来的司法信服力缺乏的问题。

概言之，在现代诉讼制度中，裁判理由公开被视为约束法官心证的重要制度。法官通过裁判理由说明判决的合理性和合法性，可以抑制随意断案，保证裁判的客观性。同时，裁判理由公开也有利于救济程序中上级法院的审查，对于普通民众而言也可以促进判决的信服力。正如王亚新教授指出的，“首先，表示判决理由的要求可以促使法官对自己的判断进行再次的审查和反省，看判断过程中有无不合理的地方。其次，判决理由的明示给当事人提供了一个可能进行批评和反论的对象，使当事人能够理解和核查法官的心证结论及心证过程。因此，判决理由一方面具有当事人心服口服的说服作用，另一方面也方便了当事人在发现问题、提起上诉时构成上诉理由。最后，判决理由的表示使上诉审更容易地明确争点，从而便利上诉审的审查”。[①] 总之，裁判理由公开原则在体现程序公开、程序合理性等程序法价值的同时，增强了人们对判决的可接受性，是对法官自由心证强有力的程序制约。

---

① 王亚新著：《社会变革中的民事诉讼》，中国法制出版社2001年版，第338页。

二、理由公开原则的实践问题

裁判理由的阐述以裁判书为载体，我国判决书的制作存在的问题很多。最突出的就是裁判理由的阐述方面，经常存在不写明证据所证明的案件事实，只罗列证据的名称；对控辩或者诉辩双方有分歧的事实证据，不进行具体的分析、认证，并阐明理由；说理不坚持从个案的实际情况出发，而是讲一些空洞的道理，千人一面，千篇一律，只有共性，没有个性，导致庭审举证、质证、认证的过程反映不出来，判决的公正性、公开性和说理性体现不出来。以至于我们的裁判文书经常被社会公众称为“不讲理的判决书”。具体说来，主要表现在以下几个方面：第一，裁判文书缺乏对证据分析论证过程的描述。一般的习惯做法是按照起诉书的撰写方式，笼统地称：某某事实，有证人证言、物证、鉴定结论等证实，证据确实、充分，被告人亦供认不讳……第二，裁判文书对双方当事人质证意见的批驳论证不足。甚至有很多裁判文书只简单列举了双方质证意见，并不加以任何回应，然后就自说自话。更有甚者，连双方的质证意见都省略了，让我们无从得知双方对哪些证据是认可的，哪些证据是予以否认的，看不出双方当事人在证据问题上争执的焦点是什么。第三，裁判书证据运用和采信的说理不充分。尽管最高人民法院强调对裁判要说理，但是实践中的情况并不理想。作为裁判文书的核心或者说灵魂的说理部分普遍不充分，往往是非常概括的表述，甚至是一些套话。以至于最高人民法院原院长肖扬在1998年底召开的全国法院院长座谈会上对我国法院裁判文书的制作做出了这样的评价：“现有的裁判文书千案一面，缺乏说服力，严重影响了司法公正形象。”

实际上，最高人民法院于1999年发布的《人民法院五年改革纲要》曾明确指出，改革的重点是加强对质证中有争议证据的分析认证，增强判决的说理性；通过裁判文书，不仅记录裁判的过程，而且公开裁判理由，使裁判文书成为向社会公众展示司法形象的载体，进行法制教育的生动材料。2001年《最高人民法院关于民事诉讼证据的若干规定》第64条明确规定：“审判人员应当依照法定程序，全面、客观地审核证据，依据法律的规定，遵循法官职业道德，运用逻辑推理和日常生活经验，对证据有无证明力和证明力大小独立进行判断，并公开判断的理由和结果。”最近还有一些地方法院已经逐步推进裁判文书上网的制度，让社会公众的监督能够更加方便和直接地进行，无疑为推进我国的司法文明产生积极作用。可以说，裁判理由公开原则在我国的理论界与实务界都已经达成共识，当前的关键就在于落实，在于有意识地不断克服实践中存在的问题，不断提高裁判文书的写作质量。同时我们也要清醒地看到，提高裁判文书质量如同提高审判工作质量一样，是一个长期渐进的过程，它涉及法官的综合素质等方方面面的问题，不可能一蹴而就。这项工作任重而道远，需要我们不断地坚持和努力。

三、理由公开原则在证据评判中的体现

裁判理由公开原则在证据评判中的体现的重点，就是如何有效运用证据，增强裁判文书中的说理性，针对双方当事人提供的全部证据，根据经验法则和逻辑规则，运用法理进行全面、客观和公正的综合分析判断，以确定证据与案件事实之间的证明关系，排除不具有真实性、关联性与合法性的证据，从而达到准确认定案件事实的目的，并在判决书中充分展示法官对证据进行评价、判断和取舍的过程及理由。实际上，就是全面公开法官的心证过程、结果和理由，使判决书对本案双方当事人提供的证据是哪些，具有可采性的证据证明了什么案件事实，哪些证据应予排除，排除的理由是什么，综合评判本案的证据认定了什么案件事实，根据案件事实认定本案的法律关系并准确适用法律，对当事人的权利、义务及过错责任作出公平划分，最终得出判决结果，全面反映案件的整个审判过程，使人一目了然。

正如前文所言，裁判文书的质量提高也是一个艰难的过程，无法一蹴而就。但是，随着司法实践的发展，裁判理由也在日渐细化和精致化，这无疑是一个确定的发展规律。裁判理由的细化和精致程度在一个侧面上也体现了一国司法文明水准。在我国当前，对证据的分析和论证，有一些是我们必须做到的，比如，法官的心证可以不受鉴定结论的束缚，但必须详述为何持相反意见的理由；当存在多种推理可能性时，法官不得仅就事物的其中之一项可能的说明支持其确信，还应对其他可能性予以评判。只有坚持这样的路径和方向，才能真正地逐渐提高人们对司法的信服力，从而树立司法权威。具体说来，裁判文书中关于证据评判的内容至少应当包括：第一，写明双方提交证据的名称和来源，不能遗漏证据。第二，写明双方对每个证据的质证意见和观点。第三，写明法官对证据的分析和取舍的理由。第四，运用定案证据清晰地表明推理和论证的过程。其中对于证据的分析以及取舍集中体现了法官自由心证的过程，证据理由以及事实理由的阐述和论证是对自由心证的

重要制约。[1] 概言之，法官应当对经过庭审质证的证据和无须质证的证据进行逐一审查和对全部证据综合审查，遵循法官职业道德，运用逻辑推理和生活经验，进行全面、客观和公正的分析判断，确定证据材料与案件事实之间的证明关系，排除不具有关联性的证据材料，准确认定案件事实，并最终在裁判文书中表述整个过程。

---

① 参见郑未媚：《自由心证原则研究——以刑事诉讼为视角》，中国政法大学 2005 年博士学位论文，第 140 ~ 141 页。

第四章　证据评判的基本结构

关于证据评判的基本结构，笔者从证据评判的基石和方式、方法和标准、目标和结果六大方面进行了阐释。证据裁判和法官心证是证据评判最基本与核心的问题，是证据评判的基石和方式。基本方法和证明标准贯穿于评判的全过程，是证据评判的主要凭借手段和衡量尺度。基本方法包括司法认知、司法推理和司法推定；证明标准应当确定为排除合理怀疑。证据评判的应然目标是追求客观真实；其实然结果是法官认定的裁判事实，是一种法律真实。

本章中，笔者描述了神证、人证、物证的历史发展脉络，揭示了证据裁判的规律和内涵；从法定证据制度和自由心证制度的比较研究中，明确了我国法官心证发展应遵循的路径；从经验法则、逻辑规则和利益衡量的角度解读了司法认知、司法推理和司法推定的基本内涵；从客观真实和法律真实的剖析中，解读了证据评判的目标和结果。

第一节　证据评判的基石

证据裁判制度是证据法学的基本原则，但是在证据评判领域，它是一项基石，是证据评判理论的起点与核心。在证据评判领域的语境下，证据裁判处于最基础与核心的地位。历史上的证据裁判经历了神示为主、人证为主和物证为主的三个历史阶段。在当时的历史背景下，各有其积极意义。对证据裁判发展的规律和必然性方向，我们在此进行了分析，对其内涵以及缺陷与不足我们均进行了客观的探讨。

一、证据裁判制度的历史发展

普遍认为，从历史发展的角度讲“证据裁判是否定神示的产物，是随着近代理性主义的兴起形成的一项证据法则”。[1] 笔者认为，这句话里的证据裁判的含义进行了特定化界定，没有问题。但是如果从最广泛的意义上来理解证据裁判的话，是值得商榷的。从人类存在解决纠纷的需求开始，证据裁判精神就同时产生和存在。我们设想一下，在原始社会的狩猎过程中，射杀了一头鹿。甲乙双方发生了争议，都认为是自己射杀的，这头鹿应当归自己所有。三种结果：一是双方理论，各自陈述理由，理由充分让人信服方拿走鹿；二是双方争执不下，继而打斗，胜者拿走鹿；三是双方找一个权威人士（如氏族首领）解决。第一种结果下，双方肯定要摆事实讲道理，这个事实当然要证据支持。例如，甲说：“你看鹿脖子上的箭是我的”，就是运用证据来摆事实的一个例子。第二种情况也是在现有证据无法说服一方的情况下，最终运用武力解决。[2] 第三种情况下就是典型的三方解决纠纷模式了（应该算是裁判的原始形态），证据肯定是要用的。别的不说，双方的陈述就是人证。不管当时的人们是否有意识地运用证据，证据裁判的精神都客观存在。只是当时人们的认识能力极其有限，在现有证据无法认定的情况下，会采取神示的方式解决纠纷。由于当时人们对“神”的普遍敬畏与信服，使神示的结果能够取得普遍的认同效果，从而对当时的纠纷解决起到了很重要的作用。其实从原始的神示裁判过程中展现出的几个重要因素，至今我们还要予以关注。一是裁判者需要权威；二是裁判过程要公开、公正；三是裁判要以证据为基础；四是在现有证据难以证明事实的时候，应当有一种“科学”的、“合理”的、能够为人们接受的决断机制。尤其是第四点，可能是神示裁判制度给我们留下的最为宝贵的财富，在神示裁判制度之后我们也应当建立一种规则裁断机制，这很重要，应当引起我们的充分重视。随着人们认识能力的不断提高，“神”在人们心目中的地位就不断下降，人们不断地对神示的结果进行质疑，渐渐地动摇了“神”的权威。证据在纠纷解决中的作用就日渐凸显。如前所述，证据分为人证与物证两大类。对物证的认识必然取决于认识手段与认识能力。例如，指纹、DNA，早先的人们是无法认识到的。按照笔者的证据与证据信息概念，就是从证据中提取证据信息的难度导致了物证在证明事实过程中的作用受到了很大的限制。而人证的特点就是证人能够对他要证明的事实直接进行陈述，内容形象而具体。尤其是事实亲历者，他们对事实

---

① 林钰雄著：《刑事诉讼法》，中国人民大学出版社 2005 年版，第 375 页。

② 有人说，原始社会的人们在发生这种情况下根本不做任何争论，直接上手就打，抢了就走。我认为有理性的人听到这种说法都会认为是荒谬的。

的感知是全面的，详尽的。我们可以想象，当越来越多的神示结果被后来发现的证据证明是错误的时候，人们逐渐放弃了神示裁判的方法。当神示裁判的方法被彻底摒弃的时候，人们就只能将全部的希望寄托在运用证据来认识事实的方法上。由于受到认识手段和能力的制约，当大部分案件无法用物证得到确定的答案的时候，人们必定将希望寄托在人证上。从而，人证的获得几乎成为当时断案的必要条件。因为，每个物证只能证明相关的事实片断，不能证明案件事实的全部。刑讯逼供成为证据裁判历史发展过程中不可避免的选择，其实这也是不得已的选择。而后，中外各国在历史上都不同程度上对刑讯逼供进行了制度化的建构。在当时特定的历史时期和历史条件下，是具有非常积极的意义的。但是，随着历史车轮的前进，刑讯逼供的弊端和局限性暴露得越来越充分，随着科学技术的发展，人们的认识能力越来越高，随着人权意识的不断加强，人们对权利保护的要求越来越强烈，人们逐渐地无法容忍刑讯逼供的存在。口供主义本位必然要让位于物证主义本位，就如同神示裁判的退位一样。笔者认为，当前就处在口供主义本位逐渐让位于物证主义本位的历史过程中，一个国家的司法文明程度直接体现在对物证的重视程度和对人证的理性态度上。① 当然，人证是证据的一个重要方面，不能

① 我国诉讼制度上，神明裁判存在时间并不长。我国法制史学界一般认为，商朝时期的司法制度具有一定的“神判”色彩。这主要是因为已经发现的不少卜辞证明当时有卜者参与司法，伪托神意断罪。西周时期，尽管有“有狱讼者，则使之盟诅”的记载，实际上是作为诉讼和判决的证据而“铭”之于铜器，以示郑重。《周礼·地官·小司徒》载，“凡民讼，以地比正之。地讼，以图正之”。而且人证、物证等证据形式已开始被用以诉讼活动了，当时的借贷契约为“傅”、“别”，就是证明债务人与债权人之间关系的证据。此外，审判已主要表现为“听狱之两辞”，流行于后世的“五听”也已经成为裁判者重要的审判方式和技能。瞿同祖先生曾就此论述到，“中国在这方面的进展较其他民族为早，有史以来即已不见有神判法了”。中国古代，据证裁判首先表现为对口供的极端重视。早在西周时期，审判已主要是围绕口供展开的，即所谓“两造具备，师听五辞”。《睡虎地秦墓竹简》的有关记载亦表明，在当时的审判活动中，十分强调对被告的反复诘问，必要时还可以施以拷打直至求得口供。时至汉代，审理案件主要是按《周礼》“以五声听狱讼”的方法进行，经过审讯，得到口供，三日后再行复审，叫做“传复”。复审之后，所作判决要向被告宣读判词（即“读鞫”），如罪犯呼冤，允许请求复讯，即所谓“乞鞫”。自此，“罪从供定”的司法传统基本上为我国历代封建王朝所承继。在我国封建法典的集大成之作《唐律疏议》中规定，结案必须有被告服罪的口供；如果不肯服罪，主管官员要针对其不服之处重新审理，否则将受到严厉的处罚，该项要求的例外情形仅限于“据状科断”、“据众证定罪”。之后的明清典律均有“狱囚取服辩”的规定。但在王权至上的封建集权社会，“法外用刑”、漠视法律的现象十分普遍，无供定案的事例也时有发生。从整体的历史发展上看，我国神示裁判消失得比较早，在证据领域对口供的取得与运用方面有着非常详尽的规定，足以看出在很长的历史时期内我国的证据观念是非常进步和科学的。而到了近代，历史上面临口供本位到物证本位的转型，我们原有的历史经验反而成了限制我们发展的桎梏，这是应当引起我们充分重视的。

忽视它的重要性，但是人证绝对不能够成为我们依赖的对象，我们要把重心转移到物证的取得、认识与运用上。这可能是我国侦查机关应当清醒认识的发展规律，我们要大力加强物证意识，大力提高侦查能力，严格规范人证的取得方式。同时，侦查机关当下的行为又取决于现实的社会治安状况。社会民众对社会治安状况恶劣表示强烈不满的情况下，客观上就要求侦查机关尽快破案。在侦查机关有限侦查能力的背景下，迫使其不得不诉诸刑讯逼供这种最原始、最简单的，相对来讲却最有效率的方法来取证与破案。另一方面，刑讯逼供带来的冤假错案又为社会所诟病，以至于招致民众的普遍反感，从而怨声不断，造成恶性循环。行使公权力的侦查机关成了侵犯公民权利的典型代表，警民矛盾日渐突出，渐而水火不容，冲突一触即发。长此以往，国家危矣！唯一解决之途，就是要加大力度，尽快提高全体侦查人员的素质，科学强警，加强侦查能力建设，并且进度要快。

通过以上分析我们可以看出，在证据裁判的发展历史上，主要经历了三个阶段。第一个阶段是神证为主的时期。在人类社会的初始阶段，科学技术极不发达，人类的认识能力比较低下，人们出于对神明的崇拜和敬畏，便转而求助于超自然。在神证为主的时期，人们主要通过占卜、决斗、赌咒、宣誓和神判等方式求助于“超自然力量”展示的证据信息来确定案件事实。神证阶段在西方国家存在时间较长，一直持续到中世纪前后，在我国则绝迹较早，一般认为只持续到商朝时期。第二阶段是人证为主的时期。这一时期表现为对口供的极端重视，审判主要是围绕口供展开的。例如，13～16 世纪欧洲国家的法律就明文规定被告人口供是“最完整的证据”，是“证据之王”。中国古代也有“罪从供定”和“无供不录案”等诉讼原则。由于这一时期高度重视口供、证人证言，所以刑讯逼供泛滥，刑讯在当时许多国家被认为是合法取得证据的方法。第三阶段是物证为主的时期。由于口供主义与刑讯逼供有千丝万缕的联系，随着人权思想被普遍接受和科学技术的发展，从 16 世纪，人类逐渐转入到以物证为主或者说科学证据为主的司法证明时期。这也是人类理性和经验认识发展的必然结果。[①] 现代意义上的证据裁判制度正是在这一时期发展起来的，是事实认定方法上的重大跨越，是证据评判理论的基石。没有证据裁判制度，就没有证据评判的立足之地，正所谓“皮之不存，毛将焉附”。因此，下文将展开对现代意义上证据裁判制度的内涵进行探讨。

---

① 宋英辉、汤维建主编：《证据法学研究述评》，中国人民公安大学出版社 2006 年版，第 102～103 页。

二、证据裁判制度的内涵概述

（一）证据裁判的概念性内涵

现代意义上的证据裁判制度，概言之，即在诉讼中，对于案件事实的认定必须依靠证据。我国台湾地区的学者又称之为证据裁判主义，“刑事裁判，应凭证据，即采所谓证据裁判主义，故无证据之裁判，或仅凭裁判官理想推测之词，为其裁判基础者，均与证据裁判主义有违”。① 证据裁判有两个基本的含义：第一，诉讼中的事实应依据证据认定；第二，如果没有证据，不能对有关的事实予以认定。② 基于证据裁判制度在现代司法过程中的重要作用与功能，世界各国立法都在不同程度上进行了明确。《德国刑事诉讼法典》第244条第2款规定，为了查明事实真相，法院应当依职权将证据调查延伸到对裁判有意义的所有事实和证据。③《法国刑事诉讼法典》第427条规定，在审判中，“除法律另有规定外，犯罪得以任何证据形式认定，并且法官得依其内心确信做出判决。法官只能以审理过程中向其提交的、并在其当面经双方辩论的证据为其作出裁判决定的依据”。④《日本刑事诉讼法典》第317条规定：“认定事实应当根据证据。”⑤ 我国台湾地区“刑事诉讼法”第154条要求“犯罪事实应依证据认定之，无证据不得推定其犯罪事实”。⑥ 我国1996年《刑事诉讼法》也体现了证据对事实认定的作用。第42条规定“证明案件真实情况的一切事实，都是证据。证据有下列七种：……以上证据必须经过查证属实，才能作为定案的根据”。第46条规定，“对一切案件的判处，都要重证据，重调查研究”。（作者按：2012年《刑事诉讼法》对第42条和第46条都进行了修改）遵循对抗制（adversary system）原则的普通法系国家，难以寻找到关于证据裁判具体明确的成文规定，但根据其判例所体现的精神，实际上它们非常注重查明案件事实的重要性。普通法系的法庭反复讲道，“公平的审判就是对证据进行对抗式检验的审判”，“审判是一种劝说社会相信证据确凿得足以证明惩罚是正确的游戏”。⑦ 普通法系各国在证据法

---

① 陈朴生著：《刑事证据法》，三民书局1984年版，第13页。

② 樊崇义等著：《刑事证据法原理与适用》，中国人民公安大学出版社2001年版，第41页。

③ 何家弘、张卫平主编：《外国证据法选译》（上卷），人民法院出版社2000年版，第460页。

④《法国刑事诉讼法典》，罗结珍译，中国法制出版社2006年版，第292页。

⑤ ［日］《判例六法》，有斐阁平成18年（2006）版，第1695页。

⑥ 黄朝义著：《刑事证据法研究》，元照出版公司1999年版，第7页。

⑦ ［美］赖茨曼著（Lawrence S. Wrightsman）：《司法心理学》，吴宗宪等译，中国轻工业出版社2004年版，第20页。

中规定了相关性和其他证据可采性规则，其中很多规则是为了确保证据的可靠性。诉讼程序中事实审理无不围绕取证、举证、质证和认证等活动进行，裁判者依在法庭上提出的有关证据做出裁判是其诉讼原则的应有之意。[①]

为了便于对证据裁判进行充分理解，我们可以通过其实质内涵与程序内涵两个方面入手。

（二）证据裁判制度的实质性内涵

证据裁判概念中的两个基本含义就是其实质性内涵的表达。第一层含义，诉讼中的事实应依据证据认定表明，证据作为认定案件事实的基础具有不可替代性。对此，可以从两个方面来加以理解：第一，在诉讼中，认定事实的根据，只能是证据，法律另有明文规定的除外。例如，法国学者指出，法官的内心确信可以产生于现场进行的验证（现场勘验）……讯问被告，也可以是法官获得形成这一意义或那一意义上的内心确信的材料……当然，自由心证可以从初步调查或预审过程中收集到的各项材料中形成……[②]第二，在诉讼中，证据以外的任何东西，都不是认定事实的根据，或者说，它们均不具备作为事实认定基础的资格，如主观臆测、妄想、推测等。正如我国台湾地区“最高法院”在判例中指出，“认定犯罪事实，须依证据……尤不能以推测理想之词，以为科刑判决之基础”；“不容以推测之词，为判断资料”。[③] 如果说诉讼中的事实应依据证据认定是从正面阐释认定事实的基础只能是证据，那么，它的第二层含义，即如果没有证据，不能对有关的事实予以认定，则从反面对证据裁判作了限定。对这一含义的理解，关键在于对“没有证据”的情形的把握。“没有证据”从其字面含义来看，是指没有任何证据。然而这样的理解显然是不妥当的。对“没有证据”的情形，应从证据裁判的精神出发加以把握。在证据裁判视野下，证据与事实认定是相对应的。没有任何证据当然不能认定案件事实，然而，虽有证据，但证据却不足以认定案件事实，也即证据在数量和质量上不能满足在相应的诉讼阶段诉讼证明的需要，同样不能认定案件事实。因此，“没有证据既包括没有任何证据，也包括证据不充分的各种情形。没有证据固然不能认定案件事实，即使仅有一部分证

---

① 李静著：《证据裁判原则初论——以刑事诉讼为视角》，中国人民公安大学出版社 2008 年版，第 22 页。

② ［法］卡斯东·斯特法尼等著：《法国刑事诉讼法精义》，罗结珍译，中国政法大学出版社 1999 年版，第 772 ~ 773 页。

③ 刁荣华主编：《比较刑事证据法各论》，汉林出版社 1984 年版，第 8 页。

据，或者有证据但没有达到法定程度，亦不能对事实进行认定”。[①] 由此可见，有无证据，其判断标准并非一个量的概念，而是需要根据法定的证明标准加以衡量的质的概念。如果已经掌握的证据尚未达到法定证明标准，那么，无论客观上是否有一个或数个证据，均应视为“没有证据”。事实上，考察其他国家和地区相关做法，“没有证据”还不仅限于此。如在我国台湾地区，所谓无证据之裁判，不仅包括没有证据而认定犯罪事实或仅凭法官理想推测之词作为裁判基础的情形，还包括以下情形：（1）不依证据而为裁判者，即裁判理由内漏未记载其认定事实所凭之证据；（2）裁判文书中叙明其认定事实所凭之证据与认定事实不相适合；（3）卷宗内无可查考之证据。[②] 这表明，“没有证据”不仅是指在实体上缺乏相应的、充分的证据，而且，还指那些在证据记载等程序性事项上或者说形式上未满足法律要求的情形，体现出程序法治的要求。当然。后者又是以程序法中存在相应的规定为前提的。[③]

（三）证据裁判制度的程序性内涵

证据裁判的实质性内涵表达了必须依证据而为裁判的重要思想，而其程序内涵要关注的就是对定案证据的认定程序以及裁判程序的形式规制要求。证据裁判并不是随意的，它要严格按照法定程序来进行。

1. 证据的证明能力要严格按照法定程序进行认定

裁判的过程是受到法律约束的，证据作为裁判的根据也必然要遵循法律的要求。一项具备关联性的证据，只是具备了对待证事实证明的可能性，是否允许进入诉讼还要考察其真实性与合法性。证明能力就是证据成为定案证据所必须具备的条件，大陆法系主要是关于关联性、真实性与合法性的规定，普通法系国家主要是关于可采性、许容性（admissibility）的规定。作为裁判基础的证据在关联性与真实性的基础上，还有多元的价值考虑。至少包括两方面的来源：首先，在一个统一的法律体系下，程序法律与宪法、实体法律以及其他一般法律、法规应当是协调一致、彼此顾及的，程序法律不能以查明事实真相为由，容忍违反其他法律的行为发生，这将构成比犯罪更严重的法律藐视。例如，宪法规定了公民的人身自由、个人合法财产、人格尊严、住宅和通讯自由等权利不受侵犯，那么以侵害这些权利为代价获得的证据就应当受限制。此外，程序法律有自己的独立价值要求，如诉讼效率和程序稳

① 樊崇义、吴宏耀：《论证据裁判原则》，载《法律应用研究》2001 年第 6 期，第 15 页。
② 刁荣华主编：《比较刑事证据法各论》，汉林出版社 1984 年版，第 41 页。
③ 樊崇义著：《迈向理性刑事诉讼法学》，中国人民公安大学出版社 2006 年版，第 212 页。

定、平等参与等程序公正性。那些导致程序价值严重受损的运用证据的方式就会受到否定评价。尤其在第二次世界大战之后，人权保障观念得以强化，证据能力的考量也以此为重点展开。普通法系国家在发展陪审制的过程中，为了引导陪审团在适当的证据范围内判断案件事实，形成了一系列关于证据可采性的规则。一项用于诉讼证明的证据必须是相关的，并且未被法律要求排除才可以出现在陪审团的面前接受证据分量（weight）的考验。宪法和程序法包含了可采性规则的基本要求，而大量判例则真正构成了可采规则的庞大体系，这些规则主要有：传闻规则、意见规则、自白任意、非法获取证据的排除、免证特权等。大陆法系国家采取职权主义，据其学者解释“职权主义的一般原理是探寻与决策者做出决定有关的事实的准确、完整的信息”。[①] 相对来讲，职权主义并不热衷对证据的法律限制，但是法治原则要求证据的运用不能严重违法。例如，我国台湾地区“刑事诉讼法”第155条第2项规定，“无证据能力……之证据，不得作为判断之依据”。德国法以“证据禁止”的理论解决证据能力问题：证据禁止包括举证禁止和使用禁止两项内容。“举证禁止”是法律关于某些证据不得获取或某些取证手段禁止使用的规定，如证人援引拒证特权、禁止暴力获取口供、医生以外的人不得采取验血等。而“使用禁止”是指违反“举证禁止”规定的行为获得的证据是否禁止使用，即是否丧失证据能力、予以排除的问题。[②] 大多相关法律除了要求非法手段获得的口供应当排除外，其他违法证据通常由法官衡量各种利益，自由裁量。我国1996年《刑事诉讼法》也对证据运用提出了资格要求，如“查证属实，才能作为定案的根据”（第42条）、“证人证言必须在法庭上经过公诉人、被害人和被告人、辩护人双方讯问、质证，听取各方证人的证言并且经过查实以后，才能作为定案的根据……”（第47条），还禁止非法获取口供和其他证据。我国还没有形成体系化的证明能力规则，但是对于证据认定的程序要求是明确与具体的。（作者按：2012年《刑事诉讼法》将第42条改为第48条，将第47条改为第59条，修改为：“证人证言必须在法庭上经过公诉人、被害人和被告人、辩护人双方质证并查实以后，才能作为定案的根据。法庭查明证人有意作伪证或者隐匿罪证的时候，应当依法处理。”）

---

① ［德］托马斯·魏根特著：《德国刑事诉讼程序》，岳礼玲、温小洁译，中国政法大学出版社2004年版，第2页。

② 参见［德］克劳恩·罗科信著：《刑事诉讼法》，吴丽琪译，法律出版社2003年版，第212~224页。

2. 对证据证明力的评价应当符合程序要求并且依法公开

正当的认定程序应当既有利于实现查明案件事实的目的，又应当符合手段的正当性要求。就前者而言，程序设计应当做到：（1）认定证据的主体应当具备相当的认识能力与法律素养，应当公正与中立，避免预断或偏见。（2）认定事实的过程应当分为提供证据、质询和辩论、认定证据几个阶段，并以直接和言辞的形式进行，以充分检验证据的证明能力与证明力。[①] 正如英国学者所说，“就法律推理而言，值得研究的过程是作为正当化过程的论辩过程”。[②]《德国刑事诉讼法典》第 261 条也明确规定：“对证据调查的结果，由法庭根据它在审理的全过程中建立起来的内心确信而决定。”[③] 现代诉讼制度要求，作为认定案件事实的证据必须经过法定的正式的证据调查程序来审查，以此赋予和增强裁判的说服力和正当性。作为裁判依据的证据必须经过法庭调查，在公开的法庭上出示，并经过控辩双方的充分辩论质证。从证据裁判原则与自由心证原则的关系来看，证据裁判原则作为一种事实的认定方法，需要通过自由心证方式来实现其目的，而自由心证需要通过证据裁判的程序规制来防止裁判官心证的随意性，两者有如车之两轮，相辅相成，缺一不可。正如我国台湾地区学者蔡墩铭所说：“近代刑事诉讼法所采之自由心证主义与证据裁判主义，不失为事实认定之二项基本原则，且由于此二项原则之密切配合，使真实发现与人权保障皆成为可能。”[④] 这种正当性需求必然要求程序过程以尊重主体、防止裁判者滥用权力为中心的；要保障当事人平等、积极参与程序；认定事实的过程与理由应当公开，以便接受外界监督和自我约束。[⑤]

三、证据裁判制度在我国之状况

我国 1996 年《刑事诉讼法》对证据裁判有较为明确的规定。该法第 46 条规定：“对一切案件的判处都要重证据，重调查研究，不轻信口供。只有被告人供述，没有其他证据的，不能认定被告人有罪和处以刑罚；没有被告

---

① 直接审理，是指事实裁判者亲自接触证据并就调查所得印象做出事实裁判；言辞进行，是指证据的提出、质证和调查活动应当以言辞的方式展开和进行。

② ［英］尼尔·麦考密克著：《法律推理与法律理论》，姜峰译，法律出版社 2005 年版，第 17 页。

③ 何家弘、张卫平主编：《外国证据法选译》（上卷），人民法院出版社 2000 年版，第 464 页。

④ 蔡墩铭著：《刑事证据法论》，五南图书出版公司 1997 年版，第 424 ~ 425 页。

⑤ 李静著：《证据裁判原则初论——以刑事诉讼为视角》，中国人民公安大学出版社 2008 年版，第 26 页。

人供述，证据充分确实的，可以认定被告人有罪和处以刑罚。”（作者按：2012 年《刑事诉讼法》将第 46 条改为第 53 条）《民事诉讼法》以及《行政诉讼法》虽然没有对证据裁判作出直接规定，但是最高人民法院的司法解释鲜明地体现了证据裁判的要求。最高人民法院《关于民事诉讼证据的若干规定》第 63 条规定：“人民法院应当以证据能够证明的案件事实为依据依法作出裁判。”最高人民法院《关于行政诉讼证据若干问题的规定》第 53 条规定：“人民法院裁判行政案件，应当以证据证明的案件事实为依据。”奉行证据裁判是我们唯物论的哲学观以及“实事求是”的指导思想在司法上的必然要求，也是我国社会主义司法制度的本质要求。但是，由于我国历史上以人证为主的时期存在很长，加上理论研究不足，要使证据裁判原则在我国真正得到科学落实，仍有诸多需要改进之处。首先，在理念上，我们要改变查明事实的诉讼观，转向证明事实的诉讼观。在证明事实的观念指导下，在诉讼过程中就应该认真地按照法定的要求和标准去收集能够充分证明案件事实的证据，仅查明事实而无证据加以证明就认定事实是与证据裁判精神相违背的。其次，在立法上，进一步完善现有立法关于证据裁判内容的规定。主要是：在民事诉讼法和行政诉讼法中明确规定证据裁判，提升立法层次；对与证据裁判有关的证明能力、待证事实、证明力评价等问题进一步加以明确；对证据裁判发挥作用的范围、证据裁判的具体适用等问题进一步加以明确。最后，在实践中，证据裁判制度能否得到真正落实，与一国的其他证据制度包括证明模式、证明标准、证明风险承担规则、裁判理由公开等制度的完善与发达程度存在很大关系，因此证据裁判制度的完善须置于我国整个证据制度背景下加以系统、科学的设计，着重于实践的国情，开展实证性的研究。①

第二节　证据评判的方式

在一定程度上可以说，神示裁判方式由于科学的发展被逐步地摒弃后，裁判只能依据证据来进行。如果说神示裁判方式最大限度地限制了裁判者的心证范围，那么神示裁判之后的证据裁判制度必然造就裁判者心证的主导地位，裁判者的权力和地位也空前的巨大。由此，带来一系列的问题，如权力的徇私与腐败，如裁判者认识能力不足的负面作用，等等。这就要求我们注

① 参考宋英辉、汤维建主编：《证据法学研究述评》，中国人民公安大学出版社 2006 年版，第 105～106 页。

重两个方面的问题，一是裁判者的精英化建设，二是对裁判者恣意的限制。裁判者整体的精英化建设是一个长期的过程，不可能一蹴而就，而对裁判者恣意的限制通过立法就能够产生立竿见影的效果。[①] 因此，法定证据模式被一步步地强化，渐而走向极致，最终产生了僵化教条的法定证据制度，最大限度地甚至于不科学地排斥了裁判者的心证。在这个过程当中，法定证据制度的弊端开始逐步充分显现。物极必反，11 世纪开始，人们又开始意识到对裁判者精英化建设的重要性，开始强调自由心证的重要性。综观历史，我们总是在左和右的摇摆中前进与发展，逐步地臻于完善，这也几乎成了一个历史发展的规律。学界为了便于研究，将这两种模式绝对化，截然分开，称之为法定证据制度与自由心证制度。作为学理上的研究是可以的。将之原封不动地作为指导实践的理论指引，容易出现问题。因此，我们必须秉持必要的法定证据模式与理性的自由心证模式结合的证据评判方式观点，据此进行研究并指导于实践。

为了便于理解，下文首先简要介绍法定证据制度与自由心证制度一般观点。

一、法定证据制度[②]

（一）法定证据制度的历史演进

在 11 世纪后期和 12 世纪早期以前的阶段，封建欧洲各种世俗法律秩序中的法律规则和程序，在很大程度上与社会习惯、政治制度和宗教制度并无差别，也没有出现不同的法律体系，[③] 而教会法律体系却呈现出较为系统化和合理化的趋势。教会法学家借鉴古代罗马法和当时的日耳曼习惯法并建立起独特的法律制度，这在诉讼程序中尤为突出。教会的诉讼程序是纠问式的（inquisitorial procedure），即由法官向被告人、证人提问和调查，从而发现事实真相。教会法还发展出一门对案件事实进行司法调查的科学，这门科学“要求法官依据理性和良心原则对当事人和证人进行询问。这类原则之一便是法官必须发自内心地确信他所做的判决。程序制度被说成是‘为了告诉法

---

① 造成结果的原因是多元的，这里笔者只是选择了一个确定的视角，或者说一个重要的视角来阐释。

② 关于法定证据制度的介绍主要参考了李静博士的毕业论文：《证据裁判原则初论》，中国人民公安大学出版社 2008 年版，第 49～58 页。进行了一定的调整。

③ 参见［美］哈罗德·J. 伯尔曼著：《法律与革命——西方法律传统的形成》，贺卫方、高宏钧、张志铭、夏勇译，中国大百科全书出版社 1993 年版，第 57～58 页。

官的良心'而设计"，"第二个原则是法官须将自己置于接受法庭审判者的地位，以明察那个人所了解的情况，并通过敏锐的提问，引导他说出'犯罪本人或许都不知道，或由于羞耻而试图隐瞒的情况'"。"对于司法调查的强调不仅与获得证据的更为合理的程序有关，而且也与盖然真理的概念以及关联性与实质性原则的发展相关。"各种精心设计的规则包括：阻止多余证据、无关证据、含糊和不确定证据、过泛的证据、与事物性质矛盾的证据等。为评估证据设计的一整套形式化规则，如确定一项事实必须要有两名神谕证人或耳闻证人，一名女子的证言效力只是男子的一半，贵族证言效力高于平民证言，教士证言高于俗人证言，基督徒证言高于犹太人证言等。随着法官远离询问而只依据书面记录，人为规定证据的分量以便法官对书面证据进行评估就成为必要。① 法定证据制度从教会法的相关内容中展开了。②

从11世纪50年代开始的教皇革命，③ 促使了新的王权概念产生，与教会世界逐渐分离的皇帝和国王被视为"世俗"的最高统治者，他们的首要任务是维持各王国的内部和平，国王开始积极地立法。在12～13世纪，欧洲各国从封建领主制向封建专制国家转变，皇帝或国王颁布了新的法律，建立了中央法院管辖领土范围内的民事、刑事案件，逐渐发达的法律理论和技术为法庭提供了大量从事审判工作的专门人士。"在欧洲各国，国王的法律和王室

---

① 参见［美］哈罗德·J. 伯尔曼著：《法律与革命——西方法律传统的形成》，贺卫方、高宏钧、张志铭、夏勇译，中国大百科全书出版社1993年版，第311～313页。

② 我国诉讼历史上，对证据证明力的规定也有大量的关于法定证据制度的内容。以代表中国封建法制完善和发展程度最高峰的唐律为例，它的断狱篇规定了法官认定被告有罪的法定证据要件及其证明力：（1）口供具有最强的证明力，被告只要有口供就可以定罪。（2）法定不能刑讯拷问者，依据"众证"定罪，"称众者，三人以上，明证其事始合定罪"，"三人证实，三人证虚"。参见《唐律疏议·断狱》即对于那些法律规定不能适用刑讯拷问的人（主要是享有议、清、减等权利，以及老、幼、废、疾不堪加刑的人），给他们定罪需要有三人以上的证人证明才行。（3）现行犯依一般证据定罪，即"赃状露验，理不可疑"，在罪证确凿、人赃俱获或验得实状的情况下，"虽不承引，即据状断之"。参见《唐律疏议·断狱》。由于时间所限，笔者没有就我国的法定证据制度萌芽与发展进行考证，主要参考现有的关于欧洲的历史发展情况来向读者介绍法定证据制度的基本情况，但并不是代表其他国家没有。事实上，各国法律在历史的发展过程中，都不同程度地存在法定证据的规定。

③ 这一革命是为使罗马教会成为独立于皇帝、国王和领主控制的在教皇领导下的共同政治和法律实体。

法院的普通法①逐渐取代了本国领土中彼此疏离的部落地方以及区域性法律。"② 法律学家的专业化和国家惩罚犯罪的要求相结合，使得法庭不再满足于过去的简单、直接的证据调查方式，而追求一种更主动、理性的审查证据方式。在12世纪新罗马－教会程序法和新的经院式法律科学的影响下，欧陆诉讼模式逐渐转化为纠问制。在过去的弹劾式诉讼中，国家对犯罪不予干涉而交由民众自行处理，被告和原告承担同样的举证责任，基本上是依照"谁主张，谁举证"的原则分配举证责任；诉讼在公开的法庭以言辞方式进行。而纠问式诉讼中，私人诉讼转而由国家公诉取代，法官从公正的仲裁人变成积极的调查官，③ 法庭提问和调查成为职权的要求，如诺曼的意大利王室的诉讼程序中，法官询问证人和审查书面证据。"《阿里亚诺法令》第22条规定，'一项勤勉的审问应该审查论据、证人、书面证据和其他证明真实性的材料'"，并规定法官除尊重当事人提供的证据外，还应当在"居中"的情况下"根据细心寻找出的全部充分的证据作出判决"。④ 这是欧洲王室法院关于合理地依靠证据进行裁判的较早的例子。⑤ 王室法院的纠问式诉讼明确分为庭审前的案件调查和法庭审理两个阶段。在审前调查阶段，以检察官及法官的主动调查和秘密进行为特征，在刑事诉讼中，了解案情是检察官的绝对特权，而1498年法国国王赦令明确规定先期审查应尽可能认真而秘密地进行，⑥ 因为"人们认为，诉讼程序公开，至少是过早的公开，有扰乱司法进程之效力的危险"；⑦ 在法庭审理中，以程序的秘密和书面化为特征。这种秘密、书面的诉讼程序，导致了审理的快速、便利；同时，证人无须到庭、物证无须在法庭上出示也阻碍了事实真相的发现。为了制约法官滥用对证据评

---

① 这些普遍适用于全部领土范围内的地域法以及从良知、理性、习惯中推演出来的法律原则、概念、规则经由大学里的新罗马法及教会里的新教会法注入了活力，成为王室法院适用的法律规则的重要部分。

② ［美］哈罗德·J. 伯尔曼著：《法律与革命——西方法律传统的形成》，贺卫方、高宏钧、张志铭、夏勇译，中国大百科全书出版社1993年版，第499页。

③ 参见［美］约翰·亨利·梅里曼著：《大陆法系》，顾培东、禄正平译，法律出版社2004年版，第134页。

④ ［美］哈罗德·J. 伯尔曼著：《法律与革命——西方法律传统的形成》，贺卫方、高宏钧、张志铭、夏勇译，中国大百科全书出版社1993年版，第520页。

⑤ 在加洛林王朝时代已经使用刑讯和纠问式证据，但那是更为原始的形式并只在有限的案件中使用。

⑥ ［法］福柯著：《规训与惩罚》，刘北成、杨远婴译，三联书店2003年版，第38页。

⑦ ［法］卡斯东·斯特法尼等著：《法国刑事诉讼法精义》，罗结珍译，中国政法大学出版社1998年版，第76页。

估的权力，有必要像教会法庭那样制定严格的有关各种证据的证明价值的法律，发展法定证据制度。

（二）历史上的法定证据制度内容

16～18世纪是法定证据制度的全盛时期，在很多方面走到了极致，直至19世纪中后叶，人们开始理性反思。在欧洲大陆关于法定证据制度的代表性法典有1532年德皇《加洛林纳法典》、1853年《奥地利刑事诉讼法》以及1857年《俄罗斯帝国法规全书》，等等。归纳起来，历史上法定证据制度的基本内容包括：

1. 规范了不同的证明方法

证明的方法上包括“真实、直接或正当的证据”和“间接、推断和制造的证据”,[①] 前者如目击证言，后者如通过论证获得的证据。这种分类与现代意义的直接证据和间接证据基本同义，并且规定不能单独依据间接证据认定犯罪。这体现了立法追求证明的真实可靠性。

2. 证据依其不同形式具有不同的证明价值

证据的证明价值被分为几个等级，分别以证明价值的比率来说明，将这些证据相加得出完整的“1”则认为案件事实已被证明。一名目击证人的证言是1/2的证明；通过刑讯获得的被告人供述、能证实前半个证明的传闻证据或名声证据也可构成1/2的证明；与案件有利害关系或个人信誉有瑕疵的证人证言是1/4的证明；此外还有1/8的证明；等等。

3. 对证人资格有严格要求

法兰西王室法适用的普通法关于证人作证的资格有详细的规定，并且与现代证人资格制度相关。首先是出于职业道德的考虑，排除神父和修道士作证，参加诉讼的代理人和律师不得就他们预先知道的情况作证；其次是出于公正和证言可靠性的考虑，禁止当事人的家庭或家室成员作证；最后是认为某些人不具备合格的普通人资格而不允许作证，如“妇女、精神病人、未成年人和外国人、犯过罪或做过假证的人、私生子、农奴和犹太人”。[②]

4. 附前提条件地支持刑讯

为了实现有效惩罚犯罪、维护和平与秩序的诉讼目的，纠问式诉讼需要法官积极调查证据、发现事实，而对被告人的审讯具有明显的利益倾向性，

---

① ［法］福柯著：《规训与惩罚》，刘北成、杨远婴译，三联书店2003年版，第39页。

② 参见［美］哈罗德·J. 伯尔曼著：《法律与革命——西方法律传统的形成》，贺卫方、高宏钧、张志铭、夏勇译，中国大百科全书出版社1993年版，第582页。

即获取被告人的自白。中世纪关于刑讯审判案例的最早记录出现在1228年意大利的维罗纳（Verona）。[①] 在1231年为西西里王国颁布的法典中，腓特烈二世（Frederick II）规定了刑讯审判的使用："在帝国提供的法律护佑下，在没有明确的证据证明犯罪的时候，如果我们已经对那些暗中进行的偷窃或者伤人案件的受害者提供了正义的保护……那么我们更加坚决地相信，对那些父亲、儿子或者亲人遭受秘密杀害，而犯罪又难以通过调查得以发现的案件，我们更不能置之度外……但是，如果这种杀人案件的被告名声不好，即使在纠问过程中不能完全证明他们的罪行，我们下令可以对这些身份低下的并且名声不好的人进行刑讯审判……我们命令，这一审讯过程，包括纠问、取证和刑讯审问，可以被用在其他的没有证据或者夜间发生的案件中。"[②] 1275年的《威斯敏斯特法典》第12章也规定了"酷刑审判"。可以发现，中世纪刑讯的适用前提与神示法的适用相似，一是缺乏明确或者充足的证据，二是被告有很大嫌疑。1254年法国国王路易九世颁布法令同意使用刑讯审判，但是不得对"诚实且有良好声誉的人，即使他们是穷人"。[③] 在13世纪，刑讯审判出现在欧洲大部分国家和地区。被告口供被视为"证据之王"，并逐渐取得合法化地位。这种通过对肉体的考验得来的口供结果通常是被刑讯人不得已的选择，因而很可能虚假，正如贝卡里亚所说，"痛苦的影响可以增加到这种地步：它占据了人的整个感觉，给受折磨者留下的唯一自由只是选择眼前摆脱惩罚最短的捷径，这时候，犯人的这种回答是必然的，就像在火与水的考验中所出现的情况一样。有感性的无辜者以为认了罪就可以不再受折磨，因而称自己为罪犯"。[④] 关于严酷刑讯取证方法的科学性在17世纪受到质疑，法律对刑讯开始设定相对较合理的一些条件，如法国1670年王令规定，拷问必须同时满足以下条件：（1）可判死刑的重罪案件；（2）犯罪本身确实发生；（3）至少存在半证据。如有违反，一是口供失去证明作用，二是拷问者

---

① 从目前已知的资料看，我国刑讯逼供制度起源于西周（约公元前11世纪～公元前771年）。商周时期是中国法制史上的一个极其重要的时期。当时神权法开始动摇，人判法开始确立，重人意识开始取代重神思想。

② Robert Bartlett, *Trial by Fire and Water*, Oxford Clarendon Press, 1986, p. 142. 转引自盛宏意：《中世纪欧洲神示法的历史考察》，首都师范大学2005年硕士学位论文，第39页。

③ Edward Peter, Torture, Basil Blackwell, 1985, p. 60. 转引自盛宏意：《中世纪欧洲神示法的历史考察》，首都师范大学2005年硕士学位论文，第39页。

④ ［意］贝卡里亚著：《论犯罪与刑罚》，黄风译，中国大百科全书出版社1993年版，第32页。

被追究相应责任。[1] 在英格兰，刑讯只能在获得女王或枢密院批准的书面令状时才可进行。到了法定证据制度后期，立法还要求综合各种证据判断口供的可靠性。例如，1853 年《奥地利刑事诉讼法》对被告人自白的要求之一就是“必须与重要各点和有关犯罪行为的现有资料相符合”。1857 年《俄罗斯帝国法规全书》对口供要求最重要的一条是：“所陈述的行为情况的可靠性和真实性不能使人有所怀疑。”

（三）历史上法定证据制度的特点

第一，证明价值规则的确定以经验总结为基础，在适用上，证明价值规则具有经验性、强制性和机械性的特点。一方面关于特定证据的证明价值的估算是人们长期经验积累和认识深化的一种反映，有一定的合理性。“从本质上讲，证据规则也是一种经验……我们制定证据规则，主要就是要将经过司法实践检验的、能够正确指导法官判断证据的经验上升为规则。”[2] 例如，依靠间接证据不宜单独认定犯罪，只有一个证人证言不能定罪；再如，加洛林纳法典规定两名典型证人（相对于传闻证人）证言构成一个完全证明的条件是：两人彼此无关、品行良好、陈述一致。这类规定就反映了当时关于证明的可靠性、充分性的经验规则。在罗马法的复兴时代，罗马人对成文法典的钟爱也许深深影响了欧洲大陆各国的法律系统。教会的独立和发展需要建立完善的法律体系，“各种世俗权威为了使他们新发展起来的中央控制手段合法化和行之有效并在诸政治体新的竞争中维持自己的地位，也需要相对自治和合理的法律体系”。[3] 除了政治的需要，道德和智识方面也需要法律体系，人们逐渐把法律看成是信仰的精髓，“法律至上”成为普遍的信条，那些关于证据价值的经验规则也不可避免地成为法律条文的一部分，要求法官严格遵守。另一方面，严格的形式主义限制了司法者充分认识证据的主观能动性，影响了事实发现的程度，也窒息了法官的良知和理性。认识主体不是能对提供的证据做出各种可靠的反应的显示器，来区分有罪还是无辜，主张真实还是谬误。对证据价值机械化的分类实际上也不可能：一是世界太过复杂不能预先对潜在的可能或不能证明问题的证据进行分类。二是提供的证据

---

① 张友好：《经验与规则之间——为法定证据辩护》，载《中国刑事法杂志》2005 年第 6 期，第 14 页。

② 王亚新：《刑事诉讼中发现案件真相与抑制主观随意性的问题》，载《比较法研究》1993 年第 2 期，第 121 页。

③ ［美］哈罗德·J. 伯尔曼著：《法律与革命——西方法律传统的形成》，贺卫方、高宏钧、张志铭、夏勇译，中国大百科全书出版社 1993 年版，第 638 页。

的重要性经常被当事人或证人所讲的故事（及其理论）和其中附属的假设所塑造，认识主体不断地依照这些理论解释证据。三是需要认识主体决定的大部分事实问题包含着含糊的概念，如疏忽、淫秽，甚至有些法律本身就是用模糊语言来表述的；对于这类法律要去在具体案件中结合事实去解释，这就有可能对证据和案件事实的可能性进行重新认识。四是事实层次的复杂性也导致难以与证据证明力进行一一对应。① 这一切都不是能够直接运用法律规则可以完全解决的。

第二，以证明力的定量分析为核心，亦兼顾对证明能力的规范。陈朴生先生将前者称为形式的法定证据，而把后者视为实质的法定证据："在法兰西革命前，采纠问制度之裁判，为防止裁判官之专断，乃以法律规定其证据之价值，具有一定证据者，不问裁判者之心证与否，均得为一定事实之认定，称之为形式的法定证据主义；英美法为利于当事人诉讼之进行，并适应陪审裁判之要求，就证据能力，即证据之许容性严加限制，以拘束当事人辩论之范围与方法，寻求合理之证据，或称之为实质的法定证据主义。"②

第三，已经提出法官依据良知和理性进行裁判的义务。限制法官自由判断证据价值的权力也意味着要求法官在证明活动中承担更谨慎的注意义务："在有些案件中，法官不能宣布事实已被证明，尽管法官自己认为某一事实是真实的（但没有达到法律规定的证明程度）。"③ 这种约束和克制的要求，对被告人来说未必就是坏事。从公众对裁判的可接受性来看，以带有普遍经验和合理因素的证明规则作出的裁判，可以增加事实认定的确定性和正当性。教会法关于对案件事实进行司法调查的科学要求法官依据理性和良心原则对当事人和证人进行询问。原则之一便是法官必须发自内心地确信他所做的判决。程序制度被说成是"为了告诉法官的良心"而设计的。应当说，这种良知和理性的要求具有双重含义，一是促成了关于证据价值的规则出现，二是允许法官对证据保留认知余地。罗马教会的证据法其实很少强迫法官做出"违背其判断或'良知'的裁决"，因为法律专家认为"在涉及论据或证人之

---

① 第四点主要表现在案件事实的全部与案件事实的片段的复杂性方面。例如，有两个证据能够证明一个事实，但是这个事实只是案件事实当中的一个很小的片段，这就给衡量这两个证据在整个案件事实中的地位和分量造成了困难。

② 转引自张友好：《经验与规则之间——为法定证据辩护》，载《中国刑事法杂志》2005 年第 6 期，第 13 页。

③ ［美］米尔建·R. 达马斯卡著：《飘移的证据法》，李学军、刘晓丹、姚永吉、刘为军译，中国政法大学出版社 2003 年版，第 27 页。

可靠性的问题上，人们不可能制定出真正确定的规则，因为人具有多样性，人处理的事务也具有多样性，而且证人的可靠度具有不可知性”。① 欧洲封建王国强调专业法官的审判道德并以法律形式予以确定，希望高尚的身份和操守能够维护神圣法律的实施。② 如果保证了这一点，法律允许法官依照自己的良知和内心信念做出判断——1219 年亨利二世颁布令状，要求法官依据“自由裁量权和良心”③ 去裁判；1231 年西西里的《奥古斯都法典》要求高级法官宣誓自己将本着正义，诚实而快速地处理诉讼；德意志帝国 1235 年《和平条令》第 28 条规定高级法官要“发誓不得出于爱或恨、偏爱或报答、畏惧或仁慈而作出判决，唯可根据一己之良知、无欺无误之良好信念及所知所信为正义者来审判”。④ 在旧制度下，一名正直的法官在作出有罪判决之前也应该对证据的充分性达到确信的程度。但是，这种对“正义”和“良知”的依赖是不能违背法定的证据价值规则的，那么法官的心证和裁量在这些机械规则的约束下究竟能保留多大一块阵地，这才是关键所在。

二、自由心证制度⑤

（一）自由心证制度的历史演进

法定证据制度和自由心证制度两个历史阶段的划分是理论研究的需要，是对某一特定历史时期证据制度典型特征进行的模型化描述。但是，各国的立法和实践其实从来没有把二者严格隔离开来，也没有纯粹的法定证明模式或自由证明模式。法定证明并不绝对排斥法官的心证，自由心证也要接受某些经验规则和程序规定的约束。如前文所述，从摒弃神示裁判方法之后，人们只能转向证据去寻找真实，解决纠纷。在“人”代替了“神”之后，人的心证就自然而然地占据了主导地位。由于人无法做到神那样的公正与无私，因此人们就不得不致力于研究如何限制人的主观恣意状态。如前文所述，实

---

① ［美］米尔建·R. 达马斯卡著：《飘移的证据法》，李学军、刘晓丹、姚永吉、刘为军译，中国政法大学出版社 2003 年版，第 26～27 页。

② 例如，德意志帝国 1235 年和平条令第 28 条要求代替皇帝主持皇家法庭的法官应该是“一名享有信誉、诚实无欺……且有身份自由、良好举止者”。

③ 薛波主编：《元照英美法词典》，法律出版社 2003 年版，第 758 页。

④ ［美］哈罗德·J. 伯尔曼著：《法律与革命——西方法律传统的形成》，贺卫方、高宏钧、张志铭、夏勇译，中国大百科全书出版社 1993 年版，第 529、614 页。

⑤ 关于自由心证制度的介绍主要参考了宋英辉、汤维建主编：《证据法学研究述评》，中国人民公安大学出版社 2006 年版，第 102～103 页；以及李静著：《证据裁判原则初论》，中国人民公安大学出版社 2008 年版，第 106～112 页。

际上法定证明制度并不能够绝对排斥裁判者的心证自由，但是从学理研究角度，一般认为自由心证脱离法定证据的藩篱是在18世纪末到19世纪初资产阶级革命开始之后。

18世纪轰轰烈烈展开的启蒙运动推崇以科学方法研究各种问题，呼吁自由、平等和权利。欧洲学者纷纷对法定证据制度展开尖锐的批评，贝卡里亚关于废除刑讯的著作《论犯罪与刑罚》引起社会的强烈反响，1800年前后，欧洲大部分国家受其影响而废除拷打，只对重大犯罪适用死刑，监禁代替肉刑成为刑罚的主要形式。康德的实践哲学认为人们可以通过直觉和理性的共同作用获得足够的知识。1791年法国制宪会议上，接受了议员杜波尔提出应当以内心确信（I' intime conviction）代替荒诞有害的法定证明方法的意见，确认了法官自己的内心确信是评价证据、判断案情事实的唯一根据。从此，法国废除了法定证据制度。1808年《法兰西刑事诉讼法》确立自由心证原则：法律不要求法官们说明通过何种方式达到自我确信；法律也没有规定法官们确认证据完备和充分应特别遵循的规则；法律规定了法官们应在沉静中独立思考，用他们的良知探究所有有罪证据和辩护理由在自己理智头脑中形成的印象。法律只向法官们提出唯一的问题——你们已经形成内心确信了吗？之后欧洲各国纷纷效仿，如意大利于1865年、德国于1877年、俄国于1892年先后以立法形式确定了自由心证原则。日本在明治9年（1876）之前采取法定证据原则，明治9年（1876）刑事诉讼法规定证据的证明力由法官自由裁断，明治23年（1890）民法中使用了“心证”一词，此后“心证”被引入刑事诉讼领域。①

（二）历史上的自由心证内容

“自由心证”是一个具有多重含义的概念。② 一般认为自由心证是指在裁判的事实认定中，裁判者基于审理所显现的一切资料（包括辩论的全部意旨

---

① 王以真主编：《外国刑事诉讼法学》，北京大学出版社2004年版，第133页。

② 自由心证原则（Der Grundsatz der Ueberzeugung）的字面含义是“自由的信服”，由于其针对的是证据审查，在学理上又称为自由证据审查原则（Der Grundsatz der freien Beweiswuerdigung）。但是，学理上也有人主张区分“自由信服”和“自由证据审查”。参见Christos Dedes, Beweisverfahren und Beweisrecht, S. 14–18；自由心证既表现为一种主义，一种学说，又是一种判断证据的制度和行为。参见叶志强：《从传统自由心证到现代自由心证》，载陈光中、江伟主编：《诉讼法论丛》（第3卷），法律出版社1999年版。也有学者认为“自由心证”一词具有两种含义，即抽象的诉讼制度和实定的法律制度，参见王亚新：《关于自由心证主义历史和现状的比较法研究——刑事诉讼中发现案件真相与抑制主观随意性的问题》，载王亚新著：《社会变革中的民事诉讼》，中国法制出版社2001年版，第293页。

及证据调查的结果），依据自由的判断来形成心证的原则。[①] 其核心内容是对于各种证据证明力的大小以及对案件事实如何认定，法律一般上不作非常具体的规定，而由法官根据理性和良心的指示，运用逻辑规则与经验法则自由地判断。[②] 在大陆法系各主要国家，自由心证制度主要以成文法的形式存在。同大陆法系国家相比较，英美法系国家没有提出具体的自由心证概念。但是，自由心证所具有的合理内核在英美法系国家也都得到了体现。

自由心证制度的基本内容可以分为两个方面，对证据的自由评价和根据内心确信作出裁判。具体来讲，自由心证的主要内容有：

第一，证明方法原则上不作具体限制。基于自由心证原则，法律在原则上不对证据方法做出具体限制。法官为了对待证事实形成心证，对证据方法的选择原则上是自由的，这种证据方法的不受限制意味着以下两层含义：一是原则上特定事实的认定在证据方法上的选择不应当受到限制；二是所有的人与物都可以成为证据方法。[③]

第二，证据证明能力上的限制。自由心证原则是以证据裁判原则为基础的，自由心证的前提必须是有证据存在，而且作为自由心证前提的证据必须是具有证据资格并经过法庭调查和充分辩论之后的具备证明能力证据。英美法系规定了大量的证据规则以制约对证明能力的判断，相比之下，大陆法系比较强调经过合法的证据调查程序，因而其范围较窄。不过一个趋势是，大陆法系国家正在逐步借鉴英美法系的合理做法。

第三，证明力的自由评价。证明力又称证据价值，是指证据对待证事实是否有证明作用及作用的程度。对证据证明力的自由评价是自由心证原则的核心，也是当今世界各国诉讼制度的共识。例如，日本现行刑事诉讼法第318条规定："证据的证明力，由法官自由判断。"我国台湾学者陈朴生曾指出："而自由心证主义，乃许裁判官依其心证自由判断证据之价值（即证明力）并不受法律之拘束之谓……""裁判官所自由判断者，乃证据之证明力，

---

① ［日］春日伟知郎：《自由心证主义的现代意义》，载《民事证据法论集——情报开示、证据收集与事案的解明》，有斐阁1995年版，第127页。

② "自由心证，即法官自由评价证据证明力的原则，是指证据的取舍及证明力的大小及其如何运用，法律不作预先规定，而由法官秉诸'良心'、'理性'自由判断，形成内心确信，从而对案件事实作出结论。是与法定证据相对应的证据法原则。"参见宋英辉著：《刑事诉讼原理导读》，法律出版社2003年版，第384页。

③ 张卫平主编：《外国民事证据制度研究》，清华大学出版社2003年版，第403～404页。

并非证据能力”。① 是否事先具体规定各种证据证明力的大小也是学理上的自由心证原则与法定证据模式的一个根本区别。我们认为，证明力有无的判断，要严格按照法律的规定去衡量；证明力的大小，法律难以一一作出具体标准，但是也应当有一些标准或原则存在。例如，物证与人证发生矛盾时，一般上采信物证。

第四，根据裁判者对案件事实形成的内心确信认定事实。所谓“内心确信”是指裁判者通过对证据的审查判断所形成的内心信念——即心证，达到了深信不疑的地步。裁判者“内心确信”的形成必须符合以下条件：一是裁判者必须直接接触证据；二是裁判者必须站在客观、中立的立场上；三是裁判者的内心确信必须从本案的情况中得出；四是裁判者必须斟酌本案的全部证据、辩论的全部意旨认定事实。②

最后想说明的是，“自由心证”诞生之初是一个具有时代色彩的制度，虽然诞生于欧洲大陆，但是自由心证的精神普遍存在于所有司法制度中。普通法系尽管没有明确的“自由心证”、“内心确信”等专门词汇，法官或陪审团在评价证据分量时的心证活动却是其应有之意。这一点从其关联性规则的解释中可以清楚体察——除非法律另有规定，与案件事实有关联的证据都可以采纳；而有关证据能力的规则（如非法证据排除规则、传闻规则、意见规则等）只是限制进入诉讼证明领域中的证据范围，法律并不干扰裁判者对其他证据的自由判断。裁判者对证据的自由评估完全依赖于法庭上的证据对质（尤其是证人接受交叉询问）过程进行。在没有陪审团的案件中，法官对证据能力和证据分量的判断更为自由。自由心证制度的合理性在于：首先，自由心证是一种自然而然的认知方式。自由心证制度并没有创制新的评价方式，

---

① 参见陈朴生：《刑事证据法序说》，载刁荣华主编：《比较刑事证据法各论》，汉林出版社1984年版，第25~26页。

② 具体说来，还可以大致归纳为：第一，法官对各类证据的形式可以灵活对待。即使证人未经宣誓，其证言实际上也不必然无效果；即使法庭上宣读笔录，也可能具备证明能力；科学上尚未被证明的理论，是否可用于鉴定结论中也由法官根据具体情况来决定。第二，各类证据的证明价值由法官综合评估。证人经宣誓后作出的证言法官仍有权独立判断其证明力；宣誓证言之间及其与未经宣誓证言之间有矛盾的，法官可以独立选择相信哪一证据；不必然接受鉴定结论的拘束；即使多项证言内容均于被告不利，法官仍可选择被告人的陈述；法官可以仅依照所有间接证据得出心证，即以间接证据推论出直接事实。第三，自由心证主要是针对法官在审判中的事实裁判而设置的，不过，审前的调查、取证活动都围绕审判的可能以及法官对证据的判断进行，因此其含义也应适用于侦查、起诉的所有活动之中。第四，自由心证并不必然要求得出一个确定的事实结论。是否得出“确信”要根据一个较高盖然性的证明要求，德国学者和司法界主张在刑事诉讼中通常需要达到95%以上的确信程度，才能够认定被告人有罪。这与普通法系的排除合理怀疑的标准基本雷同。

而是对人们日常生活中习以为常的评价方式的认可。[①] 其次，从行为的哲学基础来看，心证原则以行为主体对事实的认定为一思维过程为前提，立足于认识的相对性来确定诉讼的证明标准，因而符合人的认识规律。再次，从主体的角度来看，自由心证原则体现了对人性的尊重，主要表现为对公民的权利和法官的权力的尊重以及对公民的理性和法官的理性的信赖。此外，人类具有共同认识能力的思想也是心证原则得以确立的重要理论支柱之一。[②] 最后，现代自由心证原则有一系列相关的制度、原则、规则为保障，因此更具科学性。当然，自由心证原则不可避免地存在一些缺陷，必须进行必要的制约，包括法定的制约、主体的制约、方法的制约等各个方面。

（三）对自由心证的制约

在证据制度确立初期，自由心证被理解为非常极端的形式，法律完全不规定证据的资格、形式或证据价值，凡是法官认为可用来证明案件事实的材料均可使用，法官可以打着“内心确信”的旗号随意裁判并且不要求说明裁判理由。“这种罗曼蒂克的观点没有持续太久，一个相对不太夸张的自由证明概念出现了并开始传播。按照这一新的观点，自由证明被认为是只将事实认定者从有关证据价值分析的法律规则中解放出来。它不再意味着司法者获得了无视关于有效推定之超法律教条的许可证。”[③] 对这种过渡的支持从自由心证的倡导者之一——罗伯斯庇尔前后的思想转变可见一斑。罗氏曾比较激进地提出：“审判所需要的证据……只要能够得到所有正义和有责任心的精神上的自然确证即可，审判规则就是陪审员那颗经过爱国主义启蒙的良心。”可是到了后期，罗氏对此却不无顾虑：“法律应当要求这一点来制止任意摆布，在这方面法律所定的规则，是明智和无私的结果，因为这种规则是一般性的。”“要把法定证据所具有的信任同法官的内心确信所获得的信任结合起。”[④] 因此，无论是当今大陆法系国家，还是英美法系国家，均规定了种种制度和原则，以确保法官形成心证时享有的“自由”不被滥用，同时使“确信”的结果最大程度上与客观事实相接近。

---

① 吴宏耀：《论证据的自由评价》，载陈光中、江伟主编：《诉讼法论丛》（第八卷），法律出版社2003年版，第38页。

② 李玉萍：《论心证的合理性及其保障》，载《河北法学》2002年第1期。

③ ［美］米尔建·R. 达马斯卡著：《飘移的证据法》，李学军、刘晓丹、姚永吉、刘为军译，中国政法大学出版社2003年版，第28～29页。

④ 张友好：《经验与规则之间——为法定证据辩护》，载《中国刑事法杂志》2005年第6期，第18页。

1. 内在的制约

（1）自由心证适用范围的限制。并不是所有事实的认定都可以适用自由心证。自由心证的客体限于审理事项，而不适用于证据调查。而且，对众所周知的事实、民事诉讼中当事人自认的事实、民事诉讼中已形成的裁判事实、对用了心证仍无法查明的事实，不能用自由心证来强行认定。

（2）证据裁判原则的限制。自由心证原则是以证据裁判主义为基础的，裁判者心证的形成必须遵循以下要求：①无证据，即无心证；②自由心证，乃选择证据中之证据，并非证据外之证据；③自由心证，系判断证明力之心理要素，并非证据裁判主义之例外；④由有证据能力之证据，形成心证，并非以自由心证，判断证据能力，亦不许以自由心证，创造证据能力；⑤自由心证，系由调查证据而形成，既不得以自由心证缩小调查证据之范围，亦不许证据未经合法调查，而形成自由心证；⑥无关联性之证据，既无从形成自由心证，亦不许以心证使证据与事实相关联；⑦心证，由直觉或推理而形成；⑧依经验法则，形成心证，并非以经验法则作为证据；⑨依论理法则，形成心证，并不得以论理法则作为证据；⑩依自由心证，判断证据之证明力，并非以心证制造证据，更不得以心证作为证据。[①]

（3）论理法则和经验法则的限制。法官就证据之证明力进行自由判断，并非可以恣意而为，而应依“经验法则”、“论理法则”形成心证。论理法则要求法官综合评价证据价值据以断定事实真相时，应依照一般推论事理及演绎结论的基本逻辑规范。经验法则是指人类个体基于日常生活经验所得之定则，并非个人主观之推测。基于论理法则与经验法则的要求，法官的心证的形成必须无可指责，易言之，法官的心证过程必须基于客观、理性、逻辑以及合乎一般有效经验法则的论证基础。

（4）法律关于证据证明力的直接规定。按照自由心证原则，法律原则上不对证据的证明力有无和大小作出规定，但是这并非是绝对的，法律在必要时仍得设定合理的规范证明力的规则。例如，《德国刑事诉讼法典》对庭审笔录的证明力作了规定，该法第 274 条规定，对涉及审判程式的审查只能通过笔录证明。对该笔录内容的异议只能通过笔录系伪造的事实来证明。《德国民事诉讼法典》和我国台湾地区“刑事诉讼法”也作了类似的规定。

---

① 陈朴生著：《刑事证据法》，三民书局 1979 年版，第 554 页。

此外，自由心证的内部的制度化制约还有证明标准等。[①]

2. 外在的程序化制约

（1）心证公开制度。[②] 现代自由心证要求公开心证，心证的公开可分为心证过程的公开、心证结果的公开和心证理由的公开三个方面。心证过程公开就是将司法过程中法官审查评判法据、认定事实的所有程序公开进行；心证结果公开也就是判决结果的公开；心证理由公开是指司法者在判决书中应当载明根据现有证据所作出的事实认定和适用法律的理由，也即判决理由公开。[③]

（2）法庭调查程序。合法的法庭调查程序是直接原则的要求，按照该原则，裁判者必须亲自接触案件的所有材料，包括亲自听取当事人、证人、鉴定人的口头陈述，然后才能作出判决。

（3）言词辩论程序。言词原则要求只有经过言词陈述与辩论的证据才能作为判决的基础。只有经过生动、直接的口头陈述，法官裁判者才能了解当事人的真实意图。

（4）合议程序。通过法庭调查和言词辩论，每一个法官所获得的印象、认识，对证明力的评估，对主张事实存在与否的判断，以及作出判断的心证强弱程度都存在着差异。合议程序不仅可以获得较为正确的多数意见，而且可以使法官的心证相互产生整合作用。

（5）事后审查制度。违背法律规定而判决未附理由的、判决理由相互矛盾的、误认事实以及判决理由与判决内容不一致；违背经验法则和逻辑法则；背离审判公开、回避、证据裁判、直接言词、诚实信用等原则制度，则构成上诉或者再审的理由。通过事后审查制度来制约法官心证的作出。

（6）证据规则之限制。运用大量的证据规则以约束自由心证，是现代世界各国的一个普遍趋势。证据规则主要是关于证据能力的规则，用以防止不具证据资格的证据进入心证的视野，如传闻证据规则。另一类证据规则是关于证明力的规则，如补强证据规则。

3. 外在的其他制约

（1）基本人权之限制。人权保障是国家权力运作的根本目的之一，也是

---

① 宋英辉、许身健：《刑事诉讼中法官评判证据的自由裁量及其制约》，载何家弘主编：《证据学论坛》（第1卷），中国检察出版社2000年版，第376～380页；叶自强著：《民事证据研究》，法律出版社1999年版，第454页。

② 关于心证公开，台湾学者邱联恭有详细之论述，参见邱联恭：《心证公开之理论与实践》（一）（二）（三）（四），分别载《月旦法学杂志》1997年总第19～22期。

③ 郁云：《论心证公开的几个基本问题》，载《云南大学学报》（法学版）2004年第2期。

证据法追求的一项基本价值目标，因此，法官心证的形成不得有违人权保障之理念。具体来说，法官在行使自由心证权限时，应遵循平等保护原则，不得恣意为差别待遇；不得强迫犯罪嫌疑人或者被告人自证其罪；不得有违无罪推定原则等。

（2）司法独立。司法独立，其实质是法官独立，是自由心证原则的一个重要前提，其意义在于使裁判者在形成心证时，排除各种非正常因素的干扰。为保障法官能独立形成心证而不受非法因素之干扰，各国对法官的薪俸、任期、黜免、惩戒、免职等事项都作了详细规定。

（3）法官资格制度，即法官必须精英化。自由心证原则赋予了法官极大的自由裁量权，相应地要求心证的主体即法官具有较高的能力。因此，各国的法律对法官的伦理道德素质、法律素养、职业背景等都作出了很高的要求。此外，还以法律的形式明确规定法官必须遵守纪律以及对法官的弹劾和惩戒程序等。

三、证据评判方式在我国之状况

如前所述，当前各国反映到立法上的普遍问题就是理论的形成基本上是从实践中抽象化、类型化而来，用理论指导实践的时候就直接拿过去套用，这样就会不可避免地出现问题。我们应当循着理论到实践的路子反推回去，才是正确的做法。这是一个非常重要的方法，能够根本解决为什么理论无法有效指导实践的问题。郑禄教授在《证据概念素说》中提出，如果想要了解汉字的古往今来的全面的含义，必须遵循“繁来简往”的路径。两者实际上有异曲同工之妙。所谓繁来，是说我们今天所用的简化字都是从繁体字简化而来。所谓简往，是说我们必须要循着简化的来路，回归到原来的繁体字那里去才能找到正确的答案。我们可以形象一点说，理论是从实践“过滤”而来，理论指导实践的时候，要把“过滤”掉的因素加回去，也只有这样才能正确指导实践。当前的理论在指导实践的时候经常出现各种各样的问题，导致两者脱节，根本的原因大概就在这里。如果我们连实践到理论的路径都找不到的话，那么我们就只能待在“空中楼阁”里面“孤芳自赏”了，做个自以为是的“书呆子”了。证据评判方法的两种学理模式的理论提炼，在反馈到实践的时候必须要注意实践的混合模式，不能够搞排斥，而是应当进行协调的、科学的制度安排。这就要求我们必须走法定证据证明与自由心证相结合的道路，法定证据证明要求规则建构的科学化，自由心证要求主体的精英化和方法的规范化。

在我国，自由心证制度经历了较为曲折的过程。自清末沈家本先生主持修订法律引进自由心证理论以来，自由心证一度被北洋政府和中华民国政府所接受。新中国成立以后，由于特定的历史背景和法律虚无主义的影响，传统诉讼理论长期对自由心证持强烈的批判态度，认为自由心证是西方资产阶级唯心主义的产物，是不可知论，与马克思主义理论的基本原理根本上是相冲突的。与此同时，实事求是被作为一种更为优异的原则取而代之。[①] 但是，并没有由此给我国司法制度带来根本性的变革，相反却是问题丛生。近年来，随着文化交流的日益频繁和法学研究的日趋繁荣，国人逐渐对自由心证制度有了较为全面、客观的认识。同时，许多学者纷纷撰文指陈实事求是作为一项司法原则的弊端，指出不但自由心证在我国司法实践中客观存在，而且我国的自由心证尚属于传统自由心证，还处于自由心证发展的初级阶段。立法上，2001 年《最高人民法院关于民事诉讼证据的若干规定》第 64 条明确规定了自由心证，即审判人员应当依照法定程序，全面、客观地审核证据，依据法律的规定，遵循法官职业道德，运用逻辑推理和日常生活经验，对证据有无证明力和证明力大小独立进行判断，并公开判断的理由和结果。这一规定包含了对法官心证的资格、[②]（理性和逻辑）能力、法律限制、心证公开等一系列要求。但是，要在我国贯彻自由心证，将之作为一种制度建设，至少仍需从以下几个方面不断加以改革和完善：[③] 第一，通过立法将自由心证制度予以确定化。在我国目前情形下，自由心证制度的确立必须依靠牢固的法律基础。虽然最高人民法院司法解释对自由心证作了初步规定，但是法的层次不高，而且详细程度不够。第二，重视法官素质的提高，主要包括伦理道德素质和专业修养两个方面。法官的独立性还不能完全实现，外界机构和组织、内部领导和审判委员会等主体都会影响法官独立地。第三，建立健全我国的司法独立原则、证据裁判原则、直接言词原则等与自由心证相配套的原则。[④] 第四，促进心证公开，当务之急是促进判决理由公开；心证理由的公

---

① 参见陈一云主编：《证据学》，中国人民大学出版社 1991 年版，第 93 页；朱云编著：《刑事诉讼证据制度》，法律出版社 1986 年版，第 47 页；等等。

② 2001 年《法官法》具体规定了法官忠实于法律、公正审判的义务和从业资格。

③ 参见汪海燕、胡常龙：《自由心证新理念探析——走出对自由心证传统认识的误区》，载《法学研究》2001 年第 5 期；叶自强：《从传统自由心证到现代自由心证》，载陈光中、江伟主编：《诉讼法论丛》（第 3 卷），法律出版社 1999 年版，第 404 ~ 421 页。

④ 目前存在的问题很多，比如：心证活动存在与证据调查相脱离的现象，如证言形式大多是书面笔录，对此很难依据证人的表现来审查证言可靠性，审判委员会并未亲自接触证据却能够认定案件事实，等等。

开还只是停留在形式化的语言上，裁判文书的理由尤其是事实认定的理由不够具体和清晰，某项证据是否采纳以及采纳的理由、如何依据证据得出事实结论等关键问题看来就像一笔糊涂账，更似掩藏着当事人所不能参透的玄机；以及其他种种问题使得自由心证过于自由并可能被滥用。第五，建立健全我国的证据规则体系。我国目前的主要问题是，不合理的关于证明力的证据规则过多，而现实迫切需要的关于证明能力的证据规则没有受到重视。第六，建立健全对自由心证的监督机制，包括法院内部的自我监督、外部的检察监督、权力机关监督、社会监督、新闻舆论监督等。最后应注意的是，一项制度在一国的确立必须考察该国的国情和具体情况，自由心证在我国的确立更应如此。① “自由心证”概念系西方法学概念的舶来品，我国使用的“自由心证”一词直接来源于日本学者对法官独立、自由评价证据证明力的一系列证据制度特色的归纳。对其在汉语的语境中是否适用，已有学者提出质疑。②我们认为自由心证概念从字面上的直接意义就造成很大的混淆和误区，所谓的“自由”其实并不是绝对自由的，它需要接受理性的指引和一系列法律规定的约束。因此，建议直接使用“法官心证”或者“理性心证”的表述。

当前，我们立法没有重视法定证据制度的构建，从而导致我国客观上存在“超自由心证”的现象。而我国法官的整体素质有待进一步提高，中国作为人情社会对法官的独立性和中立性也都产生很大的影响，决定了我们要更进一步建构科学的证据规则体系，完善法定证据制度内容。

第三节　证据评判的基本方法

证据评判的基本方法的核心基础是经验法则、逻辑规则和利益衡量。与经验法则相对应的具体方法是司法认知；与逻辑规则相对应的具体方法是司法推理；在经验法则和逻辑规则都不能产生作用的地方，我们要用利益衡量的方法进行司法推定。证据评判在认知、推理和推定的基本方法运用过程中，

---

① 我国台湾地区也在逐步关注自由心证原则于本地区情况之适合。例如，学者林俊益所言：惟一般社会大众对于所谓“自由”二字每多曲解，误以为法官判断证据之证明力，无须凭据，仅存乎一己，不受任何限制，故经常质疑判决结果，有损司法威信。此次（指 2003 年，引者注）修正《刑事诉讼法》第 155 条第 1 项为：“证据之证明力，由法院本于确信自由判断。但不得违背经验法则及论理法则。”参见林俊益：《二〇〇三年一月修正刑事诉讼法简介》（上），载《月旦法学教室》2003 年总第 5 期。

② 参见何家弘：《为“自由心证”正名》，载《法学杂志》1997 年第 6 期；张卫平主编：《外国民事证据制度研究》，清华大学出版社 2003 年版，第 389 页。

还要综合运用各种手段，包括质证与认证、对质与诘问等。

一、经验法则与司法认知

（一）经验法则的概念与特征

经验法则又称为经验则，从词源的角度看，它来自大陆法，德语表述为Erfahrungssatze，日本和我国台湾地区诉讼法学沿用了这一术语。在英美法系的著述中，一般用general experience 、commonsense 等语词来表达与其近似的含义。在我国《最高人民法院关于民事诉讼证据的若干规定》和《行政诉讼证据若干问题的规定》两个司法解释性文件中，都是以生活经验、日常生活经验法则表述与经验法则相似的含义。①

在日本，经验法则通常被定义为："作为判断事实的前提的经验归纳为事物的特性和因果关系的知识和法则称之为经验法则。"② 在我国台湾地区，"经验法则系指人类以经验归纳所获得有关事物因果关系或性质状态之法则或知识，其范围既包括属于日常生活上一般人之常识，也包括属于科学、技术、艺术等专门学问方面之知识"。③ 在我国大陆，常见的定义有："经验法则是人们在长期生产、生活以及科学实验中通过对客观外界普遍现象与通常规律的一种理性认识，在观念上它属于不证自明的公认范畴。司法审判上的经验法则是社会日常经验法则的一个必要而特殊的组成部分，其特殊性表现在法官常常根据自身的学识、亲身生活体验或被公众所普遍认知与接受的那些公理经验作为法律逻辑的一种推理定式。"④ "经验法则是人类以经验归纳抽象后所获得的关于事物属性以及事物之间常态联系的一般性知识或法则，

---

① 有关经验法则的专门研究著作及文章可参见日本的《经验则论》（岩松三郎著）、《经验则与自由心证》（兼子一著）、《经验则》（宫崎澄夫著）、《民事诉讼中的经验则》（后腾勇著）等；我国台湾地区曾华松的《经验法则在经界诉讼中的运用》，载台湾《民事诉讼法之研讨》（六）；曹鸿阑的《违背经验法则之研究——以事实认定为中心》，载《民事诉讼法之研讨》（四）。国内大陆主要有毕玉谦：《试论民事诉讼中的经验法则》，载《中国法学》2000 年第 6 期；王学棉的《经验法则与证明责任》；刘春梅：《浅论经验法则在事实认定中的作用及局限性之克服》，载《现代法学》2003 年第 3 期。另外德国、日本、我国台湾地区的有关论述在探讨其他问题时对经验法则有所涉及，如罗森贝克的《证明责任论》，兼子一、竹下守夫的《民事诉讼法》，中村英郎的《新日本民事诉讼法》，普维庭的《现代证明责任问题》，陈朴生的《刑事证据法》，李学灯的《证据法比较研究》，大陆学者在论述司法经验主题时也有一些文章涉及经验法则。

② ［日］兼子一、竹下守夫著：《民事诉讼法》，白绿铉译，法律出版社，第 102 页。

③ 陈宗荣、林庆苗著：《民事诉讼法》，三民书局 1996 年版，第 487 页。

④ 毕玉谦：《举证责任分配体系之构建》，载《法学研究》1999 年第 2 期，第 27 页。

它是在人类长期生产和生活实践中形成的客观存在的不成文法则。”[①] 经验法则具有范围上的广泛性和数量上的无限性，根据不同的标准具有不同的分类：

第一，一般经验法则与特殊经验法则。这是从经验法则的认知主体的范围所作的划分，一般经验法则是人们从日常社会生活或法律生活中所体验、感知的一类事实，由于这类事实构成要素之间的因果关系经过长期的反复验证，它代表着一种类型化事物发展的一种稳定趋势或规律。特别经验法则是基于特别知识或经验所取得的知识或技能。在司法证明理论中，经验法则常指一般经验法则。

第二，作为生活规律的经验法则、作为经验基本原则的经验法则、作为简单检验规则的经验法则与作为纯粹偏见的经验法则。这是依据经验法则内容的可靠程度进行的分类，德国诉讼法学者汉斯·普维庭教授对此进行了具体说明“生活规律，就是数学上可以证明的，或者符合逻辑的，或者不可能有例外的经验”。“经验基本原则不能排除例外。但它必须具备高度的盖然性（‘如果……则大多数情况下是’）。这样的规则必须有共同的基础和可验证性，甚至如果有必要可以经得起科学的检验。”“简单的经验规则以较低的盖然性为标志，它不能独立地帮助法官形成完全的心证（‘如果…则有时’）。因此简单的经验规则只是法官证明评价的一部分（情势证明）。”“纯粹的偏见不具备盖然性规则（‘如果……则’关系不成立）。这样的规则没有价值可言，因而在判决中没有它的位置。”普维庭认为只有前三种经验法则才可以作为认定事实的大前提。[②]

第三，直觉合成性经验法则和情境限定性经验法则（synthetic - intuitive generalizations and context - specific generalizations）。这种分类是美国学者 Terence J. Anderson 提出的。[③] 具体的划分标准就是看经验法则是否受具体情境限定，如果不依靠具体的情境限定，仅依靠人的直觉，就是一种直觉合成性经验法则，反之，就是情境限定性经验法则。

第四，常识、常情、常理。“常识主要是指自然知识和社会知识。常情主要是指人们所共同拥有或认同的情感体验、伦理道德、价值取向、风俗习

① 刘春梅：《浅论经验法则在事实认定中的作用及局限性之克服》，载《现代法学》2003 年第 3 期，第 138 页。

② ［德］汉斯·普维庭著：《现代证明责任问题》，吴越译，中国法律出版社 2000 年版，第 155 页以下。

③ Terence J. Anderson, On Generalizations I: A Preliminary Exploration, Tex. L. Rev. 455.

惯等。常理主要指大众所认同的事物之间一般的因果联系。”① 这种对经验法则的分类虽然通俗易懂，但常识、常情和常理之间的关系难以理清，所以“三常”作为经验法则的范围界定没有大的问题，但作为严密的划分就欠缺明晰和确定。

经验法则的特征可以概括为以下四项：经验法则范围的广泛性与数量的无限性；经验法则盖然性程度的差异性与多样性；经验法则适用上的具体性；经验法则的内容具有客观性。② 台湾学者陈朴生先生在其《刑事证据法》中将经验法则在诉讼证明中的作用区分为在适用法律上之作用和在认定事实上之作用，在认定事实上的作用下又具体区分为：决定证据能力之作用；推理之作用；证据评价之作用；选择作用；补助作用。③

（二）司法认知的概念与特征

司法认知（judicial notice），又称为审判上的知悉，我国台湾地区学者李学灯先生将司法认知定义为：“所谓认知，即法院对于应适用之法律或某种待认定之事实，无待当事人主张，亦予斟酌；无待当事人举证，即予认知。”④

任何一个国家的法律及法院，不管其法律有无明确规定，都在事实上存在司法认知之事项。现代意义上的司法认知的系统研究的历史并不太长，始于 1872 年斯蒂芬起草的印度证据法。英国、美国、以色列、马来西亚、新加坡、加拿大、澳大利亚等国均受其影响。与英美法系国家的司法认知立法与研究相比，大陆法系国家在此问题的立法相对粗疏。例如，《德国民事诉讼法》第 291 条、《日本民事诉讼法》第 257 条、我国台湾地区“民事诉讼法”第 278 条都只是对司法认知作了原则性的规定。

《美国联邦证据法》第 201 条规定了有关裁判事实上的司法认知，包括：其一为在审判法院管辖范围内众所周知的事实；其二为能够准确地确认和随时可借助某种手段加以确认，且该手段的准确性不容受到合理质疑的事实。另外，美国学理上认为除裁判事实外，司法认知的对象还包括立法事实和法

---

① 陈忠林著：《刑法散得集》，法律出版社 2003 年版，第 37 页。

② 刘春梅：《浅论经验法则在事实认定中的作用及局限性之克服》，载《现代法学》2003 年第 3 期，第 139 页以下。

③ 陈朴生著：《刑事证据法》，三民书局 1979 年版，第 536 页以下。

④ 李学灯著：《证据法比较研究》，台湾五南图书出版公司 1995 年版，第 12 页。有关大陆法学者对司法认知的定义可参见：卞建林主编：《证据法学》，中国政法大学出版社 2000 年版，第 312 页；胡锡庆主编：《诉讼证据学通论》，华东理工大学出版社 1995 年版，第 242～245 页；陈一云主编：《证据学》，中国人民大学出版社 2000 年版；裴苍龄主编：《证据法学新论》，法律出版社 1989 年版，第 162～163 页，等等。

律。英国证据法将司法认知的对象划分为四类：其一为众所周知的事实；其二为经过调查后在司法上知悉的事实；其三为英国法、欧共体法和英国国会的立法程序；其四为成文法的有关规定。总的说来，英美法系国家在立法上或学理上设定的对象较为宽泛。例如，《德国民事诉讼法》第291条规定，对法院已经显著的事实，不需要证明。《日本民事诉讼法》第257条规定，显著的事实，无须证明。我国台湾地区“民事诉讼法”第278条规定，有关对法院已显著或为其职务上所已知的事实，毋庸举证。总之，大陆法系各国在立法乃至学理上的解释较为狭窄和疏阔。

司法认知在我国大陆还是一个学理概念，未在有关立法性文件中出现，但我国司法实践中同样存在。《最高人民法院通过的关于〈中华人民共和国民事诉讼法〉若干问题的意见》第75条就涉及有关司法认知事项。在此基础上，《最高人民法院关于民事诉讼证据的若干规定》第8条规定：“诉讼过程中，一方当事人对另一方当事人陈述的案件事实明确表示承认的，另一方当事人无需举证。但涉及身份关系的案件除外。对一方当事人陈述的事实，另一方当事人既未表示承认也未否认，经审判人员充分说明并询问后，其仍不明确表示肯定或者否定的，视为对该项事实的承认……”第9条规定：“下列事实，当事人无需举证证明：（一）众所周知的事实；（二）自然规律及定理；（三）根据法律规定或者已知事实和日常生活经验法则，能推定出的另一事实；（四）已为人民法院发生法律效力的裁判所确认的事实；（五）已为仲裁机构的生效裁决所确认的事实；（六）已为有效公证文书所证明的事实。前款（一）、（三）、（四）、（五）、（六）项，当事人有相反证据足以推翻的除外。”《最高人民法院关于行政诉讼证据若干问题的规定》第68条也有类似的规定。最高人民检察院《人民检察院刑事诉讼规则》第334条规定：“在法庭审理中，下列事实不必提出证据进行证明：（一）为一般人共同知晓的常识性事实；（二）人民法院生效裁判所确认的并且未依审判监督程序重新审理的事实；（三）法律、法规的内容以及适用等属于审判人员履行职务所应当知晓的事实；（四）在法庭审理中不存在异议的程序事实；（五）法律规定的推定事实。”从总体上看，我国大陆的司法解释还只是在“免证事项”之下来讨论司法认知对象，范围的广度和深度都有待拓展。

为了更加深入地了解司法认知，笔者将其归纳出以下特点：首先，司法认知的主体仅限于享有裁判权的法官，属于法官的一种特殊审判职务行为。其次，司法认知的对象包括法律与事实，就事实而言，作为司法认知对象的事实是特定的，即具有客观性或公知、公认性，排除了当事人的合理争议的事实。再次，司法认知同时包括事项的认知过程与认知结果。最后，司法认知的效力具有确定性。

（三）经验法则对司法认知的支持

在司法制度的历史上，人们对司法认知合理性的认识首先来自于对经验和经验法则的信赖，"显著之事，无需证明"。这一古代法谚就直白地告诉了我们这一点。诉讼证明需要依赖证明者的经验和知识，对案件争议事实的探究虽然也是一种认知，但与对科学的探知存在较大的区别。对案件争议事实的认识有时也涉及科学原理和定律等，但更多情况下涉及的是人类一般生活经验。经验是一个外延范围非常广泛的概念，在低层次上它包含感觉、直觉、意识、情感等因素，在高层次上包括普遍性的抽象科学理论、定律等。经验法则是人们在长期社会生活实践中形成的有关事物性质和关系普遍性的概括，由于经验法则一般是对日常生活经验的概括总结，所以有些经验法则具有显著与自明的性质，还有一些经验法则虽然不具备众所周知的特点，但对某一领域的主体来说具有显著与自明的性质。司法认知的对象主要包括如下几类，以美国司法认知的对象范围为例，其第 1 类（众所周知的事实）具有显著和众所周知的特征，实际上属于一类特定的一般经验法则。有人认为司法认知的对象是具体的对象，而经验法则涉及的对象是一类对象，所以司法认知与经验法则无关，这实际上是对经验法则属性的误解。因为关于一类对象的反复认识可以形成经验法则，关于同一对象的反复认识也可以形成经验法则，所以"通常情况下水往低处流"是一条经验法则，"太阳从东面升起，自西面落下""北京是中华人民共和国的首都"也是经验法则。第 2 类（能够准确地确认和随时可借助某种手段加以确认的事实）事实，通常也具有一般显著和周知的特点，只不过不如第 1 类那样突出和明显，更主要的是，能够准确地确认和随时可借助某种手段加以确认，所以将其作为司法认知的对象既有经验的基础，更有诉讼效率的考量。至于第 3 类（立法事实和法律）则属于法官群体范围内经验或经验法则涉及的对象。根据证据裁判制度，案件争议事实原则上必须通过证据予以证明，但司法认知是证据证明的一个例外。为什么司法认知的对象可以不通过证据证明就可以得到确定，因为人们普遍认为司法认知对象的真实性有确定性的保障，而这种确定性保障来自哪儿？无非来自经验和经验法则。只要是一个理性的人，不管他偏爱经验理性还是理论理性，他都不会否定经验及经验法则在社会现实生活中的确定性作用。

二、逻辑规则与司法推理

（一）逻辑及其特征

证据法学中时见“逻辑”概念，但什么是逻辑，逻辑的研究对象是什么，逻辑的作用机制怎样，这些问题即使是逻辑学者也见仁见智，难得统一。“除开哲学之外，也许没有一个知识分支像逻辑这样被给予了如此众多的意义。”①

在逻辑是否具有某种本体论或认识论基础等问题上存在着实在论和反实在论两种截然对立的观点。实在论认为逻辑真理的必然性来自于客观事物的存在状态或事实的总汇，来自于一类独立自存的特殊的非经验事实，逻辑结构就是客观世界的结构，因此逻辑真理是客观的。这也就意味着逻辑是一种发现而不是一种发明，逻辑是一门关于真理的科学，在逻辑体系中坚持排中律（或真或假的二值原则），坚持逻辑体系中的命题要么真，要么假，拒斥真假不明的命题。反实在论则拒绝接受二值原则和排中律，主张“存在就是被构造”，“语句的真假不能超出我们的认识能力”，其中的约定派认为逻辑真理的必然性并不是由独立自存的实在外加给我们的，而是来自于我们使用自己的语言方式：一个命题是真的，这是因为我们认为它是真的，并把这种意义赋予给它的缘故。在逻辑真理的基础问题上，国内逻辑学者陈波教授认为：“逻辑真理并不是实在的直接反映，它们首先是思维的规律，根植于我们的思维实践和语言实践，而后两者又与不依赖于人的外部世界有某种接近、契合与一致之处，因此逻辑真理归根结底也十分间接地与实在发生着某种关系，具有本体论和认识论的基础，因而具有客观性；逻辑不是发明，而是一种发现，是逻辑学家对人的思维实践和语言实践进行长期研究的结果，其正确、成功与否也要受后两者的检验；逻辑能够提供新知，具有认识价值。”②

在逻辑研究对象的表述上也有不同的观点，有的认为逻辑是研究思维形式的，有的认为是研究语言的，有的认为是研究客观世界的，有的认为是研究推理形式有效性的。笔者认为当前大多数普通逻辑教科书给逻辑所下的定义还是比较恰当的：逻辑（学）是关于思维形式结构、思维形式基本规律和思维方法的科学。当然为了突出重点，我们也可以简洁地表述为：逻辑是关于推理与论证的科学，推理形式的有效性是其关注的重中之重。逻辑研究思

---

① I. M. Bochenski：A History of Formal Logic, Notre Dame, 1961, p. 3.

② 陈波著：《逻辑哲学导论》，中国人民大学出版社 2000 年版，第 308 页。

维形式，采取的是静态的分析的方法，即把概念、命题、推理等作为既成的对象加以接受，研究它们的内部结构关系及其相互之间的形式结构关系，并利用这种关系进行逻辑推理和论证。逻辑学侧重于思维的规范问题，属于规范科学，其采用的基本方法是分析、抽象、概括、演绎等。从哲学角度看，逻辑具有内容空无、题材中立、普遍适用的特征。逻辑理论是一个开放的体系，对其学科的划界我们可以尽量的严格，但在具体操作上可以相对宽松一些，这也是一些逻辑学家所赞成的，“我倾向于认为，‘逻辑’有严格的意义和宽松的意义。在严格的意义上，逻辑研究蕴含和全称的性质；在宽松的意义上，它关注所有领域内的一般推理原则……无论如何，重要之点在于：发现一给定领域是否能处理为逻辑，即把它处理为一个演算的题材，并且发现它在多大程度上能做如此处理，唯一的途径是试一试，并看结果如何。你不可能先验地解决这个问题”。① “‘逻辑’这个词至少有两种含义，这两种含义只是在部分内容上是重合的。从演绎逻辑的技术性含义方面来看，如果一个论证符合逻辑的要求，亦即结论必然是从前提中推论出来的，那么这个论证就是符合逻辑的。”“但在日常应用中，‘合乎逻辑’往往有着更为宽泛和灵活的含义。”② “从上述意义上讲盎格鲁——美利坚普通法是，或者部分是‘不合逻辑’的，但是，这并不足以说明普通法制度中的法律推理在技术上是或可能是‘不合逻辑’的或者‘非逻辑’的。”③

（二）逻辑规则与司法证明

司法证明活动，不管把它看做是法律制度框架下查明案件争议事实的特殊认识活动，还是把它视为在对抗与判断的诉讼格局中主体之间的说服活动，都离不开逻辑规则的作用。实际上，只要涉及认识活动或论辩说服活动，逻辑分析工具运用的合理性是不言而喻的。

1. 同一律与司法证明

同一律的逻辑要求可以简单表述为：同一思维过程中，同一思想（或思维形式）必须保持自身的确定和同一。公式为：A 就是 A。同一律不否认事物本身的发展变化，当然也不否认对事物认识的发展变化，同一律所要求的是，在同一时间、地点、关系下，同一主体对同一对象的认识应当保持确定

---

① A. Prior, Papers in Logic and Ethics, London: Dockworth, 1976, p. 128 - 129.

② ［英］尼尔·麦考密克著：《法律推理与法律理论》，姜峰译，法律出版社 2005 年版，第 36 页。

③ ［英］尼尔·麦考密克著：《法律推理与法律理论》，姜峰译，法律出版社 2005 年版，第 38 页。

和同一。这里的“确定”主要是从静态上讲的，即一个思想应当明确，是什么就是什么，A就是A，非A就是非A。而“同一”主要侧重于动态过程，即要求一个思想在同一个思维过程中必须保持其前后的一致。如果违反同一律，在逻辑论证中就有可能犯“偷换概念”或“偷换论题”、“转移论题”的错误。

同一律在司法证明对象问题上的基本要求就是诉辩审各方对证明对象要形成一个确定的共识，在静态和动态两个层面上保障司法证明范围的确定性和一致性。

2. 不矛盾律与司法证明

不矛盾律是关于思维形式的一条基本规律，其基本内容是：同一思维过程中，相互否定的思想或思维形式不能同时为真，其逻辑表达式是：并非（A并且 $\neg$A），或者表示为：$\neg$(A∧ $\neg$A)。按照不矛盾律，我们不能同时断定两个相互否定的主张、思想或思维形式同时为真，如果断定一者为真，则必须断定另一者为假，否则将导致自相矛盾的逻辑错误。自相矛盾的逻辑错误在逻辑上可能表现为不同的形式，主要有言语自违——某一主体的同一言词自身相矛盾、言意相违——某一主体的言词表达的内容与其真实的内心意思相矛盾、言行相违——主体针对同一对象的言词与行为相矛盾，而言词本身可以视为一种特殊的行为。

司法证明过程是一个当事人说服法官的过程，也是法官在当事人的对抗中查明案件事实并作出裁决的过程，论辩说服过程本身也是认识过程，不矛盾律作为一条思维形式的基本规律从排斥思维中的自相矛盾入手，为我们解决证据矛盾问题提供了基本思路与方法。在诉讼的庭审格局中存在三方思维主体：诉方、辩方和裁判者，而不同思维主体对应于不同的矛盾证据，在消除证据矛盾方面的责任和范围也就有所区别。诉辩双方都要有效地利用对方的证据矛盾为自己的论证服务。但裁判者既要对当事人的证明进行评断，又要在此基础上对案件作出最终的裁决并对这种裁决予以合理化论证，所以裁判者既要对当事人证明中的证据矛盾作出回应，又要在自己对案件结论正当化的论证中避免或消除证据矛盾。

3. 排中律与司法证明

排中律的内容是：同一思维过程中，相互矛盾的思想和思维形式不能同时为假。中国古代逻辑中将排中律表述为：“不可两不可”。排中律的逻辑表达式为：或者A或者非A，用符号表示为：A∨ $\neg$A。排中律在中国古代逻辑中被表述为“不可两不可”，因此“两不可”就是违反排中律的逻辑错误。

一般上，事实认知有两种结果状态——确知与不确知。但在司法证明中却还经常存在事实真伪不明的状态，即不确知、不确信的情况。根据排中律的要求，我们不能对真伪不明状态保持缄默，不可两不可。因此需要在司法证明中设置证明责任分配制度和其他证据规则裁断制度来作出最终裁决。排中律为证明责任分配理论的存在提供了基本理性基础。

4. 充足理由律与司法证明

充足理由律基本内容可表述为：在同一论证过程中，一个论题被断定为真，总有充足理由。用符号表示为：B 真，因为 A 真，并且从 A 能推出 B。即：【$A\wedge(A\rightarrow B)$】$\rightarrow B$。充足理由律的逻辑要求是：在论证过程中，第一，理由必须真实；第二，理由与推断之间要有确定的逻辑联系，从理由能够推出所要论证的论题。作为思维形式基本规律的充足理由律概括反映了逻辑思维的基本要求，这一基本要求就是思维的可论证性。

充足理由律要求用于支持论题的论据（证据）必须是真实的，这一要求反映在司法证明过程中具体表现为对证据真实可信性的要求和对案件争议事实真实性的查明要求，因为证据相对于证明对象是论据，而案件争议事实相对于司法裁决结论是论据，按照充足理由律的要求，它们都应该是真实、可信的。司法证明也是一个论证过程，证明标准实际上是论证的充足理由律在司法证明这一特定领域中的具体体现。

（三）司法推理与逻辑规则

推理是一个逻辑概念，是由一个或几个命题推出一个新命题的逻辑过程。推理在逻辑结构上可以区分出前提、结论和推理形式三个构成要素，前提是一个或一些已知命题，结论是由这个或这些命题推出的新命题，推理形式是前提和结论之间的联系方式。逻辑研究推理时一般仅从其形式结构上来研究其有效性。对演绎推理而言，有效性意味着：如果其前提为真，则结论不可能为假。

司法推理是推理的一种特殊形式。对司法过程的逻辑化倾向的分析实际上是建立在一个假设之上：即作为问题案件的事实已经查明。司法推理也就是断定前提为真的推理。在逻辑学上实际等同于推论（inference 或者叫做“证明性推理”）的概念。狭义的推论仅指前提为真而前提和结论之间具有蕴含关系的推理，或者说是断定了前提为真的演绎推理，而广义的推论除了断定前提为真的演绎推理之外，还包括断定前提为真的非演绎推理，而司法推理的概念实际上是广义上的逻辑推论。

1. 司法推理的基本逻辑结构

任何证据与证明对象之间的关系都是一种推论关系，就是司法推理的过程。经验法则是司法推理的大前提，或者说大前提的经验法则隐含在了证据和证明对象的关联性中，我们可以将这一推论完整表达出来。

运用直接证据进行推论的基本逻辑结构是：

（如果 A 那么 A，除非 C）；

A，

所以 A。

运用间接证据来进行推论是推论的一种常态形式，其基本逻辑结构是：

（如果 A 那么 B，除非 C）；

A，

所以 B。

2. 司法推理的微观逻辑内容

单个证据与证明对象之间的关系是推论关系，全案证据与案件整体的证明对象也是一种推论关系，只不过后者相对于前者而言，是一个多层次的连续推论体系。美国证据法学者威格摩尔一直把整个司法证明的过程视为一个推论过程，并致力于发现一种逻辑化的方法来对推论过程和构成推论的各个具体要素进行评估和检测，以最大限度地保障推论结论的准确性。其他一些证据法学者也循此思路，对推论进行了形式化方面和经验方面的研究。比较有代表的是 David A. Schum 和 Anne W. Martin 关于阶层式推论的形式化和经验层面的研究。① 对推论的形式化研究从本质上讲具有一种逻辑化的倾向，它关心的是证据的或然性价值（即证明力）应该通过什么样的方式来进行内在的、连贯性的评估。而经验的研究从本质上看是行为意义上的，它关注的是人们实际上是如何在推论中评价证据的或然性价值。

例如，对证人可信性的评估就涉及这样一些重要的逻辑特征：（1）弹劾或支持证人的因素包括证人的观察能力、偏见、先前不一致的陈述、证人间的相互影响及证人的性格等。（2）证人本身的作证行为或有其他证据支持的行为可以成为判定言词证据本身证明价值的一个重要来源。（3）证人的可信性和证人证言内容的稀缺性（rarity）之间存在一种重要的互动关系。一般而言，证人证言内容的稀缺性程度越高，证人的可信性就越高。例如，在辨认

---

① William Twining and Alex Stein：*Evidence and Proof* NEW YORK UNIVERSITY PRESS（1992）. pp. 53－99.

中辨认人对被辨认对象隐秘体征的描述，其内容就具有高度的稀缺性，其证人也就具有较高的可信性，反证亦然。[①]

在经验和实验研究方面，贯彻了这样一种基本观念：推论的结论来自于案件证据的整体合力，而证据的整体合力来自于全案证据间的相互联系，不能脱离这种相互联系谈论单个证据的证明力，更不能脱离这种联系来谈论案件最终推论结论的确定性问题。

3. 司法推理的整体轮廓

用推论逻辑关系来解释裁判者的裁决过程，将会呈现给人们这样一幅图景：证据和证明对象之间的关系就是一种推论关系，从直接证据到证明对象是推论，从间接证据对证明对象更是推论，从单一证据证明某一对象是推论，从案件群体证据得出案件事实的结论也是推论，推论成为证据和案件事实之间的一种纵向联结。而围绕着具体证据的真实性、可信性还会产生同一层次和不同层次证据之间横向的相互印证关系。这样证据和证据之间，证据和证明对象之间就形成了一张纵横交错的推论之网，案件事实认定的可靠性或可接受性能够得到更合理更具体化的解释。所以尽管逻辑的推论方法自身还有一些不足，但它确实能为裁判者认定案件事实的过程提供更加合理的解释。

三、利益衡量与司法推定

（一）司法推定的概念

“推定”一词在英文中的表达是 presumption，它与推理（reasoning）和推论（inference）在词义有着密切的牵连关系，对这些不同语词词义的界分，英美法学者也存在不一致的意见。《牛津法律大辞典》：“推定，在证据法中，指从其他已经确定的事实必然或可以推断出的事实推论或结论。”[②]《布莱克法律辞典》：“推定是立法或司法上的法律规则，是一种根据既定事实得出推定事实的法律规则，推定是在缺乏其他证明方法时所使用的一种根据已知证据作出确定性推断的一种法律设计。推定是依法从已知事实或诉讼中确定的事实出发所作出的假定。”[③]《法国民法典》第 1349 条：“推定系指法律或司

---

① William Twining and Alex Stein, *Evidence and Proof* NEW YORK UNIVERSITY PRESS (1992). p. 63.

② ［英］戴维·M. 沃克编：《牛津法律大辞典》，邓正来等译，光明日报出版社 1988 年版，第 715 页。

③ Henry Campbell Black, M. A. Black's Law Dictionary , 6th Edition , St. Paul , Minn , West Publishing Co,1990.

法官依据已知之事实推论未知之事实所得的结果。”日本田口守一所著的《刑事诉讼法》写道：“推定是从A事实（前提事实）推认B事实（推定事实）。B事实难以证实时，可以用比较容易证实的A事实推认B事实的存在。”①

国内有学者认为，“在诉讼领域，所谓推定，实际上就是在运用间接证据进行证明，即当不存在直接证据或仅凭直接证据尚不足以证明待证事实的真实性时，通过间接证据与待证事实之间的常态联系进行推理，假定待证事实为真”。也有学者将推定等同于推论：“推定通常意味着一种推论，其表示某种事实或若干事实与另一事实或若干事实之间的关系。”② 有学者引用美国加利福尼亚州证据法典关于推定与推论的规定来印证这种等同关系。③ 也有学者将推定视为一种法律规则：“实则各种所谓推定之起源，最初均系基于人类经验所为之推论。其中一部分，经常为同样之推论者，即逐渐形成一种法则，最后成为法律上之推定……在陪审制度下之法官，基于逻辑上之推论，乃建立各种法则而称为推定。”④ 还有学者认为推定既是一种证明方法又是一种法律规则。可以说承认事实推定也属于推定的学者都持这样一种观点，尽管许多人没有明确点明，但其基本观点就是如此。⑤

笔者将证据评判的方法确定为三个层次：司法认知、司法推理与司法推定。司法推定就是要解决大量的真伪不明状态下的事实认定问题。因此，司法推定是根据法律规定，能够认定某一特定的基础事实为真的条件下，推定另一真伪难断的事实为真的法律规则。

基于司法推定的特殊性质，笔者主张推定应当采取立法列举的方式规定。但是，当前实践中还有很多需要推定的问题还没有进行立法，诸如明知的推定、占有非法的推定等，笔者建议采用判例指导的方式或者司法解释的方式进行逐步完善。

---

① ［日］田口守一著：《日本刑事诉讼法》，刘迪等译，法律出版社2000年版，第227页。

② 吴杰：《民事推定问题研究》，载陈光中主编：《诉讼法理论与实践》，中国政法大学出版社2002年版，第190页。

③ 兹引述该法典原文如下：California Evidence Code section 600(a)：A presumption is an assumption of fact that law requires to be made from another fact or group of facts found or otherwise established in action。A presumption is not evidence。Section (b)：An inference is a deduction of fact that may logically and reasonably be drawn from another fact or group of facts or otherwise established in the action。

④ 李学灯著：《证据法比较研究》，五南图书出版公司1979年版，第250页。

⑤ 张永泉：《推定与举证责任分配比较研究》，载陈光中主编：《诉讼法理论与实践》，中国政法大学出版社2002年版，第183页。

（二）司法推定的基础

司法推定的基础当然离不开经验法则、逻辑规则，但究其根本主要取决于最终的利益衡量。

司法推定必须有经验法则的支持，“在社会实践中，人们从自己或他人的经验中可以归纳出关于某种现象的结论，这就是推论。其中有些推论，其结果常常是同样的，这便逐渐形成一种推定法则”。[①] 在司法上适用推定时还要注意推定背后的经验法则和对基础事实证明的当下经验相结合，特别是对可反驳的推定，推定的不利方提出反驳时，要依据经验法则和具体证明过程中的当下经验对推定的强度和相反推论的强度进行综合的考量和评断。

司法推理也离不开逻辑规则的支持。司法推定的逻辑基础主要表现为推定的结构是一个假言三段论推理。其基本结构可表示如下：

如果 A，那么 B；

A，

所以，B。

在上述推理形式中，作为大前提的“如果 A，那么 B”是法律设定的推定规则，其中 A 是特定的基础事实，B 是可由基础事实得出的推定事实，如果确定小前提 A 为真，则依法推定事实 B 亦为真。

究其根本，司法推定的核心基础是利益衡量。从最广义角度来讲，利益衡量也可以纳入经验的范畴，但二者还是有区别的。突出地表现在利益衡量经常以价值选择的方式出现，也可能体现了一种社会政策。最明显的例子就是基于人权保护的无罪推定和基于未成年人保护的“未满 14 周岁的未成年人不承担刑事责任（实际上就等于不视为犯罪）”的规定。其他如我国刑法中的巨额财产来源不明罪的规定，就是为实现打击这种特殊犯罪的社会刑事政策而设立的。

（三）不可反驳推定与可反驳推定

在法律上，我们还根据价值与利益保护的不同程度，分为不可反驳推定与可反驳推定。司法推定一方面以经验法则为基础，另一方面又经常表现为对经验法则的否定处置，这就是利益衡量的结果。

对于不可反驳的推定来说，我国刑法规定，不满 14 周岁的未成年人不承

---

① 叶自强：《论推定法则》，载陈光中主编：《诉讼法论丛》（第 2 卷），法律出版社 1998 年版，第 443 页。

担刑事责任，即不视为犯罪。生活的经验是：不满14周岁的未成年人通常心智发育尚未成熟，缺乏对自身行为性质的正确认识，但事实也并非全部如此，有些不满14周岁的未成年人可能心智已充分发达，甚至超越了许多成年人。但刑法基于未成年人保护的价值选择，强化了前者而否定了后者，并赋予其法律规则的强力。对于可反驳的推定来说，以我国刑罚的巨额财产来源不明罪为例。我国《刑法》第395条规定："国家工作人员的财产、支出明显超过合法收入，差额巨大的，可以责令该国家工作人员说明来源，不能说明来源的，差额部分以非法所得论……"对绝大多数人来讲，对自己拥有的合法收入，大多能说明其来源，绝大多数不能说明其来源的收入通常是非法收入，但经验上也不排除这种可能：个别人对自己拥有的合法巨大财产难以说明其来源。在立法上考量了上述经验法则的稳定性、可靠性，同时进行了政策考量，其立法意图在于实现对贪污受贿犯罪的严厉打击。在此类案件中，如果遵循证明责任分配的一般规则，由控诉方承担证明责任，由于这些财产来源渠道的隐秘性，加之基于人权保障的考量而对侦查取证手段的限制，即使被告人的巨额财产确实是非法所得，进行证明也是十分困难。然而为有效惩治国家工作人员的贪污受贿行为，对其拥有来源不明的巨额财产的行为确实有追究的必要。基于此，立法者以推定的方式对该罪的证明责任作出倒置性配置。在巨额财产不明罪案件中，控诉方只需要用充分的证据证明被告人的财产或者支出明显超出合法收入并且差额巨大即可，而差额部分财产来源的合法性证明则由被告人承担。也就是说，被告人对超过自己合法收入的巨大财产其来源是合法的承担完整意义上的证明责任，不仅要承担举证责任，还要承担说服责任，否则被定罪的实际风险就落在自己身上。[①] 在这里，推定将经验法则的内容进行了人为的强化，虽然为被告人提供了反驳的机会，但如果被告人不能说明超过自己合法收入的巨大财产其来源是合法的，那么法律上做了"一刀切"的处理。

民法上的推定则更多，如失踪达到法定年限则视为死亡，高空坠物的责任不明时推定连带责任，婚姻关系存续期间所生子女为婚生子女等都属于司法推定的范畴。

（四）司法推定的效力

关于推定的效果或效力，英美证据法学者之间莫衷一是，Morgan将推定的功能概括为8种，Cross、Thayer、Wigmore、McCormick都有不同的观点，

① 张云鹏：《刑事推定研究》，载《刑事法评论》2007年第1期，第530页。

有关推定效力的观点争议还反映在了不同的证据规则立法中。主要观点有三种：一是推定将证明推定事实不存在的责任转移给推定的不利方，但推定的不利方只要提出能够合理地发现推定事实不存在的任何证据，推定就不产生效果。这种效果称为 Thayer 规则，它是 Thayer、Wigmore 等学者所认同的立场。二是推定转移提出证据责任和说服责任给推定的不利方。该种效果被称为 Morgan 规则，为 Morgan、McCormick 等学者与美国《统一证据法典》所接受。三是所谓的允许性推定，即裁判者可以将形成推定的基础事实视为待证事实存在的充分证据。《美国模范刑法典》所确立的推定规则体现的便是这种允许性的态度。国内学界对此问题大体有四种观点：（1）推定转移举证责任；（2）推定转移说服责任；（3）推定导致证明责任的倒置；（4）推定导致被告方需要承担抗辩责任。[①] 概言之，司法推定就是在确定某一基础事实的前提下，依法认定某一特定事实为真，由该特定事实的不利方承担相应的责任。

第四节 证据评判的证明标准

证明标准是证据法学当中最为复杂的问题之一，很多人对它进行了简单化类型化的处理，当然是为了便于研究，但是一旦这样的理论用于指导实践的时候，则必然带来混乱。笔者认为当前的主流理论从证明这个基本概念定位上就值得商榷，没有与当前诉讼的概念语境相统一，导致证明对象、证明责任与证明标准等一系列理论集体走偏。这大概也是证明领域近十几年一直无法有效推进的重要原因之一。证明标准在客观真实与法律真实两个理论视野下所展现的内容肯定是大相径庭的，在双方的互相妥协中，我们究竟应该做怎么样的具体建构与选择。

一、证明、诉讼证明与审判证明

（一）证明

在日常语言中，证明有以下两种含义：第一，用可靠的材料来表明或断定人或事物的真实性。第二，证明书或证明信。[②] 前者表达的是证明的动词

---

① 劳东燕：《推定研究中的认识误区》，载《法律法学》2007 年第 5 期，第 118 页。

② 《现代汉语词典》，商务印书馆 1986 年版。《牛津法律大辞典》中，证明也具有如下含义，即“一切导致内心确认或者否定某种状态的事实或者情况”。参见［英］戴维·M. 沃克：《牛津法律大辞典》，邓正来等译，光明日报出版社 1988 年版，第 67 页。

含义（如“用结婚证来证明我们的婚姻关系”），后者表达的则是证明的名词含义（如一个人指着结婚证说：“这就是我们婚姻的证明”）。名词含义的证明实质上相当于据以证明的证据，而多数情况下的证明主要指的是动词意义上的证明。[①] 在动词意义上，证明实质上是指“据证以明之”的论证活动，其目的是通过论证说服其他人相信特定事物的真实性。从这个角度讲，说服活动即属于证明。证明通过论证活动使特定的命题臻于明了，使原本不知道或不相信该命题的人接受其真实性。因此，对于说服者来说，证明是一种自我说服和明了；对于被说服者而言，证明是一种通过命题认识世界的重要手段。我们必须注意区分作为论证活动而存在的证明与主体对特定客体的认识活动。[②] 从知识来源看，我们有关世界的许多知识都是通过自发或自觉地接受他人证明结论的形式获得的。证明是人类认识世界的重要方式。证明又分为他向证明与自向证明，用证据说服他人的活动就属于他向证明，用证据说服自己的活动就属于自向证明，自向证明更多的时候表现为一种认识手段。在《知识论》一书中，金岳霖先生根据证明活动认识对象的不同，对证明进行了更为细致的划分。金先生首先将证明区分为证实和证明两类。“证实，照我们这里的说法，是求然的活动，证明是求所以然的活动；前者是求识的确切，后者是求懂的清楚；前者是求所识的实，后者是求所明的理。”[③] 根据笔者的理解，金先生的“证实”强调的是证明的结果，“证明”强调的证明的过程。虽然这种理解并不全面，但也应该是大致不差。在金先生看来，证实和证明尽管有时候可以彼此等同，二者在认识对象上却体现了一种位阶关系，即“知其然”和“知其所以然”的关系。在证实之下，金先生根据所证明命题的不同又区分了对特殊的事实（包括当前的特殊事实和历史的特殊事实）的证实、对限于时地的普通情形的证实、对于固然的理的证实。换言之，证明活动可以被用以认识大到宇宙规律小到生活琐事等方方面面。

不管是自向证明还是他向证明，证明的基本结构都由三大要素构成：一是必须有主体，主体就是证明人；没有证明人，所谓证明是不可思议的。二是必须有客体；客体是与主体相对的客观世界，它构成证明的客观基础，没

---

① 在日本和我国台湾地区证据法学中，“证明”通常被视为被说服者根据证据所获得的确信状态。在我国传统证据法学中，“证明”一直是在论证活动意义上使用的，而这也都是“证明”在各学科以及日常语言中的一般用法。

② 王敏远：《一个谬误、两句废话、三种学说》，载王敏远主编：《公法》（第 4 卷），法律出版社 2004 年版，第 253 页以下。

③ 金岳霖著：《知识论》，商务印书馆 1996 年版，第 879 页。

有这样的客观基础，证明同样是不可思议的。三是必须有主体的认识活动，也即必须有证明活动，没有证明活动，也不能形成证明。主体、客体、证明活动，这就是证明的三大构成要素，这三大要素缺一不可。①

在逻辑形式上，证明也由三部分构成：一是论题；二是证明的根据（论据）；三是证明的方法（论证）。论题是指其真理性（或虚构性）有待通过证明加以说明的判断或命题。说明论题的真理性或虚构性，是一切证明的目的。其中，用来说明论题的真理性的证明，简单地叫做证真。用来说明论题的虚构性的证明，叫证伪（或反驳）。证明所依据的一切命题，以及必须从其中推出被证明论题的真理性的那些命题（在这些命题被当做或被承认为正确的命题的条件下），叫做证明的根据或论据。证明的根据（论据）可以由以下命题构成：关于已证实的个别事实的命题；定义；公理或公式；早经某门科学证明了的命题或定理。由结果可以推导得出的证明论题真理性的链接，或者说得出结果的根据及从根据中得出的结论间的联系，叫做证明的方法或论证。论证是证明的逻辑表述。与论题、论据不同，论证既不是个别的判断，也不是诸个别判断的简单总和。论证永远是诸判断导致一定逻辑结果的逻辑联系。在论题、论据一定的条件下，论证的方式可以是多种多样的。②

（二）诉讼证明与审判证明

诉讼的目的是解决纠纷。为确定纠纷事实而展开的诉讼证明活动常常被视为诉讼活动的中轴和核心。作为一种特殊的证明类型，诉讼证明是以诉讼活动为依托的，或者说，某些诉讼活动即是证明活动。诉讼概念分为狭义与广义，狭义的诉讼实际上仅指审判阶段。因此，学术上对诉讼证明的定义也存在如上两种区分，由此造成一系列的误区。这些误区的形成实际上都是在确定的语境下混淆使用诉讼与审判两个概念的结果所致。

在我国传统证据法学中，对诉讼证明的理解是一种广义概念。陈一云教授主编的《证据学》教材自20世纪90年代以来一直作为我国高等学校证据法学的指定教科书，并对之后各版本的证据法学教材、著作有着深远的影响。在该书中，“诉讼证明”被界定为“司法机关或当事人依法运用证据确定或阐明案件事实的诉讼活动”。③ 传统的诉讼证明概念可以归纳出以下特点：

第一，在外延上，从“证明即认识活动”的基本立场出发，认为所有查

---

① 裴苍龄：《也论事实、命题与证据》，载《中国刑事法杂志》2003年第3期，第70页。

② 详细的表述，请参阅［苏联］阿斯姆斯著：《关于证明与反驳的逻辑学说》（第四章《证明的结构》），藏之权译，生活·读书·新知三联书店1955年版，第16页以下。

③ 陈一云主编：《证据学》，中国人民大学出版社2000年版，第114页。

明案件事实真相的活动都属于证明活动，证明活动贯穿诉讼活动始终。20世纪80年代后期出版的证据法学研究综述总结说，对于刑事诉讼中的证明，“多年来许多学者进行了有益的探讨，在一些基本问题上有着共识，只是在表述上各有不同而已……它贯穿于立案、侦查、起诉和审判等几个主要诉讼阶段之中。刑事诉讼证明是刑事诉讼的核心和基本环节，它直接关系着诉讼的结局与办案质量。一个刑事案件从立案开始，到收集、审查、判断、运用证据认定案情的全部过程都是在进行证明活动。只有在诉讼各个阶段都充分得到了证明，才能最终完成诉讼的任务”。①

第二，在内容上，证明活动包括证据的收集、审查判断等诉讼活动。“刑事诉讼中的人民法院、人民检察院和公安机关，民事诉讼和行政诉讼中的人民法院，都必须依法收集和审查证据，并根据证据查明案件事实……诉讼中的证明，是由法律所调整的诉讼活动，它的证明主体，证据（证明根据），证明对象，证明任务，证明责任，收集审查判断证据的规则和程序等，均不同于其他证明活动，而具有诉讼的特定性。”②

第三，在证明主体上，传统证据法学认为，凡参与证据收集、审查判断的诉讼法律关系主体，都是证明主体。“诉讼中的证明……是指司法机关或当事人依法运用证据确定或查明案件事实的诉讼活动。刑事诉讼中的人民法院、人民检察院和公安机关，民事诉讼和行政诉讼中的人民法院，都必须依法收集和审查证据，并根据证据查明案件事实。刑事诉讼的自诉人、民事诉讼和行政诉讼的当事人则应依法提供证据证实自己的控诉或主张。”③ 因此，证明主体包括公检法机关办案人员、当事人以及诉讼参与人。“证明的主体是特定的机关和诉讼参与人。根据有关程序法的规定，刑事诉讼中的人民法院、人民检察院和公安机关，民事诉讼中和行政诉讼中的人民法院，都应当依法收集和审查证据，并根据证据查明案件事实。刑事诉讼中的犯罪嫌疑人、被告人、被害人、自诉人、附带民事诉讼原告人和被告人、民事诉讼和行政诉讼中的当事人，以及这些诉讼参与人的辩护人、代理人均需要依法提供证据证明自己的要求和主张……上述机关和诉讼参与人既是程序法律关系的主体，也是诉讼程序中的证明主体。”④ 按照通说，我国传统证据法学往往将证

---

① 崔敏、张文清主编：《刑事证据的理论与实践》，中国人民公安大学出版社1992年版，第69～70页。

② 陈一云主编：《证据学》，中国人民大学出版社2000年版，第114页。

③ 陈一云主编：《证据学》，中国人民大学出版社1991年版，第113页。

④ 刘金友主编：《证据法学》，中国政法大学出版社2001年版，第226页。

明主体分为两类：一类是提供证据的诉讼参与人；一类是代表国家依法负有收集、审查判断证据的国家机关及其工作人员。并理所当然地给予后者更多的关注。①

但是从1996年开始，有很多学者对诉讼证明概念进行了重新阐释，并逐渐占据了主流地位，是对诉讼证明概念进行了狭义的界定。新说普遍认为，在诉讼领域，证明是指诉讼当事人（刑事诉讼中包括国家公诉机关）在法庭审理中依照法律规定的程序和要求向审判机关提出证据，运用证据阐明系争事实、论证诉讼主张的活动。主要可以归纳出以下特点：

第一，在外延上，新说认为证明是一种围绕特定命题而展开的特殊认识活动，在诉讼领域，证明仅存在于狭义的诉讼中，即审判阶段中，是一种狭义的证明概念。证明是指法庭审理中运用证据论证诉讼主张的活动。②

第二，在内容上，证明活动基本不包括审前的证据收集、审查判断等诉讼活动。在1996年以后出版的教材中，有关审判前证据收集、证据审查判断的内容均已明显减少，甚至不再提及。③ 在新近出版的证据法学教材中，仍有一些将证明的过程包括搜集证据阶段、审查判断证据阶段和提出证据阶段的主张，更多的学者选择了放弃传统证据法学将诉讼证明予以广义理解的思路，而更多地强调诉讼证明作为一种逻辑方法的属性和特征。④

第三，在证明主体上，新说主张只有诉讼当事人（刑事诉讼中包括国家公诉机关）可以成为证明的主体。诉讼证明即是说服裁判者的活动。⑤ 诉讼证明是一种主体间的说服活动，即说服特定主体相信特定的命题为真（证实）或为假（证伪）。任何证明活动都至少存在两方主体，即论证者和被说

---

① 宋英辉、汤维建主编：《证据法学研究述评》，中国人民公安大学出版社2006年版，第285页。

② 卞建林主编：《证据法学》，中国政法大学出版社2000年版，第264页以下；卞建林主编：《刑事证明理论》，中国人民公安大学出版社2004年版，第13页以下。

③ 参阅徐静村主编：《刑事诉讼法学》，法律出版社1997年版；陈光中主编：《刑事诉讼法学》，中国政法大学出版社1999年版；樊崇义主编：《刑事诉讼法学》（修订版），中国政法大学出版社1999年版。

④ 参阅江伟主编：《证据法学》（第二篇第一章“证明”），法律出版社1999年版，第44页以下；何家弘主编：《新编证据法学》，法律出版社2000年版，第261～281页；卞建林主编：《证据法学》，中国政法大学出版社2000年版，第264～271页。

⑤ 吴宏耀：《刑事诉讼证明解析》，载《检察日报》2000年12月17日第3版；吴宏耀、魏晓娜著：《诉讼证明原理》，法律出版社2002年版，第4页以下。另参见闵春雷：《刑事诉讼证明概念的重新思考》，载陈光中主编：《诉讼法理论与实践》（上）（2003年年会论文集刑事诉讼法学卷），中国政法大学出版社2004年版。

服者。诉讼证明同样是一种主体之间的说服活动。在刑事诉讼的侦查阶段、审查起诉阶段，公安机关、检察机关对案件事实的认识属于主体对客体的能动性认识活动，而非主体之间依凭证据展开的说服活动。

通过以上对比我们可以看出传统学说（广义的诉讼证明概念）与新说（狭义的诉讼证明概念）的分歧，主要可以归纳为以下几点：

第一，从外延上看，两者的分歧直观地表现为证明所存在的诉讼阶段。①笔者支持广义的概念，认为狭义的诉讼证明概念在同一语境下犯了前后不统一的错误，主要表现在同一语境下混淆地理解了诉讼的概念。诉讼概念也分为广义和狭义两种。诉讼的原始含义属于狭义，基本等同于审判的概念；而现在的诉讼概念是一种广义概念，并且这种广义的概念取得了世界范围内的基本一致的认同，诉讼包括侦查、起诉和审判的所有阶段。我国的诉讼法也是采取广义的诉讼概念的，在这个语境下，证明的概念也必须采取广义概念与之匹配，否则就犯了同一语境下的前后不统一错误。狭义的诉讼证明实际上属于审判证明范畴，是诉讼证明的一个子概念。

第二，从证明内容看，两者的主要分歧是诉讼证明是否包括审前的证据收集、审查判断等诉讼活动。笔者认为，狭义的诉讼证明概念忽视了证明还包括自向证明与他向证明两种情形。自向证明主体一般是就事实问题作出认定或裁断的人，如侦查人员、检察官、法官；他向证明的主体一般是提出某种事实主张的人，如诉讼中的当事人及其律师。当然，两种证明的主体可以在诉讼中相互转化。诉讼中自向证明一般都属于主体的职权行为，目的是满足主体行使某种职权的需要；他向证明一般都属于主体的义务行为，目的是满足他人的某种认知需要。狭义论者一般认为侦查人员调查搜集证据查明案件事实的过程是一种认识活动，查明与证明是不同的。这种看法是正确的，但是不能够以这种观点作出“侦查人员调查搜集证据查明案件事实的活动不属于证明活动”的结论。诚然，查明与证明不同，证明与认识不同。但是，三者有着密切的关系。简单地说，证明是一种认识手段，证明活动属于认识活动范畴；查明也是一种认识手段，也属于认识活动范畴，查明的过程包含着证明活动，证明对于查明的过程来说是不可或缺的。这里的证明是一种自向证明，对证据的审查判断也属于一种自向证明。

第三，从证明主体看，两者主要分歧是诉讼证明是不是包括公检法机关

---

① 宋英辉、汤维建主编：《证据法学研究述评》，中国人民公安大学出版社2006年版，第282页。

及其办案人员以及除当事人外的其他诉讼参与人。这里的关键还是前文所及的自向证明与他向证明的问题。其实诉讼过程中的证明是极其复杂的，狭义论者主要为了研究的方便进行了简单化处理。在《诉讼证明原理》一书中，狭义论者明确表明："在上述讨论的基础上，需要进一步指出的是，我们强调诉讼证明活动仅限于狭义上的诉讼并非意味着其他诉讼阶段就不存在诉讼证明活动，[①] 而是基于以下原因：第一，狭义上诉讼活动中的诉讼证明活动是诉讼证明的典型形态，对其讨论更容易揭示诉讼证明的基本特征；第二，法庭审判阶段对事实的认定直接关系着诉讼的结局，因此，此一阶段的诉讼证明活动对特定诉讼案件而言具有至关重要的意义；第二，此意义上的诉讼证明统一适用于三大诉讼。"这种类型化的归纳性分析用于学理研究是无可非议的，但是用这样的研究成果直接指导立法以及实践就会出现问题，这也是当前法学研究与实践脱节的根本原因之一。

（三）诉讼证明、审判证明的相关概念

由前一部分的论述可以看出，当前主流的狭义论观点实质上混淆了诉讼证明与审判证明的概念，从某种角度上讲就是将审判证明的概念视为诉讼证明的概念。这种错误的观念必然进一步波及证明对象、证明责任、证明标准等相关证据制度，从而造成证据法学整体上的混乱。

第一，关于证明对象。诉讼证明的主体、内容与适用阶段的不同，就必然造成证明对象的不同、证明责任的主体和内容不同和证明标准含义的不同。由于本书对于证明对象的范围前文已有所及，也不是本书重点，故不赘述。

第二，关于证明标准。证明标准涉及本节的核心，在下文阐述。

第三，关于证明责任。从广义证明概念出发，能够阐释当前理论与实务中关于证明责任的困惑，能够解读当前狭义的证明责任观点存在的问题。故于此简要论述。

1. 证明责任概念之比较

很少有哪一个法律概念能像证明责任的概念那样含混多变，并且歧义丛生。不同时代、不同地域的人们在不同的意义上使用着这一概念，或者是以不同的概念表达着证明责任的意义，凡此种种，都影响着我们对证明责任的理解。证明责任一词，在拉丁语中写作"Onus Probandi"，在德语中写作

---

① 在刑事审前活动中也存在着一定形态的诉讼证明活动。例如，在我国，公安机关提请逮捕时，必须提出足够的证据证明有犯罪事实发生。在西方国家，由于强调司法权对审前活动的控制，许多追诉活动的决定也需要进行一定的证明活动。但是，这些证明活动是独立存在的，而非审判阶段中诉讼证明的组成部分。

"Beweislast"，在英语中则写作"Burden of proof"。究其词源，德语"Beweislast"是一个复合词，其中"Beweis"意指"证明"；"last"具有"责任"、"负担"和"义务"等含义。英语中的"Burden of proof"为一词组，其中"burden"具有"负担"、"责任"等含义；"proof"意指"证明"。中国古汉语中并不存在"证明责任"一词，它是由德国法上的概念经由日本传入我国的。日本学者通常将德语中的"Beweis"译作"举证责任"、"立证责任"。我国的学者习惯上往往沿用日语的"举证责任"来表述"Beweislast"的汉译。以德国为典型代表的大陆法系诉讼理论一般认为，"Beweis"一词包含双重含义：一是指当事人在具体的诉讼过程中为了避免败诉的危险而向法院提供证据的必要性，德语将这种意义上的"Beweis"写作"Beweisführungslast"；二是指在口头辩论结束之后，当事人因要件事实没有得到证明而要承受败诉的法律后果，德语将这种意义上的"Beweislast"写作"Festsellungslast"。[①] 按照英美法学者的通行观点，"证明责任"一词也包含着双重含义：第一重含义是指当事人必须向法官提供充分的证据，以使本案的争议能够提交陪审团进行裁断；第二重含义是指当事人对已经提交陪审团的案件，在审判程序的最后阶段，因未能说服陪审团而导致争议事实真伪不明时所要承担的败诉的风险。前者意义上的证明责任，英文中一般写作"the burden of producing evidence"、"production burden"或"the duty of producing evidence"等，汉语通常译为"提供证明责任（负担）"或"证据的负担"等；对于后者意义上的证明责任，英文通常写作"the burden of persuation"或"persuation burden"等，汉语一般译为"说服责任"或"法定责任"。从比较法学的角度进行分析，英美法中的提供证据责任与德国法意义上的主观的证明责任更为接近；英美法上的说服责任与德国法学理论中的客观的证明责任具有共同的性质。[②] 以上是在翻译学或语词学意义上对"证明责任"概念进行的界定和澄清，是纯粹形式上或符号意义上的解读。

我国诉讼法学界以往习惯以"举证责任"来表达"证明责任"的概念。

---

① 日本学者通常将前者称为主观的证明责任（举证责任、立证责任）、形式上的证明责任（举证责任、立证责任）、立证（举证）的必要性、提供证据责任以及证明履行责任；将后者称为客观的证明责任（举证责任、立证责任）、实质上的证明责任（举证责任、立证责任）、证明的必要性、证明责任以及确定责任。这些译法往往为我国学者直接沿用。日本学者通常还将与德国法术语"Beweislast"相对应的英美法术语"Burden of proof"也译为"证明责任"、"举证责任"或"立证责任"。这种译法也为我国许多学者所采纳。

② 参见吴宏耀、魏晓娜著：《诉讼证明原理》，法律出版社2002年版，第239页

考其来源，“举证责任”这一术语是在清末由日本传入我国的晚清政府在起草民、刑诉讼律草案时，曾得到日本学者松岗义正的大力协助。1933 年，松岗义正所著《民事证据》中译本出版，在该书中，松岗义正对举证责任所下的定义是：“举证责任者，简言之，即当事人为避免败诉之结果，而有证明特定事实之必要也。”[①] 显然，这里是在行为的意义上定义举证责任的。松岗义正的著作对中国民事诉讼理论的影响是深远的。新中国成立后，法学界也一直是从行为责任的角度来解释、说明证明责任的。直至 1991 年修订民事诉讼法时，依然作出“当事人对自己提出的主张，有责任提供证据”的规定。然而，20 世纪 80 年代中后期以来，有学者提出应当从行为和结果两个方面来理解证明责任。“举证责任具有双重含义：行为意义上的举证责任和结果意义上的举证责任。前者指当事人对所主张的事实负有提出证据证明的责任；后者指在事实处于真伪不明状态时，主张该事实的当事人所承担的不利诉讼结果。”[②] 又如，“举证责任既表现为十分具体的诉讼活动，即提供证据的活动；又与一定的法律后果即不提供证据或提供证据不充分的法律后果相联系。它有主观举证责任与客观举证责任两种含义”。[③]

其实，通过以上比较，已经可以清楚看出当前主流观点的问题所在。不管大陆法系国家还是英美法系国家的所谓的“证明责任”都具有两个不同层面的含义，这是毫无疑义的。关键还在于他们对这两个层面的所谓的“证明责任”概念根本用的不是同一个单词。然而，笔者认为，实际情况更加纷繁复杂的，简析如下。

2. 证明责任之我见

根据笔者前三章的论述，按照笔者的“从点和圆圈谈起”的研究方法窥视，我们可以看出证明责任是一个广义的概念，决不可做狭义化或者特定化的表述和理解，否则就会出现理论的歧义。由此可知，证明责任的主体当然同证明的主体是一致的，包括公检法机关及其办案人员、当事人以及诉讼参与人。此外，证明又分为自向证明与他向证明两种情形。上述因素在证明责任的概念界定中，都应当有所体现，有所交代，也能形成完整意义的证明责任内涵。又由于广义的证明概念涵盖诉讼全过程，这样就导致证明责任的外延更加宽广。本书研究的仅限于刑事审判程序中的证明责任问题。

---

① ［日］松岗义正著：《民事证据论》，会文堂新记书局 1933 年版，第 49 ~ 50 页。

② 李浩：《我国民事诉讼中举证责任含义新探》，载《西北政法学院学报》1986 年第 3 期。

③ 李祥琴：《论民事诉讼中的举证责任》，载《法学研究》1990 年第 4 期。

第一，从他向证明视角切入，刑事审判程序中的证明责任可以分为“举证责任”以及“举证不能责任”两层含义。前者是指一方对自己的主张有责任提供证据证明；后者是指一方对自己的主张无法提供证据的时候，应当承担相应的法定后果。需要强调的是，“举证不能责任”还可以分为“对犯罪构成要件事实的举证不能责任”以及“对其他主张事实的举证不能责任”两大方面。前者基于刑事案件无罪推定的基本理念，其责任由公诉人承担，即只要公诉人无法提供充分的证据证明被告人有罪（也即犯罪构成要件事实无法得到证明），其推定被告人无罪，由公诉人承担败诉风险。后者应当遵循“谁主张，谁举证”。的基本原则进行责任分担，即一方对自己的积极主张无法提供证据证明的，承担该主张事项不被法官采信的风险责任；这种区分是非常重要的，应当引起我们关注，因为笔者当前基本是混用的，造成了理论上的歧义和实践上的困惑。从笔者调整的观点入手，所有证明主体的责任问题都能够迎刃而解了，故不再赘述。

第二，从自向证明切入，则所有主体都存在自向证明的问题，他们只有完成自向证明之后，再进行他向证明，以说服法官。但是，除法官之外的其他主体，不存在法律意义上自向证明的职责或者责任。正是在这个意义上讲，法官基于法律规定的职责，必须完成自向证明，并且公布自向证明结果，形成裁判文书。因此，法官是审判程序中“自向证明责任”的终极主体，法官一方面作为当事人他向证明的被说服方听取当事人的证明过程，另一方面要对全案证据进行审查、评价与判断进行自向证明，然后在此基础上作出最终的事实认定。关于法官的自向证明责任，不管是刑事案件还是民事案件，都是相同的，是基于审判权行使的要求，是法定的职责。但关于他向证明责任的问题还有比较大的差别，在民事诉讼中，其核心意义表现在：当民事案件事实真伪不明情况下，通过证明风险分配规则，由承担证明责任一方承担举证不能的后果，并以此为据认定案件事实。由于篇幅所限，不再展开。

二、证明标准与证据评判的证明标准

在我国诉讼法学研究中，有关证明标准问题的讨论一直未有间断，但由于彼此的概念界定背景存在着一定的差异，必然导致在有关证明标准的争论中，有很多看似对立的观点，其实不过是自说自话的观点表达，并非真正的观点交锋。总体而言，在有关证明标准的争论中，参与人数最多、发言最积极的当属从事刑事诉讼法学研究的学者。与民事诉讼、行政诉讼相比，刑事诉讼的审前程序比较复杂。因此，在证明标准问题上，我们首先遇到的分歧还是：证明标准究竟是审判阶段特有的事实裁判标准，还是贯穿整个刑事诉讼始终的事实判断标准?[①] 通过前文论述，我们已经可以清楚看出，证据评判的标准就是审判证明标准，审判证据标准是证明标准的子概念。

（一）广义证明标准概念之选择

根据笔者前文关于诉讼证明的概念，必然得知证明责任当然贯穿于审前程序与审判程序。刑事案件就不用说了，民事、行政诉讼如果进一步细化的话也要包括其中的立案标准、回避标准等。[②] 当然，为了避免引起混淆，可以采取立案的证据条件（或者证据要求）、回避的证据条件等提法。

在我国证据法学教材中，关于证明标准的传统观点也都是遵循与笔者观

① 宋英辉、汤维建主编：《证据法学研究述评》，中国人民公安大学出版社 2006 年版，第 351 页。

② 民事、行政诉讼的审前立案、回避等，从理论上讲，其证明标准是可以单独研究的。但是基于实践当前没有现实的需求，没有必要进行规范而已。笔者的一贯观点是法律不宜过密、过于琐碎，法律允许一定的滞后性不见得是坏事。

点基本一致的“广义证明标准理论”。[①] 在新近出版的刑事诉讼法学教材中，陈光中教授主编的全国高等学校专业核心课程教材，在“证明标准”一节中，依次论述了“我国刑事诉讼中的证明标准”与“刑事诉讼的不同阶段的证明要求”。其中，在后一标题下，又具体包括：立案阶段的证明要求；拘留时的证明要求；逮捕时的证明要求；案件侦查终结移送起诉、提起公诉和有罪判决的证明标准。[②] 刘金友教授主编的《证据法学》在“我国证据法上证明的具体要求和标准”标题下依次论述了以下内容：定案的证明要求与标准；立案的证明要求与标准；回避的证明要求与标准；强制措施的证明要求

① 例如，在陈一云教授主编的高等学校文科教材《证据法学》中，论者由广义的证明观出发界定证明任务：“我国诉讼中的证明过程表现为：收集证据，审查证据，进一步收集能够核实或推翻原有证据的新证据，对全案证据进行综合分析，做出判断，从而查明案件的客观真实……证明任务在民事诉讼、行政诉讼中的审判阶段完成，在刑事诉讼中则由侦查、起诉、审判共同完成。”“‘犯罪事实清楚，证据确实、充分’，是刑事诉讼立法对侦查、起诉、审判的统一要求。身处与犯罪作斗争第一线的侦查机关，侦查终结，决定移送起诉或者免予起诉的案件，首先必须达到上述要求。”“至于诉讼程序上的某些事实，立法则未作如此要求。这些程序上的事实主要有：（一）立案……（二）回避……（三）刑事强制措施……（四）违反法定程序可能影响正确判决的事实……（五）执行中的某些程序问题……”参见陈一云主编：《证据学》，中国人民大学出版社 1991 年版，第 116 页、第 122 页、第 124 页。还有的学者认为，“确实充分”是对证明程度的根本要求。“这里所说的根本要求，是就公安机关侦查终结移送起诉、检察机关提起公诉或免予起诉、人民法院进行审判来说的。一个案件在开始的阶段不可能立即达到证据确实充分的标准，所以，在立案、逮捕、拘留的不同阶段和环节上证明要求应当有所不同。”并依次论述了立案阶段的证明要求、拘留时的证明要求、逮捕时的证明要求等。参见崔敏、张文清主编：《刑事证据的理论与实践》，中国人民公安大学出版社 1992 年版，第 86 页。陈光中教授主编的《刑事诉讼法学》对此论述如下：“犯罪事实情节清楚，证据确实充分，是对刑事案件进行定案时的证明要求，不是在刑事诉讼一开始就能达到的。在诉讼的各个阶段，证明的具体要求有所不同。例如，在刑事案件立案时，只要求确定犯罪事实是否发生。逮捕人犯时，要求主要犯罪事实已经查清。这说明随着诉讼活动的进行，办案人员对案件事实的认识不断深化，法律对证明的要求也相应提高。当侦查终结后，无论是人民检察院提起公诉，还是人民法院作出有罪判决，都必须符合犯罪事实情节清楚，证据确实充分的定案标准。”参见陈光中主编：《刑事诉讼法学》，中国政法大学出版社 1990 年版，第 169 页。1996 年刑事诉讼法修改后，新出版的各种刑事诉讼法学教材除将相关内容变换为新的法律规定外，基本上原封不动地照抄了上述表达。例如，司法部编审的高等政法院校法学主干课程教材认为：“犯罪事实清楚，证据确实、充分，是对刑事案件定案时认定有罪的证明标准，不是在诉讼一开始就能达到的，也不是对认定有关程序法事实的证明标准。在刑事诉讼的各个阶段，由于诉讼行为的不同，以及实体法事实和程序法事实的差异，对证明标准的具体要求也有所不同。例如，在刑事案件立案时，只要求确定有犯罪事实并且需要追究刑事责任。逮捕犯罪嫌疑人时，要求有证据证明有犯罪事实。自诉案件被害人直接向法院起诉时，要求犯罪事实清楚，有足够证据，否则不予受理。当侦查终结后，无论是人民检察院提起公诉还是人民法院作出有罪判决，都必须符合犯罪事实清楚，证据确实、充分的证明标准。”参见陈光中、徐静村主编：《刑事诉讼法学》，中国政法大学出版社 2002 年版，第 143 页。

② 陈光中主编：《刑事诉讼法学》，人民法院出版社 2004 年版，第 200 页。

和标准；违反法定程序可能影响正确判决事实的证明要求与标准；有关执行的程序法事实的证明要求与标准。该教材还具体论述了民事、行政诉讼中的立案标准、回避标准等。①

以上观点，表达了广义证明的理解和认同，至于具体的提法，也存在可以商榷之处。关于狭义论者的问题，归根到底，就是存在同一语境下前后不统一的错误，将当前“广义的诉讼的概念”语境强行做狭义的理解，由此所造成一系列的矛盾。概言之，在证明标准的界定上，笔者主张也应当持广义论的观点。

（二）证明标准的简要梳理

证明标准是证据法学理论中最复杂的问题之一，这么说是毫不夸张的。我们当前的学界主流观点在这个问题的研究上，还是同样存在将复杂的问题过度简单化的问题。通过将实践情况类型化，然后进行比较分析与个别研究，这是理论研究的一个基本方法之一。但是，我们再将这样的研究成果回馈于实践，用于指导实践的时候，必须考虑那些过滤掉的因素。这与郑禄教授关于研究汉字的“繁来简往”② 道理是相同的。否则，就起不了指导实践的作用，而且大多会制造歧异。也许有人感觉，当前的关于证明标准的讨论已经很复杂了，说将复杂问题过度简单化是不是太夸张了呢。笔者接下来对证明标准的层次性进行简要分析。

证明标准的层次性，基本可以分为以下四大层次：一是不同诉讼之间的证明标准应当有所不同；二是同一诉讼内部的实体事实与程序事实的证明标准应当有所不同；三是同一诉讼程序不同诉讼阶段的不同事项，证明标准应当有所不同；四是不同案件的证明标准可能有所不同（例如，巨额财产来源不明罪的证明标准就实质上不同于其他罪）。当然，理论上还可以继续细分。但是，必要性取决于实践的需求程度。当前实践的当务之急是赶紧先明确审判证明标准，达成共识。基于证明标准的复杂性，极其容易导致混淆和歧义。为了明确实践和立法应当注意的问题，笔者强调以下几点：

第一，关于不同诉讼之间的证明标准应当有所不同，以及同一诉讼内部的实体事实与程序事实的证明标准应当有所不同，这两个观点是能够达成共识的。笔者认为属于“实质证明标准”。

第二，关于同一诉讼程序不同诉讼阶段的不同事项，主要是指刑事案件

① 刘金友主编：《证据法学》，中国政法大学出版社2001年版，第323页以下。

② 前文已经介绍过繁来简往的问题，在这里不再重复。

强制措施的采用，以及民事立案、回避等事项的问题。笔者认为属于“形式证明标准”范畴。在实践和立法中，“形式证明标准”建议采取“证据条件”的提法，既能比较准确地表达形式证明标准的含义，又能够避免混淆和歧义。

第三，巨额财产来源不明罪等个别案件是基于特殊的政治需求或者其他突出的社会问题采取的必要的措施，我们要承认其证明标准与其他案件确实存在差别，但是应当视之为“审判证明标准”的例外，并且必须通过法律明确规定。

第四，刑事案件中的侦查终结证明标准、提起公诉证明标准以及审判证明标准应当是统一的，只是判断主体不同。由于受侦查思维、公诉思维和审判思维（三者差别在第六章有分析）特点的影响，造成认识结果的细微差别是客观的，是正常的。也正是基于此，在程序设计本身才有审判把关的必要性。关于主张这些证明标准也应当有不同的观点，是笔者所不能认同的。

第五，关于刑事简易程序、自白认罪程序、刑事和解程序存在特殊情况，应当与普通程序取不同的证明标准的观点，情况比较复杂。关键在于，我们取何种标准为审判证明标准。如果取客观真实或者排他性标准的，就会存在这三类案件可能达不到标准的情况，那么，基于三类案件分流的必要性，应当规定不同的证明标准。而笔者主张的是将排除合理怀疑作为审判证明标准，这样一来，这三类案件由于被告人认罪并且有必要的证据印证，实际上已经达到排除合理怀疑的程度，因此标准应当也是统一的。

本书探讨的是证据评判问题，对证明标准的讨论仅限于审判证明标准。又由于民事审判的证明标准争议不大，因此下文将主要关注刑事审判证明标准问题。

（三）法官证据评判的标准即是审判证明标准

对于所有的诉讼裁断规则来说，最重要的核心规则就是证明标准问题。前文提到法官是自向证明责任的主体，一方面他作为当事人他向证明的被说服方听取当事人的证明过程，另一方面他对全案证据进行评价与判断进行自向证明，然后在此基础上作出最终的事实认定。这个自向证明与他向证明过程中的证明标准实际上是一致的。正是在这个意义上讲，法官证据评判的标准即是审判证明标准的问题。法官作为一个整体性概念，可以说是审判证明标准的最终执行者和解释者。

三、审判证明标准之选择

（一）刑事审判证明标准之理论分歧①

关于审判证明标准的理论分歧，其核心还在客观真实与法律真实之争中。关于客观真实与法律真实的内容，笔者将在下一节证据评判的应然目标中进行论述，明确了客观真实是理想，法律真实是现实的基本观点，在此先不赘述。在法律真实与客观真实的争论中，也就相应出现了审判证明标准的理论分歧。关于民事案件的证明标准，基本观点均支持优势证据标准。因此，主要的理论争论集中在刑事审判证明标准，现将主要有代表性的观点简要介绍如下：

1. 排他性标准

排他性要求即从证据的调查和运用上要排除一切矛盾；从运用证据对案件事实所得出的结论上，本结论必须是排除其他一切可能，而是本案唯一的结论；这一结论在事实和证据两个方面，还要经得起历史的检验。排他性的具体要求包括：第一，作为定案根据的每一个证据必须具备真实性、关联性和合法性；第二，根据认识论的矛盾法则，全案的证据经过排列、组合、分析之后，必须是排除了一切矛盾，而达到每一个证据的前后一致，证据与证据之间一致，全案证据同案件的发生、发展的过程和结果一致，可形成一个完整的证明体系；第三，作为证明对象的案件事实、情节均有相应数量的证据加以证明；第四，全案证据所得出的结论是本案唯一的结论（具备排他性）。②

2. 内心确信无疑的标准

由于诉讼证明的目的是阐明诉讼中的争议事实，论证己方的诉讼主张，以便说服作为裁判者的法官或陪审团确认或接受己方所主张的事实和权益，最终获得与己方有利的判决，那么证明的标准就是在何种情况下作为事实裁判者的法官或陪审团可以确认或接受证明方所提出的有关争议事实之主张，即法官或陪审团对证明方关于争议事实的说法所确信的程度。具体到我国的刑事审判，法官若作出有罪判决，必须在内心确认被告人实施了被控犯罪行为并达到坚信不疑的程度，也可称为“法官内心确信无疑”，它实际上是一

① 关于各种证明标准的理论分歧的介绍，笔者主要参考了宋英辉、汤维建主编：《证据法学研究述评》，中国人民公安大学出版社2006年版，第365～368页。

② 樊崇义：《客观真实管见——兼论刑事诉讼证明标准》，载《中国法学》2000年第1期。

种从法官主观去衡量其对案件事实的认定程度的“主观”的证明标准。①

3. 排除合理怀疑标准

“误区论”者认为，从形式理性观念出发，诉讼是在法律程序严格限制和规范下进行的解决争端的活动，裁判者不可能为探求所谓“实质真实”而任意进行调查活动，调查局限在法庭上，主要是对控辩双方提交的证据材料进行审查，并受到控辩双方举证、质证和辩论活动的限制，裁判者对事实的认定还要受到严格的程序期限的限制。这使得裁判者对案件事实的认定带有较强的法律适用色彩，实际上就是自己对案件事实所作的主观判断。因此，在严格的法律形式主义限制下，裁判者所认定的事实显然不等于社会或经验层面上的所谓“客观事实”，它只能是法律上的事实。“客观事实”的完全发现既是不可能的，有时也是不必要的。我国诉讼法要求将案件事实证明到“事实清楚，证据确实、充分”的程度，表面看来是客观程度显得最高的证明标准，但由于只强调了案件事实的客观程度，而没有为裁判者对案件事实的主观认识确定明确的幅度和标准，因此是在以目标代替标准，抹杀了证明标准的可操作性。相形之下，“排除合理怀疑”的标准，对于司法证明活动而言，仍然是具有可操作性的最高标准。②

4. 客观真实论者的证明标准

“客观真实论”者认为，我国刑事诉讼中的“犯罪事实清楚，证据确实、充分”的证明标准可以说是“客观真实”的典型体现，具体必须达到以下指标：第一，据以定案的每个证据都已查证属实；第二，每个证据必须和待查证的犯罪事实之间存在客观联系，具有证明力；第三，属于犯罪构成要件的事实均具有相应的证据加以证明；第四，所有证据在总体上已足以对所要证明的犯罪事实得出确定无疑的结论，即排除其他一切可能性而得出的唯一结论，这也是最根本、最关键的要求。③

5. 确定无疑的证明标准

有学者认为，以“客观真实”一类说法作为诉讼证明标准是不妥当的，其一是它混淆了诉讼的目的和诉讼证明标准的具体要求，其二是不具有可操作性。“排除合理怀疑”与“内心确信”二者基本同一，作为证明标准在理论上成立，但在当下的情景下则不合适。唯有“确定无疑”是从实践当中总

---

① 卞建林、郭志媛：《论诉讼证明的相对性》，载《中国法学》2001 年第 2 期。

② 陈瑞华：《从认识论走向价值论——证据法理论基础的反思与重构》，载《法学》2001 年第 1 期。

③ 陈光中、陈海光、魏晓娜：《刑事证据制度与认识论——兼与误区论、法律真实论、相对真实论商榷》，载《中国法学》2001 年第 1 期。

结的适合我国刑事诉讼的证明标准的表述：第一，从主观上看，表示法官对案件事实完全肯定的心理状态，同时显示出对该案件事实的确认具有极高的可信度；第二，从客观评价看，它显示出案件事实以具体客观性的充分证据为根据，被确定的案件事实完全符合定案的一般标准，具有不以个别司法官意志为转移的客观特性。因此，“确定无疑”正是对“案件事实清楚，证据确实充分”的准确诠释，因而适合作为其衡量标准。[①]

（二）刑事审判证明标准之我见

证明标准实际上是最重要的一个规则裁断制度，对其精度与科学性当然越高越好，当然也不能太过于苛刻。既然作为规则裁断制度，关键还是在于怎么让证明标准具有一个透明的、可操作性的外观。完全站在证明标准本身去探讨证明标准是会不可避免地掉进陷阱里去的。各家观点的差异并不代表着其论点和论据的错误。认识本身就是一个主客观统一的过程，这本身也是辩证唯物主义认识论的基本观点，而在这个主客观统一的过程从理论上讲是能够绝对同一的。但是实践情形中由于各种客观情形的缺失（如现场的人为破坏和自然破坏），由于现实认知手段的制约（如一些痕迹物证提取技术的制约，具体操作人的证据发现能力和疏忽……）等各种原因存在，决定着真实发现的难度，从而程序的独立价值得以彰显。用看得见的程序来保障司法结果能够最大限度地取得社会的普遍认同，就是程序正义的灵魂所在。而程序一旦过分忽略发现真实的功能，当越来越多的司法结果被历史实践检验为错的话，就会慢慢引发公众对程序合理性的质疑，从而危及程序本身。客观真实作为我们追求的一种目标，应该是一种共识，而我们的证明标准要解决的是在追求客观真实的路径上的参照物问题，要实现说服诉讼参与人和社会公众的效果。客观真实作为一种追求目标，作为标准就自然过高，笔者主张将排除合理怀疑确定为刑事审判定罪的证明标准，下面分析选择排除合理怀疑作为标准的理由。（作者按：2012 年《刑事诉讼法》已经修改了证明标准，规定：“综合全案证据，对所认定事实已排除合理怀疑。”）

1. 排他性与确定无疑

综观证明标准的争论历史，在一定程度上可以说，确定无疑标准是对“法律真实论”的妥协，而排他性标准是对“客观真实论”的妥协。“客观真实论”者采用了“确定无疑”的提法，恰恰在一定程度上强调了主观的心理状态。因为，“确定无疑”包含两方面含义：一是事实本身的确定无疑，二

---

① 龙宗智：《确定无疑——我国刑事诉讼的证明标准》，载《法学》2001 年第 11 期。

是强调了法官的内心的确定无疑。前者强调了事实的客观性，后者实际上约等同于“内心确信”。有“法律真实论”者采用了“排他性”的表述方式，恰恰又在一定程度上强调了对事实的一种客观状态的肯定，但是他本身又是强调裁判者的主观性的。笔者认为两者从整体上讲还是过高，不宜作为刑事审判定罪的证明标准。

陈光中教授在《构建层次性的刑事证明标准》[①] 中指出：“根据成都市中级人民法院研究室负责人对该院 113 个有罪生效判决的分析，能够达到排他性程度的约占 60%。虽然这个数字未必准确，但这至少能够说明，司法实践中有许多案件的证明是可以达到确定无疑的程度的。”并紧接着进一步指出：“常言道，事实胜于雄辩，大量案件事实证明：确定无疑或排他性不是可望而不可即的证明标准，不是像有些主张排除合理怀疑证明标准的学者所说的那样是不可能达到的目标。”这段论述表明了两个问题：一是“确定无疑”与“排他性”已经成为“客观真实论”者与“法律真实论”者可以共同接受的概念与标准，在该篇文章中两个概念被直接放在一起进行了表述；二是确定无疑或者排他性是可以做到的。该文章运用数据表明，确定无疑或排他性不是可望而不可即的证明标准，我们是可以做到的。但是，笔者认为，我们恰恰更应当清楚地看到，成都市中级人民法院研究室负责人对该院 113 个有罪生效判决的分析，能够达到排他性程度的约占 60%。仅有约 60% 的案件达到了排他性和确定无疑的标准，是不是意味着我们的生效判决中有约 40% 是错误的呢？笔者坚定地相信，这 113 个案件中可能存在错案，但是笔者也坚决不相信这 113 个案件中有约 40% 的错案。

事实上，根据笔者多年的实践经验看来，涉及主观故意认定的刑事案件，在证明上可以说根本不可能达到确定无疑和排他性，其中不可避免地必定有一个环节是跳跃式的或者通过司法推定来确定的。我们不管用多少证据，实际上也无法证实犯罪嫌疑人的内心。犯罪嫌疑人的主观状况只能通过相关的证据信息推理得出，甚至于根据法律来进行推定。而主观要件是犯罪构成的四大要件之一。笔者参加了最高人民法院委托中国政法大学证据科学研究院的关于死刑案件证据问题的实证研究项目。该项目在某中院选择一个典型案例，简要案情是：公安机关接到某甲将在某市进行毒品交易的情报，遂进行布控和侦查，最终抓获某甲并在其住宿的宾馆房间内的床下搜出两大包共 2000 余克毒品。相关的证据和一些事实片段：（1）从某甲身上搜出假身份证

---

① 载 2002 年 3 月 26 日的《检察日报》。

数个，有相关证据表明某甲到某市后用不同的身份证同时在不同宾馆开了好几个房间，并且采取了其他一些反侦查措施；（2）某甲入住宾馆时带了一个大编织袋，隔天又将编织袋扛出了宾馆，编织袋里装的是炭，有监控录像与服务员证言等证明；（3）在某甲房间内查获两大包毒品，黄色包装袋，胶带密封，没有打开；（4）某甲承认编织袋以及炭的事情，说炭是替人捎的，但是说床底下的两包毒品与他没关系，他不知道；（5）房间角落、卫生间里都提取了炭末痕迹，毒品包装外也有炭末遗留；（6）毒品包装外无法提取到指纹。检察院研究案情的时候，认为证据是非常充分的。那么，我们来分析一下，运输毒品案件必须要认定犯罪嫌疑人主观是“明知”的状态，本案能够证明某甲主观“明知”吗？实际上无法直接证明。即使在包装袋上也提取了某甲指纹，能够认定其主观明知吗？明显还是无法做到确定无疑。假设某甲被抓获的时候已经把包装打开了，把毒品放在桌上，能够认定其主观明知了吗？也不能。因为存在某甲根本不知道这是毒品，确实是替人捎带东西的可能。在实践中，持有型案件都存在这种情况，如果把证明标准定在“确定无疑”或者“排他性”，那么这些罪犯就该逍遥法外了。但是如果换成“排除合理怀疑”或者“内心确信”，那么就能够对其绳之以法。

2. 内心确信与排除合理怀疑

通过上文，我们已经明确表明刑事审判证明标准应该是内心确定或者排除合理怀疑。然而，笔者在两者当中更加倾向于“排除合理怀疑”的提法。主要原因在于“排除合理怀疑”，更加强调了客观性的追求，而内心确信仅仅只强调了裁判者的主观心理状态。无疑前者更加科学与合理，符合诉讼认识的主客观统一的基本原理。排除合理怀疑在英美国家已经发展得非常成熟与细化，可操作性相对更强，也更加易于借鉴。① 尽管笔者一致对借鉴的问

① 所谓“排除合理怀疑，就是由于良知的确信，是以排除一切合理怀疑”。参见李学灯著：《证据法比较研究》，台湾五南图书出版公司1992年版，第665页。案件的证明达到须无合理之怀疑，反过来说，所谓有合理的怀疑，按照19世纪美国一位首席法官的说法，是指在一切证据经过全部比较与考虑以后，审理事实的人本于道义和良知，对于所诉的事实，不能信以为真。究竟有无合理怀疑，如依另一位爱尔兰法官的说法，是本于一颗赤诚的心，对于全部证据经过冷静的观察，发生理智的了解，不受任何一方的影响，没有偏见，没有恐惧。“所谓怀疑，当然只是一种可以说出理由的怀疑，而不是无故置疑。否则，对于任何纷纭的人事，都可以发生想象的或幻想的怀疑。因此，所谓合理之怀疑，必非以下怀疑：（1）非任意妄想怀疑。（2）非过于敏感机巧的怀疑。（3）非仅凭臆测的怀疑。（4）非吹毛求疵，强词夺理的怀疑。（5）非于证言无徵的怀疑。（6）非故为被告解脱以逃避刑事责任的怀疑。（7）如果属于以上各种的怀疑，即非通常有理性的人。所为合理的、公正诚实的怀疑。”参见李学灯著：《证据法比较研究》，台湾五南图书出版公司1992年版，第667页。

题持非常审慎的态度，但是在这个问题上却相对比较宽容。原因有三：一是审判证明标准的问题，实际上也属于规则裁断的制度之一，并且是证据法中一项非常重要的规则裁断制度。对于我国当前实践来讲，笔者认为审判证明标准的科学化建构具有紧迫性。二是英美国家关于“排除合理怀疑”的理论研究已经比较深入与科学，这种研究基本没有意识形态或者价值导向的偏差或者纠葛，基本上拿来就能用。三是这套理论与我们的广义的证明标准理论是相契合的，在与其他理论的比较中也无疑是相对最合理的。对于“排除合理怀疑（beyond reasonable doubt）”的理解，我们认为还应强调以下几点：

第一，“排除合理怀疑”是作出有罪裁判必须达到的证明程度上的要求。因此，一个无罪裁决并不必然意味着陪审团确信被告无罪，而不过是意味着陪审团认为案件中的证据不能合法而又充分地证明被告有罪。①

第二，“排除合理怀疑”是有罪裁判证明状态的参照标准，在实际运用中肯定会随着裁判者的不同而存在一定的差异。落实到具体个案，不同的裁判者可能就会有不同的理解与掌握，这是客观存在的客观现象，我们无须为此恐慌。

第三，很多学者努力追求“排除合理怀疑”一种量化的方法去研究，比如达到95%等。我们认为这种努力是徒劳的，量化方法不是全能的。我们也无须恐慌达到95%的可能性就意味着每100个案件有5%的错案，这种观点是一种谬论。因为，100个案件有95%的正确率与每个案件的95%内心确信是完全不同的概念。后者根本不能够导致前者的结果，后者的可出错率要远远低于前者，做过决策的人们应该能够体会这一点。我们面临的只是一个一个个案的95%的考验，这绝不等同于5%的出错率。

第四，“排除合理怀疑”没有必要进行量化的研究，核心在于不断提高裁判者的经验与道德水准，这才是治本之道。如果我们确实做到了排除合理怀疑，即使最终有新的证据或者事实证明我们原先的判决是错误的，也会得到社会的认同与谅解，无损于司法权威。

第五，“排除合理怀疑”受到社会一般认识和评价的制约，绝大部分情况下的绝大部分人是能够达成共识的。也就是说，合理怀疑概念是有两层含义的，一方面是裁判者个体认为的“合理怀疑”，另一方面是社会绝大部分民众能够认同的“合理怀疑”。后者实际上是衡量前者的标准，裁判者应当

---

① ［英］J. W. 塞西尔·特纳著：《肯尼刑法原理》，王国庆、李启家译，华夏出版社1989年版，第549页。

追寻与认同后者，并以此作为标准。关于上面毒品案的分析应该能够让大家体会到这一点。

第六，“排除合理怀疑”是对程序运行结果的最后评价，其作为规则裁断的核心内容之一，只有与正当程序理念相结合，才能完成其使命。过程的公平、公开，以及心证的公开等问题是必须关注的。

最后，笔者要强调的是，基于证明标准的极端复杂性，本书的探讨只能到此为止，留待进一步的深入，作为今后研究的重点专题之一。

第五节　证据评判的应然目标

证据评判的目的当然是真实发现，但是证据评判的理想是客观真实呢，还是法律真实呢？可以说，证据评判的应然目标是客观真实，其实然目标为法律真实，两者不是矛盾关系。前者可以说是证据评判的应然结果，后者可以说是证据评判的实然结果。而证据评判的理想目标，换个角度表述，应该可以说是对证据评判结果的理想状态描述，应当是实现客观真实。绝对的真实具有绝对的正当性，客观真实当然成为证据评判的理想目标。但是，根据绝对真理与相对真理的唯物主义基本原理，在一个确定的历史截点，我们的认识结果往往只能够是相对真理。由此，在证据法学领域，法律真实必然成为证据评判的实然状态，客观真实则成为证据评判的应然状态，成为一种理想状态。要进一步理解客观真实与法律真实，我们就要进一步了解学术界关于客观真实与法律真实的论证以及论证各方的基本观点。简要介绍如下。

一、客观真实与法律真实之争论①

在学术界，关于客观真实与法律真实的争论，主要是围绕着审判证明标准进行的。② 关于证明标准的争论实际上由来已久，争论的角度也比较全面

---

① 对客观真实与法律真实证明标准争论的基本观点介绍，本书主要参考与引用了宋英辉、汤维建主编：《证据法学研究述评》，中国人民公安大学出版社2006年版，第357～364页。

② 在近年来的证明标准讨论中，“客观真实”与“法律真实”之争最为引人注目。究其原因，不外有两点：一是法律真实论者对客观真实理论的反思与对垒，直接引发并推动了这场证明标准的大讨论。二是自2000年至2001年间，关于证明标准的讨论主要集中于我国传统的客观真实理论是否科学、客观真实标准是否应当继续坚持。因此，“客观真实”与“法律真实”之争，几乎成了此次证明标准大讨论的代名词。

（前文已有所及，不再赘述）。① 真正引发客观真实与法律真实持续争论的，却应归之于樊崇义教授于《中国法学》2000年第1期发表的《客观真实管见——兼论刑事诉讼证明标准》一文。在该文中，论者针对我国诉讼法学和证据法学的霸主学说——客观真理论，不仅层层进行了剖析和反驳，而且，明确提出“法律真实是刑事诉讼证明的任务和要求”、“排他性是刑事诉讼的证明标准”。② 该文发表之时，恰值我国证据立法逐步为各界关注、证据法学研究重新成为研究热点之际。③ 因此，该文的发表，如同一剂催化剂，极大地推动了诉讼法界对证明标准问题的关注和兴趣。④ 此后两年间，关于证明标准的论文大量涌现，遂形成了一场旷日持久的争论。

在此次争论中，陈光中先生从捍卫客观真实理论的立场出发，先后发表了《诉讼中的客观真实与法律真实》、⑤《刑事证据制度与认识论》⑥ 两篇论文。作为回应，上述论文针对法律真实论者的核心命题“客观真实不可能实现”，针锋相对地提出并论证了以下命题：“刑事诉讼中应当追求也可能实现客观真实，尽管在一定条件下也必须辅之以法律真实；法律真实在民事案件

---

① 相关研究可参阅以下文献：林劲松：《论运用证据的高度盖然性原理》，载《争鸣》1993年第1期；汤维建、陈开欣：《试论英美证据法上的刑事证明标准》，载《政法论坛》1993年第4期；周亨元：《评刑事诉讼法学中高度盖然性观点——兼与林劲松同志商榷》，载《政法论坛》1995年第2期；李浩：《差别证明要求与优势证据证明要求》，载《法学研究》1995年第5期；韩象乾：《民、刑事诉讼证明标准比较论》，载《政法论坛》1996年第2期；龙宗智：《我国刑事诉讼的证明标准》，载《法学研究》1996年第6期；李佑标：《试论证明标准的范围》，载《人民检察》1996年第9期；王圣扬：《论诉讼证明标准的二元制》，载《中国法学》1999年第3期；吴行政：《英美证据法上的刑事证明标准探析》，载《政法论丛》1999年第4期；李浩：《民事诉讼证明标准的再思考》，载《法商研究》1999年第5期；张中：《论刑事诉讼的证明标准》，载《法学论坛》1999年第6期；彭焚、李智雄：《沉默权移植与刑事证明标准的重构》，载《人民检察》1999年第12期。

② 樊崇义：《客观真实管见——兼论刑事诉讼证明标准》，载《中国法学》2000年第1期。

③ 对此，《法学研究》2000年刑事诉讼法学研究述评如是说：“随着证据立法的呼声日渐高涨，很多学者把研究的重点转向了对刑事证据问题的关注，此为2000年刑事诉讼法学研究的一大特色。”参见汪建成、王敏远：《刑事诉讼法学研究述评》，载《法学研究》2001年第1期。

④ 在2000年中国法学会诉讼法学会年会上，“证明标准研究”已经成为讨论的具体议题之一。但从年会论文看，关于证明标准的论文主要限于刑事诉讼法学领域。具体论文名称如下：陈光中、陈海光、魏晓娜：《刑事证据制度与认识论——兼与误区论、法律真实论、相对真实论商榷》；陈卫东、刘计划：《关于完善我国刑事证明标准体系的若干思考》；夏有柱：《关于刑事证明标准的思考》；李佑标：《试论刑事判决的证明标准》；杨建广、秦宗文：《启动自诉程序的证明标准》。关于该年会论文，请参阅陈光中主编：《诉讼法理论与实践》，中国政法大学出版社2001年版。

⑤ 陈光中：《诉讼中的客观真实与法律真实》，载《检察日报》2000年7月13日第3版。

⑥ 陈光中、陈海光、魏晓娜：《刑事证据制度与认识论——兼与误区论、法律真实论、相对真实论商榷》，载《中国法学》2001年第1期。

中虽然比刑事案件中有更大的适用空间，但也并不意味着要放弃对客观真实的追求；而行政诉讼中则必须强调客观真实。”其中，后一论文不仅对法律真实论进行了反驳，而且同时对“误区论”[①]和“相对真实论”[②]提出了尖锐的批判。于是，不同理论观点的对立与争鸣，最终将自说自话的证明标准研究转变为一场百花齐放、百家争鸣的大讨论。

为了更清晰地展示这次争论，接下来我们首先简要介绍我国传统证据法学的客观真实理论；然后简要介绍对客观真实理论提出的种种批判和理论反思；最后简要介绍我们的观点与看法。

二、传统证据法学中的客观真实理论

客观真实理论是我国传统诉讼法学和证据法学中最重要的基础理论之一。该理论具体包括三部分：第一，在诉讼领域，完全能够查明案件的客观真实或案件的真实情况；第二，我国诉讼中的证明任务即在于查明案件的客观真实；第三，在诉讼活动中，查明案件客观真实的具体立法要求是事实清楚，证据确实充分。

在我国传统证据法学教材中，查明案件的客观真实一直被视为诉讼证明的任务或要求。例如，1983 年出版的高等学校法学试用教材《证据学》认为：“诉讼中证明的任务是什么？不同的阶级、不同的证据制度有不同的要求……我国人民司法机关在进行诉讼时，历来遵循‘以事实为根据，以法律为准绳’的原则。刑事诉讼法第 31 条明确规定，只有经过查证属实的证据，才能作为‘证明案件真实情况’的证据。这里所说的‘事实’、‘案件真实情况’，指的是案件的客观真实，而不是任何其他形式、其他程度的真实。因此，我国诉讼中的证明任务就是确定案件的客观真实……司法机关所确定的这些事实，必须与客观上实际发生的事实完全符合，确实无疑。”[③] 1991 年出版的《证据学》教材承袭了上述观点，亦认为：“我国诉讼中的证明任务是查明案件的客观真实或案件的真实情况……查明案件的客观真实，归根结底，

---

① 参见陈瑞华：《刑事诉讼的前沿问题》（第三章“证据法学的理论基础”），中国人民大学出版社 2000 年版，第 191 页以下；陈瑞华：《从认识论走向价值论——证据法理论基础的反思与重构》，载《法学》2001 年第 1 期。相关论述，还可参阅何家弘主编：《新编证据法学》（第二章“证据法学的理论基础”），法律出版社 2000 年版，第 21 页以下。有关“误区论”的具体介绍见下文。

② 参见卞建林、郭志媛：《论诉讼证明的相对性》，载《中国法学》2001 年第 2 期。

③ 巫宇甦主编：《证据学》，群众出版社 1983 年版，第 78 页。

就是要求司法人员的主观认识必须符合客观实际。”①

传统证据法学理论认为，查明案件的客观真实，不仅必要，而且，“是完全可能的。这是因为：第一，马克思主义认识论认为，存在是第一性的，意识是第二性的，存在决定意识；人类具有认识客观世界的能力，能够通过调查研究认识案件的客观真实。查明案件客观真实具有科学的理论根据。第二，客观上已经发生的案件事实，必然在外界留下这样或那样的物品、痕迹，或者为某些人所感知，为查明案件客观真实提供了事实根据。第三，我国司法机关有党的坚强、统一的领导，有广大具有社会主义觉悟的群众的支持，有一支忠于人民利益、忠实法律、忠实于事实真相，具有比较丰富的经验，掌握一定科学技术的司法干部队伍，这是查明案件客观真实的有利的组织保证。第四，随着社会主义法制的加强，总结司法工作正反经验、反映现实需要的《刑事诉讼法》、《民事诉讼法》、《行政诉讼法》已经先后颁布，提供了查明案件客观真实的法律依据。总之，司法人员只要依法正确收集和审查判断证据，完全有可能对案件事实作出符合客观实际的认定”。② 虽然传统证据法学理论并不否认，在司法实践中，并非每个案件都能达到客观真实的程度。但是，该理论认为，“绝不能因此得出结论，认为案件的客观真实不能查明。只要针对上述原因，采取相应措施，破案率就能提高，错案就能纠正”。③ “这只能激励人们总结经验，采取有效措施，努力为查明案件真实创造条件。”④

那么，怎样才算查明了案件的客观真实呢？传统证据法学理论结合刑事诉讼法的规定，认为立法上的要求是“做到事实清楚，证据确实充分”⑤。“怎样才算查明了案件的客观真实？诉讼法明确规定，人民法院宣告的判决，必须做到案件事实清楚，证据确实充分。”⑥ 其中，案件事实清楚，主要是指相关的构成要件事实都已查清。证据确实、充分则是指：（1）据以定案的证据均已查证属实。（2）案件事实均有必要的证据予以证明。（3）证据之间、证据与案件事实之间的矛盾得到合理排除。（4）得出的结论是唯一的，排除

---

① 陈一云主编：《证据学》，中国人民大学出版社 1991 年版，第 114 页。该书 2000 年版继续坚持这一观点。

② 巫宇甦主编：《证据学》，群众出版社 1983 年版，第 78 页。

③ 巫宇甦主编：《证据学》，群众出版社 1983 年版，第 79 页。

④ 陈一云主编：《证据学》，中国人民大学出版社 1991 年版，第 115 ~ 116 页。

⑤ 巫宇甦主编：《证据学》，群众出版社 1983 年版，第 80 页。

⑥ 陈一云主编：《证据学》，中国人民大学出版社 1991 年版，第 117 页。

了其他可能性。以上四条必须同时具备，才算证据确实、充分。①

综上可知，客观真实理论是一种极端重视客观性的理论。对此，有学者以历史的眼光剖析了其内在的成因，认为："我国法学界过去在讨论证据制度时，首先将自由心证（包括内心确信）定为资产阶级证据制度，划在异类之列，自不能与之苟同，因此在讨论我国的证据制度是什么时，自然努力强调这一命题的客观性，尽量避讳这一命题有主观性的一面，害怕强调了司法官运用证据认定事实的主观作用，涉嫌主张资产阶级唯心论。在这种前提下，无论提出我国证据制度应定名'实事求是'，或者'实质真实'或者'客观真实'，都是强调客观而排斥主观的。这种理论取向自然影响到对证明标准的正确设立。法学界在讨论证明标准时，同样存在片面强调证明标准客观性的特点，只要求司法人员始终盯住客观事实状况，而并不要求司法人员在运用证据认定事实时反求于心，从而确信自己的证明结论。"②

三、客观真实理论面临的挑战

对传统的客观真实理论，学界提出了很多不同观点，主要有法律真实论、相对真实论和误区论等。

（一）法律真实论

"法律真实"论者认为，按照辩证唯物主义的认识论，在诉讼活动中，办案人员与证据事实、案件事实的关系是认识主体与客体之间的关系，亦即认识主体（办案人员）认识客观事物，使主观与客观相统一。以往的刑事证据理论的研究几乎只从关注客体，甚至片面地把"客观真实"作为证明标准，对主观方面的研究很少涉及。但认识的主体和客体之间是对立统一的辩证关系，只有对两者都加以重视，才能把刑事证明标准建立在科学的基础之上。刑事证据事实作为一种经验事实，包括主观认识和客观存在两方面的要素，同客观事实既有联系又有区别。客观真实同真理一样同属于哲学范畴，它是人们对客观事物认识程度的一个总目标，也是人类思维和认识的价值取向。按照绝对真理和相对真理的辩证关系，客观真实既是有条件的，又是相对的。对一个具体刑事案件的证明标准，不能是客观真实。当然证明结果越接近客观真实越具有说服力。客观真实只能成为刑事案件证明的一个客观要

---

① 陈一云主编：《证据学》，中国人民大学出版社1991年版，第117页以下。

② 徐静村：《我的"证明标准"观》，载陈光中、江伟主编：《诉讼法学论丛》（第7卷），法律出版社2002年版，第12～13页。

求，是一个抽象的口号，但绝不会成为个案的一个具体的证明标准。因此，应代之以“法律真实”的证明标准。所谓“法律真实”，是指公、检、法机关在刑事证明过程中，运用证据对案件真实的认定应当符合刑事实体法和程序法的规定，应当达到从法律的角度认为是真实的程度，其实用性、操作性强。有了法律真实的追求目标，以法律事实为标准，诉讼证明活动就能高效准确地进行，而这恰恰是“客观真实”标准所欠缺的。[①]

此外，“法律真实”论者进一步认为，在我国司法证明中，法律真实是建立在辩证唯物主义认识论基础上的：（1）法律真实不属于主观真实的范畴，而是建立在客观真实基础之上的真实，是含有客观真实内容的真实。（2）法律真实虽然包含有客观真实的内容，但法律真实并不等于客观真实。（3）法律真实在一定意义上是以概率为基础的事实，而这里所说的概率本身也具有客观的属性。就客观真实与法律真实的关系来说，客观真实是司法证明的目的，而司法证明的标准则不能是难以实现的客观真实，只能是切实可行的、司法证明活动必须达到的法律真实。[②]

（二）相对真实论

“相对真实论”论者认为，我国传统证据理论对辩证唯物主义认识原理理解上存在不足，片面强调认识论的唯物论，即反映论、可知论，却忽略了认识论的辩证法，曲解了绝对真理与相对真理的辩证关系。从辩证唯物主义关于人类认识能力的无限性与有限性的关系，也即绝对真理与相对真理的相互关系的观点看，人的认识能力是无限的，同时又是有限的。人们对案件事实的认识都属于认识的“个别实现”，都是在完全有限地思维着的个人中实现的，都是不可能无止境、无限期地进行下去的。因此，无论从认识活动的属性，还是从诉讼行为的属性来看，诉讼证明都只能达到相对真实，而非绝对真实。诉讼中的证明要达到“客观真实”，即主观认识与客观实际完全一致是不可能的，法律以不可能实现的目标作为诉讼证明的必须达到的标准，是非理性的。[③]

（三）误区论

“误区论”论者认为，由于诉讼以解决利益争端为目的，受到程序法的严格限制和规范，还涉及一系列法律价值的实现和选择过程，因此，围绕证

---

① 樊崇义：《客观真实管见——兼论刑事诉讼证明标准》，载《中国法学》2000年第1期。

② 何家弘：《论司法证明的目的和标准——兼论司法证明的基本概念和范畴》，载《法学研究》2001年第6期。

③ 卞建林、郭志媛：《论诉讼证明的相对性》，载《中国法学》2001年第2期。

据的运用所进行的活动都是以解决利益争端为目的的法律实施活动，其中尽管包括认识过程，但绝不等同于认识活动。诉讼虽然涉及有关论题的证明活动，但证明活动并不等于认识活动。以辩证唯物主义认识论作为我国证据制度的理论基础，是导致三大诉讼都将司法机关认定案件事实成立的证明标准确定为“证据确实充分、事实清楚”的客观真实标准的原因。由于这一标准只强调了案件事实的客观程度，而没有为裁判者对案件事实的主观认识确定明确的幅度和标准，因此实际上是在以目标代替标准，以法院达到客观真实程度的最高证明标准适用于三大诉讼，既不合理，也有违诉讼活动的基本规律。总之，完全站在认识论的立场看待证据规则，极容易在价值观上掉入程序工具主义的陷阱。因此，应当将证据法学确立在形式理性观念和程序正义理论上。①

四、客观真实与证据评判的应然目标

证据评判首先是一种认识活动，要受到认识规律的制约。辩证唯物主义认识论是关于人类认识自然、社会包括认识具体事物的一般规律的科学，与诉讼认识是一般与特殊的关系，诉讼认识论是证据评判的基础理论。基于个体思维的非至上性等客观因素的制约，诉讼认识论强调的是法官证据评判的相对性、主观性和有限性的问题，并要求以此客观基础为出发点，建构相关的证据制度及规则。基于诉讼认识论基础之上，通过证据评判形成的法律真实，正是诉讼认识的相对性、客观性与有限性的体现。法律真实不是简单的主观真实，它是一种建立在客观基础上的真实，是来源于客观事实的。法律真实体现了主观努力符合客观的认识规律，是证据评判的现实状态和实然状态。客观真实与法律真实之争的真正焦点，既不在于理念上是否应当追求客观真实（即查明客观真实的必要性），也不在于“证据确实充分”是否具有可操作性，而是在于“诉讼活动中，查明案件的客观真实是否能够达到绝对”。证据评判的终极目标，当然是绝对的真实发现，即法官根据证据所认定的案件事实达到绝对符合客观存在的案件事实之效果。由此可见，客观真实是证据评判的应然目标。

对于客观真实的各种反思理论，无不强调法律真实的现实性，着眼的是

---

① 陈瑞华：《从认识论走向价值论——证据法理论基础的反思与重构》，载《法学》2001 年第 1 期。此外，相关观点还见于何家弘主编：《新编证据法学》，法律出版社 2000 年版，第 25 页；陈瑞华著：《刑事诉讼的前沿问题》，中国人民大学出版社 2000 年版，第 197 页、第 214～219 页。

证据评判的实然效果。而对于客观真实为证据评判应然目标的观点，应该是能够达成共识的。

第六节 证据评判的实然结果

裁判者通过对证据的评价与判断，依法在心证的基础上对客观事实进行认定，最终得出一个结论，并形成裁判文书，这个经过了主客观过程且具有法律意义的事实即为裁判事实。裁判事实是裁判者根据证据努力反映案件事实的结果。案件事实是一种客观事实，不管裁判者主观认识是否能够客观反映案件事实，案件事实都是客观地存在，不以任何人的意志为转移。只有裁判者充分重视对客观事实的追求，才会最大限度地反映案件事实。审判的任务也要求裁判者必须力图使裁判中认定的事实与案件事实相吻合。裁判事实由案件事实产生，是裁判者的主观意识对案件事实的反映。因此，裁判事实被案件事实制约，受案件事实检验。所谓裁判事实由案件事实产生，是指没有案件事实就无从得出裁判事实；所谓裁判事实被案件事实制约，是指案件事实是什么样，裁判事实只能反映成什么样，不能夸大，也不能缩小，更不能虚捏假造；所谓裁判事实受案件事实检验，是指当裁判事实同案件事实发生矛盾，出现不一致的情况时，只能是裁判事实服从案件事实而不是相反。裁判事实依赖案件事实，案件事实制约裁判事实、决定裁判事实，这就是二者之间的基本关系。（关于案件事实的问题，后文将进行详述，在此不展开。）一个案件在处理的最后阶段，矛盾往往就集中在对事实的认定方面，更准确地说，是在裁判事实的认定上。因此，证据评判的结果就是裁判事实。

关于裁判事实的性质问题，争议是显而易见的，在全世界范围内都引起了理论和实务界的共同关注。[①] 一般认为，“无论适用什么法律规范，都必须查明事实真相。如果事实本身受到歪曲或者尚未查清，就贸然适用法律，就必然会犯错误。因此必须反复调查研究，查对事实，收集各种证据”。[②] 据此，有的学者主张，“司法机关审理一切案件，都只能以客观事实作为唯一

---

① 正如美国学者吉尔兹曾经指出的：“一如实然与应然的关系一般，事实与法律间的关系问题以及由此所发生的小问题，业已成为至少自休谟和康德以降的西方哲学所关注的主题；而且在法理学中，任何关于自然法、政策科学和实证合法化的论争，亦都将这个问题视作关键中的关键。”参见克利福德·吉尔兹：《地方性知识：事实与法律的比较透视》，载梁治平编：《法律的文化解释》，三联书店 1994 年版，第 77 页。

② 沈宗灵、吴大英主编：《中国社会主义法律基本理论》，法律出版社 1987 年版，第 275 页。

根据”，而且，这个事实根据“必须是绝对真实可靠”，[①]“完全符合案件的客观真相”。[②] 但有的学者则认为，“在绝大多数案件中，司法实际上是依据在法定范围内认可的并为一些证据所支持的事实，即法律事实而决定的”。[③]“尽管法律事实可能与客观事实近似，但并不总是相等，甚至总是不能重合。”[④] 有的学者还认为，在司法裁判中，“严格地讲不应当是‘以事实为依据’，而应当是‘以证据为根据’”。[⑤] 还有的学者认为，“法官在法庭中看到和听到的不一定都是事实，即使是法官认定的‘事实’也未必就真是事实。说句极端的话，在法官的眼中，其实没有事实，只有证据”。[⑥] 显然，学者们在裁判事实的主观性与客观性、裁判事实与客观事实的关系、裁判事实的认定标准与方法等重大问题上存在明显的分歧。这些分歧不仅涉及裁判事实的性质问题，而且涉及一些复杂的认识论问题，关系到司法判决基础和诉讼价值目标的问题，甚至影响到诉讼程序的指导思想选择的问题。

裁判事实到底应当具备什么样的性质呢？由前文论述我们可以得知，裁判事实乃是裁判者在诉讼程序运用证据和诉讼规则得出的结论。换言之，裁判事实是裁判者对证据进行评价和判断的结果，是对案件事实的反映，它必然不能同于案件事实。它是一个复合体，是在司法三段论规则作用下的复合体，是裁判者通过法定程序，并依据证据规则，在证据的基础上，对案件所涉及的事实作出的一种主观认识。[⑦] 我国刑事诉讼法及相关司法解释中对裁判事实的认定没有作出明确的规定，但2002年4月1日开始施行的《最高人民法院关于民事诉讼证据的若干规定》中却有相关描述。该司法解释第64条规定：“审判人员应当依据法定程序，全面、客观地审核证据，依据法律的规定，遵循法官职业道德，运用逻辑推理和日常生活经验，对证据有无证明力和证明力大小独立进行判断，并公布判断的理由和结果。”刑事诉讼裁判事实的认定与民事诉讼裁判事实的认定路径当然是大致一样的。这就意味着

---

① 参见沈宗灵主编：《法学基础理论》，北京大学出版社1994年版，第372页。

② 参见《中国大百科全书·法学》，中国大百科全书出版社1984年版，第697页。

③ 笔者认为法律事实是一个与案件事实和裁判事实不同视角的定义，放在一起讨论本身就语境不同一，会产生问题。法律事实可能会存在同时涵盖案件事实与裁判事实两个方面的情况。

④ 苏力：《关于对抗制的几点法理学和法律社会学思考》，载《法学研究》1995年第4期。

⑤ 景汉朝、卢子娟：《经济审判方式改革若干问题研究》，载江平主编：《民事审判方式改革与发展》，中国法制出版社1998年版，第55页。还可参见苏力：《关于对抗制的几点法理学和法律社会学思考》，载《法学研究》1995年第4期。

⑥ 何家弘主编：《证据学论坛》（第1卷），中国检察出版社2000年版，第4~5页。

⑦ 毛立华著：《论证据与事实》，中国人民公安大学出版社2008年版，第246页。

以证据为基础的裁判事实必然包含有两个方面的属性：一方面，裁判事实的形成必然地与人类的思维活动息息相关，离开了人类的思维活动，裁判事实就无从谈起。因此，裁判事实具有主观性和相对性。另一方面，裁判事实是通过证据来认定，是对案件事实的客观反映，具有客观性与绝对性。又基于裁判事实是对案件事实的反映，案件事实当然也是裁判事实的实践检验根据。而案件事实是一种历史性的事实，是动态事实与静态事实的统一，对裁判事实的检验也必然存在有限性的制约。为了使裁判事实具备最大限度的可接受性禀赋，应当对裁判事实的产生过程进行正当性建构。这些问题实质上就是证据评判基础理论的诉讼认识论等内容的具体表现。由于对其基础理论已经在前文进行过详细描写，因此对裁判事实的相关问题在此仅进行简要的说明。

一、裁判事实的客观性与绝对性

非常明显，裁判事实的客观性与绝对性来源于案件事实的客观性与绝对性，来源于法律的客观性与绝对性。前者是基于裁判事实的形成基础进行的分析，后者是基于裁判事实与法律的关系进行的分析。以证据裁判为基础的现代诉讼模式下，裁判事实是以通过质证认证的定案证据为基础得出的结论，归根到底还是一种认识，具有主观性与相对性。但是，一个不容忽视的问题是，裁判事实是裁判者以案件事实为模本，以证据为手段，运用证据规则所得，而案件事实不容置疑的具有客观性与绝对性。因此，裁判事实从根本上讲是从过去发生的客观事实中获得，姑且不论裁判事实与过去发生的案件事实是否能够完全相一致，但可以肯定的是，裁判事实具有客观性与绝对性的因子，在绝大部分情况下是能够与案件事实相一致的。同时，裁判事实也是法律规范下的事实。法律本身具有确定性的品质，并且法律本身就需要通过程序的保障来保证裁判事实与案件事实的同一，这也是法律诉讼程序的基本任务之一，甚至于可以说是首要任务。

二、裁判事实的主观性与相对性

显然，裁判事实的客观性与绝对性主要取决于案件事实（客观事实）的内在规定性。在人类认识史上，理性主义思想家大都强调规定性的存在，并且肯定人类对这种规定性认知的可能性；而非理性主义思想家却不大关注规定性的存在问题，而是强调对人的认知能力深怀戒意。法律向来被称为理性，重视并强调法律在社会控制中作用的思想家大多是理性主义思想家。当然，也存在着非理性主义的法律思想家，特别是20世纪中叶以来，相关的思想家还影响甚大，出现了蔚为大观的“后现代主义法学”思潮①以及强调非确定性的“现实主义法学”思潮②。但是，不管是理性主义还是非理性主义思想家，对于案件事实的认识存在主观性影响，结果具有相对性这个观点，却能够得到一致支持的。在我们这个日益复杂的社会中，我们都清楚，要寻求一种绝对的理性，只能在理想的彼岸。在现实的认知世界，诚如拉德布鲁赫早年所坚持的那样，只能是理性和价值相对主义的世界。恰恰因为如此，人类才需要不断地认知世界，不断地趋近于世界的规定性，不断地拓展人类理性认知的成分，为认识规则的创建奠定基础。

导致裁判事实的相对性的另一个问题就是法的不确定性问题。关于法的不确定性的主要观点：以哈特为代表的许多法学家将法的不确定性归于法的

① 后现代主义法学思潮是产生于20世纪70年代的后现代主义在法学领域的集中表现。后现代法学体现了对西方现代法学的反思、解构和超越。后现代法学思潮将反思、批判的矛头直指现代法学所弘扬的基本原则和法治理念；藐视并挑战现代性法学话语中的确定性原则、传统范畴、宏大叙事以及包括学术研究领域在内的各种不可逾越的界限和陈规；认同、探求甚至拥抱法学研究中可能存在的悖论；主张多元视角观，提倡知识考古学、系谱学、权力微观分析、小型叙事、悖论分析、反讽诘问、解构等研究方法，试图运用各种新的方法，采用不同于现代主流法学的认识论进路，来颠覆体现于西方现代法学领域之形形色色的流派中的那种一脉相承的形而上学的本质。就裁判事实方面的主张而言，后现代主义法学颠覆了确定性，传统的法学认为，不论法律文本有多么复杂，最终都有唯一正确的解释，因而，法律上的判决必定具有确定性。而后现代主义则提倡一种自由的阅读方式，指出，任何文本的阅读都涉及作者的原意和读者的理解两个方面的因素。其实，任何解释都已经包含了解释者以往的生活经验，这就是解释活动不可脱离的历史基础。这样，法律文本的原意或者立法者的原意的神话就被打碎了。因为，对法律的理解始终受到法官前见的干预，法律语言和法律条文的意义存在多元的理解结果，所以，确定的、一致的法律判决是不可能存在的。

② 产生于20世纪20年代的现实主义法学是20世纪西方法学的重要流派。它以实用主义哲学为基础，以法的客观社会现实为研究对象，强调行为和政治因素对作出司法判决的重要性，并轻视抽象的法律规范和原则对判决具体案件的影响。现实主义法学注重诉讼的具体过程，注重法律程序中发挥作用的行为和这些行为的政治、社会和心理方面，进而强调法官行为，注重司法效果。现实主义法学的代表人物，美国学者卡尔·卢埃林（Karl N. Llewellyn）在30年代初的一篇题为《现实主义的一些现实主义——答庞德院长》的论文中，较全面地阐述了现实主义法学，特别是他本人关于法律概念的基本思想。他认为，现实主义法学有以下9个特征：（1）法律是不断变化的，是由司法创造的；（2）法律是达到社会目的的一种手段，而不是目的本身。因此，应不断研究各部分法律的目的和效果；（3）社会是不断变化的，而且比法律变化更快，因此要不断审查各部分法律是否与社会需要相适应；（4）为了研究起见，可暂时划分“实然”和“应然”，意思是在确定研究目标时，必须诉诸价值判断，但在研究“实然”本身时，对有关事物关系的观察，说明和确立应尽可能不受观察者意愿或伦理观念所支配；（5）对以传统法律规则和概念来说明法院和人们的实际行为抱怀疑态度；（6）与以上特征相应，对法律规则在法院判决中起重要作用的学说也抱怀疑态度；（7）主张将案件和法律情况作比过去更狭的分类；（8）坚持从法律效果来评价法律；（9）坚持以上述方针持久地和有计划地解决法律问题。参见沈宗灵：《卢埃林的现实主义法学》，载《法学研究》1990年第5期。

性质和结构。哈特认为，法律规则具有一种空缺结构，这种结构“是在有关事实问题的任何传递形式中使用一般分类词语都必须付出的代价”，“任何选择用来传递行为标准的工具——判例和立法，无论它们怎样顺利地适用于大多数普通案件，都会在某一点上发生适用上的问题，将表现出不确定性”。[①]法律规则怀疑论者的代表是美国现实主义法学者卢埃林，他认为，伴随着社会生活的变化和社会规则的多元化趋势、规则之间的冲突等，会导致规则的不确定性和不稳定性，这种规则的不确定性和不稳定性又必然会导致判决与法律的不确定性。同样是怀疑论者的美国学者弗兰克则将怀疑的目光投向了事实，它认为法律和判决的不确定性的根本原因在于“判决所依据的事实是捉摸不定的，要想准确地预测判决，是不可能的”。[②] 额外要加以说明的是，法的不确定性也是一种客观存在，但是这种不确定性是可以克服的，大多数情况下不会影响到裁判事实的确定性。[③]

三、对裁判事实的实践检验有限性

都说实践是检验真理的唯一标准。毫不夸张地说，案件事实是对裁判事实进行实践检验的唯一标准。案件事实作为历史事实，由于时间的一维性和不可逆转性，它必然随着时间的推移在发生的同时而一去不复返。有些静态的事实片段通过证据比较容易得以恢复，比如：通过刀柄上的指纹可以认定“某甲拿过这把刀”这个事实。有些动态的事实片段就很难直接认定，它只能通过推理和经验直觉等方法来得出，比如：如何通过“某甲拿过这把刀”推出“某甲拿（这把）刀捅进了某乙的心脏”。没有目击证人的情况下，这个动态的案件事实只能够通过其他证据进行排他性处理，然后作出如上认定（如现场没有其他第三人的足迹和指纹，某甲具有杀人动机，某甲具备作案时间……）。即使有目击证人和某甲的口供就能够绝对保证这个动态事实为真吗，恐怕做不到绝对。举这个例子就说明了案件事实对裁判事实的实践检验本身存在很多难点。通过诉讼认识认定的裁判事实与客观发生的案件事实

---

① ［英］哈特著：《法律的概念》，张文显等译，中国大百科全书出版社 1996 年版，第 127 页。

② 沈宗灵著：《现代西方法理学》，北京大学出版社 1992 年版，第 342 页。

③ 美国的德沃金认为“对于复杂的法律和政治道德问题通常只有一种正确的回答”，“在具体的司法审判过程中，是否存在没有正确答案的案件，这类案件是多还是少，通常意义上不是一个经验性的问题”。参见［美］罗纳德·德沃金著：《认真对待权利》，信春鹰、吴玉章译，中国大百科全书出版社 1998 年版，第 365 页。对于这个问题德沃金甚至举例说明：查理三世是否下令处死小王子们的争论虽然仍然在继续，但是这个问题是一个有正确答案的，即他要么下了命令要么没有，只要了解了更多的事实，这个争论就有一个唯一正确的答案了。

之间，有时候根本无法进行直接的对比。并且，实践是检验真理的标准是要求检验的无限性的，而司法实践也无法给我们充足的足够长的时间进行反复的检验与对比，对裁判事实的检验总是受到时空的制约，根本无法保证这种无限性检验，至少绝大部分情况下是这样的。

四、裁判事实的正当性

尽管存在案件事实的内在规定性、绝对性，但是由于裁判事实的形成受到主观性的影响，具有相对性的特点。对裁判事实的实践检验，客观上也存在各种各样的实际困难和障碍。因此，对裁判事实的正当性建构非常重要和关键。这实际上也是笔者反复主张和强调的观点。认识主体的正当性根据、认识过程的正当性展现、认识方法与手段的正当性说明、认定规则的正当性改造等问题都显得非常重要。也只有做到这些，对客观性与绝对性存在争议的裁判事实也能够被最大限度地接受。从而，真正保证了法律的严肃性与判决的权威性。在此不再赘述。

第五章　证据评判的工作机理

证据评判的工作机理，是指法官通过证据认定事实的内在过程、基本程式和工作原理。证据裁判作为证据评判的基石，它并不能解决所有问题，苛刻地讲，它只不过是解决了证据评判的出发点和方向的问题。证据裁判走出神证阶段以后，最终的裁判结果就完全寄托在事实裁判者身上。裁判者面临的是能力的有限性、信息来源的有限性与结果终局性的矛盾，导致裁判结果一定的随意性，并且这种随意性无法从根本上得到控制。同时，裁判标的的利益属性与裁判者的权力属性必然地带来腐败和徇私的可能性，这种可能性却是必然的现实的可能性。尽管我们证据裁判制度对事实裁判者的要求是精英化建设，但是我们也不得不面临人性弱点无法根本克服的尴尬，显示出理想与现实的差距。因此可以说，历史上法定证据制度与自由心证制度的摇摆，始终是以限制法官自由裁量权为主线的。这里存在着对自由裁量限制的客观需求，又存在着对自由裁量不得不要的依赖，这对矛盾也是无法从根本上克服的。鉴于以上各种矛盾的不可克服属性，因此，我们有必要对证据评判的工作机理进行分析，然后借此构建最合理的平衡方案，以达到阴阳互补、矛盾和谐共存的相对理想状态。

我们通过证据来认识和发现事实，证据评判是证据通往事实的方法和手段，是从证据到事实的桥梁。那么，这到底是如何进行的，证据和事实之间的主要媒介到底是什么？客观范畴的证据与事实之间，必定有一种通过主观形成的东西进行链接。然而，其客观性又如何保障呢？要窥探证据评判的工作机理，我们就要揭示证据评判的几个最基本的元素之间的相互关系。这几个基本元素就是证据、事实、信息、符号与命题。

第一节 从客观事实到主观事实

事实是证据法学的基本概念之一，对事实概念的争议至今没有平息。主要有主观说与客观说两种对立观点。到底谁是谁非？这种对立是如何形成的？从客观到主观的过程，是什么起了重要的作用。这一节，我们将重点解决如上问题。

一、事实概说

什么是事实？可能有多人认为不屑一谈。但是，从人们对这一概念的实际运用来看，情况并不那么简单。尽管“以事实为根据，以法律为准绳”的原则已经尽人皆知，但要究问到底何为“事实”，不禁哑然。罗素作为现代西方最有影响的哲学家之一，认为很难对事实下一个简明的定义。他在 1922 年为维特根施坦的《逻辑哲学论》一书所写的“导论”中明确指出：“严格地说，事实是不能定义的。”① 到了 1948 年，他在《人类的知识》一书中仍然坚持这一看法，认为“‘事实’这个词照我给它的意义来讲，只能用实指方式来下定义”。② 再次明确表示对“事实”是难于作出严格的科学定义的。

在日常语言和一般的学术研究中，“事实”是一个出现频率极高但却充满歧义的概念，即便是同一个人在同一场合或同一学者在同一文献中，也常常在非常不同的意义上使用事实一词。因此，人们虽然使用的都是“事实”一词，但谈论的内容可能风马牛不相及。

（一）“混乱”的事实③

人们对事实一词的使用极为随意和复杂。我们有时候用“事实”指称现象，而有时候却指称现象背后的原因。例如，我们说太阳从东边升起是事实，我们也说太阳从东边升起的现象，事实上是地球自西向东自转的结果。有时候，我们用“事实”指称一种物理空间上的存在，将其与幻象相对。例如，我们说“海市蜃楼”事实上不是真正的亭台楼阁，而只是一种光学现象。有时候，我们又将“事实”与臆想相对，指称一种实际存在的过程和状态。例如，即使庄周在醒来后事实上怀疑自己的清醒状态是否是蝴蝶的梦像，但我

① 转引自彭漪涟：《罗素事实观述评》，载《江淮论坛》1993 年第 3 期，第 47 页。
② 转引自彭漪涟：《罗素事实观述评》，载《江淮论坛》1993 年第 3 期，第 47 页。
③ 参见赵承寿：《论司法裁判中的事实问题》，中国社会科学院研究生院 2002 年博士毕业论文。

们说庄周梦见自己变成了蝴蝶是事实，而蝴蝶做梦变成了庄周不是事实，而是一种臆想。在认识论上，“事实”往往与观念、解说相对立，指称反映和认识的客体。例如，犯罪现象是一种社会事实，而犯罪现象根源于社会的物质生活则是人们对犯罪现象的一种本质认识；而当我们说“陪审团决定事实问题，法官决定法律问题”，这里事实又是与规则相对的。有时候，我们还把事实与价值相对立。我们说“海瑞在 1565 年升任户部主事”是一个事实，而“海瑞是一位正直清廉的古怪法官”虽然也可以视为一种事实，但这事实上（这里的“事实”是与现象相对立的，可以用“实际”或“实质”替换）也是一个价值判断。休谟曾在事实与价值判断之间划了一道鸿沟，约翰·塞尔事实上也没有跨越这一鸿沟。[①] 不难看出，事实的含义依赖于我们所讨论的问题，依赖于我们关于事实一词的用法与语境。

（二）事实与事物

事实的概念随着语境的改变而不同，有多面性。要想彻底搞清楚事实的问题，是极困难的。我们首先来弄明白事实与事物的关系。

罗素曾明确指出：“当我谈到一个‘事实’时，我不是指世界上的一个简单的事物，而是指某种性质或某些事物有某种关系。因此，例如我不把拿破仑叫做事实，而把他有野心或他娶约瑟芬叫做事实。”[②] 从上述可见，“事物”与“事实”就其词义而言，两者是明显有别的。两者到底是什么样的关系呢？

“事实”一词在德语中为“tatsache”，在英语中为“fact”俄文中为“φakT”。它们分别与“sache”（德语的“事物”）、“thing”（英语的“事物”）、“Beyb”（俄语的“事物”）相对应，具有与它们不同的词义，因而有严格的区别。按我国《辞源》的解释，“事物”是指“客观存在的一切物体和现象”，而“事实”则是指“事情的真实情况”。在我们的古汉语中，事与

---

① 为了解决休谟问题中价值判断与事实判断之间的鸿沟，约翰·塞尔 1964 年在《哲学评论》（Philosophical Review）第 73 期发表了《如何从“实然”导出“应然”》一文，以“制度事实”为中介，试图从技术的角度，解决事实判断与价值判断的关联性问题。例如，有如下五个判断：（1）琼斯说，“史密斯，我承诺付给你 5 元钱”；（2）琼斯承诺付给史密斯 5 元钱；（3）琼斯将自己置于付给史密斯 5 元钱这一义务之下；（4）琼斯有义务付给史密斯 5 元钱；（5）琼斯应该付给史密斯 5 元钱。塞尔证明了以上每一判断及其后继判断之间的关系并不是一种偶然关系，而且，从前一判断推出后一判断虽然可能要涉及一些其他判断，但不必涉及任何价值、伦理判断。塞尔的技术推理虽然很精致，但他并没有很好地解决“制度事实”与默示的“应然”前提的关系。

② ［英］伯特兰·罗素著：《我们关于外间世界的知识：哲学上科学依法应用的一个领域》，上海译文出版社 1990 年版，第 39 页。

物的含义是不同的。物者，万物也。[1] 事，则指世间的一切活动和现象。既然将事物放在一起表述，反映了两者之间必然存在着紧密的联系。只是，现在我们经常将事物与物混用，经常将事物等同于物。其实，从哲学的角度来讲，物就是与意识相对应的概念，事就是物与物之间的关系。但是我们现在也经常将事与物混用，采用事物的含糊提法，也会产生很多误区。实际上，物构成了事的因子，没有物则没有事。只有物与物之间发生关系，才能够成为事。在这里，不管是物，还是事，都是客观的。在客观层面上，事就是事实，事实就是事的真实情况，或者说是真实的事。我们经常说的客观事实，在哲学上应当基本等同于"事"的概念。物不是事实，物构成了事实的一个因子，物和物的相互关系构成事实。例如，"苹果"就是物，而不是事实；"桌子"也是物，不是事实；而"桌上有个苹果"就是一个事实。"桌上有个苹果"反映了"桌子"与"苹果"的关系。我们说"这是一个苹果"也是一个事实，是反映了苹果区别于其他物的内在规定性，也是反映了苹果与其他物的关系。概言之，"事物"指的是客观存在的各种对象或现象，"事实"指的却是事物的实际情况——具有什么性质、存在什么关系。任何一个事物还都具有多种多样的性质，并和其他事物存在着多种多样的关系，因此，当"某事物具有某种性质或某些事物具有某种关系"时，它只是该事物所具有或存在的诸多性质或关系中的某一种性质或某一种关系，这也是需要我们注意的问题。

再如，我们常说："以事实为根据。""指纹"是物而不是"事实"。如果"指纹"之类的对象也是一种"事实"，那么，用"指纹"去代换上述命题中的"事实"而形成的命题，在逻辑上应该是成立的。但是，"以指纹为根据"之类的论断却是不能成立的。我们只能说"在现场发现的指纹就是某被告人留下的"这一"事实"（不是指纹本身）得到了确认，并由该事实判断作为认定被告人曾经到过现场的根据。[2] 从而"现场有某被告人的指纹"这个"事实"能够成为"某被告人到过现场"这个判断的"根据"。这就客观描述了事实与物的区别。某被告人的"指纹"是一个"物"，而"这是某被告人的指纹"就是一个"事实"。之所以后者是一个"事实"就在于后者彰显了这个"指纹"区别于其他指纹和物的内在规定性，反映了此物与他物

① 牛为大物，天地之数起于牵牛，故从牛。——《说文》

② 例如，"经比对这一指纹就是被告人留下的"这一认定，当然可以作为"被告人曾经到过现场"这一实际情况的认定根据。

的关系。维特根施坦在其名著《逻辑哲学论》一书中指出："世界是事实的总和，而不是物的总和"，世界最根本的区分是"事物"与"事实"，"事物的世界"与"事实的世界"的区分。因此，他曾明确、反复地强调说："原子事实就是各客体的结合"，"对于物来说，重要的是它可以成为原子事实的构成部分"。①

金岳霖先生在区分事物（金先生称之为"东西"）与事实时，敏锐地意识到"东西总要存在，事实可以存而不在"。② 假如孔子曾经有一张红木书桌，而且现在这张书桌已经灭失，也就是说这张书桌作为"东西"已经不存在了，但"孔子有一张红木书桌"这一命题在这张书桌未灭失之前是事实，在这张书桌灭失之后仍然是事实，这就是金先生所说的"存而不在"。这种"存而不在"的事实显然只能是以事实命题的形式存在，而不是作为存在的事实存在的。作为存在的事实就是客观事实，相当于塔尔斯基真理定义中去引号的真。③ 在书桌未灭失之前，我们说孔子有一张红木书桌既是一种存在的事实，又是一种命题事实，而且两者同时为真；而在书桌灭失之后，"孔子有一张红木书桌"只是作为一种命题事实存在时才为真，它所指称的是过去的事实，而不是作为现时存在的事实，这就是为什么事实不存在真伪问题而事实命题却有真假的原因。④ 这里的命题事实，实际上是将我们对事实的认识用命题的方式表述出来。我们再分析上文关于指纹的问题。对于"现场有某被告人的指纹"和"某被告人到过现场"两句话其属性应当是同一的，实际上它们不是事实本身，也是事实命题。要分析这个问题，根据笔者"从点和圆圈"说起的研究方法，我们还是找双方最早的共同的起"点"。在"现场有某被告人的指纹"和"某被告人到过现场"两个事实命题中，我们的起点是"指纹"。从前面的论述我们可以看出，事实不同于事物，但是事

---

① ［奥地利］维特根斯坦著：《逻辑哲学论》，郭英译，商务印书馆1962年版，第28页。

② 金岳霖著：《知识论》，商务印书馆1983年版，第744页。

③ 塔尔斯基的真理定义是一个语义学的定义，表示的是一个陈述语句为真时所应具备的形式，其公式是：X是真的，当且仅当P（"P"可以用任何可与"真的"这个词相联系的句子代替，"X"则可由这个句子的名称代替）。例如，语句"雪是白的"为真，当且仅当雪是白的。塔尔斯基提醒人们注意，等式左边的语句"雪是白的"带有引号，而右边则没有，是语句符合的对象，因此"真"即去引号。参见阿尔弗雷德·塔尔斯基：《真理的语义学概念和语义学基础》，载涂纪亮主编：《语言哲学名著·英美部分》，三联书店1988年版。对"去引号的真"的论述还可参见［美］W. V. 奎因著：《真之追求》，王路译，生活·读书·新知三联书店1999年版，第70～72页。

④ 赵承寿：《论司法裁判中的事实问题》，中国社会科学院研究生院2002年博士研究生毕业论文，第19页。

物是事实构成的因子。由此，“指纹”的客观属性决定了“事实”的客观属性。我们从“指纹”这个“物”到“这是某被告人的指纹”这个事实命题，其中当然需要人的主观意识的作用。我们要进行鉴定，然后作出“现场提取的指纹与被告人手上的指纹相同”的“同一认定”。这种鉴定是我们根据成熟的并且能够为广大人民所认同的科学研究为依据作出来的。“这是某被告人的指纹”这个事实命题，实际上是“我们根据科学认识手段达成的事实认识”而不是“事实”本身。其可靠性在于这种科学技术手段经历史检验为可出错性很低，低到几乎可以忽略不计。因此认定“这是某被告人的指纹”这个事实命题为真。实践中，我们往往直接将这类已经经过证实的事实命题表达为“这是不可否认的事实”。从词语习惯上我们并不区分确定为真的事实命题与事实两个概念。

交代到这里，我们可以清楚地看到客观事实与逻辑学中的命题事实存在重大区别，但是两者还经常混用。原因究竟在哪里呢?

（三）事实的双重解释

客观事实属于客观范畴；逻辑学中表述的事实以命题的方式出现，属于主观范畴。语言习惯中，两者为什么都用“事实”这个词呢?仅仅为了方便，显然不是主要原因。其中还有更深层次的问题。

在逻辑学中，存在对“事”的证明与证实问题。金岳霖在《知识论》中指出，证实是求然的活动，证明是求所以然的活动：前者是求识的确切，后者是求懂的清楚；前者是求所识的实，后者是求所明的理。凡证明都是由推论组成的；但证实不必包含推论，耳闻目睹就可以确定一个命题的真假。证实一命题就是说该命题的对象的材料是实际所有的。证明是表示命题的对象，无论就材料或论旨说，是在理的结构中的。证明与证实在逻辑结构上的诸多重要差异。[①] 可以说，证实是求对“事”认识的真；证明是求对“事”认识的过程。假如“孔子有一张红木书桌”是存在过的事实，如果我们亲眼看到过孔子使用这张红木书桌，那么证明这是一个事实，这个命题为真。我们现在根本无法目睹，如果我们还能够通过一系列的证据证明这个命题为真，也就是“孔子有一张红木书桌”这个事实得到了证实。我们于是说这是一个事实，实际上就是用命题的方式表述一个事实。如果该命题被证明为真，则我们说这是事实；如果命题被证明为假，则我们说这不是事实。在我们对客观事实进行认识和判断的时候，最终确定其是事实的意思是指表述的这个事得

---

① 参见金岳霖著:《知识论》，商务印书馆1983年版，第873~879页。

到了证实，（主观上）认为表述的这个事与客观事实是相符的。证实不是最终的、决定性的真，是人们内心确信的真。逻辑实证主义哲学运动最卓越、最多产的维也纳学派代表鲁道夫·卡尔纳普（Rudolf GarnaP）说：“如果证实的意思是决定性地、最后地确定为真，那么我们将会看到，从来没有任何（综合）语句是可以证实的。我们只能够越来越确实地验证一个语句。”① 因此，卡尔纳普主张将“证实”称为“确证”更加准确。其实在中文中，证实并不产生歧义，证实就是人们对某事实命题经过证明后，主观认为为真的状态。

通过以上分析我们可以看出，事实的“实”有两层含义：一是哲学层面的，是“真实”的意思；二是逻辑层面的，是“证实”的意思。由此，事实也有了两层含义，一是指客观真实的事，二是指已经证实的事。前者是客观的范畴，描述的是客观存在状态；后者是主观的范畴，描述的是主观认识客观的结果状态。

考虑到我们的词语习惯，以及事实的“实”确实存在两种含义，两种解释。并且，这两种解释都是合乎逻辑的。因此，日后我们看到“事实”两个字的时候，必须要在特定语境当中去理解和体会，不要简单断定其主观属性还是客观属性。

二、客观范畴的事实

客观范畴的事实是什么，该如何定义呢？客观说认为，事实是一种客观存在，它决定着人的认识，不以人的认识为转移。裴苍龄在《也论事实、命题与证据》中指出：事实并不是人的“感觉和知觉”，而是引起人们感觉和知觉的东西；事实也不是人的“断定和陈述”，而是被人断定和陈述的东西；事实更不是“理论原理”和“知识”，而是提出理论原理和知识的依据。应当明确，人的感觉和知觉是主观的，引起人们感觉和知觉的东西是客观的；人的断定和陈述是主观的，被人断定和陈述的东西是客观的；理论原理、知识是主观的，提出理论原理和知识的依据是客观的。这些客观的东西才是事实。这一论述充分说明，事实并不属于主观范畴，它不是人的感觉和知觉，不是人的断定和陈述，一句话，它不是人的意识，而是独立于人的意识之外的东西。尽管人们要依据事实进行证明的时候，必须对所依据的事实作出反应，但就事实本身来讲，它是客观的、外在的、不以人的意志为转移的。这

① 洪谦编著：《逻辑经验主义》（上），商务印书馆1982年版，第71页。

就是事实的客观性。这是事实最根本的属性。无论人是否反映它，事实的这一根本属性都不会改变。[①] 这就是典型的客观范畴的事实表述。裴苍龄教授之所以将事实"绝对地"进行客观性理解，乃是没有认识到主观范畴的事实概念运用本身也是客观地存在的问题，不是我们能够否认就可以否认掉的。其实，恰恰是存在主客观的"事实"，才清楚地揭示了人们认识客观世界的过程和规律。

笔者认为，客观范畴的事实是物与物之间的关系，或者说事实是物的内在规定性以及此物与他物之间的关系。以证据为例，一个特定的证据是一种客观存在，是一个物，具有其自身区别于他物的内在规定性，所以它蕴含了事实的因子。因此，我们说事实不能直接等同于证据。这个问题容易引起混淆，原因不在于物与物之间的关系，容易混淆的是单个物能够成为证据的时候，为什么不说它是事实本身的问题，这在上面的"指纹"的具体例子中已经进行了说明。我们说："这是一个指纹。"那么，"指纹"本身的内在规定性区别于他物的内在规定性使然，这就是"指纹"之所以是"指纹"的原因。至于"指纹"这个名称，是人们认识"指纹"这个客观存在物时赋予的一个标志或者说标签，是一种符号。[②] 因此，从根本上讲，客观范畴的事实就是物与物之间的关系，因为即使单一的物的内在规定性也不可避免地反映此物与他物的区别（关系）。

按照裴苍龄教授的观点，事实是指客观存在的事物及其运动、发展、变化、变动以及相互关系和相互作用的全部情况和过程。这个定义包含四方面的内容：

第一，事实首先是指客观存在的事物。任何事物，它本身的存在就是事实。它的属性、特点和每一种成分也都能构成事实。例如，某人身高1.70米，体重60公斤，跛足，A型血，这些都是事实。如果有人说，这个人身高1.80米，体重70公斤，无残疾，B型血，这就不是事实。再如，某把刀子刀体用铁打成，刀刃上镀了钢并配上了木制把柄，这些都是事实。如果有人说，这把刀子全部用铁打成，没有用其他任何材料，这就不是事实。显然，客观事物本身就能构成事实，这是事实最重要的方面。

第二，事实也指客观事物自身运动、发展、变化、变动的全部情况和过程。例如，一个人一生的经历都是事实；一部机器从制造到使用再到报废的

---

① 裴苍龄：《也论事实、命题与证据》，载《中国刑事法杂志》2003年第3期，第64页。

② 关于符号的问题在下文中会深入分析。

全部历史也都是事实。简言之，人的行为、物的变动都能形成事实，这是事实的又一个重要方面。

第三，事实还指客观事物相互之间的关系，包括人与人之间的关系，人与物之间的关系，物与物之间的关系等。客观事物的多样性决定了事物间相互关系的多样性，事物间相互关系的多样性又构成事实的一个重要方面。

第四，事实还指客观事物相互作用的全部情况和过程。单个事物的运动、发展、变化、变动能形成事实，两个或两个以上事物相互作用也能形成事实。例如，人与人的打斗，物与物的碰撞，人对物的毁坏等，这些都是事实。这也是事实的一个重要方面。

从上面的分析可以看出，客观范畴的事实还分为两个部分：第一部分是客观存在的事实，包括由客观事物的存在所体现出来的事实以及由客观事物相互之间的关系所形成的事实；第二部分是客观上真实发生但已过去了的事实，包括人和物的运动、发展、变化、变动的全部情况和过程所形成的事实以及人和物相互作用的全部情况和过程所形成的事实。人和物的存在就构成全部物质世界。事实首先是由这个物质世界人和物的存在及其相互关系体现着，其次也由这个物质世界人和物的运动、发展、变化、变动以及相互作用体现着。裴苍龄教授关于客观范畴的事实概念总结是非常精辟的，但是他由此进一步推出："从这里可以看出，物质世界的存在就是事实的根源，这个根源决定了事实属于客观范畴，事实最根本的属性也只能是客观性。"[①] 由于物的运动变化，形成大量的"历史事实"，这些"历史事实"有很大一部分是金岳霖先生所谓的"存而不在"[②] 状态，这是要引起我们非常重视的。因为，我们审理的案件事实，很多情节就是"存而不在"的，我们要根据这些特点进行审判模式、手段的设计和建构。

三、主观范畴的事实

主观范畴的事实到底该如何定义呢？在很多西方学者的著述里，"事实"不是指某种物本身，也不是所谓的理论原理，而是对客观存在的物的某种感觉和知觉判断。他们所描述和定义的事实就是主观范畴的事实。苏联哲学家、逻辑学家柯普宁将"事实"一词的含义概括为以下三种："第一，现象、事物和事件本身被称为事实；第二，我们对事物及其特性的感觉和知觉也被认

---

① 裴苍龄：《也论事实、命题与证据》，载《中国刑事法杂志》2003 年第 3 期，第 65 页。

② 金岳霖先生在《知识论》中明确提出："东西总要存在，事实可以存而不在。"

为是事实；第三，事实也指我们想用它们来论证或反驳某种东西的不容置辩的理论原理。”彭漪涟教授在《事实论》中认为：“事实乃是对呈现于感官之前的事物或现象的某种实际情况（某物具有的某种性质或某些事物具有某种关系）的一种断定或陈述。”“是关于事物及其情况的一种经验知识亦即是关于客观事物的某种判断的内容，而不是客观事物本身。”① 这些都是典型的事实主观说。

王敏远教授在《一个谬误、两句废话、三种学说——对案件事实及证据的哲学、历史学分析》中，指出“事实是硬邦邦的”是“一个谬误”，“认识符合事实”与“事实胜于雄辩”是两句废话。王教授在《再论法律中的“真实”——对相关问题的补充说明》中重申：“在认识论的层面上，事实是可谬的。这里所说的事实既包括历史的事实也包括现实的事实；既包括复杂的事实也包括简单的事实；既包括凭感官可以知觉的事实也包括凭借科学原理和手段推断的事实。只有认识到这一点，我们才能摆脱因为对本体论意义上的事实所持的信念，而对认识论意义上的事实可能产生的迷信；不仅如此，我们由此才能够避免因为认识论意义上的事实之可谬，而导致无可救药的不可知论。”② 如上观点提出后引发了国内学界的一片讨论热潮。王教授之所以持该主张，就是在主观范畴内对事实进行定义。认识论层面的事实永远是主观符合客观的主观努力结果，不能够代表绝对的真，当然是可谬的。此外，被人们认为为假的“事实”，经过历史验证却为真的情况也大量存在。例如，哥白尼的“地心说”，就被当时的主流社会和民众认为为荒谬的学说，最终却被证明为真。主观范畴的事实尽管具有可谬性，但是它归根到底受到客观事实的制约，能够为历史所检验，为实践所检验，能够最大限度地保真。

马克思在1846年12月28日《致巴·瓦·安年柯夫》中指出：“任何后代人都得到前代人已经获得的生产力，作为自己进行新的生产的原料，由于这一简单的事实，就形成人们历史中的连贯性，就形成人类的历史。”③ 恩格斯在《马克思墓前的讲话》中指出：“正像达尔文发现有机界的发展规律一样，马克思发现了人类历史的发展规律，即历来为繁茂芜杂的意识形态所掩盖着的一个简单事实：人们首先必须吃、喝、住、穿，然后才能从事政治、科学、艺术、宗教等等。”④ 这是客观论者反对主观论者经常引用的两段话。

---

① 彭漪涟著：《事实论》，上海社会科学院出版社1996年版，第3页。

② 参见王敏远等：《“证据法的基础理论”笔谈》，载《法学研究》2004年第6期，第106页。

③ 《马克思恩格斯选集》（第4卷），人民出版社1972年版，第321页。

④ 《马克思恩格斯选集》（第4卷），人民出版社1972年版，第574页。

但是这里的“事实”到底是客观范畴的事实还是主观范畴的事实呢？马克思、恩格斯肯定不会去否认事实具有客观属性这样一个基本“事实”。但是，这里表述的两个“简单事实”的内容却是对历史的归纳，是归纳的事实，恰恰属于主观范畴的事实，而非客观范畴的。

主观范畴的事实绝不是随意的事实。正如彭漪涟教授所言，“事实”之所以是事实，不可能是纯粹的“自在”，不可能是“自在之物”。金岳霖先生在《知识论》中说，事实乃是意念与所与的结合。“事实虽是所与，然而不只是所与……它是以意念去接受了的所与。”“耳闻目见的材料要经过接受才成为事实。”也就是说，一个事物（或者说某一“自在之物”），只有当其过去或现在作为呈现于人们感官之前的现象（即感性呈现），为人们所觉察，并为主体的概念所接受（即能用已有的概念去加以摹写或规范），并由主体作出了判断，这才是知觉到了一个事实，即一个“自在之物”要转化成为事实，必须具备两个必要环节：第一，作为感性呈现为主体所觉察；第二，为主体的已有概念所接受，并由主体对之作出陈述（断定其具有什么性质或与他物具有什么关系等）。前者是后者的前提、基础，离开了前者，虽有呈现于感官之前的现象，但主体对之视而不见，听而不闻，那是谈不上觉察到什么事实的。但是，没有后者，感性呈现未能为主体的概念所接受，对该事物作不出任何陈述，那同样也是谈不上觉察到任何事实的。这就表明，虽然事实同“自在之物”和“感性呈现”可以说没有原则的区别（就事实是由“自在之物”转化为“感性呈现”并进而为主体的概念所接受这一点来说的），但是，决不能把它们视为是等同的。必须明确，不作为感性呈现而未为主体概念所接受的“自在之物”就只是“自在之物”，而不可能成为主观范畴的事实。就此而言，主观范畴的事实只能是经验事实，不可能是“自在”的。① 无论是人对事物的“感觉和知觉”，无论是不容置辩的“理论原理”，无论是人对某些实际情况的“断定和陈述”，也无论是关于客观事物的“知识”，这一切都是主观范畴的东西。感觉和知觉都是人的意识；断定和陈述也是在人的意识支配下进行的；至于理论原理和知识，那更是意识的结晶。把人的感觉、知觉、断定、陈述和理论原理、知识看做事实，就是事实主观化、抽象化的结果，属于主观范畴的事实。

彭漪涟教授在主观范畴下定义事实，并进一步认为，事实乃是呈现于感

① 彭漪涟：《再论事实——评有关事实分类的某些观点》，载《学术月刊》1994年第7期，第52页。

官之前的事物（及其情况）为概念所接受，并由主体作出判断而被知觉到的。事实乃是关于感性经验的一种知识形式。一般地说，所谓事实就是经验事实。事实总是特殊的、个别的，处于特殊时空关系之中的。事实作为感性经验的知识形式，作为真的特殊命题的内容，本身并非是纯感性、纯直观的，它也包含有理性的因素。一切事实都是感性与理性、直接性与间接性的统一。把知识的事实性仅仅归结为知识的感性，是不正确的。事实必须经理论的说明、解释，才能揭示其自身固有的本质和规律性，就此而言，事实离不开理论。但不能因此而将事实本身同对事实的说明和解释混同起来。事实本身是一回事，对于事实的说明和解释是另一回事。对于事实的说明和解释可能是错误的，但事实仍将是事实，就此而言，事实是不依赖于对其解释和说明的任何理论或理论体系的。事实既然是人们对呈现于其感官面前的事物的一种意识和断定，而事物总是可以按其规律被创造出来，所谓“人化的自然”的存在，表明事实是可以被创造的，但是，事实又是不能被随意改变的。也许将来我们可能创造一种新的事实，发现一种新的事实，但这并不意味着改变了既有的事实，事实总是现成的或正在表现出来的。因此我们不能把不存在的事实误认作是事实。不能把关于未来的设想、计划、方案、目标……理想形态的东西当做事实。事实只能是既有的和现存的，未来绝不是事实。不能把普遍性命题、一般原理当做事实。事实虽然渗透着理论，也离不开理论，而且，事实也可以由理论所导出（人们通常所说的“料事如神”，就是指可以先由理论判明事实，然后再在实际上去发现该事实），但理论并不简单地就是事实。事实与理论是既一致又对立。抹杀二者对立的一面，把理论原理也当做事实，那就会自觉不自觉地走向唯意志论、唯心论。不能让事实去迁就理论，而必须把理论建立在可靠的事实基础之上。事实作为一种感性的经验知识形式，是一切认识的出发点。这是唯物主义认识论的基本命题。理论原理作为对象、现象本质联系和规律的反映形式，其可靠性和真理性正是由于它建立在经验事实基础上的结果。脱离了事实，不是植根于、验证于事实的一切学说、理论，其正确性、真理性必然是没有保证的。因此，我们就必须像恩格斯在概括马克思的理论活动时所指出的那样，“他（指马克思——引者）没有一个地方以事实去迁就自己的理论，相反地，他力图把自己的理论表现为事实的结果”。为此，“必须从既有的事实出发”而“不能虚构一些联系放到事实中去”。不能以个人好恶对待事实。人自然是有个人的好恶，按照个人的好恶来评价事实，这自然也是难免的。但是，事实就是事实，它不会因任何人的好恶不同而有所改变。因此，任何人都不应因个人好恶而夸大事实或抹杀事实，否则，也必然导致理论上和实际工作上的失误。也正是因此，恩格斯在《致尼古拉·弗兰策维奇·丹尼尔逊》的信中明确指出："……对于这些事实本身，您是同意我的看法的；至于我们是否喜欢这些事实，那就是另一回事了；但不管我们喜欢与否，这些事实照样要继续存在下去。而我们越是能够摆脱个人的好恶，就越能更好地判断这些事实本身及其后果。"不能胡乱地抽引事实。任何一个特殊时空中的事物，都可以用若干不同的概念去摹写，从而作出若干不同的判断，肯定或表现出许多事实。这表明任何一个事物都是许多事实的统一体。因此，对于任何事物的考察和研究，必须注意全面地分析事实和把握事实，注意事实之间的联系。这样对事实的掌握才可能是客观的、科学的。因此，列宁明确指出："在社会现象方面，没有比胡乱抽出一些个别事实和玩弄实例更普遍更站不住脚的方法了。罗列一般例子是毫不费劲的，但这是没有任何意义的或者完全起相反的作用，因为在具体历史情况下，一切事情都有它个别的情况，如果从事实的全部总和、从事实的联系去掌握事实，那么，事实不仅是'胜于雄辩的东西'，而且是证据确凿的东西。如果不是从全部总和、不是从联系中去掌握事实，而是片断的和随便挑出来的，那么事实就只能是一种儿戏，或者甚至连儿戏也不如。"为了避免这种胡乱抽引事实的情况的出现，为了能全面地把握事实，在相互联系中，在发展中把握事实，我们就必须有正确理论的指导，必须用正确的观点、方法去分析事实、把握事实，一句话，必须用人类迄今为止最完整、最科学的世界观和方法论，即辩证唯物主义观点和方法去对待事实、分析事实、统率事实。这是我们研究事实概念所必然得出的题中应有之义。[①]彭教授这一段精彩的论述充分展现了主观范畴的事实特点。

综上笔者认为，主观范畴的事实，简言之，就是人们对客观事实的认识和判断的结果。可以从以下几点进行简要理解。首先，事实不是东西，也不是事物，由于事物和东西总处于一定时空之中，因此，我们断定某件事物或某件东西与他物的关系时，即用命题表示出来，形成主观范畴的事实。其次，作为主观范畴的事实总是对某事物实际情况，如某事物具有某种性质和某些事物具有某种关系等的一种断定，因而必然是用命题来表示，用语句（陈述句）来表达的。再次，任何一个具体事物，由于都是多种规定性的统一，许多性质和关系的统一体，因而必然牵涉到许多事实，也就是说，任一具体事

① 该段论述转引自彭漪涟：《论事实——关于事实的一般涵义和特性的探讨》。这篇文章笔者是从期刊网下载的，找不到具体的期刊信息。

物必然是许多事实的统一体。最后，客观事实可以存而不在，但客观事实不可能既不存也不在，故客观事实不可能是未来的，对于未来尚未经验的领域，只是可能经验的领域，而不是已经经验过的领域，因而自然也就谈不上对之有任何经验事实。

四、客观事实与主观事实之间的联系

经过上述分析，我们就不难理解学界诸多对事实概念定义都有一定的真理性，又都失之偏颇。因为他们都没有注意考察事实的两种含义。而我们如果找准他们的出发点，就能够正确理解他们要表达的含义。否则，我们也会卷入其中的混战当中。在日常用语中，我们经常是将客观范畴的“事实”与主观范畴的“事实”混用的，甚至于讲，我们日常用语中的“事实”在绝大部分情况下都是指“我们认为的事实”，不是指事实的本身。我们必须是理解和认识这种状况，而不是误解或者视而不见，甚至于歪曲。我们日常生活中，事实的概念已经深入人心，使用习惯已经根深蒂固。因为从词语结构角度来分析，表示事情的真实情况的事实概念是一种强调的加重语气的表述，因为“事”本身已经是客观存在，真实是其言中之义。这样一来，“事实”的表述就有点“画蛇添足”的味道，这种“画蛇添足”的行为是造成“事实”混乱的主要原因之一。而表示已经证实的事的“事实”概念中的这个“实”字是不可或缺的，否则其意思就表达不完整。在我们日常生活中，“事实”的概念多数情况下是指这个“事”是已经得到证实的。“以事实为根据，以法律为准绳。”这句话，应当理解成“以已经得到证实的事为根据，以法律为准绳”。这样一来，法律真实与客观真实的分野就一目了然了。因为“得到证实”不必然等于“绝对真实”，是特定人群范围内得到了共同认可，认为已经达到真实的一种认识。从这个角度分析，“以事实为根据”这句话在法律语境里的表述真是非常准确和形象的。有意思的是，一方面我们日常使用的“事实”概念经常是主观的“事实（已经证实的事）”，另一方面我们潜意识当中往往将“事实”理解成客观的“事实（真实的事）”。这就是我们经常困惑的原因所在。

对于客观事实到主观事实的过程，实际上就是人们认识客观世界的过程。人们对客观事实的认识，首先来自于直接的摹写，逐渐形成大量的经验事实。这些经验事实被历史反复验证为真，从而形成人类的知识库。我们现在认识客观世界以及客观规律等，往往通过书本等载体获取，实质上就是直接从人类的知识库中学习和提取。对于客观存在的大量事实，我们也是通过这种途径获取的，并且对于我们不掌握的客观事实，我们仍然在不懈地探索，进行科学发现和研究。对于大量存而不在的客观事实，我们往往需要通过大量的证据去再现客观事实的情形。例如，通过考古我们来认识古代人们的社会生活状况，推断他们的政治、经济、文化等方方面面的情况。我们审判的案件事实，基本上属于历史事实的范畴，属于特殊的历史事实。我们需要再现案件事实的情况，必须也只能通过对证据的分析获得。通过证据对特征的把握，提取证据信息，形成对案件事实的看法，以命题的方式表现出来。

我们接下来先分析从证据到信息的过程。

第二节　从证据、可识素因到信息

证据是一个客观存在物，我们认识案件事实的关键在于对证据上的可识素因的发现，通过可识素因来解读证据信息。这个过程就是从证据到信息的过程。

一、证据与可识素因

（一）证据属于客观范畴

根据本书的定义，所谓证据，是指符合法定形式的，用以证明案件事实的信息载体。这里首先强调的就是证据的客观属性，证据首先是物质载体，是承载了一定信息的物质载体；证据的概念首先要坚持的就是物质存在第一性问题，明确证据属于客观范畴。然后，再强调物质存在与意识思维的同一性问题，明确证据是诉讼主体用来证明案件事实的，提出了证据是诉讼主体用以证明案件事实的凭借，突出其工具性，阐发了证据自身的价值所在。在进入审判程序后，通过对证据的真实性、关联性与合法性进行质证和辩论，提炼出正确的证据信息后，才据以认定案件事实。这里用证据证明的案件事实，或者说用证据证明的某一个事实片段，都是主体归纳的证据信息，主体认为的案件事实，或者说主体主张的案件事实，它们都是以命题的形式表现出来。这些“事实”不能够绝对等同于案件事实本身，而是对不同主体对案件事实的认识。证据本身能够反映一定的事实，但是不能等同于事实本身。或者说，即使说证据本体就是一种事实，但是也不能说事实直接等同于证据。两者之间不能够画绝对的等号。

证据的客观属性一方面表现在其本体是一种客观存在，更进一步表现为其蕴含的信息也是一种客观存在。证据信息是证据本身携带的信息，不管我们是否认识到，或者是否已经对其进行准确认识，或者是否对其进行了歪曲，它都客观存在，不以人们的意志为转移。并且，对于同一个证据，其本身可能蕴含了多种信息，甚至于对于同一个信息，可以有不同角度的解读，这些都展现了证据信息的复杂性。但是，所有这一切，不管我们是否进行了恰当的认识，它们都客观地存在。信息以何为表现形式呢？信息是通过证据独有的特征表现出来，这种特征就属于证据的可识素因，人们就是通过对证据的可识素因的把握来提炼证据信息，进而认识案件事实的。

（二）可识素因属于客观范畴

关于可识素因的概念，笔者首见于郑禄教授的《证据概念素说》中，他认为证据是讼事以物符或意融的形式，留存于时空内，并为听讼人借以听断讼事的可识素因。尽管笔者对郑教授的证据概念有不同意见，但是笔者认为，对可识素因的概括和提炼，意义深远。笔者的证据与证据信息概念，在引入可识素因概念后，就更加深入了。根据郑禄教授的概括，可识素因的表现形式为“物符”或“意融”两种，基本可以归纳为“徵”、“候”、“辭”。[①] 根据笔者的证据定义，证据是指符合法定形式的，用以证明案件事实的信息载体。问题来了，“徵”、“候”、“辭”能不能理解为信息载体呢？能不能理解为证据信息呢？至少我们的第一感觉“徵”、“候”、“辭”与证据本体以及证据信息都是有些差别的。那么，我们先来看看“徵”、“候”、“辭”到底是什么含义。

郑禄教授指出，证据的证字是由證字简化而来的。证据的据字是由據字简化而来的。要想准确解决证据的概念的问题，只有采取繁来简往的办法，打通证据与證據的通道才行。先从考察證字入手，證字的义项有很多。几乎涉及了今天所说的证据和证明的全部内容。

1. “證”与征（徵）通

据《增修互注礼部韵略》（按即《增韵》）称：“證与徵通。”现在，“證与徵通”的“徵”字已被简化为征了。

“徵”字是由“壬”和省去“几”的微字组成的。“壬”字音挺，其形状像有物出土而挺上，上是挺出之形，下是一个土字，所以“壬”的本意是闻（按，闻，知声也，往为听，来曰闻）达挺箸于外的意思。而微字，意为渺小，隐行藏匿。有“壬”和微省组成的“徵”字，其意义则是言行隐微，

① 参见郑禄：《证据概念素说》，载《证据科学》2008 年第 5 期，第 515 ~ 543 页。以下关于郑禄教授的观点介绍皆出于此文，不再另注。

但必闻达挺箸于外的意思。

言行隐微是说言行在客观上已经存在，只是因其隐微在常规下不易被发现。闻达挺箸于外，是说无论多么隐微，只要有其言行，言行自己就必然会留下被人认知、被人把握的信息。许慎《说文》认为，“徵者，召也。召者，‘言乎’（按，即呼也）”。召、呼又可互训。召是什么，是息也，呼是什么，亦息也。由此可知，“徵”者就是可召可呼之息。

主：那么“息”又是什么？

宾：息者，物成之所以也。就是构成物的那种东西。在诉讼中，就是形成争议事实的那些基本素因。

主：形成争议事实的那些基本素因又是什么？

宾：可以说是“息”，在我们的文化中，“息”也就是气，而气、息凝则物成。物成而质聚，质聚而生性，性生而有情，情而有感，感而有象，象而有形。由此可知所谓息者，即言行所赖之由也。只要有言行，不管其多么隐微，都必然会有可召可呼之息令人认知与把握。也就是说，所谓“證”者，“徵也”的这个“徵”，就是可以令人认知、把握的，反映言行的形、象、感、情、性、质的统称。

“徵”字在其他典籍中还有很多被应用的例证。《礼记·中庸》就说：“至诚无息，不息则久，久则徵，徵则悠远……如此者，不见而彰……”“子曰：‘吾说夏礼，杞不足征也。吾学殷礼，有宋存焉。吾学周礼，今用之，吾从周。’”“上焉者，虽善无徵，无征不信，民弗从。”

以上所引的三段文字中，第一段是说，至诚是不间断的，不间断就可以长久延续，长久延续就可以得到徵信，得到徵信就可以更加悠久长远。像这样不要体现而自己彰显出来的，就是徵了。第二段是说，我（孔子）解读夏礼；可是夏以后商的杞国不能提供徵信。我学殷礼；有殷的后裔宋国可以作徵信。我学周礼；现在正在适用。所以我遵从周代的礼制。第三段是说，周代以前的礼制，虽然很好，但无徵信，无法验证，老百姓就不相信，不相信，就没有人听从。此处所援引之“徵”字，全部都是“證”的内容。

2. “證”者，候也

主：“‘證’者，候也。”候好像就是气候的候。过去读蚕赋，记得曾有“燥濕是候”的话，说的也是这个候字。

宾：对。“燥濕是候”讲的是爰求柔桑，起止得时，燥濕有度。有度就是有候，援此候可寻燥濕之源，所以应该是这个候字。

候字在其文字演变过程中，曾经写作侯等，但其本源都是一个矦字。矦者，从人、矢、厂，像张布之状，矢取射义，谓射之有矦。古时曾有射矦取贤之说，射矦中者为技高，为贤，可受贤爵，为诸矦。因其矦中有射迹，寻迹可知技，以迹可索事、物。因此矦迹可以为證，而矦迹，候迹也。

但它与徵的为“證”还是有区别的。主要的是，凡徵者，是相对的抽象。多为需要通过具体的徵因才能认知和把握。而候则不然，它是具体的，是有明迹的，看得见、摸得着的，是可以直接获取为“證”的。徵、候刚好可为内外，可为质实文章。如果把二者联系起来，则可称为徵、候，从抽象和具体两个方面，构成“證”的统一的整体。

3.“證”以词（辭）

宾：今日的词和辞，是由辭简化而来的。辭的本意在功能上具有两重性质。一个是动词性功能。一个是名词性功能。其动词性功能方面，待容以后再议。这里仅介绍一下它的名词性功能。

名词性功能的辭，它现在已被简化为辞和词了。在实践中，辞与词有时被人混用。如果仅从简化后的辞与词的角度，證以辭的辭，也容易混用为词或者辞，使人难以分辨。我们只有仍从原形去把握，證以辭才有可能被说得清楚。

作为名词性的辭，它的含义应该是意内而言外，和意内而文外。这就是说人们有意思需要表达，表达需要通过两种途径。一个是言，一个是文。人们用言或文表达意思这种形式，就叫做辭。所以辭又有言辭、文辭两种。

这两种辭是都有可能在诉讼中出现并应用的。所以在应用中的这种辭又叫做讼辭。例如，《尚书·吕刑》中就有“民之乱，罔不中听狱之两辭”的记载。《周礼·秋官·乡士》之职就有“听其狱讼，察其辭”之说。《易经·系辭下》有“吉人之辭寡，燥人之辭多”。《左传·襄二十五年》有“晋为伯，郑入陈，非文辭不为功，慎辭哉”，等等，不胜枚举。

主：看来，辭的应用范围是相当广泛的。那么證以词（辭）是不是也应有个泛指的框框？

宾：有的。證以词（辭），一般是指诉讼中的讼辭。而讼辭也有正面的、反面的、真实的、虚假的之别。《荀子·正名》关于“辭也者兼異实之名以泛一意也”之说就是这个意思。

《史记·秦悼惠王世家》曾记载了一个主父偃令人辭证引王的故事。故事说汉朝时，齐国的主父偃，曾因“走后门”送闺女进王宫的事败露受到齐王的打击而与齐王结下了仇怨。到了汉景帝时，主父偃得了势，就蓄意报复齐王。他在景帝面前不断地讲齐王的坏话。他说齐王在吕后时就有反意，现在齐王又将作乱等。景帝听信了主父偃，就委派他去齐国作相，并要他负责查清齐王谋反的案件。主父偃领到尚方宝剑，杀气腾腾地到了齐国，开始了公报私仇。他对齐国的王室及齐王亲信人等大施杀威，用刑讯办法逼得了相关人员的口供和证言之后，再以诱导的方式“令其辭证皆引王”。“令其辭证皆引王”就是将其刑讯逼供取得到的辭证矛头都指向齐王，陷齐王于冤案之中。齐王在巨大的压力下，就服药自杀了。

在中华法的历史上，原告人、被告人、证人及所有涉案人员语言陈述和文字、符号的文辭表达，均可称为辭证。与辭证相对的则是物证。这就是中华法历史上关于证据的分类。这种分类至少已经存在有三千年的历史，这是我们中华民族的子孙应该引以骄傲的。

4. “摅”，依杖而持之

宾：我们再简单地看一下“摅”字。“摅”的基本意义就是杖持，杖者为所摅，杖持即为人而持之。杖持之义引申之，则是凭证的意思了。晋人郭璞曾为《尔雅》作序，称“事有隐滞，援摅徵之”……就是说，在“證”的含义为告、驗、质、听的情况下，就需要有摅的含义来支持。

主：也就是说，遇有隐微、隐滞，可是人们仍需认知、把握的情况下，这就需要援引徵、候、辭等为摅了。如果被人援引的乃是书面的文件，就是书证。例如，《金史·百官志·礼部》就有“凡试僧、尼、道、女冠……中选者，试官给摅，以各报有司”，这就是考试合格后颁发的合格证书，也就是书证了。总之，“摅”字的义项较为简易明白。

5. “證摅”的抽象

宾：以上我们分别考察了“證”和“摅”，因而由“證”和“摅”共同构成的“證摅”就应作这样的抽象：“證”字六个义项中的“徵”、“候”、“辭”就是讼事可识素因的物符与意融。物符和意融中既有可识素因的内容，也有可识素因的形式。

既然“證”字关于“征”、“徵”、“候”、“辭”的义项，是兼具内容和形式的物符与意融，那么这些“征”、“徵”、“候”、“辭”，当然就刻意称之为证明中的证据了。我国历史上的证明有时也被称之为“度”，度的意思是思忖，是指人对讼事的捉摸认识。人们度于外界的能力有大小，程度有深浅，那是人们善度与否的差异。善度与否，从一定的程度上反映着人们的综合素质和能力。汉文帝的飞将军李广习射同时又善度，视数十步内“度不中不发，发即应声而倒”,[①] 这是武将所有的善度。西周穆王劝诫近臣时言：“在今尔安百姓，何敬非刑，何择非人，何度非及。”[②] 指出要努力使自己的思想认识符合实际，乃是你们和谐治理百姓的重要手段。虞舜时代的皋陶，因其善度，能推十而合一，即从错综复杂的情形中证明归纳出确切中肯的结论来，而受到舜的赏识，于是就指认他作最需善度的士。所谓皋陶作士，就是皋陶当上了当时最大的法官。由于皋陶善度，并且度而至及，终于不负舜的所期，实现了舜所谓“卑予从欲（以）治，四方风动”的目的，从而得到了舜的“唯乃之休”的赞誉。所以凡为士者，都应该是善度的。

二、可识素因的理解和辨析

（一）可识素因的物符和意融

郑禄教授在后文中进一步明确，“證據”者，度及所借之征（徵）、候、词（辭）也。征（徵）、候、词（辭）即是可识素因。可识素因又以“物符”和“意融”的形式表现出来。那么，“物符”和“意融”又是什么意思呢？

1. 可识素因的物符

宾：符是物别为二，分而契合，以示信孚的意思。符在先秦被称为傅别。因地方读音的差异，傅别或被读为傅辨。符又多为虎形，故有虎符之称。虎符因其材质有异，又有铜符、竹符之别。符的作用，在于持此为信，可以出入关隘，可以调兵遣将，可以决断讼事等。在证据学上，物符是相对意融而言，是待证讼事可识素因存留于外的一种形式。符合即可判知讼事的有无及其是非曲直。

主：物符具有怎样的特点？

宾：物符是相对于意融而言，这基本上保留着讼事遗留的原状，不存在人为的意识上的加工。但是根据具体情况物符可以分为易改、镶表与嵌入等

---

① 《史记·一〇九·大将军传》。

② 《尚书·吕刑》。

不同的情况。[①]

2. 可识素因的意融

宾：可识素因的另一种遗留方式是"意融"。融者从鬲从虫，鬲为意符，虫为声旁，鬲者音立，为款足（按即实心）之鼎，加上虫字属会意形声字。其意是说鬲中食物由生而熟的过程中的炊气升腾。"意融"用以表示讼事遗留于人们的意识之中的可识素因。这是讼事的可识素因由感知传导于意识并在意识中贮存、汇集、记忆、加工、整理再用语言、文字表达出来的另一形式。待证讼事既已发生之后，当事人、关系人乃至此后的诉讼听受人对其有所感受，有所记忆，有所思维，并将待证讼事的"影子"深深的存留于他们的意识之中，故此称其为意融式遗留。意融式遗留在实践中也是常见的一种形式。它相对于"物符"而言，同物符形式构成可识素因所遗留的全部内容。

掌握意融类遗留，要比掌握物符类遗留复杂得多。意融类遗留经由感官感觉之后，又贮存于观念意识之中，再经记忆、整理乃至重新加工等反复地转化与融合，不知要比物符类遗留变化了多少次。这种遗留通过语言、文字表达出来，它和遗留它的讼事的关系不知要扭曲多少倍。这是在实践中掌握它时所极需注意的地方。

---

① 易改、镶表与嵌入。宾：易改物符是指可识素因仅蕴含于物的空间移动，物的方位或者形体的改变之中。因其只是蕴含于物的空间变化和方位或者形体的改变，所以具有容易被发现的特点。但同时又具有容易被伪造、销毁、湮灭的特点。这个特点要求听讼人必须及时抢先发现、辨析与采择。一旦错过机会，物符就有可能遭遇外力或者人为的改变、伪造、销毁或湮灭，出现时过境迁、去而无返的后果，使本来可以认识的可识素因，永远失去积极证明讼事的可能。相对易改物符，镶表物符的情况要稳定些。镶表物符相对于易改来说，它的凝结度和稳定性是比较突出的。例如，讼事遗留的指纹、足迹、剐、蹭、撬、压、痕迹，牲畜、车辆过境碾压痕迹，砖、石钝器打、压痕迹以及唾液、血液等体液遗留、沾染痕迹等都属于这一类。这种镶表性的物符在没有外力或者人为作用的情况下，一般不会发生明显的变化。这对于及时判断讼事的是否存在及其是非曲直无疑具有重要的意义。但这是相对易改物符而言。例如，在有风吹、光照、雪溶、水冲等外力的作用下，或者在有擦拭、磨削等人为作用和破坏作用下，镶表物符仍会发生改变，失去原有的状态。而这种变化往往又会决定其是否仍可据以判断待证讼事，最终影响整个诉讼证明的功效。嵌入物符与镶表物符又有不同，它的符合度要比前两种物符更要牢固些。其所不同的地方就好比是疾病达于腠理及至达于膏肓的物符。比如对于肌体、脏器造成破坏，对人体的健康机能造成损害，比如药性的发作，毒性的浸润与渐染，比如破坏性的光合作用、物化反映及色象、声象的传播等，都属于嵌入物符的范畴。因其这种物符的嵌入性所决定，一般外力或者人力很难改变它原有的状态。因而它的据以发现、认识、把握可识素因的作用，相对于镶表物符又要稳定的多。参见郑禄：《证据概念素说》，载《证据科学》2008 年第 5 期，第 533 页。

（二）可识素因的相对性

郑禄教授关于可识素因以及征（徵）、候、词（辭）的分析是非常精彩的。他进一步认为可识素因乃是讼事遗留的不可再行分割的单位。这正如“一尺之棰，日取其半，万世不竭”（《庄子·秋水》）给人的感觉一样。一尺之棰是具体的，日取其半也是具体的，万世不竭也是具体的，人们要想发现、辨析、采择一尺之棰、取半之棰、取半半之棰是容易的，但是要想发现、辨析、采择一世所取或所剩就不容易了。至于发现、辨析、采择百世所取或所剩，千世所取或所剩，乃至万世所取或所剩，那可是近乎抽象了。然而，近乎是近乎，抽象是抽象。近乎抽象实际上却仍然是客观的、具体的。讼事的可识素因正是这样。由于发现、辨析、采择具体的可识素因并非易事，因而感觉起来似乎也是抽象的了。

对于郑禄教授概括的可识素因有“一尺之棰，日取其半，万世不竭”（《庄子·秋水》）给人的感觉，我们以血液为例进行解读。一般很多场合，我们可以将血液作为可识素因，区分血液与他物，这很好理解。但是不同语境下血液又可以成为“候”，成为证据本体。例如，我们要鉴定血型的时候，实际上血液就为“候”，“候迹”是血液型物质的复合构造。血液型物质是一种多糖类——蛋白质型的复合化合物，是分子量极大的一种有机化合物。由于这化合物的复合构造的不尽相同，使之并非表现为某种单一的形式，而是分裂成 A 型、B 型这两种物质型。如果一个人身上没有任何一种血液型物质，那么他就是 O 型。因此血液型物质的复合构造是认定血型的可识素因。如果我们要进行 DNA 识别，那么血液里的 DNA 结构才是可识素因。不管怎么深化，这些可识素因还都是一种客观存在，随着人们认识能力的提高，对可识素因的范围会进一步深化和扩大。

（三）可识素因的辨析

当然，郑禄教授认为可识素因的形式就是“徵”、“候”、“辭”。这个概括并不是完全正确的，其中也存在着一些问题。为了进一步理解可识素因，下面笔者对“候”、“徵”、“辭”分别进行具体辨析，便于大家更好地把握：

1. 关于“候”

根据郑禄教授的描述：“候的本义是标靶，标靶所以可以作为证据是因为它的上面留有所射箭枝穿过的痕迹。从这个义项可以看出，‘候’又可以成为‘候’迹。‘候’迹不仅存在于‘候’中，而且存在于类似于‘候’的一切载体，所以‘候’迹也可以被引申为泛指的痕迹。”这里郑禄教授明显混淆了可识素因与可识素因载体的概念。按照笔者对这段文字的理解，“候”

是标靶，是证据本体，而标靶上面留有所射箭枝穿过的痕迹才是可识素因。直接把“候”等同于“候迹”是明显不当的。当然，“候”的概念范围很宽泛，很多时候对于“候”的理解相对“抽象”，如“气候”、“火候”等，这些现代的词一定程度上已经把“候”等同于“候迹”了，所以造成理解上的偏差，但是郑禄教授界定的具体语境下，还是可以看出他实际上是区分“候”与“候迹”的。后文中郑禄教授的进一步论述：“从候迹发现、认识、把握可识素因，主要依其候中有迹。所谓候中有迹，是说候中有迹时可以看见，可以摸得着的。待证事实的可识素因在候中遗留有明显的迹。”这段话中，进一步明确了“候”的载体性质。

2. 关于“徵”

“徵”通“征”、“證”。郑禄教授是区分“征”与“征象”的。但是“征”与“象”明显不是像“迹”之于“候”这种关系，“征”与“象”几乎是在通一个层面的表述。征象看起来也更加复杂一些：“有物象、液象、色象、气象、音象之别，这些物、液、色、气、音等诸象之征，又会随着时间的推移，空间、方位的变化呈现出纷繁复杂的象差。如物象差、液象差、色象差、气象差、音象差等诸象之差。”我们不妨进一步考察郑禄教授的论证：“在训诂学上，候是与徵互训的，而且候是以徵的对应方式充作断事的证据，并以此与徵共同构成证据的统一，并在称谓上从抽象与具体两个方面使证据实现了完善。”我们不难发现“候”与“征”是有区别的，但是也有非常紧密的联系。“征”“征象”基本是在同一个含义上讲的，两者都不是载体本身。那么，“征”的载体在哪里呢？我们用一个具体例子阐明，可能就更加清楚了。

例如，现场提取了一颗击发后的子弹，有什么意义呢？通过这颗子弹的特征，我们可以确定这颗子弹是五四手枪击发的，这是因为五四手枪的子弹有不同于其他枪械子弹的特有的特征。这实际上就是其“征象”。另外，这枚子弹上的击发痕迹，包括子弹与枪膛的擦痕、撞针的撞点等，实际上就是“候迹”。用这些“候迹”我们可以确定这颗子弹是由哪一支枪击发的。对于这把枪来讲，枪管内的滑膛线以及撞针等特征就是“征象”，枪把上的指纹就属于“候迹”，前者能够与子弹的特征结合作出枪弹关系鉴定，后者提取后可以作出人枪的关系鉴定。通过这个例子，我们可以看出，“候”与“征”不是完全在一个层面的东西。“候迹”与“征”及“征象”才是一个层面的概念，是可识素因；两者都必定有一个载体，这个载体是证据。

3. 关于“辭”就比较简单了

“辭”的表现形式无非文字与语言两种，而文字和语言不可能脱离载体而存在。文字肯定要附在书写材料上，如纸、布……语言主要在“人”这个载体上，其他还有可能以录音资料的形式存在。

通过以上分析，结合笔者的证据概念，我们可以明显看出，证据与可识素因是不同的。可识素因大致上可以概括为证据上可为人们所识别的特征、痕迹、符号等。

三、可识素因与证据信息

可识素因归根到底是一种客观存在。根据笔者关于证据的定义，证据是以“物”的形式存在，表现为“信息载体”，当然也是一种客观存在。两者的差别在哪里呢，是不是笔者定义的“证据”就是可识素因呢？非也。“物”的含义有两个方面，一方面是哲学层面的，表明其是一种客观存在；另一个方面是物理层面的，表现为一种“有形”的可用于“呈堂”的证供。可识素因明显难以直接以“有形”的形式进行“呈堂”。它需要一个载体，它还需要一种“诠释”，才能够展现于判断者面前。它的载体就是笔者定义的证据，而它的“诠释结果”就是笔者定义的证据信息。

可识素因的总结对证据概念研究是一个很重要的深入。结合本书证据与证据信息的概念，我们可以归纳和揭示出从证据到证据信息的具体过程，让证据的研究更加深入了一个层次。可识素因的本体是“徵”象、“候”迹、“辭”符。人们通过发现和认识证据本体上蕴含的可识素因，提炼证据信息。“徵”象、“候”迹、“辭”符也就成为证据信息的几种重要来源形式。诉讼主体通过证据上蕴含的可识素因来提炼出证据信息，然后用证据信息来认定案件事实。为了更加直观地表达可识素因与证据信息的关系，我们用上述理论分析一下我国诉讼法规定的证据分类。依据我国的诉讼法规定，证据的表现形式主要有：书证，物证，视听资料，证人证言，当事人的陈述，鉴定结论，勘验笔录，被害人陈述，犯罪嫌疑人、被告人供述和辩解。这种分类方法是存在严重缺陷的，在这里我们只是为了便于理解，以此进行简单剖析。

以借据（书证）为例，写了借款内容的纸是证据本体，文字（“辭”符）是可识素因，文字本身的含义就是证据信息。

以一把杀人的刀（物证）为例，刀是证据本体，刀柄上的指纹和刀刃上的血迹（“候”迹）是可识素因，指纹和血液的认定报告表达的内容是证据信息（但是更多时候是以血型鉴定或者 DNA 鉴定呈现，这样可识素因也会发生相应变化，前文已述）。

证人证言，当事人的陈述，被害人陈述，犯罪嫌疑人、被告人供述和辩解等都属于人证的范畴。在这里，人是证据本体，其大脑中的记忆中枢为可识素因，其表达的内容为证据信息。人证之所以复杂的根本原因就在于人们对这个可识素因的认识能力还极其有限，并且人证这个证据本体具有人为改变、歪曲、屏蔽其存储信息内容的能力（说谎）。

以录音资料（视听资料）为例，录音带是证据本体，人物声音的音差（“徵”象）是可识素因，声纹鉴定表达的内容是证据信息。视听资料的问题比较复杂，关于人的视听资料，归根到底属于人证的范畴，是对人证所表达的证据信息的记录，将“人”这个载体表达的内容转移到录音带、录像带等“数据记录媒介”这个载体上了。关于物的视听资料，归根到底就属于物证的范畴，只不过是进行了“载体的转移”。这种“转移”和“记录”的情况，决定了视听资料具有其独有的特点。

勘验笔录一般情况下是对现场的记录，类似于视听资料的特点。鉴定报告实际上就是对证据信息的提炼和认定。

通过以上分析，我们对当前诉讼法规定的证据形式应该有了进一步的认识，其实它们根本不属于同一个层面的概念，其分类方法也是存在严重问题的。现有的证据分类理论明显是混淆了证据与证据信息的概念，明显模糊了物证与人证的概念，明显忽略了概念的层次性问题。从而，不可避免地带来一系列的问题。

上面我们已经系统论述了从证据到可识素因，从可识素因到证据信息的过程。我们接下来要关心的是，人们是如何对信息进行认识的？信息又是什么属性的呢？

第三节　从信息到符号

自然世界的信息是客观存在的，人们通过意识对信息进行识别并转化成“编码”存储在大脑里。在人们进行信息输出的时候，以符号的形式表达出来。而符号本身又成为一种客观的信息存在，能够为他人解读和识别。

一、信息概念

（一）信息概说

提出证据信息概念的时候，笔者是自信的，认为对于“信息”还是了解的，并且有诸多切身的体会和运用。既然研究证据信息，必然要对信息有一个透彻的了解。在对信息的深入研究过程中，才发现自己掉进了一个前所未有的“大坑”。相对于证据、证明、事实的概念，信息的概念是一个更大的“超级陷阱”。中国科学院编写的《21 世纪 100 个交叉科学难题》一书中已把“信息是什么”列入这 100 个难题之一。[①] 信息论的研究不过几十年光景，而对于信息的定义却不下数百种，笔者就看过一百多种，都是对信息的不同视角的理解。在这种繁杂的局面下，更多的是依靠理性思维作为支柱，去呈现一个“完整意义”的信息概念。

英国牛津字典和韦伯斯字典把信息解释为“数据，新闻知识”。日本的《现代用语基础知识》认为，“信息的最简单含义就是‘通知’”。苏联大百科全书第二版的解释是：“信息为新闻的一种概念，是报纸进行报道的一种特别载体，可以借助于它而使人们了解国内或国际间的事件和新闻。”我国《辞源》对信息的解释是：信息是“音讯、消息”。社会生活的信息概念泛指消息、音讯、情报、新闻、通知、信号等，英文统称 information。英文信息语义来源于拉丁语，含有“陈述”、“解释”之意，后来泛指消息和音讯等，它们都是人与自然、人与社会以及人与人之间交换、传递的内容。在自然科学领域，由于学科繁多，对信息概念的解释也各不相同。数学家们说“信息就是概率论”；物理学家说“信息就是负熵”；通讯专家则说“信息就是解除不定度”，“信息是数据的处理”，“信息是系统状态的特殊的组织程度的标记”,[②]“信息是物质和能量在空间和时间中分布的不均匀程度”,[③] 等等。现代意义上的信息概念最早出现于通讯领域。1928 年 R. V. L 和哈·特利（Har-Teoy）发表了“观点信息的传输”一文，首次提出“消息”是信息的载体，是包含在各种具体“消息”（如语言、文字、图像、信号等）中的抽象量的观点。20 世纪 40 年代，美国数学家 G. E. 申农（Shannon）发表了《通信的数学理论》这一重要著作，从而奠定了信息论的理论基础，被誉为信息论创始人。在书中，申农从量的角度对信息概念作了阐明，认为信息是人们对了解事物不定性的减少或消除，是两次不定性之差。申农还给出了信息的数学表达式。自从申农创立信息论、维纳创立控制论以来，有关“信息”的研究

---

① 倪鹏云：《关于信息定义与本质概念讨论的我见》，载科学网倪鹏云的博客。

② 何江：《信息与反映》，载《自然辩证法研究通讯》1993 年第 2 期。

③ 王平：《自然辩证法论文集》，人民出版社 1983 年版，第 245 页。

一直是学术界的热点。[①]

在社会科学领域，国内外学者对信息的定义也是纷繁复杂的。信息是一切物质的普遍属性，“信息离不开物质，但信息不是物质本身。信息只是反映了事物的特征、变化、运动状态，是物质发出的消息、情报、指令、数据和信号中所包含的内容”,[②] “信息是物质的一种存在形式，它以物质的属性或运动状态为内容，并且总是借助于一定的物质载体传输或储存”。[③] 信息是物质的普通属性。它表述出它所属的物质系统，在同其他物质系统全面相互作用过程中，以质能被动的形式所呈现的结构、状态和历史;[④] “信息是标志物质间接存在性的哲学范畴，它是物质存在方式和状态的自身显示”；“信息是一种存在于物质和意识之间的客观而且实在的东西”;[⑤] 信息就是认识论，“信息就是信息，不是物质也不是能量。不承认这一点的唯物论在今天就不能存在下去”,[⑥] “信息这个名称的内容就是我们对外界交换来的东西”。[⑦]

信息（information)，也许是当今国内外学界最有争议的概念之一，上文介绍的不过是信息定义的一小部分而已。刘仲秋、熊志海教授还在《证据中的事实信息》一文中收集了30多个信息概念，以他们的理解对信息概念进行

① 转引自王世明、张锐：《信息、证据与刑事诉讼——从信息的视角看我国刑事诉讼中的证据》，载《重庆交通学院学报（社科版)》2004年第4期。

② 梁鸣：《论信息》，载《中国社会科学》1984年第4期。

③ 邬焜：《哲学信息论要略》，载《人文杂志》1985年第1期。

④ 梁志学：《克劳斯对控制论哲学的研究》，载《自然科学哲学问题丛刊》1978年第1期。

⑤ ［美］维纳著：《控制论》，郝季仁译，科学出版社1963年版，第133页。

⑥ 李淮春著：《现代思维方式与领导活动》，中共中央党校出版社1978年版，第45页。

⑦ 张守文、周庆山著：《信息法学》，法律出版社1995年版，第3页。

了六大分类。[①] 到底该如何理解这些概念呢？

（二）信息定义

其实，从上述信息概念，我们已经不难看出，自然科学关于信息概念的理解强调从信息方法的角度去定义，即由通信工程扩大到了人类认识世界和改造世界的整个活动领域，并在实践中逐步形成了一种具有普遍意义的新的方法论工具。社会科学对于信息概念的理解主要侧重于信息的属性、运动变化的规律、信息相互关系等角度去定义，并在理论上进一步丰富了哲学的基本范畴。概言之，对信息的定义大致有两种基本方法：本体论方法，对信息本体进行描述和定义；认识论方法，从主观认识过程和对认识的作用来把握信息本质。

笔者认为，信息的定义从宏观角度可以简要表述为，物质的表征。信息是一个有普遍性的哲学概念，它存在于自然界、人类社会和人类思维的各个领域。我们所生活的世界是复杂的，时刻处于相互联系、相互作用、永不停息的运动变化状态中，而表现这种联系、变化、差异的表征都是信息。比较

---

① 刘仲秋、熊志海：《证据中的事实信息》，载《西南师范大学学报（人文社会科学版）》2005年第5期。在该篇文章中，刘仲秋、熊志海统计，自然科学和社会科学的论著中至少有30种以上的信息定义。其中最具代表性的应当是如下六种：（1）信息是与人们对事物了解的确定性与不确定性有关的一种客观存在。申农就将信息定义为“两次不定性之差”。参见［美］C. E. 申农：《通讯的数学理论》，载《信息论理论基础》，上海市科学技术编译馆编1965年版。（2）信息是控制系统与外界相互作用，相互交换的内容。著名学者维纳认为：“信息这个名称的内容就是我们对外界进行调节并使我们的调节为外界所了解时而与外界交换来的东西。”参见［美］诺伯特·维纳著：《人有人的用处：控制论与社会》，陈步译，商务印书馆1978年版。（3）信息是事物和现象发生变化、出现差异的表征。［美］艾什比（W. R. Ashbby）在其《控制论导论》一书中提出：“变异度，这一概念，即信息论中所讲信息这一概念。”参见［美］W. R. 艾什比著：《控制论导论》，张理京译，科学出版社1965年版，第152页。我国的蔡长年教授早在1979年就说：“信息是表征客体变化或客体之间相互差异或关系的东西。”参见东北师大马列主义教研部编，信息论资料汇编［Z］。（4）信息是物质和能量在时间和空间上的不均匀分布的一种度量。诺意曼认为：“用来传输消息的信息，是一种周期性或近似周期性的脉冲序列。”参见［美］约·冯·诺意曼著：《计算机与人脑》，甘子玉译，商务印书馆1979年版，第58页。我国也有学者提出：“信息是在通讯、存贮和控制系统（以致在人体和人类社会）中，物质和能量在空间和时间（包括频率）上分布的不均匀度的度量。”参见任公越：《信息疗法》，载《哲学研究》1980年12月。（5）信息是系统的组织程度、组织结构、有序程度。我国学者周怀珍提出：“信息是任何一个系统的组织性、复杂性的量度，是有序化程度的标志。”参见周怀珍：《信息方法的哲学分析》，载《哲学研究》1980年9月。（6）信息是事物运动的基本属性。我国有不少学者认为：“信息是事物存在方式或运动状态，以及这种方式/状态的直接或间接的表述。”参见钟义信：《信息科学》，载《自然辩证法》1979年第3期。信息是事物“反映出来的属性”。参见刘长林：《论信息的哲学本性》，载《中国社会科学》1985年第2期。“信息即事物运动的外化”。参见黎鸣：《试论唯物辩证法的拟化形式》，载《中国社会科学》1981年第3期。

特殊的是，人脑这种“物质”它不但可以作为信息“存储”介质，还可以创造信息。这种创造信息通常以符号的形式来表达。语言和文字就是符号的典型代表。这些符号由人类所创造，构成物质世界的一部分，本身也成为信息的载体，其表征就是信息。这一点是非常重要的，只有充分认识这一点，我们才能够明白“认识”领域更多的奥秘。而人脑的这种信息创造功能我们并不难理解，因为我们每个人都有切身的体会，它是人脑这种“物质”运动的结果。这类信息我们可以称之为“意识层面的信息”，将之与“物质层面的信息”相对应。而不管是“意识层面的信息”，还是“物质层面的信息”，统统都是客观存在的范畴。也正是基于信息的这个基本属性和特点，主客观之间的沟通和交流才成为可能。

（三）信息与证据信息

证据信息当然属于信息的子概念。信息具有的一切特征和属性，证据信息都同样具备。由于证据分为物证和人证两大类。物证信息不依存于意识而存在，但是人证信息的输出就存在“意识”干预和创造的问题。两者就属于物质层面的信息，后者就属于意识层面的信息。

证据信息概念的确立，对证据评判理论具有极为重要的意义。

第一，丰富和完善了证据法学的基础理论范畴。证据信息概念的确立，明确了证据本体与信息的关系，进一步揭示了信息与裁判事实的关系，为进一步深入研究诉讼认识问题奠定了基础。有利于我们正确深入地理解证据、事实、裁判事实等一系列概念。

第二，有利于我们在证据裁判领域建立更加科学的方法论系统。证据信息概念的确立，为我们在诉讼实践中分析证据、鉴别证据，通过各种科学的方法从证据中识别和发现信息，提供了全新的思路和方向，有利于我们建立更加合乎逻辑的方法论系统。无论物证或者人证，如果作为证明案件事实的根据，都应当蕴含并表征出与案件有关的信息内容。证据中的信息是我们发现案件事实的前提。这就要求我们在实践中强化对各种证据的分析、识别、鉴定方法，强调运用所有可能的认识方法和手段，提高我们对信息的识别、吸收能力。

第三，有利于提高我们的物证意识，加强物证观念。证据信息概念的确立，使我们更加重视信息的基本特点与属性，有利于我们更加理性地对待人证的问题，进一步加强我们的物证意识，从而提高我们的案件质量。

第四，有利于促进我们的裁判者素质建设。证据信息概念的确立，会让我们进一步重视裁判者素质的建设问题。由于裁判者主体素质不同必然影响其识别能力，对信息识别的结果也会发生很大的差别。例如，一个小孩和一位数学家对“0”的认识是不尽相同的。这种识别能力的差别，让我们会更加重视裁判者的经验积累和基础素质建设。

第五，有利于推动证据技术和规则的发展。证据信息概念的确立，必然推动我们不断改进方法来达到对信息的摄取与处理，要求我们把现代信息科学的技术成果引进诉讼证明活动，丰富收集和运用证据的手段，促使了证明方法现代化、证明规则科学化。

二、信息的特征

根据以上论述，我们可以总结出信息的几个基本特征：

（一）信息是一种客观存在

世界首先表现为“客观存在”，这种“客观存在”可以分为“物质”与“意识”两种截然不同的“存在方式”和“存在形式”。其实这并不难理解，因为不管是“思维”还是“意识”，它都是一种存在。人类作为“意识”的主要持有者（之所以这么表述，是笔者认为因为其他动物的意识肯定也是存在的，并且我们现在也不见得能够排除植物的“意识”），人们研究的哲学的一个主要内容就是洞悉“物质”与“意识”之间的相互关系。① 这归根到底是认识论层面的问题，从这个角度讲，“物质”与“意识”之间的相互关系表现为信息的传递与接收，表现为“信源”与“信宿”的关系。这里面要明确的是，不管是“信源”还是“信宿”，其载体都是“物质”。“一切物质都同时具有信源、载体、信宿的三重属性，凡是有物质的地方就必然存在着信息，信息的这种与物质同在的普遍性是由物质世界相互作用的客观本质决定的。”② 我们其实不难理解庸俗唯物主义把“意识”说成是人脑的“分泌物”的原因。因为不管是人的“意识”，还是动物的“意识”，都不能脱离“物质”而存在，可以说“意识”是“物质”的产物。人脑本身就是一种“物质”，同时人脑也是信息的“储存介质”，这个“储存介质”在这里就成为“信宿”。需要特别强调的是，在“物质”与“意识”的相互关系中，“意识”往往是“主动”的，“意识”具有“主动性”。

黑格尔曾经明确提出人们对客观事物的认识，认识主体和客观事物这一

---

① 对于“客观存在”与“物质”、“意识”的两个层次的划分，肯定存在很多反对的观点，但是这也不是笔者的独创，我们不过是对传统哲学在存在论领域的一个基本信条（存在 = 物质 + 精神）的展开罢了。由于不是本书的主题，其是与非仅供大家探讨。

② ［美］维纳著：《控制论》，郝季仁译，科学出版社 1963 年版，第 133 页。

认识对象之间的对立是有中介的对立；双方的联系是有中介的联系。包括人们对案件事实的认识在内，人们正是在客体——中介——主体三者的相互作用、相互转化的运动中，才完成了人类认识客观世界，改造客观世界的过程。恩格斯对黑格尔的这一认识的中介论曾经给予了极高的评价，认为认识的中介论是一个"伟大的基本思想"。列宁也予以了充分肯定，并强调说："一切都是经过中介，连成一体，通过转化而联系的。"① 这几位伟人都认识到这种"中介"的存在，但是都没有深入的探讨和研究。其实，这个中介就是"信息"。主体恰恰是在对信息的不断"摄取"过程中认识世界的，人们对信息的认识程度决定了其认识的能力和认识成果。这个中介（信息）肯定是一种客观存在。

对于信息的客观存在性，是能够达成共识的。但是，马上又产生另一个问题，既然"物质"、"意识"和"信息"都是一种客观存在，那么它们之间的关系如何界定？或者说，它们是以什么样的"形式""存在"的？

在笔者所及的材料中，西安交通大学人文社会科学学院的邬焜教授②对于信息的哲学研究是持续的，比较深入的。他在《信息哲学的若干基本理论》③ 一文中提出："现代信息科学与信息哲学则揭示了一种区别于物质世界与精神世界的自在信息的世界，并且精神世界又是信息活动的高级形态。于是关于存在领域分割的理论便有必要重新予以阐释：存在 = 物质 + 信息［自在信息 + 精神（自为、再生信息）］。在相关研究的基础上，我曾把信息定义为：'信息是标志间接存在的哲学范畴，它是物质（直接存在）存在方式和状态的自身显示。'存在一个物质世界和三个信息世界：物质世界（以实体和场的物质体的方式存在）、自在信息世界（以客观信息体的方式存在）、自为和再生信息世界（以主观精神活动的方式存在）、文化信息世界。"对此，笔者持完全不同的观点。尽管"信息"与"物质"、"意识"都是客观存在，但是它们不是一个"空间维度"的"存在"。假如说"物质"和"意识"是"一维空间"的"存在"，那么，"信息"这是"二维空间"的"存在"。三

① 列宁：《哲学笔记》［M］，103. 转引自熊志海：《事实、信息与诉讼证据》，载《探索与争鸣》理论月刊 2004 年第 4 期。

② 根据邬焜教授的自我介绍，1980 年，他开始涉入建立信息哲学的研究领域，开始陆续发表该领域的论文和著作。经过 27 年持续不断的拓展和深化研究，他提出并建立的信息哲学体系日臻全面和完善，已出版与该领域相关的系列著作 11 部，在已发表的 230 余篇论文中与信息哲学领域相关的就有 170 余篇。

③ 该文载于《陕西广播电视大学学报》（第 10 卷）2008 年第 1 期。

者不是一种绝对的并列关系。并且，邬焜教授在这里也混淆了信息的属性问题，最终将信息并入了“意识”的范畴，这是和他自己的观点存在自相矛盾之处。笔者认为，“信息”是一种客观存在，但是它不是“物质”本身，“物质”只是“信息”的载体；“信息”也不是“意识”本身，只是“意识”能够对“信息”进行反映、存储和整理，从而大脑也就成为了信息的载体。信息是一种客观存在，但是它不能脱离直接、具体的物质存在形式而存在。

（二）信息是运动和变化的

信息是事物存在和运动、变化的表征，物质的运动和变化造成信息的不断运动和变化。哲学上讲的运动是指宇宙中一切事物的变化和过程。运动是物质的根本属性，静止是运动的一种特殊状态。物质的联系构成运动、变化和发展，物质运动的形式无限多样，概括起来有五种基本运动形式：机械运动、物理运动、化学运动、生命运动、社会运动。物质的这些基本运动形式又各有其特殊的运动形态，这些运动形式都反映了事物的一种变化和过程。例如，刮风下雨，反映了天气一种变化和过程，人的生老病死，反映了人的变化和过程。而且，变化和过程同时存在。

古希腊的赫拉克利特说过，“人不能两次踏进同一条河流”。这句话形象地阐明了物质运动的深刻哲理。河水在不停地流动，当人第二次踏入这条河时，接触的已不是原来的水流，而是上游来的新水流。客观事物就像河水一样处于不停的运动之中。世界是物质的，物质是运动的，整个世界就是永恒运动着的物质世界。有些事物的运动是明显的，人们可以直接感觉到，如奔驰的汽车，流动的河水，划破夜空的流星等。有些事物变化是缓慢的，人们不容易觉察到。俗话说：稳如泰山。但科学研究表明，泰山在100万年间升高了几百米；世界第一高峰珠穆朗玛峰在50万年间升高了1600米。还有些物体虽然运动速度快，但距离我们遥远，或者是物质本身太小，我们也不容易感觉到。恒星看起来是不动的，其实，织女星和牛郎星分别以每秒14公里和26公里的速度飞奔。微观世界的原子、分子基本粒子同样是在不停的运动，许多粒子从出生到“衰变”，只有几百亿甚至几万亿分之一秒，运动速度非常之快。正如恩格斯所说：“没有运动的物质，和没有物质的运动一样，同是不可思议的。因之，正和不能创造或毁灭的物质的本身一样，运动也是不能创造和毁灭的。”“这是物质运动的一个永恒的循环，这个循环只有在我们的地球年代不足以作为量度单位的时间内才能完成它的轨道……在这个循环中……除永恒变化着、永恒运动着的物质以及这一物质运动和变化所依据的规律外，再没有什么永恒的东西。”

我们所生活的世界是复杂的，所有的事物时刻处于相互联系、相互作用、永不停息的运动变化状态中，而表现这种联系、变化、差异的都带来信息的运动和变化。事物存在和运动、变化的表征构成信息的内容。意识层面的信息尽管有其特殊性，但是究其本质来讲，也是人脑这种物质运动和变化的“反映”。人脑的内部运动和变化能够创造信息，也真正开始揭开了“认识”运行机能的神秘面纱。

（三）相对于物质不灭定律来说，信息是有生有灭的

1756 年俄国化学家罗蒙诺索夫把锡放在密闭的容器里煅烧，锡发生变化，生成白色的氧化锡，但容器和容器里的物质的总质量，在煅烧前后并没有发生变化。经过反复的实验，都得到同样的结果，于是他认为在化学变化中物质的质量是守恒的。但这一发现当时没有引起科学家的注意，直到 1777 年法国的拉瓦锡做了同样的实验，也得到同样的结论。但要确切证明或否定这一结论，都需要极精确的实验结果，而拉瓦锡时代的工具和技术（小于 0.2% 的质量变化就觉察不出来）不能满足严格的要求。因为这是一个最基本的问题，所以不断有人改进实验技术以求解决。1908 年德国化学家朗道耳特及 1912 年英国化学家曼莱做了精确度极高的实验，所用的容器和反应物质量为 1kg 左右，反应前后质量之差小于 0.0001g，质量的变化小于一千万分之一。这个差别在实验误差范围之内，因此科学家一致承认了这一物质的质量守恒定律，也叫物质不灭定律。

自从爱因斯坦提出狭义相对论和质能关系公式（E = mc2）以后，说明物质可以转变为辐射能，辐射能可以转变为物质。这个结论对质量守恒定律在化学中应用有何影响呢？实验结果证明 1000 g 硝化甘油爆炸之后。放出的能量为 8.0×10^{6} J。根据质能关系公式计算，产生这些能量的质量是 8.9×10^{-7}g，与原来 1000g 相比，差别小到不能用现在实验技术所能测定。从实用观点来看，可以说在化学反应中，质量守恒定律是完全正确的。20 世纪以来，人们发现原子核裂变所产生的能量远远超过最剧烈的化学反应。1000g 235U 裂变的结果，放出的能量为 8.23×10^{16} J，产生这些辐射能相等的质量为 0.914g，和原来 1000g 相比，质量变化已达到 1‰的程度。于是人们对质量守恒定律就有了新的认识。在本世纪以前，科学家承认两个独立的基本定律，质量守恒定律和能量守恒定律。现代科学家则将这两个定律合而为一，称它为质能守恒定律。

与此物质不灭相对的是，信息确是有生有灭的。信息的“存储”需要一个相对“确定”的载体，当这个载体的物理形态或者化学形态发生变化的时

候，信息必然跟随着发生变化，这就是信息的基本特点之一。例如，玻璃杯上有一个指纹，当我们擦玻璃杯的时候，产生了一个物理的运动和变化，其结果造成指纹消失。整个过程中，物质总量是不变的，但是信息变化却非常大。这个过程产生了大量的信息“某人擦了玻璃杯”、“玻璃杯上的指纹被擦掉了”、“玻璃杯比原来干净了”。也由于很多信息无法被储存而消失“指纹的信息”、“玻璃杯原来的位置（与他物的位置关系）”等大量的信息由于没有存储介质的保存而永久的“灭失”了，可以说这些灭失的“信息”已经不可能被“意识”所重新发现。如果玻璃杯被高温化掉了的话，那么，信息的生灭就更加明显了。人脑作为一个特殊的信息载体，在大脑死亡的时候，其存储的信息也就全部灭失了。如果大脑当中有很多不为他人所知的信息，而没有输出到其他载体上面的时候，这些信息就永久地消失了。

从这个角度来讲，其实“物质”和“意识”的关系更加复杂。“信息”作为两者之间的“中介”，它的生灭决定了从绝对意义上来讲“意识”无法完全与“物质”相同一。“物质”的运动和变化是“无限”的，而“意识”需要“介质”（如人脑）而存在，是“有限”的。“有限”存在的“意识”肯定无法反映“无限”变化的“物质”，从而使“相对真理”具备了“绝对性”。[①] 因此，从绝对意义上讲，信息的存在能够不断消除、减少人类认识“事物”的不确定性，但是信息能够“消失”的特定决定了人类认识“事物”经常无法达到绝对的确定性。同时，“意识”能够创造信息的特性，在另一个程度上加强了人们的认识能力，由此也一定程度地增加了认识偏差的概率，增加了信息的复杂性。

（四）信息具有可被创造的特点

前文提到，信息还有一个重要的表现就是，能够为“意识”所创造，从而存储在人脑中，并且可以通过语言、文字等方法输出、固定和传递。这是非常重要的一个特点。最有代表性的就是文字和语言本身的创造，文字和语言就是典型的符号信息，原本是不存在于客观世界的，是由人的意识和思维创造出来的一种信息形式。这种创造出来的符号信息更进一步更新和加快了信息的传递和复制的方式和速度。

这种“创造”经常表现为人类的假设、构思、幻想……我们以“做梦娶媳妇”作为例子，“娶媳妇”本身是一个并不存在的信息，但是我们可以通

① 这个推论过程完全是笔者理性思维的过程，没有找到相关的资料印证。但是，这个推理的逻辑过程是严谨的，因此，在此予以表述，供大家探讨。

过思维的幻觉（做梦）的形式创造出来，并且可以进行传递（向他人表达），从而具备信息的一切特点。甚至于我们大脑接收和存储了一个信息，如我们看见了张三打了李四，大脑对这个信息也进行了存储。但是我们可以通过大脑的意识将其“屏蔽”，我们最终却说，张三没有打李四，或者说是王五打的李四。而后面的信息通过传输和存储，其本身也变成了一种客观存在，具备信息的一切特征。

因此，信息具备可创造性的特征。因此，我们可以说信息不能脱离直接、具体的物质存在形式而存在，但是不能简单地说信息可以脱离意识而独立存在。“物质”的信息是不以“意识”为转移的，可以脱离“意识”独立存在，但是“意识”创造的信息就不能简单地说它脱离“意识”而存在。而一旦这种信息被创造出来以后，它就能够取得了客观存在的全部秉性，能够脱离意识独立存在。例如，我们创造了一个信息“关公战秦琼，一直打了三百回合”，当这个信息被录音或者用文字记载的时候，就转化为“物质”的存在了。这很好理解，但是其实在这个信息被创造后，它就存在于创造者的大脑存储介质里面了，就已经是客观存在了。如果创造者没有对外输出，那么这个信息就随着创造者的死亡而“消失”了。不过，也许有一天我们能够进行人脑信息的复制和识别，那就另当别论了。

人脑能够实现信息的输入输出，甚至于能够进行信息的创造。这种输入输出的过程就是一种“编码”的传递。计算机领域的人工智能技术采用的“编码信息”就是这个原理。这种符号可以理解为一种“编码”，或者说“编码”就是一种符号信息。这种符号信息实际上完成了信息在“物质”和“意识”之间的相互流转和转换。

（五）信息具有可以复制与传递的属性①

信息可以脱离它所表征的事物而被反映到与它相联系的另一事物的属性之中，具有可复制性和可传递性（传输性）。它可以从一事物传递到另一事物之中。以恐龙化石为例：实际的恐龙早已在亿万年前消失，但表征恐龙属性的信息却仍然在恐龙化石的属性中反映出来，告诉我们亿万年前的恐龙是什么样子的。这说明了信息在时间域的可传递性。我们没有去过北极，但是我们可以通过北极的照片了解北极的信息。这说明了信息在空间域的可复制性和可传递性。所有的信息还可以通过文字、语言表述，即转化为符号信息

① 关于信息的可传递性主要参考了倪鹏云：《关于信息定义与本质概念讨论的我见》，载科学网倪鹏云的博客。

进行传递。信息的可复制性和可传递性对于理解信息的本质具有特别重要的意义。

为了进一步分析信息的可传递性，我们构造了如图 1 所示的信息传输系统模型。图中原端事物通过一系列的中间事物与目标事物相连，以便研究原端事物属性是如何通过中间事物反映到与它并不直接连接的目标端事物属性之中的。

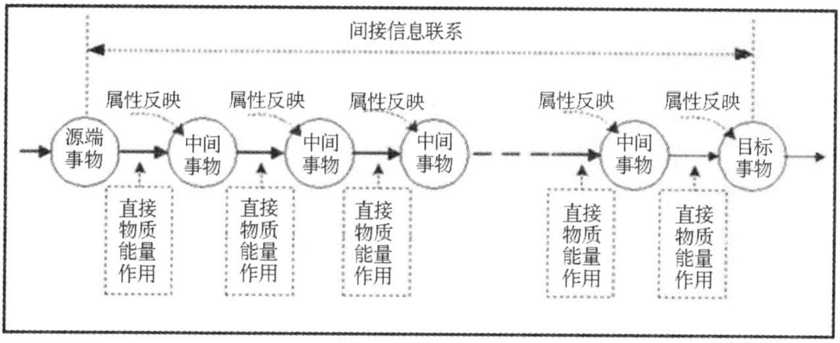

图 1 自然物质世界中信息传输系统模型

图中显示，事物之间的联系有直接联系和间接联系两种：直接联系通过事物之间物质、能量的直接作用而影响和改变事物的属性；间接联系则是事物之间通过若干中间事物而形成的联系，在这种间接联系过程中，原端事物的属性通过若干中间事物之间的直接联系被间接地反映到目标端事物的属性之中，形成一种间接的信息联系。在这种情况下，目标端事物并没有与源端事物产生直接物质和能量的相互作用，但却反映了源端事物的某种属性。间接联系的系统有时被称为信息传输系统或通信系统。作为信息传输系统，图中原端事物可称为信源、目标端事物可称为信宿，中间事物则可称为信道。

根据以上对信息传输过程的基本分析，我们可进一步指出信息传输的以下重要特性：

第一，信息传输的广泛性。事物之间的普遍联系，包括空间域和时间域的广泛联系，因此图中所示信息传递模型，不仅表示信息在空间域的传递，而且也表示在时间域的传递。事物空间域的联系应包括横向和纵向两个方面的联系：横向联系是事物与它的周围相关事物（环境）的联系，事物通过这种空间横向的联系和作用，一定会在它自己的属性中反映出它周围相关事物的某些属性；纵向联系是事物通过表面的属性反映出它内部结构的一些本质属性，如地震的现象反映地球内部热能、地质结构等属性信息的变化。事物时间域的联系体现了事物运动和发展的特性。地球结构的演变、生物物种的进化和人类本身的发展等都是信息在时间域传输作用的体现。所以，信息的传递具有时间域和空间域中无限的广泛性。

第二，信息传输的综合性。也由于事物联系的普遍性，图中目标端事物属性中所反映的与其相联系事物的属性信息，是多方面信息传递的综合，如地球上植物的生长情况，既反映了太阳光和热传递过来的太阳的属性信息，也反映了地球土地土质、肥、水等的属性信息。即使同一事物传递过来的信息，也可能是该事物各方面属性信息的综合。而且，事物又是不断在运动、变化和发展的，在客观物质世界中，任何具体事物在给定时空所呈现的属性，也是不同时期获得相关事物属性信息的综合。例如，树干的年轮，就是每年增加一圈，而综合反映出树的树龄的，并且它也反映了地球绕太阳公转的运动属性。

第三，信息传输的不稳定性。图中目标端事物（信宿）通过中间事物（信道）从原端事物（信源）得到的属性信息最终也是在物质、能量的作用下被反映到目标端事物的属性之中的。因此，信宿最终获得信源多少信息，不仅与信源端发出信息的多少，而且与信道的属性和信宿的属性都有关。而这三方面的因素，由于受到环境变化的影响，都有很大的不稳定性。因此，任何一个具体的信息传输过程，信宿能够经信道从信源获得多少属性信息有很大的不稳定性。

第四，信息传输的普遍性和传承性。也由于事物普遍联系的特性，图中源端事物、中间事物和目标端事物都是相对的。事实上，在普遍联系的客观物质世界中，任何一个具体事物，它既可作为信宿从与它相联系的事物接收信息，也可作为信源向与它相联系的事物发送信息，当然它也可作为中间事物传递信息。图中的目标端事物，并不是信息传递的最终点，它还可继续传递下去。我们现代人虽然与几万年前的古代原始人已有很大差别，但仍然反映着原始人的许多基本属性信息，这些信息就是一代一代人传递过来的，而且还将继续传递下去。

三、人与信息[①]

人是在地球长期进化过程中形成的一种具有生命和大脑思维功能的高级

---

① 倪鹏云：《信息技术的形成与发展》，载科学网倪鹏云的博客。

组织体，但他仍然是客观世界中的一个客观物质实体。所以在客观世界事物之间普遍相互联系和作用的过程中，人与他周围的客观事物之间也必定存在着各种联系和相互作用。客观事物的属性通过各种力、场、光、声及分子物质扩散等物质介质作用于人的各种器官并最终传递给大脑并在大脑中形成对这些客观事物属性的印记，这就形成人对客观事物的初步感性认识。由此可见，所谓人对客观事物的认识，实际上就是对客观事物属性的认识，是表征客观事物属性的信息。所以，在人类的主观认识世界中，我们可以从认识论角度将信息的概念归结为“人对客观事物的认识”。它实质上就是客观事物属性在人脑中的反应。

从信息观点看，如图2所示，人是一个复杂的信息系统。人脑能够实现信息的输入和输出，实现“物质”与“意识”在“二维空间”的“交流”。在这个“交流”过程中，从人类的“意识”角度来讲，由于意识对物质的反应肯定具有“滞后性”，因为意识总是对存在的物质有所反应。由此可知，相对于物质层面的信息运动与变化来讲，“意识”对这些信息的“摄取”具有“滞后性”。但是，意识的创造性特征，又经常使其具有某种“前瞻性”。人的各种外部器官，如眼的视觉、耳的听觉、鼻的嗅觉、舌的味觉、皮肤的感觉及皮肤的触觉等都具有信息采集功能，大脑具有信息处理和存贮功能，遍布人全身的神经系统具有信息传输功能，口、手、足在大脑信息控制下的动作，则体现了信息的利用功能。人的自然器官所具有的这些功能被称为人的自然信息功能。人正是利用这些自然信息功能来开始认识客观世界和适应、改造客观世界的。

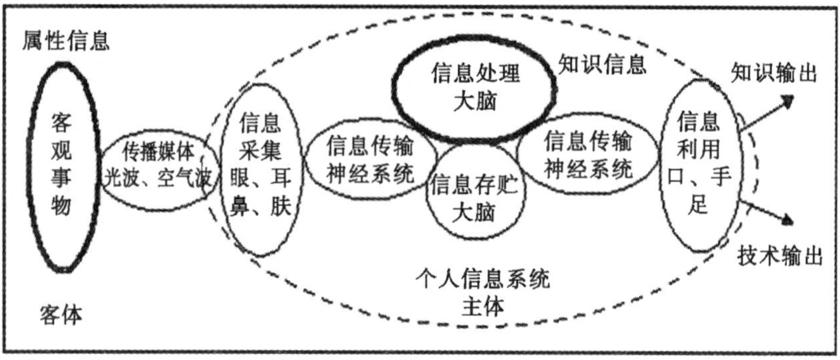

图 2　个人信息系统的自然信息功能

为了进一步研究信息在人认知过程中的作用与特性，我们以眼看到事物的过程为例：当光线照射到被观察的客观事物时，光产生反射和折射，并使光的频谱特性因此产生变化，光谱特性的变化正是被观察事物的形状、颜色和质地等属性的反映，也即被观察事物的某些属性信息被反应到光的属性变化之中。光是具有流动性的物质，它“携带”被观察事物的这些属性传递给人眼，眼的特殊感光作用把光谱中所反应的事物属性又反应给眼神经系统，引起眼神经的某种属性变化并传递给大脑，大脑又以脑神经网络的某种属性变化存储了所观察事物的属性信息。耳闻客观事物的声音信息是发出声音的事物以它音频的振动推动空气的振动而形成的空气波，空气波的振动频率与幅度变化反映了声源事物的振动声音属性，空气波携带着声源发出的声音属性信息扩散到人的耳朵并推动耳膜产生同步的音频振动，耳膜振动再通过耳神经系统把声音信息传递给大脑。鼻嗅客观事物的气味信息，如嗅到花的香味，是花所含的某些具有香味属性的气体分子通过空气扩散直接作用到人的鼻子，通过鼻的嗅觉神经传递给大脑。皮肤触摸客观事物的表面，则直接把该事物表面的硬度、光滑程度等质地属性信息通过感觉神经传递给大脑。由此可见，人脑对客观事物的认识，确实是客观事物属性在人脑中的反应，是客观事物属性信息传递给人脑的结果。所以人脑对客观事物认识应该属于信息的范畴，并被称为认识层次的信息。人脑中存储信息的输出，则是通过符号实现的。

四、信息与符号[①]

（一）人与符号

新康德主义在19～20世纪之交顺应着西方哲学的现代转向，拒斥形而上学，超越二元对立的思维方法，利用新兴的自然科学和人文科学的最新成果，构建了比较系统的哲学理论，不仅使得传统的本体论、认识论、方法论得到了更加系统和深入的研究，而且构建了新的哲学学科：价值哲学和符号哲学。价值哲学和符号哲学的构建和确立，不仅是哲学领域的开拓，而且也给德国和西方的文学思想提供了新的哲学视野和思维工具。[②] 符号哲学的确立主要功绩在于恩斯特·卡西尔，其主要著作《符号形式的哲学》和《人论》就是确立符号哲学的具体表现。卡西尔在《人论》中，对人是什么这一古老而常新的问题，从符号哲学的角度，予以了极富新意的回答。他在研究中，牢牢抓住符号这一人类独有的标志，以人为中心，以符号为媒介，以文化为根基，通过对人类各种文化形式的考察，将人定义为"符号的动物"。"信号是物理的存在世界之一部分；符号则是人类的意义世界之一部分。""一个符号并不是作为物理世界一部分的那种现实存在，而是具有一个'意义'。"[③] 文化就是把单个零散的符号运用起来，形成符号之网，而文化造就了人的本质，最终形成人—符号—文化的互动系统。人、符号、文化是支撑卡西尔哲学体系的三要素，可以说他的哲学既是一种符号哲学，又是一种文化哲学，更是一种人学。可以说，人与其他动物区别的根本性标志是符号，不是理性。因为其他动物也有不同程度的理性，但是只有人类拥有符号。因此，可以说人是符号的动物。

（二）符号的形成

人是具有生命和大脑思维功能的高级组织体，是一个复杂的信息系统，其外部器官能够感知、识别物质世界的信息并存储在大脑里。人作为群居性动物，他有交流的需求。因此一方面人的大脑作为信息的"存储器"具备信息输入的功能，另一方面也具备信息输出的功能。最早的信息输出主要依靠手势、身姿、面部表情和呼叫，依赖人类自身的生理器官传递信息，学者们

---

① 关于文字的演进问题主要参考了吴峤：《人类符号系统的演进——文字的符号学探源》，载《江汉大学学报》1997年第15期。

② 张玉能：《新康德主义的符号哲学与文学思想》，载《吉首大学学报（社会科学版）》2008年第2期。

③ ［德］恩斯特·卡西尔著：《人论》，甘阳译，上海译文出版社1985年版，第34～72页。

称之为“动作语言”。[①] 实际上这就是最早的“符号”，是人类信息输出的早期形式。然后，就是实物符号的发生。实物符号源于人类对自然界的直接感知的表达，譬如原始人根据树上、地下的不同踪迹辨认鸟兽的种类、数量、活动目的。继而学会复制或消除天然的印记，如故意折断树枝以显示去向，或擦去足迹以掩盖行踪。之后，人们借助各种实物来记录和传递简单的信息，直到赋予实物以特定的意义，记录和传递越来越复杂的信息。[②] 在诸多实物符号中，结绳和契刻是原始民族普遍使用的两种重要符号形式。结绳和契刻可使信息保存或传递久远，是文字符号产生之前最重要的记事方法。三万年前至一万年前开始出现大量的物化符号。[③] 物化符号从实物刻画逐步发展到抽象符号。欧洲史前洞穴内有大量几何形刻画符号，学者们认为是显示雌雄的性符号及其演变，刻画的意义与生殖、丰产有关。我国原始文化遗址出土的陶器上也有大量的刻画符号，其意义虽不能尽解，起码有的是陶器拥有者或制作者的标记，即族徽或花押，具有约定意义。从实物符号到空间造型的物化符号，是人类进化史上的一场革命，为人类认识的知识型信息的永久性积累迈出了关键性的一步。著名语言学家费尔迪南·德·索绪尔在《普通语言学教程》一书中，把仪式同语言归为一类，认为它们都是“一种表达观念的符号系统”。仪式作为一种象征性的符号行为，源远流长，对人类社会的

---

① 现存原始民族中，如南美玻利维亚丛林中的一支印第安部落，没有一个人能讲有声语言，全都以手势为主的动作来表情达意。美国西部草原上的喀罗人至今仍用手势、身姿和面部表情进行长时间的“交谈”。

② 19 世纪美国杰出民族学家、历史学家路易斯·亨利·摩尔根在《古代社会》一书中，便对原始部族运用实物符号的情形作了详细描述，如北美印第安人向对方传送短柄战斧表示宣战，斯拉夫人向来客献上面包和盐表示友好。

③ 以造型符号形式而存在的实物，包括在欧洲分布很广的史前维纳斯雕刻群像、法国和西班牙洞穴壁画及石板雕刻，以及各种石器、骨器上的刻画图像和标记符号。欧洲史前洞穴壁画大多以动物为题材，如野牛、马、猛犸、橡羊、野猪、鹿、乳齿象等狩猎对象，生动逼真，有的动物身上画有伤口，有的心脏部位画一红色箭头。根据人类学家研究，认定这些绘画乃是原始人狩猎之前的巫术仪式的产物，即一种巫术符号。

发展有过举足轻重的作用。[1] 人类在发展进化过程中最终选择了语音作为交际中最重要的符号手段，创造了可以千变万化的有声语言系统。人们以语言符号为工具，可以科学地观察、认识和描述客观世界。从人类符号系统的发展历史来看，语言符号是在非语言符号中孕育、脱胎，最后超越而出，而手势、身姿、面部表情、叫声、实物、图像等非语言符号，作为语言的辅助手段，继续与语言并存。总之，有声语言的产生是人类进化史上最伟大的信息革命。然而，作为语言符号载体的语音，最大的局限性是它的暂时性——一发即逝，这使得语言信息的传递在时间上和空间上都受到了限制。当人类的交际活动要求完全突破时空限制之时，文字作为记录和传递语言信息的符号手段便应运而生。同有声语言一样，文字符号也是人类进化过程中的必然产物，是人类符号系统发展的必然结果。文字符号必须依赖语言而存在，但又有着超越语言的功能。不只是补救了语言要受时空限制的缺陷，可将语言信息传达远方、传至后世，而且，文字对语言的发展起着巨大的促进作用，文字使知识的有效积累、文化的永久性传播变成现实。考察世界上独立发展起来的文字，可以断定“记事图画——文字画——原始文字——文字体系”，便是文字符号产生和演进的一般规律。记事图画包括图画和刻画符号是文字符号物化形式的直接来源。在记事图画或文字画的历史阶段，原始人只企图用图画或刻画符号表示事物或事件本身，逐渐形成固定的形义关系，演变成

---

① 尤其在史前文化中，仪式往往是社会全体成员的头等大事。原始人类的仪式包括各种自然崇拜仪式、巫术仪式、宗教仪式，即各种祭祀、丧葬、占卜、颂神、狩猎舞蹈、成人礼等，都是用象征性符号物和符号表演相结合的特定符号行为。人类的各种仪式不仅是生理反应的产物，而且是复杂的心理活动的产物。譬如，在原始人的观念中对一个图画形象的占有就意味着有一种神秘的力量保佑他占有那真实的对象。以狩猎为内容的原始巫术仪式，在现存原始部落中有活的例证。例如，非洲布须曼人和澳洲土人在狩猎开始之前，先把羚羊或袋鼠的图像画在沙土上，然后四面合围，刀枪齐下，他们便认为猎物注定到手了。北美印第安人模拟射杀野牛的舞蹈，其意也在祝祷狩猎的成功。仪式是一种综合性的符号行为，一种仪式总是由许多具体的符号行为组合而成的。例如，上举狩猎舞蹈，既有狩猎对象的造型符号，又有猎人的舞蹈动作。在生命转变仪式中，参与者的身份要分别以裸体或不同服饰、装饰来显示，又要以不同姿态、动作来象征。

为文字。①

综上可见，符号是人们在认识世界的过程中，“摄取”物资世界的信息的过程中形成的，用于人类之间交流的信息载体。主要表现形式是图画、语音和文字。从物质世界信息经过人的意识形成符号信息的模型，如图 3 所示：②

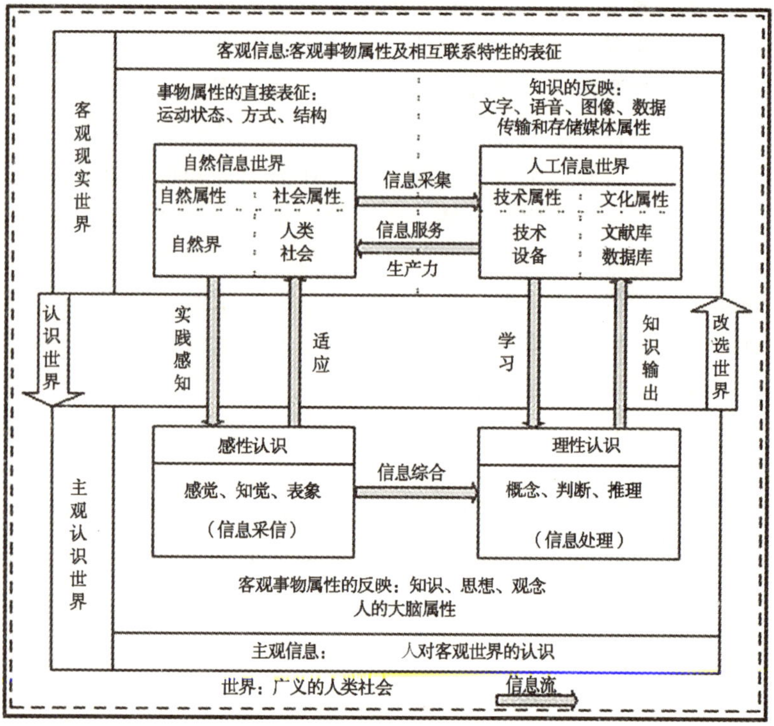

图 3　人类社会的信息概念模型

① 文字符号直接由记事图画演变而来的证据，在许多古老的文字中均可找到。例如，古埃及圣书体文字，具有鲜明的图画性质，它们十分明显而确切地表现了当时的自然现象、生活方式和风俗习惯，以致一些学者认为，只要以这些文字图像为基础就可以复原当时埃及人的生活风貌。最古老的苏美尔文字有着更为图示性、线条式的形体，与埃及圣书体文字一样，很逼真地反映了苏美尔人的外貌、美索不达米亚的自然风貌和日常生活细节。后来苏美尔文字逐渐失去图形性质，才变成楔形线条的组合体—楔形文字。我国殷代晚期的甲骨文已是比较成熟的文字，其表意字亦有极强的图示性，描绘和反映了天地山川、鱼虫鸟兽、社会习俗，乃至礼仪制度，被学者们誉为“活化石”。而且，甲骨文中还保存着一些描摹实物的图形，如牛、马、鱼、龙、象，直接透露了汉字起源于记事图画的信息。

② 信息图引自倪鹏云：《信息 · 系统 · 网络》，载科学网 http：//www. sciencenet. cn/m/user_content. aspx? id = 23471。

（三）符号的本质

现代科学技术的飞速发展尤其是电子计算机这一人类伟大的创造使符号加工处理工具有了质的变化。现代人正在运用多媒体技术和互联网进行新形式的符号创造和符号交流活动。在一定意义上，我们进入了符号时代，除了传统界定的现实世界以外，还产生了以数字符号为构架的虚拟世界。符号的使用和符号世界的创造不但生动地反映和体现了作为意识主体和意识性存在的人的本性，而且生动地反映和体现了作为社会主体和类存在的人的本性。①

可以说，符号（Symbol），是通过约定或通过类似性或共同性的公认来代表另一个实体的实体，是人用来表征某物的物质实体。② 对符号的本质，可以从两方面来加以把握：一方面符号是他在之物，即符号是由人类所创造的。人类出于生产、交流及进化的需要创造了符号系统，使得人类有了一种在困难、复杂的环境中生存和发展的有力工具和武器。但是符号归根结底是人的创造物，不可能摆脱人而单独存在，符号的作用不能离开符号所反映的实际存在的事物与现象，符号是实际存在的事物与现象的一种标记，脱离人类的符号只能是无源之水，无本之木。另一方面，符号是自在之物，是“世界的一部分”，是符码化世界。它“一经产生，就开始了自己的生命史，外在于任何个体的主观意识独立地存在和发展”。③ 如果说曾几何时符号还代表了某种真实的事物，那么符号从一产生开始就为一种存在，“符号和真实之间的界限已经消失”，④ 即符号自身具有一定的独立性，产生后就成了有效“生命”的存在。

符号是意识反映物质信息的产物，同时又成为信息的载体和信息传递的媒介物，并且成为物质世界的一部分。

（四）符号与证据信息

证据信息属于物质世界信息的一部分，不管是人证还是物证，都以其存在的信息与案件的关联性而进入诉讼过程。证据信息经过总结和提炼后，以语言和文字等符号信息的方式表达出来形成命题，用命题来表达案件事实。

---

① 邓玮：《数字时代与符号哲学》，载《上饶师范学院学报》2002 年第 2 期。

② 曹红：《人——符号——文化：试论卡西尔符号哲学的三要素》，载《遵义师范学院学报》2006 年第 4 期。

③ 孙慕天：《论世界》，载《自然辩证法通讯》2000 年第 2 期，第 88 页。

④ ［奥地利］维特根斯坦著：《哲学研究》，李步楼译，商务印书馆 1962 年版，第 617 页。

第四节　从符号、命题到裁判事实

人们对物质世界和意识世界的反映结果总是以符号为媒介进行输出，符号以命题的形式出现来描述一个事实。裁判事实就是裁判者确认为真的认识，是裁判者认为为真的命题。

一、从符号到命题

罗素在《数理逻辑导论》中这样定义命题："我们用'命题'这个词主要是指一些字或者其他符号组成的一种形式，这种形式所表达的，或者是真或者是假。"彭漪涟教授将命题定义为"表达判断的句子"，判断是"对思维对象有所断定的思维形式"。《中国语言学大辞典》解释命题是"用来表示判断的，有真有假的语句……"张文宇教授认为"一个命题是一个关系的一次逻辑时空的定位，定位结果能够也常常以符号形式表达"。① 从这些中外概念都可以看出一个共同点，命题是由符号组成的。孙正聿教授在其《哲学通论》中指出："人类必须而且只能用'语言'去理解'世界'和自己的'意识'，并用'语言'去表述对'世界'和自己的'意识'的理解；虽然'世界'在人的'意识'之外（世界不依赖于人的意识而存在），但'世界'却在人的'语言'之中（人只能在'语言'中表述世界和表达对世界的理解）；'语言'既是人类'存在'的消极界限（'语言'之外的世界对人来说是存在着的无），'语言'又是人类的'存在'的积极界限（世界在人的'语言'中变成属人的世界）；'语言'中凝聚着'思维和存在'、'主观和客观'、'主体和客体'的对立统一，因而也是消解主—客二元对立的文化结晶。""没有认识论的本体论无效"，"没有语言学的认识论和本体论为无效。"② 这里的"语言"要进行广义的理解，其实就是前文解读的符号。通过这段话我们可以看到，人们对大脑中存储的信息输出是通过"语言"完成的，一定程度上刻画了命题的形成过程以及命题形成的限制等问题。有一点同样是肯定的，命题是以符号（"语言"）的形式表现出来的。

命题到底是如何形成并达成共识的呢？笔者还是用"橘子"来进行说

---

① 以上以及概念均转引自张文宇：《"命题"概念源流考略及新探》，载福建省外国语文学会2003年会暨学术研讨会论文集。

② 参见孙正聿著：《哲学通论》，辽宁人民出版社1998年版，第230页。

明，来通俗展示人们对符号达成共识形成命题的历史过程。人们第一次看到橘子，肯定不会就把它叫做“橘子”。可能用一个符号来表示，这个符号可能每个人都会有所不同，但是由于存在“橘子”这个客观存在物的制约与引导，这个符号肯定会大致趋同。随着语言的产生，同一个“群”里的人们在这个原始符号的基础上，逐渐统一了“橘子”的发音。到产生现代意义的文字的时候，必然也要经历这个过程。经历了这一系列的历史过程后，一个完整的，现代意义上的命题“这是一个橘子”也得以产生。因此，命题可以说是人类认识客观世界的产物，是主观的产物。但是一个正确的命题必须是与客观世界（事实）相统一的认识，这也是在不断的历史检验与不断的人类“合意”过程中实现的。经过了千万年的人类历史，我们对大量的命题都达成了共识，这些命题才是我们共同认识世界的基础和起点。如果我们追问或者质疑这些“原始命题”的正确性，或者质疑这些“原始命题”的正当理由，在一定程度上讲就是“毫无意义”的，也就无法继续我们共同的“对话”。前文当中“以事实为根据”、“事实胜于雄辩”中的“事实”实质上就是指这类经过反复验证的“事”，由成熟的经验与理性认识转化为“确定为真”的命题。

二、命题的概念及解析

（一）命题的概念

命题也是一个古老的哲学和逻辑学概念，其定义最早见于亚里士多德《解释篇》：“每一个句子不都是一个命题，只有那些在其中存在或者为真或者为假的句子，才是命题。例如，一个祈祷是一个句子，可是它既不是正确的也不是错误的”，因而这个句子不是命题。在这里，亚氏指出了命题的两个特征：一、命题是一个句子；二、命题有真假。这个定义“至今仍为大多数逻辑学家所采用”。因此，格·克劳斯说：“正如亨利希·肖尔兹所正确指出的，我们把他（指亚里士多德）称为形式逻辑的创始人，是因为根据我们现在的判断，他最早开始使用命题的形式逻辑。”1662 年，两位法国修士合著的《逻辑或思维的艺术》出版，在其命题篇中对命题进行了详细的分类：简单命题（包括全称肯定、全称否定、特称肯定、特称否定四种）；复合命题（明显的命题，包括联言、选言、假言、因果、相关、转折六种；不明显的命题，包括区别式、除外式、比较式、先后式四种）。接着罗素、维特根斯坦进一步发展，提出“命题是原子事实”的观点，被称为“逻辑原子主义”。罗素在 1919 年的《论命题：命题是什么和命题怎样具有意义》一文中提出："一个命题可以定义为：当我们正确地相信或者错误地相信时，我们所相信的东西。"命题是一些字或者其他符号组成的表示"一个信念的内容"。维特根斯坦在其《逻辑哲学论》中提出："命题是对原子事实的一种描述。"所谓原子事实就是指没有以其他事实为构成部分的事实，也是最简单的无法再分的事实。与原子事实相对应的就是基本命题（与分子命题相区别），即简单的、在意义方面不能再分解的语言的"原子"。他还说："命题的可能性是建立在用符号来表示客体的原则上。"指明了命题的主观特征和符号特征，使其与其所反映的客体（事实）区别开来。我国学者梁庆寅认为："命题是反映思维对象（客体）的思想形态，思想是用语言表达的。命题的语言形式是陈述句，如实反映了对象情况的命题是真的，没有如何反映对象的命题是假的。命题总是有真有假。"周礼全主张："一个命题描述一个事态。"①

笔者认为，在证据评判领域，命题可以定义为由符号组成的，用以描述事实的语句。

（二）命题的解析

1. 命题是由符号组成的，主要的符号形式是语言和文字

命题可以说是人们用符号的方式表述其从物质世界获取的信息，以及意识世界信息的结果。符号是命题的载体，绝大多数的研究者认为命题就是陈述或者陈述句的原因就在这里。但是，我们要强调的是，不是有了语言文字才有了命题。在语言文字产生之前，命题也是存在的，肢体（语言）也能够表达一个命题。例如，"我很开心"这个命题就很容易用肢体语言"^_^"表达。图画当然也可以作为命题的一种表达方式，只是语言和文字是符号的最主要形式罢了。因此，对这里的"陈述"也要作广义的理解。还要提到的就是"意象"的问题，意象增加了对命题个案理解和分析的复杂性，同时更加丰富了符号的美感和魅力。例如，同一个命题，结合不同的语境或者不同的肢体动作能够表达不同的内涵。但是，在我们证据裁判领域，意象的运用应当尽量减至最少，能不用则不用。尤其在裁判文书中，坚决不用意象的表达方法。故在此不展开有关意象的讨论。

2. 命题描述事实，基本命题表述一个原子事实，复合命题表达复杂事实

这个问题要从三方面理解：（1）命题的出现表明人们已经确认了一件事

---

① 以上概念均转引自张文字：《"命题"概念源流考略及新探》，载福建省外国语文学会2003年会暨学术研讨会论文集，第44~46页。

实。因此，金岳霖先生说，“发现一事实总同时发现一命题”，“发现一命题有时也发现一事实”。“事实是一种混合物，它是意念与所与的混合物，我们既可以说它是套上意念的所与，也可以说它是填入所与的意念。”维特根斯坦对此有过深刻的论述：“所有一切存在着的原子事实的总和就是世界”，“世界分解为事实”，“形象就是事实”，“形象在逻辑空间中描述情况，即原子事实的存在或不存在。形象是现实的模型”，“形象能反映任何现实，它具有现实的形式”。既然“事实的逻辑形象就是思想”，而“思想是有意义的命题”，那么，事实的逻辑形象自然就是“有意义的命题”。[①] 因此，命题就是事实的形象。基本命题表述一个原子事实，复合命题表达复杂事实。[②]（2）客观事实使命题具有客观性，命题是客观事实在主观世界映射的结果，命题就是对认为已经证实的事的表达。事实具有客观性，而命题又是表示事实的，所以，事实使命题也具有客观性。同时，既然只有被命题表述出来才算确立一个事实，所以，命题又使事实具有主观性。这也说明事实是主观性与客观性的统一，事实与命题是统一的。其中，事实集中地体现这种统一性的客观性方面，命题集中地体现这种统一性的主观性方面，命题就是主观范畴的事实的符号形式。（3）客观事实和实践成了检验一个命题是否为真的唯一标准。这是主观范畴的事实的可靠性的根本保障，主观范畴的事实来源于客观世界，是对客观世界的摹写，它受客观世界制约和检验，它能够最大限度地保障与客观世界的同一。这也是人类能够正确认识世界、改造世界的基本前提。

3. 命题有真有假，没有真假内容的“语句”不能算作命题

任何命题都是有真假的语句，命题总是有所陈述的。一个命题之为真，或是因为它陈述了一个事实，或是因为它陈述了一个道理。否则，命题就无所意谓，因而就毫无价值。正因为如此，罗素说，“我们可以说事实是使命

---

① 转引自张继成：《事实、命题与证据》，载《中国社会科学》2001 年第 5 期，第 141 页。

② 罗素把实证主义同原子命题相结合，通过主观经验主义的“符合论”提出了经验证实原则。罗认为，与原子事实相对应的原子命题是构成科学识体系大厦的“砖瓦”，用连接词连接起来的几个原子命题就构成复合命题，再按照逻辑法则的要求把许多原子命题和复合命题组合起来就形成语言系统，或称为整个的科学知识体系。那么，语言或科学知识体系与经验世界之间的关系就是描述与被描述的关系。如果语言或科学知识体系对经验世界的描述是正确的，那么它们就是真的。相反，如果语言或科学知识体系对经验世界的描述是错误的，也就是不符合经验事实，那么它们就是假的。我们说罗素的这种“符合论”是主观经验主义的，是因为“他所说的‘符合’不是语言或知识与客观事实相‘符合’”。参见李海星：《从罗素到亨普尔：“经验证实”原则的历史演变》，载《燕山大学学报（哲学社会科学版）》2001 年第 1 期。

题真或假的东西，以此来解释我们所指的是什么”。维特根斯坦说，“命题应该确定现实至于这种程度，即对它只要说‘是’或‘否’，以便命题与现实相一致。因此，它必须充分叙述现实”。[①] 如果命题的意谓与事实不相对应，则命题为假。事实虽然一定要用命题（判断）来表示，但客观范畴的事实总是真的命题，假命题所表示的事实一定不是客观事实，而是认为真实的事。事实要用命题来表示，事实不同，形成命题也必然不同。但一个事实可以用不同的命题来表示，它们之间并非一一对应的关系；命题有普遍与特殊之分，而事实总是特殊的；命题可以重复显现，事实则不能。

4. 命题属于人们认识的结果，属于主观范畴

这一点好像与第三点相冲突，涉及“真”的问题。要说明的是，这里的“真”是逻辑学上的概念，不是客观真实的“真”，是人们判断为真的“真”，判断肯定属于主观范畴。裴苍龄教授指出，命题属于主观范畴，它不是客观事实的“形象”，而是反映客观事实的形式。反映客观事实的形式同客观事实本身的“形象”是有区别的。简单地说，反映形式同命题一样属于主观范畴，客观事实本身的“形象”同事实一样属于客观范畴。如果把主观范畴的命题看做客观范畴事实的“形象”，那就把主客观界限一笔抹杀了。也不是事实必须以命题的形式出现，而是事实的反映形式多以命题的形式出现。[②] 裴教授这里的“形象”实质上就是笔者定义的“信息”，只是用“形象”一词表述得就更通俗，更容易为人们所理解了。事实的反映形式和命题同属主观范畴，因而能够以命题的形式出现。客观事实和命题分属于“客观”和“主观”这样两种范畴。如果认为客观范畴的事实必须以主观范畴的命题形式出现，同样是把主客观界限一笔抹杀了。主观意识同客观存在之间的界限是任何一门学科都必须面对的最重要的界限，抹杀了这条界限，任何富丽堂皇的科学殿堂都会轰然倒塌。因此，主客观界限在任何情况下都是不容抹杀的。[③] 同时，我们应当认识到，对于命题的正确提炼，我们是能够做到的。但是，我们又不能迷信于个体认识的“绝对正确”。命题归根到底是主观意识作用下的产物，主观意识的局限性必定存在，且永远存在。

三、证据、事实与命题的关系

在前文中，实际上已经涉及很多证据、事实与命题的关系。在这里我们

---

① 转引自张继成：《事实、命题与证据》，载《中国社会科学》2001 年第 5 期，第 142 页。

② 裴苍龄：《也论事实、命题与证据》，载《中国刑事法杂志》2003 年第 3 期，第 65 页。

③ 裴苍龄：《也论事实、命题与证据》，载《中国刑事法杂志》2003 年第 3 期，第 65 页。

要系统描述从证据到事实的整个过程，因此再来进一步总结。裴苍龄教授在《也论证据、事实与命题》一文中指出：“世界上也不存在事实、命题与证据‘三位一体的有机体’；世界上更不存在‘主观性与客观性统一’的事实。通常所说的主客观统一，其含义仅指人们的主观意识准确反映了客观事实；通常所说的主客观分离其含义也仅指人们的主观意识没有准确反映客观事实。无论反映是否准确，作为人的意识其性质仍属主观，并不能超越‘主观’的界限。因此，事实并不能使命题具有客观性，命题也不能使客观的事实具有主观性，更不能把主观意识和客观事实看做可以统一在一起的‘有机体’或‘混合物’。如果这样看问题，就把主客观之间这条最重要的界限全盘抹杀了。抹杀这条界限后，一切就都主观化了：命题是主观的、事实是主观的、证据是主观的、一切事物都是主观的、甚至连整个世界都是主观的了。这样看问题是不符合实际的。”这一段论述是从绝对意义上讲的，我们只有从绝对意义上去理解，才能得出如是结论。这里的事实当然也是客观范畴的事实。但是从相对意义上，证据、事实与命题的相互关系是怎么样的呢？

（一）证据蕴含事实

证据与客观的事实的关系比较难以描述。我们不能说证据决定事实，更不能说事实决定证据。因此，我们在这里采用了“蕴含”这样的表述。证据与事实同属于“存在”的范畴，都是一种客观存在，不存在相互决定的问题。证据本体是一种“物”，是一种“特定物”，它自身区别于他物的规定性，从绝对意义上讲就是它与他物的关系构成事实。两者都属于客观范畴，相对来讲证据是一种“具体”的“存在”，事实是一种“抽象”的存在。因此，相对来讲，认识证据本体相对容易，认识事实相对要难一点。我们就是通过证据来认识事实的，这个认知过程要经过前文所述的可识素因的发现、证据信息的提炼等一系列过程。从这个意义上讲，可以说特定的证据“确定”特定的事实，人们的认识不能脱离这种确定性，必须受到这种确定性的制约，受到这种确定性的引导。这种分析还是在单一证据的语境中表述的，如果在多项证据相互印证形成的裁判事实过程，还不能简单地直接说证据蕴含了裁判事实这个大的“事实”，而是通过完整的证据链来实现最终的认定。

（二）事实决定命题

“事实属于客观范畴，命题属于主观范畴。命题同事实的关系就是通常所说的意识和存在的关系。意识和存在，谁依赖谁呢？这是几千年的老问题了，早该解决了。我认为，存在先于意识，没有存在就没有反映存在的意识。

同样，事实先于命题，没有事实就没有反映事实的命题。从这里可以清楚地看出，不是事实依赖命题，而是命题依赖事实。”因此，不能说“事实的发现和确认离不开命题，应该说命题的提出和确立离不开事实”。“命题不是事实的形象；命题也不能使事实具有主观性；命题更不能同事实成为统一的有机体或混合物；命题尤其不能成为决定事实性质、为事实所必须依赖的东西。命题同事实的关系就是主观同客观的关系，也即反映和被反映的关系。这个关系的核心内容就是‘没有被反映者，就不能有反映，被反映者是不依赖于反映者而存在的’。这就是命题同事实关系的核心内容，这个核心内容是谁也改变不了的。”① 裴苍龄教授的如上论述也是在客观范畴的事实观点上进行的。主观范畴的事实也能够决定命题吗？答案也是肯定的。因为经过证实的事也决定了命题的表述方式和表述内容。如果命题偏离了事实，这个命题就是不准确的，是错误的。这是需要我们非常注意的，要予以正确的理解。

四、命题与裁判事实

裁判者从证据中分析可识素因，进一步提炼证据信息，然后将信息转化成语言文字符号形成命题，基本上就完成了一个事实判断的过程，形成了一个经过证实的“原子事实”。裁判事实就是全部经过证实的“原子事实”的集合。

（一）命题是裁判者确认为真的事实表达

1. 命题的表述具有复杂性

虽然发现事实总是同时发现命题，命题的发现使事实得以确认，但由于主体不同、主体的经验和专业知识结构不同、主体感知的角度和目的不同，最终对其感觉图像的加工处理也就不同，做出的判断也就可能会发生不同，从而发现和确认的事实也就可能不同。但是这并不代表着一个事实只能为一个特定的人所认识，别人不可能达成同样认识。由于事实具有客观性、唯一性、公共性，在事实面前能够实现所有人都平等地进行认识和发现，只要大家的知识结构相同或相近，截取事实的角度、长度、目的等标准相同或相近，那么，确认的事实也就不会因人而异，形成的命题就能够达成共识。

2. 命题的表述具有确定性

证据作为证明案件事实的根据，其蕴含的事实也是以命题的形式来表现它所反映的内容。证据的确定性必然导致命题表述的确定性。证据作为信息

① 裴苍龄：《也论事实、命题与证据》，载《中国刑事法杂志》2003 年第 3 期，第 65 页。

载体，是“自在之物”，它们在成为“为我之物”的过程具有确定性。如果证据作为“自在之物”的逻辑表达式是一个概念：“a”，它的语言形式是一个词；而事实的逻辑表达式是一个命题：“Xa”，它的语言表达式是一个语句。正如维特根斯坦所说：“命题记号是一事实，这被通常的表现形式，即文字或印刷掩蔽起来了。因为比如在印刷的命题中，命题的记号并不表现出与词有重大的差别。”“Xa”说明了a具有的某种性质或关系X，两者在逻辑上自然能够很轻松地取得一致，从而具备了确定性。

3. 命题为裁判者确认为真的表述

哪个命题反映的内容符合事实或更接近于事实，哪个命题就必然拥有更大的证据支持，那么，它也就能被裁判者确认为真。裁判事实就是裁判者通过证据对案件事实认识的结果，它的最终表现就是以裁判者确认为真的命题的形式出现。每一个证据形成一个或者多个事实判断，全案证据揭示了案件事实的整体轮廓。每一个证据形成一个或者多个命题，全案命题通过经验、逻辑进行认知、推理以及推定等方法得以集中分析，最终得出裁判事实。因此，裁判事实从根本上讲就是一个大的复合命题，是裁判者确认为真的表述。

（二）裁判事实是裁判者确信为真的认识[①]

裁判事实是裁判者对案件事实的思维重构，是裁判者确信为真的认识。但是，裁判事实与头脑中的认识不同，作为一种被表述出来的认识，它已经摆脱对裁判者的依赖而独立存在。因此，作为一种特殊的诉讼认识结果，裁判事实具有两方面的特性。

1. 裁判事实是包含着裁判者确信信念的认识结果

裁判事实是诉讼认识活动的结果，但并非诉讼认识活动的结果都能充当裁判事实。裁判者所面对的不是一场刚刚开始的足球比赛，而是发生于诉讼之前的具体社会纠纷。因此，基于裁判可接受性的考虑，裁判者在认定事实时不能不考虑自己的认定是否正确；相反，由于“只有当他能够以理性的方式使他想到的判决经受住其他人对此提出的各种反对意见的时候，他才能做出或坚持他的这个判决”。[②] 裁判者在认定事实时，往往已经包含了对自己认识正确与否的肯定性评价。换句话说，裁判事实不仅包含了裁判者对案件事

---

① 参见吴宏耀：《司法裁判视野中的事实》，载樊崇义主编：《诉讼法学研究》（第11卷），中国检察出版社2006年版。（全文收入沈德咏主编：《刑事证据制度与理论》，人民法院出版社2006年版，第1331～1348页。）

② ［英］弗里德利希·冯·哈耶克著：《法律、立法与自由》（第1卷），邓正来、张守东、李静冰译，中国大百科全书出版社2000年版，第186页。

实的认知因素，而且包含了裁判者认为自己认识结果是否正确的评价和信念。简言之，裁判事实即裁判者确信为真的认识。

作为诉讼认识结果的一种，裁判者确信其为真是裁判事实与其他认识结果不同的重要特征。像其他有目的的认识活动一样，诉讼认识也并非总能够达到预想的认识目的。就具体诉讼活动而言，诉讼认识结果有以下三种可能：裁判者确信其为真、裁判者确信其为假、真伪不明。其中，“裁判者确信其为真”是诉讼认识结果作为法律推理之事实根据的首要特征。在此意义上，裁判事实是一种包含着信念力量的认识结果。信念是坚持一个命题为真的主观态度。当代分析哲学家皮尔士认为，信念就是对一个命题的断定，就是要使自己（断定主体）对它（被断定的命题）做出保证：肯定、赞同它是真的；信念往往伴随着这样一种心理状态，即“一种平静的、满足的状态。我们不想摆脱这种状态，也不想转而去相信别的东西”①。因此，对于裁判事实，我们不能仅仅将其看做一种对过去事实的认识，还应当将它看做是由特定强度的信念支撑的认识。而且，在某种意义上，可以说，正是因为裁判者所具有的确信信念，才赋予了特定诉讼认识结果作为裁判事实的现实可能性。②

2. 裁判事实是一种能够接受批评、检验的认识结果

裁判事实是以言语形式固定化了的裁判者认识。因此，裁判事实不同于存在于裁判者头脑之中的认识。这种不同表现在两个方面：第一，在相互关系上，裁判者头脑中的认识与裁判事实并非必然等同。这首先是指裁判事实是否真实地表述了裁判者自己头脑中的认识。具体言之，可能存在以下两种情形：根据现有证据，裁判者尽管尚未形成确信为真的信念，却对外宣称自己已经形成了确信信念；或者，相反，尽管裁判者根据现有证据已形成了确信为真的信念，却对外宣称自己尚未形成确信信念。显然，这是一个职业道德问题。而且，由于他人对此根本无法予以评论，对该问题的关注将只具有理论上的价值，即提醒我们，在诉讼认识中，我们不能完全忽视裁判者的人

---

① 转引自［美］穆尼茨著：《当代分析哲学》，吴牟人等译，复旦大学出版社 1986 年版，第 38 页。

② “‘信念’与我们实际的日常生活相联系。我们按照我们的信念而行动。（行为主义者可能说：‘信念’是我们行为的基础。）”［英］卡尔·波普尔著：《客观知识：一个进化论的研究》，舒炜光、卓如飞、周柏乔、曾聪明等译，上海译文出版社 2001 年版，第 83 页。

格和诚信。其次，在假定裁判者均真诚表述了自己头脑中认识的前提下，[①] 在非一致性裁判中，裁判事实所体现的只能是多数裁判者的认识；至于少数裁判者的认识，则被裁判事实所吸收或掩盖了。第二，在主体依赖性上，裁判者头脑中的认识与裁判事实有着重大差别。在此，我们可以借用波普尔的理论将二者分别称之为“主观意义上的知识”与“客观意义上的知识”。[②] 其中，裁判者头脑中的认识是一种只有裁判者自己才知道的认识，他人无可知晓；更重要的是，以这种方式存在的认识对裁判者具有完全的依赖性，并随时可能受到来自裁判者个人意愿的影响而变动。然而，作为已经外化并以一定语言形式加以固定了的裁判事实，尽管它本质上仍然是裁判者的认识，但是，这种认识已经摆脱对裁判者的依附关系而成为一种独立的存在。因此，与裁判者头脑中的认识相比，裁判事实具有两方面的品性：第一，裁判者的个人意愿已经无法随意地改变裁判事实的内容；第二，裁判事实的内容能够为他人认识并予以评论。其中，上述第二点具有十分重要的意义。作为诉讼认识结果的固化形式，裁判事实已经不再专属于裁判者而具有了一定的公共性，即任何对此感兴趣的人都能够将其作为认识的对象。而这种认识上的公共性赋予了裁判事实一项新的品性：接受他人批评、检验的可能。“用语言表达我们的思想，或者更好一些，把它们写下来，是大不相同的。因为这样它们就成为可批评的了。在这之前，它们是我们自身的一部分。我们也许有怀疑。但是我们不能以批评一个用语言系统陈述的命题，或者更好一些，写下的报告那样的方式批评它们。”[③] 在现代诉讼制度中，裁判理由公开制度的确立进一步强化了裁判事实的这一品性。

作为一种事后制约机制，裁判事实的可批评性对裁判事实的形成有着不容忽视的积极作用。一般而言，对裁判事实的批评可能来自多个方面：第一，是裁判于其不利的一方当事人（甚至是双方当事人）的质疑和批评。在存在事实救济制度的情况下，当事人的不满将导致上级法院的审查，裁判者更需

---

① 这种假定有一定道理：第一，从应然角度看，裁判者应当如实地表述自己的认识；第二，在实践意义上，对现实生活发生影响的认识只能是已转化为裁判事实的认识。

② 波普尔认为，知识可以区分为“两种不同意义的知识或思想存在：（1）主观意义上的知识或思想，它包括精神状态、意识状态，或者行为、反应的意向，和（2）客观意义上的知识或思想，它包含问题、理论和论据等等”。其中，前者存在于头脑之中，后者则以语言的形式表述于外。参阅［英］卡尔·波普尔著：《客观知识：一个进化论的研究》，舒炜光等译，上海译文出版社 2001 年版，第 117 页。

③ ［英］卡尔·波普尔著：《通过知识获得解放》，范景中、李本正译，中国美术学院出版社 1996 年版，第 418 ~ 419 页。

要慎重考虑当事人可能提出的合理质疑。第二，是纠纷事实亲身经历者的批评。在纠纷事实为较多公众所知时，这种批评将作为一种社会舆论构成裁判者必须直面的外在力量。第三，是在事实救济程序中，来自上级法院法官的批评。第四，是来自法律职业共同体尤其是法学界的学术批评。由于对裁判事实提出批评的多面性，裁判者对事实进行认定时，他不得不从多个方面反思自己的认定，并力争将事实认定建立在一个为多数人所能接受的合理基础之上。而且，上述批评机制越有效，裁判者在认定事实时所进行的自我反思、自我评价也就越自觉、越严格。在此意义上，裁判事实所具有的可批评品性与裁判者确信的质量联系在了一起：批评机制的强弱程度直接影响着裁判者遵循社会一般经验规则的程度，并由此决定了裁判者认定事实的慎重性和裁判者确信的内在质量。

总之，结合上文的论述我们可以看到：客观范畴事实与主观范畴事实之间可靠的转化媒介——信息、人类大脑结构和运行的精密性以及千万年形成的经验和理性、当事人的诉讼参与和对抗机制的最大发现功能、客观事实的制约与实践的可检验性、裁判事实的批评机制等因素决定了我们能够最大限度地保障真实发现的过程，能够最大限度地实现主客观的统一。即使出现些许误差，也由于程序的公开与公正、利益与价值衡量的机制、程序的正当化建构（规则决断机制的完善）等措施能够让我们的裁判结果取得最大限度的认可，具备可接受性，从而排除人们对政府的不信任和不满。

第六章　证据评判理论视野下的实务建议

本书从证据与事实的基本概念、种类等理论原点开始剖析，系统论述了证据评判的基本理论、基本原则，全面描述了证据评判的基本结构，深入探索了证据评判的运行原理，基本形成了一套完整的证据评判理论。上述理论必然对我国当前的司法实务提出一些新的要求，并对其产生启示与引导。当然，影响肯定是多方面的，笔者在这里简要地进行一些总结和概括。在证据评判理论视野下进行实务考察和实证研究，必定是笔者今后继续深入证据评判领域的研究重点和难点所在。由于时间和篇幅所限，在此也只能就当前比较突出的若干问题进行简析，算是本书的结尾，同时也作为今后研究的草图。为了便于本章行文，主要以刑事证据评判为视角展开（当然很多观点同样适用于民事证据评判）。

第一节　理念与思维

一、加强证据评判要以审判程序为中心的观念

从广义角度理解，证据评判可以发生在诉讼的全过程，所有诉讼主体都会对涉案证据进行评价和判断。不管是刑事案件还是民事案件，诉讼主体都会习惯地以自我为中心对证据进行评价和认识，并且以这种评价和认识去衡量法官最终的认定。但是，除法官之外的不同诉讼主体由于受职责的限制，甚至于各种利害关系的影响，导致其很难中立，甚至于根本无法中立，由此偏颇不可避免。尤其是公安机关和检察机关的相关办案人员，他们对证据的评判一般处在主动的、积极的地位，相对来讲也更加具有话语权，并且具有相应的程序处分权。需要强调的是，公安机关和检察机关的相关办案人员对证据的评判活动还都能够产生相应的法律后果，影响到相关涉案人员的权利

义务的变化。因此，他们的强势地位造成了他们的自我中心意识相对更强，由此带来不少问题。

之所以笔者提出要加强证据评判要以审判为中心的观念，就是针对实践中出现的相关问题而言。证据评判要以审判程序为中心并不是证据评判只限于审判程序，而是因为审判是诉讼的核心程序，是确定涉案权利义务的最终程序，所有的涉案证据都由法官做出最终的审查、评价与判断，做出一种确定性的终局性的断定。因此，所有诉讼参与主体都应当改变以自我为中心的观念，要考虑证据如何在法庭上运用的问题，都应当考虑审判程序中法官对证据评判的标准、方法和规则，应当考虑审判程序中法官认定案件事实对证据的需要。

当然，不同诉讼主体眼里的案件事实是不同的，各方当事人自己希望法官认定的案件事实，不见得就是案件客观事实。例如，公诉人希望认定被告人有罪，那么他就需要考虑法官认定有罪需要的证据支持，需要考虑自己提供的证据是否达到定罪的证明标准，考虑证明犯罪要件的所有关键证据是否都具备证明能力和足够的证明力，等等。这种考虑和评估不能以自我为中心，应当是以审判程序为中心，应当以说服法官取得法官认同为最终任务。公安机关破案后，其最终成果要经过审判程序认定和检验。法官没有亲临现场，没有亲自参与案件的侦破过程，他们只能依靠涉案证据来认定案件事实。而公安机关的侦查人员有着丰富的破案经验，有很多的认识是在丰富的感性经验积累的基础上形成的一种类似于直觉的判断。这种类似于直觉的感觉和经验也恰恰是优秀的侦查人员必须具备的。这种感觉和经验形成的判断往往是正确的，但是绝不是通过形式逻辑推导的结果，不是通过严密论证得出的。而法官认定案件事实恰恰必须以形式逻辑为基础，用证据进行层层推理，必须排除所有矛盾，还必须环环相扣。两者的差距和不同必然带来了矛盾和冲突。侦查人员只要他开始的假设或者直觉判断被结果所印证，就完成了破案的全部过程，他往往并不注重如何在这个破案过程中收集到所有法官认定这个案件事实所必需的证据。实践中侦查人员经常出现的问题是，非不能为也，是未去为也。或者说，有些侦查人员没有这个意识去做这些工作，最终导致没有收集到必要的证据，造成时过境迁无法补充证据的情况时有发生，导致犯罪嫌疑人逍遥法外。河南省一位经验丰富的侦查民警曾经向笔者介绍过一个典型案例：一个犯罪嫌疑人由于其他案件被捕，其间供认多年前曾经还杀过一个人，并且交代了准确的埋尸地点。侦查人员做了笔录之后就带着犯罪嫌疑人到现场挖掘，找到了尸体和凶器。伤口位置等各种情况都与犯罪嫌疑人的供述能够一一对应。这个案子就破了，作为案件亲历者的侦查人员当然坚信这个案件事实。但是，犯罪嫌疑人在法庭上当庭翻供，辩称之前受到刑讯逼供。他强调，其供认笔录的内容都是侦查人员事先写好的，自己是被迫签字的。犯罪嫌疑人还当庭展示了身上的些许伤痕（到底是自伤还是刑讯也无法落实）。结果是犯罪嫌疑人逍遥法外，侦查人员受到处分但还愤愤不平。实践中，现场直接抓捕正在实施犯罪者的案件经常也出现类似情况。这是典型的以感觉和经验代替证据，或者说是侦查人员以自己的亲身感受代替证据的情况，是必须要矫正的观念。简单案件如此，复杂案件中的某些环节出现用感觉和经验代替证据的情况也不鲜见，应当引起我们的重视。

这个案例告诉我们，侦查人员在破案的同时，必须树立以审判程序为中心的观念，收集法官认定案件事实需要的相关证据，并且应当按照法定的程序收集和保存。但是，侦查人员由于其职业特点，受到侦查思维特点的限制，要完全做到运用法官定案的审判思维去思考问题是有客观困难的。相对来讲，检察机关作为公诉机关，相对能够更加了解审判思维的特点，了解法官定案对证据的要求和特点。公诉思维与审判思维因为有法庭这个沟通的平台，有着更多的沟通点。因此，检察机关有必要去指导和引导公安机关取证，公安机关也应当主动接受这种指导和引导。当然，公安机关和检察机关都应当树立证据评判应当以审判为中心的观念，这样的工作开展才会更加顺畅。

二、正确理解证据裁判制度的作用和局限

笔者前文提过，神示裁判在历史上具有非常重大的意义，为人们遇到真伪难明案件的时候提供了终局的解决方案。历史是进步的，随着人们认识能力的提高和科学技术的发展，人们摆脱了对神灵的盲目膜拜阶段，这是历史发展的规律，也是历史发展的必然。在我们欢庆这种进步的时候，同时也面临着新的难题和困境。在诉讼领域，神示裁判之后，我们只能理性地寻求一种新的争端解决方法。证据裁判实际上是人们一直在遵循的争端解决方法，在神示裁判时期，遇到真伪难明的情况时，神示证据就发生终极的作用。神示裁判为人们所唾弃之后，真伪难明案件却仍然大量存在，而且永远不会消失。这是由证据信息的有限性和人们个体认识的局限性（或者说思维的非至上性）决定的，是不可改变的现实。在这种情况下，我们必须清楚认识证据裁判制度的作用和局限，理性地架构诉讼程序，妥善地解决各种诉讼纠纷。

对证据裁判的积极作用我们是有共识的，证据裁判也因此成为法官证据

评判的基石。对于证据裁判的局限性，笔者主要总结以下几点：（1）评判主体思维的非至上性，导致裁判结果的可出错性。（2）证据信息的有限性，导致裁判根据的不足。信息不全是信息学的基本问题之一，而评判主体的任务就是要在信息不全的客观情况下，必须作出裁判。（3）人证的复杂性以及可虚假性，容易导致裁判结果的重大偏差。（4）受到物证认识手段和认识方法的限制，有时候存在证据信息提取的现实困难，导致了信息不全的后果。因此，一方面我们应当清楚认识到证据裁判制度是我们人类解决诉讼纠纷的唯一的选择和寄托，舍此之外我们别无他途。另一方面我们要在证据裁判的基础上不断努力建构真伪难明案件的裁断机制，以弥补其不足。

当司法机关作为国家的代表出面解决所有诉讼纠纷的时候，意味着国家（或者说执政党）将一项不可能圆满完成的任务揽到了自己身上。这在彰显权力的同时，也承担了沉重的责任。为了社会的稳定和发展，国家不得不毅然地行使司法裁判的责任。同时，人们对国家也赋予了充分的信任，充满了希冀。但是，人们没有发现法官在代表国家行使司法裁判权的时候，时刻面临着困境。从绝对意义上说，他们实际上没有能力圆满完成人们交给他们的全部任务，纰漏时刻会出现。而一旦出现纰漏，利害相关的人们是不会原谅司法裁判机关的，他们会怪罪于法官，甚至直接归责于国家。在数量积累到一定程度的时候，必然逐渐动摇执政党的威信，成为影响社会稳定的重要原因之一。

这种困境永远无法彻底解决，也永远不会消失，笔者认为这也是社会的基本规律之一。问题的关键是，国家应当有一套有效的司法政策来妥善解决和消化这种困境，变被动为主动，且能够取得民众的认同。国家通过立法树立司法权威，在前期是必需的，但这种权威随着岁月的侵蚀在不停地消逝。在上述矛盾和困境下迟早会被消耗殆尽，形成司法有权无威的局面。更何况有一些司法人员，还在自毁长城，加倍提高了消耗的速度。这种情况难道不可逆转吗？不是。笔者认为，要逆转这种现状，要做到以下几点：

（一）积极宣传证据裁判的特点，取得民众的认同和理解

国家不应当将自己的法官神化，要让他们以人的姿态出现。执政党应当彰显自己踏踏实实为人民服务的精神，彰显法官中立的态度，彰显司法公正的程序。让人们理解司法裁判过程中出现真伪难明案件事实的情况是客观存在的。这样一来，国家只要建构公开的透明的程序机制，让诉讼纠纷的解决在看得见的公正中解决，就会取得民众的拥护和认同。

（二）积极提高证据发现能力，根据认识规律积极建构证据评判规则，提高证据裁判的作用和功能

还是这句话，绝对的真实就有绝对的正当性，因此发现真实是司法的理想目标，我们不能放弃这种努力。我们不能直接把目标定位在建构一种司法上的“诉讼游戏”，在“司法剧场”中完全根据“游戏规则”来决出胜负。这种程序至上理念的积极性是不容置疑的，但是一旦绝对化，就会产生问题。当前西方很多国家的诉讼程序设计就存在这样的误区，这也是值得我们注意的。在这一点上我们必须保持清醒的认识，一方面重视程序的作用和功能，另一方面不能做绝对化的曲解。我们的程序还是要同时关注真实发现功能的，我们要不断提高证据发现能力，要不断总结诉讼认识规律，要总结必要的证据规则。我们要坚持证据裁判在司法裁判中的核心地位，不断致力于提高证据裁判在司法裁判中的作用和功能。

（三）积极面对证据裁判的局限，借鉴神示裁判的意义，完善正当程序，不断总结规则裁断的方式和方法

我们不能放弃真实发现的追求，并不代表着我们放弃其他的努力。在真伪不明案件事实客观存在并且必须及时裁断的情况下，如何完善正当程序，建构规则裁断方法和标准，就成为一个重要的课题。这种规则裁断当然是基于证据的裁断规则。另外，在证据评判过程中，我们还要树立法官正确的价值和利益衡量观念，在实践中不断总结价值和利益衡量的标准与方法，这也是非常重要的。

三、理性对待法官心证的自由与限制

我们的传统观念里，对法官心证有着天然的恐惧。原因是多方面的，有对辩证唯物主义认识论的曲解，也有特定历史条件下由于意识形态引起的误解，也有法官个体思维非至上性的客观现象，也更有司法腐败引发的恐慌……当然，里面也有对自由与恣意妄为的警惕，这种警惕一部分来自于我们的法学前辈们将西方的心证研究翻译成“自由心证”引发的不正确的心理暗示。毕竟，心证如果不受任何约束和监督而绝对自由的话，负面的作用也会很大，会伴随着恣意和妄为，我们有着无数的历史经验告诉我们这一点，也有无数的理论去印证这一点。正是在各种综合因素的作用下，我们拒绝并排斥着法官心证。造成的结果是，我们的法官心证由于没有理性的引导与限制，走向了混乱无序的不规范的极端，造成了“超级自由”的局面。一方面引发很多的错案造成不良的社会影响，另一方面为权力寻租开了很大的一个

口子。我们当前必须理性对待法官心证，一方面给予法官必要的自由裁量权，另一方面对法官的自由裁量权进行理性的限制，这已经达到刻不容缓的地步。对此，我们必须注意以下三点：

（一）我们必须认识到法官心证是客观存在的，是符合认识规律的

我们必须赋予法官心证的自由，实际上不管我们赋不赋予，这种自由都客观地存在。即使在学理上的法定证据时期，人们竭尽全力地将所有证据都确定了法定证明力，最大限度地排斥法官的自由裁量，实际上我们也可以想象法官自由裁量的空间还是客观存在的，只是受到了最大限度的挤压而已。对法定证明力的非理性追求走到极致之后，产生了严重的社会问题，受到了严厉的批判，最终被扬弃。在扬弃的过程中，绝大部分人也是处在非理性的状态中，对法定证据制度的优势也视而不见，进行了绝对的否定，从而逐渐走进了绝对自由的桎梏。问题也就相伴而生。笔者认为，我们当前可能处在经历了绝对自由的痛楚之后对心证自由进行理性控制和引导的时代。我们中国的哲学强调的是“中”，时刻警告世人的是“过犹不及”，但是我们的历史却往往是在过“左”然后过右的过程中向前发展。用历史唯物主义的观点分析，这是因为历史是在平行四边形的合力中确定发展方向的，我们没有一个能够明确衡量“中”的标准，我们只能在实践出现大量问题，也就是在“病发于外”的时候，即在错误症状已经明显为大众所见的时候，逐渐调整方向。可以想象，这个时候肯定已经“过”了。

不管怎么说，法官评判都是法官运用证据认定案件事实的过程，是法官主观对客观的认识过程，“心”的作用不可避免地贯彻始终。证据信息的有限性和证据裁判的局限性决定了法官的“心”的作用要进一步加强和发挥。

（二）我们要限制法官心证，并且进行理性范围内的最大限度的限制

我们对不确定性会存在恐慌，这种恐慌是理性的表现。我们需要确定性，但是现实中我们却往往无法实现确定性，这又恰恰是一个确定的现象。在现实生活中，尽管我们看到了很多的机会，碰到了很多的机遇，但是我们经常犹豫半天之后却没有最终冲上去。原因是什么，是因为不确定性。法官心证的自由给我们带来的就是不确定性的恐慌，但是它又不以我们意志为转移地确定地存在。世界范围内的司法腐败都客观地存在，没有任何人能够担保法官个体的人格。在绝对的权力导致绝对的腐败又是一条不变的真理的情况下，我们能够做什么。我们要限制法官的心证，不能给予他绝对的自由，并且要在理性的范围内进行最大限度的限制。

限制的手段应当是多元的，是全方位的。例如，舆论、考核，等等。在证据评判领域，我们就是要通过不断地完善证据规则，不断地探索证明力的规律来实现对心证的理性规范。尽管法定证据时代的很多证据规则都超过了理性的范围，走向了教条和僵化，但是不可否认其中很多规则都是对认识规律的总结，需要我们好好地总结并借鉴。我们今后在理性思考和探索的同时，更重要的是在实践中有意识地通过实证的方式不断地进行总结和归纳。

（三）我们要努力不断提高法官的政治素养、道德素养和专业素养

徒法不足以自行，法治也离不开人的作用。中国很多政治家和哲学家都主张最理想的模式是贤人治世，这是中华智慧的结晶和成果，笔者实际上也深有同感并坚定地支持这种观点。同时，我们的哲人们也深深地懂得贤人之不易得。我们实际上无法建构一个确定的保证始终能够由贤人治世的历史。贤人治世之利愈深，庸人治世之弊亦愈甚。万一遇到恶人治世，后果更是不堪设想。因此，法治成为我们相对理想的选择。但是，以合理的方式最大限度地选拔优秀人才进入政府部门还应当是极其重要的工作。

反映在司法领域，也是同样的道理。我们无法确保贤人裁判，但是我们却必须将之作为努力的目标和方向，坚持不懈地进行。我们要建构合理的法官遴选制度，建立理性的法官考核机制，不断加强法官培训工作，不断提高法官的政治素养、道德素养和专业素养。只有这样，才能够最大限度地保证我们的法官证据评判运行在理性和良知的轨道上。

四、经验、逻辑和价值的综合与交叉

法官的证据评判就是经验、逻辑和价值的综合和交叉过程，司法认知的准确性取决于法官的经验积淀，司法推理的精确性取决于法官的逻辑思维，司法推定的合理性与正当性往往取决于法官的价值观念和利益判断。法官的证据评判其本质也就是主观认识客观的过程，我们不能孤立地看待证据评判过程，在这个过程中，经验、逻辑和价值的作用是相互发生作用的，不能轻易割裂。在对证据的真实性、关联性与合法性的审查与判断上，法官主要是以经验为主的。法官运用证据证明了一个事实的过程，主要是以逻辑为主的过程。在证据信息反映的事实存在多种解释的时候，价值选择和利益衡量就成为主要的依靠手段。对整个证据链条的综合评判，必定是经验、逻辑和价值的综合与交叉过程。我们只有充分认识这一点，才能够有效遴选证据评判的主体——法官，我们的法官也才能知道如何进一步提高自己。同时，也能解除我们对证据评判内在机理的困惑，客观地规范证据评判过程。在实践中，

我们要警惕几种错误倾向。

（一）警惕在证据评判中用感觉、经验代替证据

证据评判离不开感觉和经验。但是在实践中，法官经常也出现重感觉轻证据、凭经验轻证据的情况，值得我们警惕和注意。正是由于感觉和经验是法官评判证据过程中很重要的、不可缺少的，才会导致我们不知不觉中让感觉和经验代替了证据。我们不是不要感觉和经验，我们要反对的是用感觉和经验代替了证据。

（二）警惕在证据评判中忽略逻辑的作用

实践中经常发生用感觉和经验代替证据的情况，其根本原因在于我们的逻辑思维没有发挥充分的作用，我们忽略了逻辑的作用和功能，在一种模糊的价值观念和利益判断的导引下，进行了“大幅度的跨越”，作出了“想当然”的判断，其危害性是明显的，应当引起我们充分重视。

（三）警惕在证据评判中引入“非主流”的价值观念

在事实难明的情况下，价值选择和利益衡量成为证据评判的主要手段。实践中经常出现用“非主流”的价值观进行判决的错误倾向。法官凭着自己的错误的狭隘的直觉判案，导致了社会主流价值观受到挤压。第二章中提到的南京市鼓楼区彭宇案，由于彭宇扶起了受伤的老太太送她去医院，在真相难明的情况下法官据此认定是彭宇撞伤老太太，认为彭宇的行为显然与情理相悖。《新京报》披露，彭宇案后没过多长时间，南京又有一位老太太摔倒街头，卧地五六分钟，无人上前。此后又有《南京晨报》报道，一名75岁的老汉在南京市下关区三汊河公交站台下车时，一头从公交车后门跌倒在地，当场爬不起来，跟在身后的乘客都不敢上前救他，老汉大喊：“是我自己跌的，你们不用担心，跟你们没有关系。”乘客这才上前施救。《钱江晚报》评论认为，彭宇案的判决在一定程度上将传统美德送上尴尬之路，这是“社会之痛和道德之痛”。①

五、侦控思维、辩护思维与法官证据评判

笔者在这里要简单概括侦查思维、公诉思维、辩护思维和审判思维的特点，为法官证据评判的尺度把握提供宏观的指引。在当前的诉讼制度构架下，控辩力量不平衡是明显的，法官对证据的评判要相对倾向于做有利于被告人

① 转引自人民网：2009年02月27日《彭宇案后遗症——不敢搀扶成潜规则》，原载《新华每日电讯》。

的理解，这种形式上的“偏向”才能达成实质的公平，达成控辩平衡。至于具体的精确的尺度，需要法官在实务中体会和理解，这里只能提供理念上的宏观导引。

（一）侦查思维的局限性

侦查人员为了侦破案件，需要树立正确的侦查思维方法。侦查过程本身也是一个对证据的不断发现和收集的过程。证据从无到有的整个过程，充满了侦查人员的假设和推理，是侦查人员的一个自我印证过程。在这个自我印证过程中，必然会出现“有选择性取证”的问题，结果往往会导致侦查人员“要什么有什么”。从一定角度分析，刑讯逼供本身并不可怕，可怕的是刑讯得来的供词往往是犯罪嫌疑人基于对免除现实痛苦的迫切需求而附和侦查人员的要求，作出符合侦查人员假设的供述。对于侦查思维的积极性，我们不容置疑。对于侦查思维的局限性，我们应当正确对待。大部分的冤假错案，并不是侦查人员有意制造的，而是侦查思维的局限性难以避免的结果，有一定的必然性。这就需要我们在程序设计和制度设计上开拓思路，需要我们采取有力措施进行纠偏和矫枉过正。法官的证据评判活动必须对此种现象有所关注和体现。

（二）公诉思维是对侦查思维结果的论证和强化

控辩审三方的职能分工是不同的，公诉职能就是要追究犯罪嫌疑人的刑事责任。尽管中外现在普遍强调检察官的客观义务，实际上基于其职能的要求，真正做到客观义务非常困难。公诉思维更大程度上是对侦查思维的进一步论证和强化。案中的一些有利于被告人的问题，公诉人有可能意识到了，但是基于各种各样的因素，基于公诉思维与侦查思维本身固有的根本特性，公诉人往往会无意识地忽略有利于被告的证据。诉到法院之后，自然又不能自己打自己的嘴巴告诉法官说哪几个证据有问题，哪些事项证据不足，结果可想而知。我们不是不要检察官的客观义务，但是我们绝不能完全指望检察官能够“忠实”履行客观义务，这是法官进行证据评判的时候要予以注意的。

（三）辩护思维是对侦查思维的矫枉过正

辩护律师的主要工作思路是首先考虑能否通过对证据的攻击，摧毁犯罪构成要件来彻底击溃对手。从证据方面主要要指出存疑之处或者不足之处。无罪推定是现代文明司法的基本要求，是刑事司法的国际基本准则，疑罪从无成为处理证据不足案件和存疑案件的一般理念要求。因此，辩护思维的重点就在于揭示侦查思维局限性在具体案件中造成的后果，从而对侦查思维进行矫枉过正。但是，同时辩护思维也会在客观上存在鸡蛋里面挑骨头，断章取义等一系列问题。在一定程度上，各种思维的交锋恰恰展现了精巧司法的一种平衡。控辩的思维冲突集中反映在对证据的质证意见上，法官必须有意识地在心证中寻找这种平衡。

（四）审判思维主要表现在对侦控思维结果的适当纠偏

控辩对抗审判居中是当事人主义诉讼模式的基本诉讼结构。前文已经提及控辩平衡，但这里为什么又要强调审判思维主要表现在对侦控思维的纠偏呢？因为从整体而言，侦查思维和公诉思维主导下对被告人的定罪量刑诉求必然过重，以及往往忽略有利于被告人的证据，而审判的目的就是要对被告人准确定罪量刑实现司法的正义，结果往往体现出对侦控思维结果的适当纠偏，这是基于实践状况的一种判断。在一定角度上讲，法官证据评判的平衡往往以该方式体现出来。

六、排除法官对证据先入为主的“恐惧”

近年来的改革方向总是强调法官不能在庭前接触案卷材料和证据，生怕法官在证据评判时先入为主，造成偏见。同时我们又抱怨庭审流于形式，抱怨法官经常在开庭的时候昏昏欲睡，抱怨法官办案实际上是以书面审为主，抱怨审者不判、判者不审（审判委员会的问题主要是受制于当前的国情，有现实的相对合理性，从规律角度考虑其必将逐渐退出历史舞台），等等。实际上，客观公正就是证据评判的基本原则之一，法官关键要秉承中立、客观公正的态度。即使法官不在庭前接触案卷材料和证据，那么开庭的时候诉方先发言是否也会造成法官先入为主呢？由此可见，先入为主之说恐怕是人们的主观想象而已，完全不符合认识规律。法官关键在于避免偏见，要平等对待双方的证据，做到客观公正。在开庭前提前浏览案卷和证据实际上是必需的，是一个尽责的法官应当做的准备工作。否则的话，根本就无法组织有效率的庭审，除非是非常简单的案子。在审理一个复杂案件的时候，让法官完全在庭审过程中去解决所有问题，实际上是一厢情愿的想法，估计全国也找不出几位有这样能力的法官。至少根据笔者的实务经验，认为自己是根本做不到的。这样一来，其结果必定是法官在庭审中听得糊里糊涂，时间一长肯定就昏昏欲睡（英美法系的法官昏昏欲睡是因为他不用考虑实体问题，实体问题由陪审团解决），庭审流于形式也就成了必然结果。在庭审中法官只能听个大概，然后回去猛看案卷。根据笔者的调研，由于我国很多地区的法官每年的办案量在200件左右，庭审功能基本无法发挥，看案卷也基本上只能浏览一遍，然后挑重点再看一看，案件质量就可想而知。如果把工作顺序倒过来，先在开庭前浏览一下案卷，开庭时必定能够迅速明确争点，然后有效围绕争点组织庭审，结果可能会截然不同。尽管西方也有研究表明，先看一方的材料会造成一些“先入为主”的看法，但是笔者认为这种误差根本不足为虑。如果法官连这种“矫正能力”都不具备的话，估计他也审不明白什么案子！概言之，法官“先入”案卷是有利于证据评判的有效进行的，只要法官能够秉持客观公正，我们就不必对此心怀恐惧。而法官如果徇私枉法的话，不让他“先入为主”恐怕也起不到什么作用。

七、清楚认识神证、人证和物证的历史规律

我们需要进一步加强物证意识，而当前人证的作用实际上仍然处于主导地位。在刑事案件实践中，口供是证据之王的观念还是深入人心的。原因何在，规律何在呢？在证据裁判的发展历史上，主要经历了以神证为主、人证为主和物证为主的三个阶段。在人类社会的初始阶段，科学技术极不发达，人类的认识能力比较低下，对神明充满崇拜和敬畏，真伪难明的案件采用神示方法裁判，是有积极的历史意义的。随着科学技术的发展和人们认识能力的提高，神示的结果逐渐无法取得社会的公信力，从而逐渐退出了历史舞台。此后，人们只能依据物证和人证来认定案件事实，基于人证能够形象而全面地表述事实的特点，加上人们对物证的提炼和认识的难度，神示方法又被摒弃的情况下，人证成为当时人们认定事实所依靠的主要证据形式，历史发展到了以人证为主的时期。这一时期，在刑事案件中表现为对口供的极端重视，审判主要是围绕口供展开的，口供成为“证据之王”。而人证证据信息的可虚假性特征，在刑讯逼供合法化的背景下，导致冤假错案不断发生。随着科学技术的不断发展，人们认识能力不断提高，随着人权保护思想被普遍接受，禁止刑讯逼供已经成为全世界的共识，人类转入到以物证为主的时期。

概言之，从神证为主到人证为主，最终到物证为主的轨迹，是人类诉讼历史发展的规律，是不可逆的过程。当前，我国还普遍存在完全依赖人证破案的情况，实践中刑讯逼供屡禁不止，我们的物证意识已经落后于时代的发展。究其根本原因就在于我们对物证的收集不够重视，提取物证信息的手段和技术还不发达，导致我们的认识能力受限，以至于经常出现破不了案的状况。案件破不了，犯罪风险和成本就降低，犯罪率就提高，社会稳定局面受到极大挑战。在这种现实压力下，刑讯逼供虽然被法律明文所禁止，甚至于规定为犯罪，也难以杜绝。与此同时，由于人权观念的不断加强，加上刑讯

逼供导致冤假错案的情况屡屡发生，民怨极大，国家司法机关处于非常被动而尴尬的局面。实践中，同一被告人的口供前后不一，不同被告人之间的口供互相矛盾的情况非常普遍。法官经常基于各种压力而被动采纳不利于被告人的证言和口供。法官的证据评价根本无法遵循客观公正原则，情理判断和利益衡量经常被做成反面的解释。实践中，法官经过证据评判认为证据不足，其结果不是法官作出证据不足不能认定犯罪的判决，而是请求检察机关和公安机关补充证据。更有甚者，个别公安机关和检察机关还经常拒绝配合补充举证，法官在各种压力下也不敢判决无罪，而是将口供和证言做不利于被告人的理解。社会上普遍流传“认罪，认罪，认了才有罪，不认就无罪”的说法，是当前国情的深刻写照。根据笔者的经验，当前的案件如果把相互矛盾的证言和口供全部排除不予采信的话，会有很大一部分案件可能达不到证据充分的程度。

在这种社会背景下，我国当前一方面还要着重于完善对人证的科学评判方法，以进一步提高案件质量；另一方面要清醒认识历史发展的规律，不断加强物证理念，发挥物证的作用和功能，坚持实物验证的方法。

八、充分利用客观性证据和主观性证据的特点

证据分为物证和人证两大类，分别有不同的属性和特点，笔者在这里的标题用客观性证据和主观性证据的提法就是想突出这一点。人证作为主观性证据的最大特点就是能够完整地表述其经历的事实或者其看到、感受到的事实，最大的缺陷就是其信息能够轻易地为载体（承载信息的人）的主观所改变。一方面其储存的信息是客观的，另一方面其信息输出却可以轻易地被主观化，根本上属于主观性证据。物证用承载的信息证明案件事实，这些信息能够为人们所认识，能够为不同的人们所检验。即使是人们借助于科学手段的辅助达成的认识也具备如上特点。因此，物证的根本属性是客观性，其信息的提取和输出具有稳定性，不为人的主观性所改变。但是物证的局限性在于其信息的提取受到科学技术的影响，也就是受到人们认识能力的影响，因此提取证据信息的证明范围也具有有限性。例如，甲在屋里练了一套太极剑，乙在现场。乙作为人证，他可以完整地描述整个过程。甲作为事实的亲历者，当然也能够完整地叙述整个经过。但是，如果排除了人证，仅从物证角度来认识这个事实的话，我们只能从剑把上的指纹认定甲拿过这把剑，我们从地面上甲的脚印认定甲曾经在这个屋里来回走过。可能我们只能够认定这么多东西。如果事实认定者对太极剑也非常熟悉，并且专门研究过太极剑的步法

的话，可能他能够判断甲打了一套太极剑。事实上这种可能微乎其微，几乎没有。一方面这太专业了，太难了（笔者 11 岁的时候就练过杨式太极剑，自己感觉肯定无法辨别出来）；另一方面甲也不可能只在屋里地面上留下完整清晰的反映太极剑步法的脚印，可能脚印并不完整，而且地面上肯定还有其他乱七八糟的脚印，导致无法辨认。并且，事实上我们也无法认定脚印和剑把上指纹的形成时间，无法认定两者之间的关系。

由此可见，神示裁判之后，在完全依靠人证和物证裁判的初期，基于科学技术手段的发展水平，物证发挥的作用相对很小，人证必定成为认定案件事实的重要手段。历史上，口供成为证据之王绝不是偶然的，是有其必然性的，是有历史意义的。人证当中，只有当事人自己作为事实的亲历者，对事实的情况了解是最全面的。口供的意义当然是非常重大的。但是，由于人证的主观性，其信息输出能够被轻易干扰，具有可虚假性。尤其是案件当事人，由于牵涉其自身利益，其陈述的可信度也就最低。随着历史的发展，随着科学技术手段的提高，随着冤假错案的比例不断攀升，人们开始不断地反思我们原有的以人证为中心的证据评判机制，提出物证优位的观点。这体现了历史的进步和司法的文明。但是在我们当前的国情下，我们的证据运用还没有明确客观性证据和主观性证据的属性和特点，造成很多问题。例如，一方面刑讯逼供问题还很严重，很突出；另一方面还有很多地方搞“零口供”的试点。这些做法都是存在严重问题的，不符合认识规律的，不值得提倡。我们要做到一方面树立物证优位的证据理念，另一方面客观对待人证的证明价值。

（一）树立物证优位的证据理念

古今中外，都经历了刑讯合法化的历史。这是必然的，也是有历史意义的。根据现有资料看来，我国古代的刑讯制度最为严密、规范和科学。笔者看来，这恰恰反映了在当时特定的历史阶段，我们的诉讼程序实现了高度的文明。即使从人权角度考察，笔者也有充分的信心，我们古代的诉讼制度代表了当时历史阶段的最高水平，至少可以说是很高的水平。当然，现在历史的车轮已经转到了 21 世纪，今非昔比。我们的诉讼程序也应当与 21 世纪相对应。科学技术手段的迅猛发展，人们的认识能力得到了空前的提高；[①] 随着社会的高度文明，人的个体价值也得到了空前的重视，人权含义的广度和深度也都达到了新的高度。以人证为核心的时代已经成为过去式，我们必须树立物证优位的理念。与当今的发达国家相比，我们的司法文明程度已经大大地落后，应当奋起直追。当然，也不能与实践状况盲目脱节。当前，全世界范围内对严禁刑讯逼供达成了共识。一方面是基于人权保护的需要，另一方面也是更为重要的是刑讯逼供造成了大量的冤假错案。当今中外的历史实践也告诉我们，我们现在有能力做到以物证为主来认定案件事实。当人证内容与物证内容发生冲突的时候，我们要毫不犹豫地以物证为依据。也只有以物证优位的理念来指导诉讼，我们认定事实的精准度才能进一步提高，也最有说服力。

（二）客观对待人证的证明价值

当然，我们树立物证优位的理念并不代表着我们要忽略人证的重要性。从一个极端走到另一个极端的做法是笔者所不提倡的。实践中“零口供”的做法是滑稽可笑的，是不符合认识规律和诉讼规律的。我们绝不依赖于口供，但是我们绝不能放弃对口供的有效利用。也即我们要充分根据人证的特点来挖掘其证明价值，来为我们的诉讼制度和证据评判活动服务。

例如，就刑事案件的被告人来讲，也就是如何充分利用口供价值的问题。我们要充分利用人们趋利避害的心理，建立刑事自白认罪减刑制度，建立刑事和解制度（和解以认罪为前提）。让坦白从宽、抗拒从严的刑事政策在立法中得到贯彻。被告人如果在法庭上进行虚假陈述，在有物证证实的情况下，笔者建议也应当考虑伪证罪的实践适用尺度问题。这样两者结合就能够最大限度地解决口供的真实性问题，充分提高诉讼效率，也避免了实践中大量的被告人当庭翻供的情况。

就民事诉讼双方当事人来讲，应当要求当事人据实陈述，否则将承担一些惩罚性后果。例如，一方当事人的陈述被另一方当事人的其他物证证明为虚假的时候，法官有权以虚假陈述和蔑视法庭为由对其采取一定额度的罚金；

---

① 正如何家弘教授在《中国证据法学前瞻》中指出：随着科学技术的突飞猛进，各种以人身识别为核心的物证技术层出不穷。继笔迹鉴定法、人体测量法和指纹鉴定法之后，足迹鉴定、牙痕鉴定、声纹鉴定、唇纹鉴定等技术不断地扩充着司法证明的“武器库”。特别是20世纪80年代出现的DNA遗传基因鉴定技术，更带来了司法证明方法的一次新的飞跃。目前在一些科学发达的国家中，“科学证据”已经在各种司法证明手段中占据首位，成为新一代“证据之王”。可以毫不夸张地预言，21世纪的司法证明将是以“物证”为主要载体的科学证明。

情节严重的可以虚假陈述和蔑视法庭为由采取一定期限的拘留措施；对于真伪难明的事实进行明显虚假陈述的且有物证证明其虚假陈述的，可以直接做有利于对方的认定。笔者之所以有这个建议，是因为在实践中遇到大量的案件，一方当事人就是完全采取抵赖和虚假陈述的方式来混淆事实，浪费了大量的司法资源。法庭毕竟是严肃的地方，绝不能允许这种无视诚信、蔑视司法权威的行为肆意地存在，我们的制度应当对此有所作为。对民事案件中的自认行为，也应当在法官自由裁量的范围内给予适当的回报。

对于一般人证来讲，当前的实践情况中虚假陈述的情况也是非常普遍的。笔者就曾经在河北某地亲自经历过一位刚退休的公安局长为一方当事人虚假作证的情况，尽管证言矛盾百出，但是最终还是被法庭采信。我们前几年改革，有人主张采用西方证人当庭宣誓制度，笔者认为当庭宣誓制度在我国没有文化根基和认同，它只有形式意义而没有实质意义。笔者主张在证人作证前应当由他自己宣读保证书，保证书上面有明确的伪证责任，然后在上面签字。具体讲，保证书上的内容至少应当包括：如果本人有虚假陈述导致相关人员经济损失的，我愿意加倍承担全部赔偿责任；情节严重的，愿意承担伪证罪的刑事责任。

九、逐步完善证据规则体系

基于证据裁判和法官心证的特征，以及客观性证据与主观性证据的特点，我们要不断致力于证据规则体系的建构。一方面深入挖掘符合认识规律的证据规则，另一方面挖掘体现正当程序的规则。同时，还要注意总结与运用体现规则裁断和利益衡量的证据规则。这项工作在证据评判理论中占据着非常重要的地位，而又难以一蹴而就。需要我们在当前国情下进行不断地理性探索和实证总结，逐步建立。诉讼中广义的证明活动由取证、举证、质证、认证四个环节或阶段所组成。与此相应，证据规则的体系也应该由这四个方面的内容组成，即取证规则、举证规则、质证规则、认证规则。具体的可以参酌何家弘教授的概括：

第一，取证规则，主要包括以下内容：（1）询问规则；（2）讯问规则；（3）搜查规则；（4）辨认规则；（5）勘验规则；（6）检查规则；（7）实验规则；（8）鉴定规则；（9）证据保全规则；（10）法院取证规则等。

第二，举证规则，主要内容包括：（1）无罪推定规则；（2）举证责任分配规则；（3）举证责任转移规则；（4）举证责任倒置规则；（5）免于举证规则；（6）审前证据交换规则；（7）举证方法规则；（8）举证程序规则；

（9）举证时限规则；（10）补充举证规则等。

第三，质证规则，主要内容包括：（1）作证义务规则；（2）免证权规则；（3）强制出庭规则；（4）出庭宣誓规则；（5）证人陈述规则；（6）意见证据规则；（7）主询问规则；（8）交叉询问规则；（9）质证程序规则；（10）保护证人规则等。

第四，认证规则，主要内容包括：（1）认证程式规则（当庭认证规则、合议认证规则）；（2）采用标准规则（关联性规则、客观性规则、合法性规则）；（3）非法证据排除规则（包括例外规则）；（4）传闻证据排除规则（包括例外规则）；（5）最佳证据规则（包括次佳证据规则）；（6）补强证据规则；（7）品格证据规则；（8）司法认知规则；（9）采信标准规则（确实性规则、充分性规则）；（10）公开“心证”规则等。①

整体而言，建立、健全证据规则包括两个层面上的要求：首先是质的要求，即具体证据规则必须在内容上具有完整性，在适用上具有可行性。证据规则是实践性很强的法律规范，如果不具有完备的内容，不具有可行性，那么，就失去了存在的意义。就证据规则的内容结构而言，英美法系的证据规则通常包括两部分：一般原则和例外规定。其中，例外又有附条件例外和无条件例外之分。此种结构具有较大的适应性，可以较详尽地区分不同的情形进行有差别的规定，避免一刀切的武断特征。其次是量的要求，即证据规则必须具有足够的覆盖面。当然，我们的意思并不是说，我国必须确立八个或十个证据规则才算形成了一个完备的证据规则体系，相反，我们认为证据规则体系的形成并不在于其具体数量的多或者少，而取决于我国当前刑事诉讼证明活动中急需规范的问题。如果对于司法实践中亟待解决的问题，该规范的没有规范，就不能说构成了一个完备的体系。因此，建立、健全我国证据规则体系应当以确立特定的证据规则对于司法实践中应当且亟待规范的问题是否具有重要的意义为标准，有选择地建立适量的证据规则。②

十、注重间接证据的综合运用

直接证据能够证明案件主要事实，间接证据则需要与其他证据结合来证明案件主要事实。从这个角度讲，直接证据的意义较间接证据为大。但是，实践中的所有案件中，我们会发现直接证据的数量远远不及间接证据。一定

---

① 何家弘：《中国刑事证据规则体系之构想》，载《法学家》2001年第6期，第35页以下。

② 樊崇义著：《迈向理性刑事诉讼法学》，中国人民公安大学出版社2006年版。第230页。

程度上我们甚至可以说，直接证据的运用根本离不开间接证据。根据我国现行立法和对间接证据所持的理论态度，间接证据在诉讼证明中不仅可以对直接证据起到印证和补证作用，其还具有独立定案的功能。但是现状并非如此，目前，我国司法证明实践中，间接证据的印证和独立定案功能远远没能充分发挥出来。这一方面是由于我国司法实践中过分强调证据与证据间的印证所致；另一方面，则与我国证明实践对间接证据所持的证明标准要求的偏见有关。当然，除此之外，还有一些观念性错位（如有罪假定与有罪推定的混淆、“口供情结”严重，等等），法官评判能力不强等问题客观存在。要改变我国目前直接证据“一对一”情况普遍和依靠间接证据不能定案的现状，必须几种措施多管齐下予以解决。例如，排除“印证模式”的影响；确定“排除合理怀疑”的标准；强化法官培训和健全法官遴选机制等。既要从制度上进行必要的设计和完善，也要从事实认定者个体素质方面进行努力，这样才能真正改变我国目前在运用间接证据上的“证明困境”。

间接证据是指不能直接证明，必须经过推论才能证明案件主要事实的证据。间接证据在案件事实认定中的地位是随着历史变迁而不断变化的，古犹太法严格排除间接证据在证明案件中的使用，传统普通法对间接证据的证明功能加以一定的限制，而到了现代，普通法基本摒弃了对间接证据的歧视，间接证据与直接证据一样拥有了独立判定案件的功能。在学理上的法定证据时代，间接证据除了作为挖掘直接证据的手段或作为刑讯的前提条件外，在案件事实认定上基本被视为不完善的证据，其运用规则基本等同于机械地数学运算，毫无人的主观判断可言。在心证制度下，间接证据获得了新的生命，其被广泛运用于案件事实认定活动，其独立定案的功能获得前所未有的认可和实践。在心证制度下，没有直接证据，完全依靠间接证据也可以判定案件，即间接证据拥有了独立证明案件主要事实的功能。

间接证据在案件主要事实认定中的作用是不容忽视的。首先，在具有直接证据的案件中，间接证据可以对直接证据进行必要的印证，以使得直接证据获得足够的可靠性，从而得以定案。所谓印证，是指用以证明案件某一事实环节的若干证据所包含的内容或信息具有共同性。“印”的成立，至少须得有两个或两个以上信息载体，并且这两个以上信息载体所含信息具有共同关联性，那么，“印证”的成立，就必须针对某一个事实具有两个或两个以上的证据，并且这两个证据所含内容或信息具有共同关联性。其次，间接证据还可以对直接证据没有证明的事项予以补充证明，以实现对案件事实的完整证明。最后，也是最为重要的，即间接证据具备独立证明案件事实的功能。

在不具有直接证据的情况下，间接证据如果确实充分，照样可以判定案件。而且，运用间接证据认定的案件，还有不易被推翻的特点。

相对于运用直接证据判定案件而言，完全依靠间接证据判定案件的过程是一个非常复杂的推理证明过程。因为案件中如果存在直接证据，直接证据一经查证属实，案件主要事实便可以得到确认，但如果完全依靠间接证据定案，不仅要求组成证据体系的每一项间接证据在质上有保障，即达到证据内容确实，并与案件主要事实存在一定程度的关联，而且在量上间接证据也要形成一定程度的规模，即拥有足够数量的间接证据，并组成完整的间接证据体系，由这种完整的间接证据体系证明出完整的间接事实体系，再由完整的间接事实体系推论出案件主要事实。在推论过程中，所有的间接事实应当协调一致，共同指向案件主要事实这一结论，不允许有与主要事实不协调的间接事实或间接证据存在。

评判间接证据的证明力就是要分析该证据赖以连接事实要素的推理及其前提。这包括两个方面：其一是前提的真实性，即作为前提的判断是否符合客观实际情况；其二是形式的正确性，即推理的形式是否符合逻辑推理的有关规则。由于推理的形式只表现为正确和错误，而推理的前提可以有必然真实性和或然真实性两种情况，而且在或然真实性中又可以有许多不同的等级，所以，尽管人们在进行推理时必须注意推理的形式是否正确，但是在分析证据的证明力时却应主要研究推理前提的真实性，因为证据的证明力大小主要是由推理结论为真的可能性大小所决定的。在此，可以得出分析间接证据证明力的两条定律：一是以必然真实性判断为前提的间接证据的证明力大于以或然真实性判断为前提的间接证据的证明力。二是以或然真实性判断为前提的间接证据中，前提为真的概率与证据的证明力成正比。即前提为真的概率越大，证据的证明力就越大；前提为真的概率越小，证据的证明力就越小。由此可见，在分析间接证据的证明力时，明确其推理的前提非常重要，否则，我们往往会以模糊思维的方式评判这些证据的价值，并有可能形成主观片面甚至似是而非的判断。也正是因为如此，所以在确定无疑和排他性的证明标准下，要用间接证据认定案件主要事实是存在客观困难的。我国当前也正是由于这种原因导致很多案件无法定罪，或者作为疑罪从轻处理，造成对犯罪的打击不力。笔者在第四章对此有充分的论述，因此建议及时确立排除合理怀疑的证明标准。

十一、无罪推定和疑罪处理

无罪推定是国际通行的刑事司法准则，在无罪推定的基础上，我国学界普遍要求实行疑罪从无的疑罪处理方式。这是值得商榷的。无罪推定是指任何人在未被依法确定有罪以前，应当被推定为无罪的人。从无罪推定实际上是不能作出疑罪从无的逻辑推导的。根据证据评判理论，我们可以看出，实践中的疑罪的数量是很多的。对于疑罪的处理方法是证据评判的核心问题之一。价值选择和利益衡量是证据评判的理论基础之一，也是证据评判的基本原则之一，其实也是疑罪的重要解决方法之一。在证据评判的诸多原则和方法的指引下仍然无法进行事实认定的疑罪，也绝不能进行教条主义方式的简单处理，必须根据具体案情进行综合判断。疑罪惟轻是我国古代的一个重要思想①，唐律规定“诸疑罪各依所犯以赎论”（《唐律疏议·断狱·疑罪》）进一步明确了疑罪尽量不处以监禁刑的重要思想。我国古代的疑罪处理方法有一定的科学性，都是非常值得我们借鉴的。

证据评判的基础理论强调了在诉讼认识相对性、主观性和有限性的情况下，核心要关注于裁判的正当性建构。这实际上也从另一个角度阐明了疑罪存在的客观性，证据裁判和法官心证的功能和局限也展示了疑罪存在的客观空间。证据评判的运行机理，解释了评判的内在过程，让我们能够更加充分地理解疑罪的不可避免性。在这种情况下，疑罪的处理方法就显得更加重要了。

我国当前对疑罪的处理方法是留有余地地判决，这种实用主义的做法由于没有进行深入的理性分析，没有取得理论上的有效支持，由此备受诟病。但是，我们回过头来，思考一下到底实践中为什么会采取这样做法呢？原因是多方面的，笔者在这里也难以一一进行总结。但是，至少有以下两点实践背景要考虑：（1）当前我国属于社会转型期，犯罪率高发，严重影响社会稳定。（2）公安机关整体上存在证据意识淡薄，物证技术力量较弱，对人证的依赖程度高等系列问题，其侦查破案能力相对落后于打击犯罪的形势要求。俗话说：萝卜多了不洗泥。在公安机关整体办案能力有待提高，办案数量要求又极大的情况下，案件的证据质量就可想而知。侦查破案并不代表能够被法院定案，这也是侦查思维和审判思维的特点决定的。侦查思维的特点必然

---

① 罪疑惟轻的思想最早见于《尚书》。《尚书·大禹谟》：“宥过无大，刑过无小，罪疑惟轻，功疑惟重；与其杀不辜，宁失不经。”

造成侦查人员难以有效考虑法院定罪所需的证据，再加上有些侦查人员根本就没有这种证据意识，在这种状况下法院面临的证据问题就更加突出。从证据评判理论也可以看出，疑罪存在是大量的，客观的，如果将从审判思维角度认定的疑罪一律按照无罪处理，显然也不行。而这种状态会在相当长的时期内客观存在，由此给法院造成理论上难以克服的困难和矛盾。根据笔者的调研，法院留有余地的判决数量要远远超过媒体的报道。多年来，笔者曾向各级法院长期从事审判工作的资深法官进行过上百次的了解，得到的大概值是20%～30%的案件无法完全形成内心确信。这当中只有争议大，影响大的案件才用留有余地判决的方式，其他的都直接定了。原因在于，法官长期处于如此证据环境的状态下，他的心证裁量就会不自觉地进行妥协，理性逐渐被感觉和经验所代替。客观上造成了实际上属于疑案的大量案件，都没有按照疑案的处理方式解决，这也是为什么实践中大量的案件当事人不服判，不断上访的原因之一。

因此，法院如何恰当处理疑案，实际上是一个非常重要的课题，要综合平衡政治效果、社会效果和法律效果，以有效平息社会矛盾，维持社会稳定。根据当前国情，笔者认为应当注意以下几点：（1）清楚认识疑罪从无的积极意义，从司法发展规律来看，疑罪从无也是司法高度文明的必然要求。（2）清楚认识无罪推定和疑罪从无的异同，在联合国最低刑事司法准则的基础上，贯彻落实无罪推定的要求和理念。（3）清楚认识我国国情，当前不能对疑罪做简单的无罪处理，必须综合考量与平衡各种因素。（4）明确落实以排除合理怀疑为刑事审判证明标准，进而有效落实疑罪的范围界定，完善和出台量刑规则，客观对待疑罪的处理。（5）参照我国古代处理疑罪的合理因素，对疑罪应当从轻或者减轻；对非恶性犯罪案件，还要考虑争取采取非监禁刑方式处理。（6）最后需要强调的是，我们要清楚认识科技强警，增强侦查能力，提高侦查人员的证据意识，建构检察引导侦查制度，是最大程度上化解疑罪矛盾的根本途径。概言之，我们只有秉承系统思维方式，进行综合考量与平衡，才能够获得最佳的疑罪处理方案。

第二节　实务与方法

一、单一证据评判要点

单一证据的评判主要围绕证明能力和证明力进行，解决的是定案证据的资格和关联程度问题，而非证据的资格问题。关于证据资格，笔者的证据评判理论结合诉讼实践情形对其做了最广义的定义，从而有别于当前主流的证据概念。当前主流的证据概念实际上属于证据的子概念，是定案证据的范畴。定案证据必然要具备证据的三性，具备三性的证据必然具备证明能力和证明力。笔者采取证明能力的提法以区别于证据能力，原因在于当前的证据能力概念在使用中往往等同于证据资格的意义，容易混淆。证据能力和证明能力仅一字之差，但意义差别巨大。前者强调的证据本体的能力和资格的问题，后者强调的是证据是否具备证明能力的问题。前者规范的是证据进入诉讼程序的准入资格，后者规范的是证据的子概念定案证据的资格。证明能力和证明力也仅一字之差，笔者在与人探讨时也是常常引发争论的。因此，在此进一步释明。证明能力的关键在于“能力”二字，强调的是证据证明力的有无，是指特定证据有能力证明特定事实的“能力”。证明力的关键在于“力”字，强调的是证据“力”的大小，是指特定证据对特定事实的证明“力度”。换言之，即特定证据与特定事实的“关联性程度大小”。

（一）关于证明能力的评判要点

证明能力的评判要点，就是要解决将证据作为定案根据的采纳标准，相当于英美法系证据可采信的问题。英美法系秉承规范证明的传统，通过大量的证据规则来解决证据的可采信问题，很多是值得我们进行研析和借鉴的。例如，我国实际上也已经确立刑讯逼供所得口供绝对排除，非法所得物证有限排除的规定。例如，笔者认为传闻证据规则在我国实践中实行是存在很大障碍的，但是传闻证据规则所针对的问题，我们要引起充分的重视，并进行本土化的解决。因为大多数情况下，世界各国存在的问题是相同的，但是解决的方案必须结合国情。

对于证明能力的评判，主要围绕证据的真实性、关联性与合法性进行。由于所有的证据都是客观存在，都具有客观性，为了明确定案证据的特征，笔者采用真实性的提法，主张真实性是定案证据信息基本的因素和特征之表现。真实性是评判证明能力的第一项标准，是指定案证据必须是真实的，虚假和伪造的证据不得被采纳。实践中表现在对提炼的证据信息的真实性判断。比如，书证上的笔迹是否是伪造的，如果系伪造所成，其内容必不可信；比如，证言是否能够与物证信息相互验证，如果物证信息与证言矛盾，则说明证言内容不可信，等等。关联性是评判证明能力的第二项标准，是指定案证据必定是与需要证明的案件事实存在联系的，没有关联的证据不得作为定案的根据。至于关联的程度，是直接关联还是间接关联、是必然性关联还是偶然性关联、是内在关联还是外在关联，则不在此论。合法性是证明能力评判的第三项标准，是指作为定案根据的证据之取得不得违反法律禁止性规定，主要包括主体合法性审查、形式合法性审查和程序合法性审查等，即严重违反法律禁止性规定或者严重侵犯当事人合法权益取得的证据不得被采纳。合法性标准在不同国家有不同内容，对合法性的理解有一个尺度的问题，关于一国的实践国情、人文基础、价值取向和利益衡量等方方面面的问题。我国对于合法性的规定较少，实践中的自由裁量空间过大，相对不利于被告人的权利保护，值得我们引起注意。同时，笔者也强调和支持对于合法性的规定不可冒进，不可与实践脱节，应当循序渐进，应当引领实践的发展方向。因为，对证据的合法性规范从一定角度上体现了一个国家的司法文明的程度，是发展的方向和规律。

证据的三性考察对于证明能力的评判是缺一不可的。但是，我们要充分认识到对三性的审查难度是不同的。合法性标准最不易掌握的，最为复杂，其次是真实性，然后是关联性。因为，实践中往往被告人缺乏有力的手段来证明证据的非法性。例如，刑讯逼供是在被告人失去自由的状态下进行了，被告人难以举证。但是完全的举证责任倒置似乎也存在不少问题，即使是要求被告人提供基础证据（伤痕），也存在被告人为了逃脱罪责使用“苦肉计”自残的问题。彻底解决的方案只有对被告人羁押期间全程录像，但是明显是理想化的脱离实际的想法。因此，如果被告人当庭翻供，声称屈打成招，法官一方面要观察是否有刑讯的痕迹（伤痕的状况），另一方面的关键在于运用口供与其他证据印证的方法来进行综合分析。决不轻信口供，也是当前国情下证据评判的一条基本原则。真实性审查涉及科学技术手段的运用和经验的判断，难度居中。例如，指纹、DNA 等信息的提炼需要通过相关的技术鉴定，而法官往往是技术的门外汉，从而在实践中导致唯鉴定结论是从的状况。法官的审查和评判功能难以发挥是问题的焦点，造成鉴定结果就直接决定裁判结果的问题。证言的真实性判断也需要结合经验分析和实物验证的方法，难度也不小。相对来讲，关联性审查主要取决于逻辑能力，难度最低。

（二）关于证明力的评判要点

对证明力评判的规范是证据法学的一大难题，世界各国基本上也都交由法官自由裁量，问题很多。我国原则上提出了确实、充分两大标准，也是非常抽象的，实践运用中也经常出现理解的重大分歧。究其原因在于证明力的评判是证据评判最核心的内容，又是最复杂的内容，是法官运用经验、逻辑和价值引导进行综合评判的核心区域。因此，法官的综合素质高低就显得非常重要。法官高尚的职业操守和丰富的审判经验等因素对于准确认定证明力与案件事实的关系起着至关重要的作用。笔者曾经手一个案件，其中一个关键证据是原告银行出示的6张催款通知书（一年一张）证明诉讼时效问题。被告答辩承认这6张催款通知书上的法人的人名章和公章是真实的，但是同时提供证据证明该法人是两年前就任的，因此这6张催款通知书是最近一次性补盖的，是内外串通伪造的。被告据此主张该笔债务实际上在4年前就早已超过诉讼时效，法院应当驳回原告的诉求。高院一审支持了被告主张后，原告诉至最高院。笔者介入二审后认为，催款通知书确属近年一次性补盖，但是对其证明力应当客观分析。被告补盖催款通知书的行为是对以往银行历年催款事实的确认（除非被告关于内外串通伪造的主张确有证据证明），另外结合银行内部一系列备案文件作为间接证据能够充分印证历年催款的事实（这些由于是银行内部备案文件，是间接证据，被告对其真实性和关联性均提出质疑，因此在一审时被法院排除）。又进一步从情理判断的角度，提出如此巨额的款项银行没有进行及时催债不符合情理，一方面银行对催款有严格程序规定，另一方面银行实务中关于没有及时催款导致诉讼时效问题也极其罕见。并且，笔者还从诉讼时效的实务现状和立法精神角度，强调了对于诉讼时效的证明达到优势证明就足以采信的观点。二审开庭后，被告改变了强硬的态度主张调解，本案目前仍在审理中。这是对单一证据证明力的争议，对全案证据证明力的综合评判更加复杂。

对于如何评判证明力，学术界和实务界也基本没有形成一些确定的方法和标准。笔者认为至少要注意以下几点：（1）法官的客观公正态度是至关重要的，否则就有可能造成翻手为云，覆手为雨的结果。（2）法官必须充分运用诉辩双方的对抗机制，对证明力有争议的关键证据，务必让双方充分发表质证意见，开阔自己的视野，以准确评估证据的证明力。（3）法官要充分掌握物证和人证的特点与规律，进而分析各种证据信息的审查要点，对全案所有证据分别进行证明力评判。（4）在单一证据的证明力分析基础上，对全案证据进行综合的证明力印证与分析，形成心证。（5）法官对于证明力评判的理由公开极其重要，以达到对评判结果监督和实践验证的目的。判决书中，应当列明双方对争议证据证明力的观点，并对双方有争议的证据证明力认定理由进行充分阐释。

由于在证明力评判方面法官有着极大的自由裁量空间，实践中引发的问题很多，对证明力评判的具体规范方法，亟须我们继续深入的研究。

二、综合证据评判要点

（一）综合评判的过程和重点

证据评判的过程是经验、逻辑和价值选择与利益衡量的过程。在单一证据的评判中，经验的作用更加重要。在综合评判中，逻辑的作用将成为核心。对于综合评判的过程，可以分为三大步骤。

首先，在单一证据评判的基础上确定一个个的基础事实。

其次，在大量的基础事实基础上，运用逻辑能力形成整体事实的轮廓。基础事实之间的推理主要依靠逻辑规则的作用。这两个步骤，笔者在评判机理一章中已经有详细论述，不再赘述。

最后，也是综合证据评判中应当最关注的是，在基础事实与基础事实之间的间隙链接，需要重点考察推定和价值选择与利益衡量的正确性，这也是综合证据评判的核心所在。全案证据呈现的往往是大量的事实片段，这些事实片段在实践中经常是无法绝对严丝合缝地表现完整的案件事实的。事实片段之间的链接往往依靠推定来完成，这一点在被告人犯罪主观要件的证明中表现得尤其充分（下文将有所论及）。这种推定在实践中是大量运用的，由于没有有效的规范，随意性很大。我们今后的证据评判研究中应当将之作为一个重点的实证研究课题，将每类型案件中需要推定的情况总结出来，通过立法表现出来，这将是司法精确化的一种重要体现。基于推定的特点，应当尽量采用明文的、列举的方式明确规定，是笔者的一贯主张，也是有效限制法官自由裁量的重要手段。在一些跨度较大的事实片段之间，或者真伪难明的情况下，我们经常采用价值选择和利益衡量的方法。我们必须明确而清醒地了解当前国情下的主流价值观和社会利益的内涵，否则就可能作出了错误的引导，进而造成对主流价值观和社会利益的损害。前文已有多个例子为戒，我们不能想当然地、随意地作出评判，这是极其重要的。

（二）综合评判的方法要点

在进行综合证据评判的指导方法方面，笔者进行了一些总结，可以作为参考。当然这些要点很多，这里只是笔者想到的若干重要问题。

第一，坚持客观求真的态度，反对主观随意性。偏向性是法官证据评判的大忌，因此证据评判的第一要点就是法官独立无偏倚的客观公正状态。只有在这种状态下，法官才能够做到客观求真，最大限度地排除主观随意。一旦法官形成偏向，就会不自觉地对证据进行倾向性梳理和选择。有了框框之后，法官就容易将符合自己看法的证据予以采纳，不符合自己看法的证据则排除，从而加大了错判的风险。

第二，坚持全面联系的态度，反对僵化片面性。在实践中，全案证据绝对无矛盾的情况是极少的。一旦出现这种情况往往需要我们提高警惕，因为在这种情况下，串供、刑讯等情况的可能性就很大，案子往往会出问题。证据评判要结合全案证据，坚持全面联系的做法，综合审查，排除矛盾。同时要给予控辩双方的证据以同等的关注，进行全面审查。切忌以点当面，以偏概全，抓住一点不计其余的做法。

第三，坚持及时不中断的评判思路，反对拖拉中断延误。综合评判要争取在完成全案证据的质证、认证后不间断作出，要一气呵成。尤其是复杂案件，如果停停放放就容易导致出现偏差的概率加大，也会严重影响诉讼效率。人的记忆能力是有限的，我们大脑中存储的信息量越大，作出正确的综合评判结果的保障就越高。当我们将案件放了一段时间，大量的信息已经忘记，必须重新去翻看全案证据，整理评判思路，出现偏差的概率就加大。如果不得不中断的话，一定要下足功夫才行。

第四，坚持认真细致的态度，反对草率和盲目。对于评判中的推定、价值选择和利益衡量的关键点，我们要尤其认真细致，一定要进行全方位的考察，绝不可草率和盲目。在没有充分的理由支持的情况下，决不可拍板了事。有的时候，一个细小的证据，甚至于一个小的观点就可以推翻一个关键证据，我们只有坚持认真细致的态度，才能够保证评判结果的正确性。

第五，坚持必要的批判精神，反对迷信专家。前文提到过，鉴定结论直接决定裁判结果的情况在实践中大量存在。问题在于对专业领域内的问题，法官往往没有能够发挥能动性进行辨析。事实上，鉴定存在的问题很多，一个案件多份鉴定前后矛盾的案件也比比皆是。鉴定的每个环节出现问题都会导致鉴定结果的偏差。因此，法官必须具备必要的批判精神，不能盲目地迷信专家。实践中还经常出现一些根本无须鉴定的案件，法官确未能进行有效的证据评判，转而诉诸鉴定，这也是不可取的做法。当前学界主张要将鉴定结论改成鉴定意见，也就是要求法官破除对专家的迷信，要具备对鉴定结果的批判能力和批判精神。

第六，坚持紧抓重点纲举目张，反对纠缠拘泥于细节。对于全案的证据评判，我们要紧抓重点，纲举目张，不能过于拘泥细节。对于犯罪事实的“七何”问题，对于量刑的主要情节要作为重点，其他细节不必一一纠缠。这也是很重要的，实践中也经常出现对细节的过于纠缠而竟然最后忽略了重点的情况。

（三）综合评判的效果要求

证据的综合评判是法官结合全案证据进行的全面审查、评价和判断，至少要达到五方面要求。一是法官要确定每个定案证据的资格，所有定案证据均应同时具备真实性、关联性与合法性，否则不得采纳为定案证据。二是运用经验、逻辑和价值选择与利益衡量等方法，结合全案证据证明一切定案必需的待证事实，如何事、何时、何地、何情、何故、何物与何人等。三是所有定案证据应当能够构成一个有机整体，相互印证，形成一个完整的证明体系。四是全案证据排除矛盾，对于有矛盾的地方有合理的解释。五是对于全案证据形成的结果要具有排他性，要能得出唯一的结论。综上我们可以看出，单一证据的评判已经非常有难度，全案的综合评判则难度更高。

三、物证的评判要点

（一）物证的特点

正如赫伯特·麦克唐奈所言："物证不怕恫吓。物证不会遗忘。物证不会像人那样受到外界影响而情绪激动。物证总是耐心地等待着真正识货的人去发现和提取，然后再接受内行人的检验与评断。这就是物证的性格。"由于物证一般都具有较强的客观性和稳定性，所以物证往往比人证更为可靠。概括地讲，物证具有四大特征：一是客观真实性。这是物证最大的特点。任何物都是客观存在，是人世间一切真实的基本体现者。物的构成，物的形体，物的处所、状态、运动、变化等都是真实。即使是伪证，也能够为其特点所反映，从而被识别。二是相对的稳定性。物证以物的形式永恒存在，它的物质结构和物质属性是比较固定的，从而具备相对稳定性的特点。由于物证的相对稳定性，决定了物证同待证事实之间的客观联系也是比较稳定的。三是被动的反映性。物证作为一个物完全处于被动状态。物证不能自明其义，它的信息只有通过人的认识才能提炼出来。即使是书证（物证的一种特殊形式），其文字、图画、音像等形式直接记载或表示了一定的事实，也需要人的主观认识进行反映，才能在证据评判中加以利用。四是功能的不可替代性。物证的证明价值一般属于特定的物体与痕迹，它是直接反映案件事实本身，而不是同类物、替代物或者模型。因而物证具有了自身的不可替代性，经过合法的程序收集的物证，其证明力是毋庸置疑的。

（二）物证的评判

物证的评判关键在于识别物品和痕迹的真伪，判明这些物品痕迹对证明案件事实有无实际价值，以及各个物在整个案件证据体系中的证明作用。因此，对物证的评判主要把握以下几点：一是审查认定物证的真实性，看物证是否是伪造的。二是审查物证的来源是否合法。三是要查明物证是否为原物。这也是最佳证据规则的要求。四是认真仔细审查物证的外部特征，以确定其同案件事实的关联性。要查明为待证事实所要求的物证的本质特征或内在属性在定案时是否已发生了实质性的变化，这种变化是否达到了足以影响其证明力的程度。五是考察物证本身能证明什么问题。任何一个物证都能够反映一定的事实，对于同一物证所要证明的案件事实，经常会产生不同的理解，评判过程中的关键在于确定这个物证证明了什么样的事实。六是考察特定物证同本案其他证据的联系。也就是要判明物证在整个案件证据体系中的证明作用。应准确判明某一物证的证明作用，既不能扩大，也不能缩小。七是在必要时可以采用交付辨认、技术鉴定和比较印证等方法辅助评判。为了审查物证来源并确定其真实性，应当将物证提交当事人或者证人加以辨认，必要时可以进行鉴定。对于通过直接感知不易辨认或者各方对辨认有重大异议的情况，再交付鉴定。最后，还要对所有物证信息还要进行比较和印证来排除矛盾。

（三）物证效力优先

物证效力优先主要指物证和人证内容发生矛盾的时候，物证的证据效力肯定要高于人证。当然，这是在物证的真实性得到保障的情况下。物证的这个特质取决于物证本身的属性以及人证的特点决定的。

四、人证的评判要点

（一）人证的特点

相对于物证来讲，人证具有以下特点：一是与物证相比，人证对案件事实的揭露能够详细形象，活灵活现。二是与物证相比，人证稳定性较差，容易反复。三是人证信息能够轻易为载体“人”所改变，具有可虚假性。人证以其表述的证据信息（言词）来证明案件事实。人证信息当中，尤其以犯罪嫌疑人、被告人的口供最为典型，犯罪行为的客观情况往往只有犯罪嫌疑人、被告人是最清楚的，只有他才完整地知道犯罪的每个细节，甚至于整个犯罪的主观过程。虽然理论上通过除犯罪嫌疑人口供的其他证据也可证明犯罪嫌疑人的犯罪行为，但说得绝对一点，几乎所有证据的证明力都达不到百分之百。从理论上说，只有犯罪嫌疑人、被告人的口供才能直接证明全部的犯罪过程和每一个细节。口供的这种不可替代的价值是我们应当正视的，而不应当回避。但是，与此对应的是，口供本身同时又具有可虚假性的特征，这使我们有时候提到口供时谈虎色变。甚至于在一定程度上可以说，是不真实的口供成为大量冤假错案的根源。犯罪嫌疑人、被告人基于复杂的利益考虑或者基于刑讯逼供的压力等各种各样的因素会作出虚假陈述。因此，如何架构合理的规则和制度配套来保障口供的真实性和稳定性成为我们制度设计的重中之重。人证的特点在口供中体现得最为充分。

（二）人证的评判要点

第一，充分分析人证信息形成的三个阶段之具体情形，进行综合评判，判断其证明力的大小与强弱。人证信息经历感知、记忆、表达三个阶段：(1) 感知阶段，证人自身的（如视觉、听觉、敏感度、兴趣点）感知能力直接影响证人对案件事实的感知活动，同时，证人感知事实的客观条件（如能见度、光线明暗、距离远近、其他干扰因素等）也直接影响证人能否感知案件事实及其感知的准确性。证人千差万别，就同样的客观条件下，不同证人因其不同的感觉器官功能、感知事物的知识、经验及生活习惯不同，都会影响对案件事实的感知。(2) 记忆阶段，除受到人类一般遗忘规律影响外，证人自身因素也直接影响记忆的模糊程度。(3) 表达阶段，证人表达能力的高低，是否存在外界的压力、干扰，距离感知事实时间长短等因素，都直接影响着人证信息的准确性。评判人证信息就要综合考虑以上所有因素。

第二，审查人证信息的来源及其形成的过程，以评判其证明力。人证信息是由证人亲临现场感知，还是事后听他人讲述，两者的真实可靠程度相差很远。具体到口供问题，是自愿供述的，还是通过刑讯逼供的，其证明力是大不一样的。人证评判就是要查清每一份证明案件事实的证言形成过程和来源，是不是暴力取证，有没有威胁和引诱，有没有骗证和诱证，有没有贿买和指使，存不存在指明问证等情况。

第三，审查证人同案件的关联性。审查证人与案件当事人或案件本身是否具有利害关系，以确定其倾向性，判断其真实程度。如果证人与被告人、被害人有亲属、邻居、朋友及恩怨关系，他就可能从维护亲情、友谊或报恩、泄愤等思想出发，提供虚假证言。被告人、被害人①自身由于与案件有着直接的利害关系，虚假的可能性也最大。

第四，审查判断证人作证的能力。证人的年龄及生理上、精神上是否有缺陷。年幼或盲、聋、哑人作证时，只能作出与其智力、生理上协调一致的证言。如果一个儿童的证词明显带有成人化语言，则可能受到影响或证言虚

① 笔者的人证概念是广义的，被告人、犯罪嫌疑人的供述和辩解、被害人陈述等都属于人证信息的范畴。

假，一个普通人的证词带有专业化的语言，则可能受到干扰。审查被害人的作证能力与品格、操守，要注意年幼儿童的特点，等等。

第五，综合对比。证言的可变性相当大，其证言是否可靠，取决于证人是否如实讲述他所了解的案件事实情况，这就有必要将证人的证言同案内其他证据综合分析，如基本一致，能证明案件事实，其证言方可采信。如果同一证人的证词前后矛盾，就要核查其证言中不合理或虚假的部分。如果证人有意作伪证，不论编造的是夸大还是缩小案件事实，总会出漏洞，当发现证言有矛盾或可疑之处时，必须深入核查，求得合理解决。

第六，实物验证。确定证言真实性的一个重要手段，就是实物验证原则。不要光听证人讲，综合全案证据进行验证。凡是与物证吻合的，即可采信；与物证不符的就可能虚假。

（三）人证评判方法

关于人证的评判方法，笔者认为我国古代的“五听”是有一定科学性的，应当加以继承和改进。五听包括辞听、色听、气听、耳听、目听，是出自公元前11世纪的西周时期，距今已有三千余年的历史。听字在简化前是“聽”字。“聽”字系由“耳”、“壬”、“十”“目”“一”、“心”，兼有“直”字各部分组成。从其组成的各个部件，我们可以把“聽”字的基本内容概括为，在秉持直道的原则下，以耳知、目知得其言行壬于外者，并专心分析、综合出唯一的确知来。此即“聽”字的基本义项。此义项已很明确的告诉我们，早在三千多年以前，对人证信息的评判活动，已经通过五听这个评判方式达到了客观与主观的高度统一了，表明它具有相当高的科学性。在五听之中，辞听不只是“出言”，而且还应有具文；色听不只是“颜色”，而且还应有形、象、感、情、性、质之色；气听不只是“气息”，而且还应有形、象、感、情、性、质之息；耳听不只是“听聆”，而且还应有闻聆；目听不只是“眸子视”，而且还应有目之所视之一切。从整体上看，五听应是收集所有言行反映的形、象、感、情、性、质之所由的最佳手段，正是发现、收集、采信人证信息的主要途径，应当引起我们的重视。[①]

五、对单个案件的若干评判要点

（一）证据评判要紧紧围绕犯罪构成要件

证据评判过程中经常遇到的问题是，全案有大量的证据，错综复杂，法

① 郑禄：《证据概念素说》，载《证据科学》2008年第5期，第535页。

官不知道到底从何处先入手。如果评判活动没有重点的话，简单案件好说，复杂案件可能就不容易把握了。在复杂刑事案件的评判中，关键就是要紧紧围绕犯罪构成要件事实。

首先要审查构成犯罪的具体行为是否确已发生，是否属于正当防卫、紧急避险或其他不构成犯罪的行为。这是证据评判的第一个切入点。例如，佘祥林案件，被害人 11 年后活着回来了，冤案才得以昭雪。这个案件实际造成一枉一纵，佘祥林被枉，真凶得以逍遥法外。如果当初对现场发现的尸体和被害人之间做一个同一鉴定，或者在认定上认真细致一点，所有的问题都不会发生了。

如果确有犯罪行为发生，则应审查实施犯罪行为的时间、地点、方法、手段、工具和条件，以及犯罪结果、危害程度等。刑法具体规定了各种犯罪的构成要件和特征，在抢劫、强奸、贪污、受贿等各种具体案件中的具体证明对象是不同的，这些都是证据评判应当关注的地方。例如，盗窃财物数额多少、伤害程度轻重等，是区分罪与非罪的重要依据。毒品犯罪的含量鉴定，实践中公安机关一般也是不进行鉴定的，即便是辩护律师要求，甚至于法官要求，公安机关都存在拒绝鉴定的情况，实际上就可能产生对被告人不公的情况。

关于犯罪主体方面，谁是犯罪行为的实施者，是否达到刑事责任年龄，有无刑事责任能力，实施犯罪者在主观上有无故意或过失，以及实施犯罪行为的动机和目的等内容都是证据评判的重点。根据刑法规定，行为人只有达到法定责任年龄，并具有刑事责任能力和主观罪过时，才应负刑事责任，因而在刑事诉讼中行为人确切年龄、精神状态、有无主观罪过，究竟是故意还是过失，如果是出于故意的，其特定的动机、目的是什么等，对于这些问题发生争议或怀疑时，应当加以证明。

在对犯罪构成要件的证据评判中，主观要件最为复杂。因为，不管是故意还是过失，都是被告人的一种心理状态，是一种内在的、主观的东西。应该说，主观状态只有被告人自己清楚，其他人是看不见也摸不着的。这也是司法证明中的一个难题。实践中往往依靠被告人口供，但是基于口供当前的质量情况，可靠程度也很让人担心。由此也造成很多被告人认罪就判刑，不认罪就放人的情况。因此，法官的评判必须关注于相关间接证据的评判，对之进行有效的推理，加以印证。因为除了口供之外是没有其他直接证据可以证明被告人的主观状态的，法官只能充分运用间接证据。当然，推理存在两方面问题，一方面对间接证据的综合推理的随意性相对较大；另一方面在主观状态的证明中，有时候连推理也无法发挥作用。例如，运输毒品需要证明主体的主观必须是“明知”是毒品。被告人现在坚决辩称自己根本不知道是毒品，我们如何推理。在这种情况下，实际上要运用推定来解决。推定的运用很多，绝大多数持有型犯罪都需要运用推定来认定，夫妻一方利用另一方职权受贿的问题，巨额财产来历不明的案件，被告人的精神状态一般也是推定正常，等等。推定在刑事诉讼中具有重要的作用和功能，但是必须加以规范，尽可能采取列举方式逐步进行立法完善，是笔者的基本观点之一。

（二）对量刑情节的证据评判

实践中，往往对各种量刑情节的证据评判不够重视。这些情节特别是法定情节，对量刑轻重具有直接影响，只有全面查明这些情节，才能正确适用法律，做到量刑适当，罪刑相适应。根据刑法规定，累犯、主犯、教唆未成年人犯罪等情形，都是从重处罚的情节；预备犯、未遂犯、中止犯、从犯、胁从犯、未成年人犯罪、聋哑人或者盲人犯罪等情形，都是从轻、减轻或者免除处罚的情节。此外，犯罪嫌疑人、被告人在犯罪后的态度和表现；自首、坦白、悔罪、立功情节，潜逃、毁证、灭迹、订立攻守同盟，以及犯罪嫌疑人、被告人有无前科劣迹等情形，都与其刑事处罚有关，应当加以证明。

对于犯罪构成要件事实的相关证据评判，是核心和重点。对于量刑情节的证据评判，重要性相对次之。但是，在完成犯罪构成要件事实的证据评判之后，量刑情节的评判更加体现了一国司法的文明水平，体现了一国司法的精密程度。我们应当对此有足够的重视。

（三）一对一案件的证据评判

一对一案件的证据评判也是实践中的一大难点。在诸如贿赂、强奸等案件中，经常会出现一对一的证据情况。对这类案件的证据评判十分复杂，难度极大。必须对其他间接证据进行审慎审查，相互印证。不能简单地说一对一证据不能定案，也不能草率地根据一对一证据就定案。例如，一个强奸案中，被害人控告被告人对她实施了强奸。现有证据也证明双方发生了性关系，被告人后背也有若干抓痕。被告人辩称双方是自愿的，抓痕是女方兴奋的时候留下的。这种证据状况在实践中一般都会定罪。但是在该案中，法官注意到双方发生性关系的地点是在一个废弃的锅炉房内，进入锅炉房需要翻过一道两米高的墙，于是据此认定双方是自愿的。因为如果女方不自愿的话，男方应当是无法将她弄到锅炉房里去的。贿赂案件，法官也必须查明行贿人的资金来源，受贿人的资金动态等相关情况，进行相互印证，才能定案，决不可草率。另外，对人证评判的五听方法如果运用得当，也能发挥重要作用。

六、正确对待证据评判实践中的潜规则

社会中有着太多的潜规则，在证据评判中也是如此，这些潜规则需要我们去发现并予以规范。法官的证据评判不能被潜规则牵着鼻子走，必须有能动的判断和反映，对其有所矫正。

例如，实践中大部分案件的口供都存在前后不一致的情况。大部分刑事案件的讯问都不止一次，一般犯罪嫌疑人在第一次讯问就承认的比较少，往往是在三四次以后才承认。实践中法官也经常比较重视第一次讯问笔录，往往以第一次口供认定案情。我们又发现，实践中也经常出现侦查人员提讯10次，而有笔录的仅有5次的情况，存在对犯罪嫌疑人有利的就不记（经常表现为犯罪嫌疑人的辩解），对犯罪嫌疑人不利的就记（认罪的就记）。其实，这并不代表着侦查人员徇私枉法，而是侦查思维的惯性使然（关于侦查思维的问题前文已有所及）。法官喜欢看第一次讯问笔录，侦查人员也就顺应这种习惯，在第一次讯问笔录中做文章（其实可能并不是第一次，只是前几次都没有记或者记了没有入卷而已）。因此，法官证据评判中必须要综合全案进行，绝不能简单化处理，或者按照潜规则定案。

在实践中，实际上还存在无供不录案的潜规则。刑事诉讼法规定：没有被告人口供，其他证据确实充分的，可以定罪判刑。但在实践中，如果没有被告人口供，法官一般不敢直接定案；如果有了被告人口供，即使其他证据不充分，法官也往往会照样定案。由于整体上的侦查能力不足，当前“口供中心主义”仍然深入人心，法官在证据评判中必须予以矫正，对口供必须进行实物验证，没有口供的要充分运用间接证据定案方法。

实践中，当被告人的当庭陈述与侦查阶段的讯问笔录不一致的时候，法官往往会认为被告人在无理狡辩，一般会采纳对其不利的笔录，而不采信当庭的陈述。侦查人员所做的讯问笔录被推定为具有优先性。笔者承认大多数被告人翻供是心存侥幸，但是法官更加重视的是对这种矛盾的审慎审查，在证据评判的时候要特别予以关注，要看其他证据到底是否与讯问笔录相互印证，不能简单地采信笔录内容，要对被告人的翻供情况予以足够的重视。

在实践中，法官经常非常重视纪委材料、公安机关和检察机关的办案情况说明等材料，将它们直接作为定案根据。这也有很大的问题。审判思维往往表现在对侦控思维局限性的矫正，这是笔者的基本观点之一。对于上述材料，首先法官要进行有利于被告人的理解，同时要运用其他证据进行印证。如果与其他证据能够相互印证的，可以认定。如果与其他证据矛盾，或者没

有其他证据印证的，那就不能够采信。

实践中，法官证据评判的自由裁量权过大，一般不说明评判理由。判决说理不充分非常普遍，采纳还是不采纳某项证据往往没有明确详细的理由，更谈不上论证。判决中经常是对相关证据一一列举，然后一句“本院认为”就直接引出结论了事。法官证据评判的理由公开应当作为法官内部考核的一项重要指标才行。

司法实践中的潜规则很多，证据评判中的问题也绝不仅仅限于笔者列举的情况。至于潜规则的成因，当然有其一定的原因，实践中经常表现为对一种“规律”的总结，当然还有其他错综复杂的成因。这里的“规律”往往是一种概率的体验，并不是一种有内在必然的东西。潜规则之所以存在，必定有其相对合理性，对此我们要用辩证的方法对待。我们必须研究证据评判的潜规则。我们需要关注证据评判的现实状态。我们要研究潜规则，找出用显规则重新取代潜规则的路径。我们也要注意潜规则中包含的一些合理性因素。同时，对一些不当的潜规则应当采取积极抑制的态度，在证据评判中进行必要的矫正，给予必要的关注。①

七、“幽灵抗辩”和“证明责任”的转移

我国台湾地区士林地检署有一个案件：警方侦破一起走私大案后，检察官起诉到法院，被告人翻供，并当庭辩称：“我不是走私货物！我原先是运送一些鱼回来的，但半路上遇到了海盗，他抢走了我的鱼，并把他的货物全都倒到我的船舱里。我也是强迫交易的受害者啊！”结果法院认为，检察官不能证明被告的抗辩不存在，判决无罪。该案判决后，检察官发现很多走私犯罪分子都如法炮制。② 这种抗辩被称为“海盗抗辩”。被告人一旦提出“海盗抗辩”，控方就要去证明每个案件中是否存在海盗强制交易的情形，就如同去寻找“幽灵”，因而也被称为“幽灵抗辩”。“幽灵抗辩”是指刑事被告人在刑事诉讼中针对检察官的有罪指控，为减轻或者免除其刑事责任而提出的难以查证的辩解。根据我国现有的证明责任理论，控方应当承担证明被告人有罪的全部责任，证据要达到确实充分的程度，结果要确定无疑，具备排他性和唯一性。如此一来，提出“幽灵抗辩”就只能判决无罪了。而当我们

---

① 龙宗智教授曾在检察日报中对有关司法实践中潜规则的问题提出了很多深刻的见解。

② 吴法天：《举证责任与海盗抗辩》，载《雅典周刊——中文博客精粹》2008 年 10 月，http://www.fatianxia.cn/weekly/list.asp? id =48489。

深入考察就会发现，实践中的绝大部分案件，被告人实际上都是能够提出“幽灵抗辩”主张的。这样一来，就会发现当前的证明责任理论以及证明标准理论确实是存在问题的。

根据笔者对证明的定义，我国现有的证明责任理论就要进行相应的变化。对证明概念做广义的理解，证明的主体也就发生了变化。从他向证明视角切入，刑事审判程序中的证明责任可以分为“举证责任”以及“举证不能责任”两层含义。如此一来，另外，“举证不能责任”分为“对犯罪构成要件事实的举证不能责任”以及“对其他主张事实的举证不能责任”两大方面。基于刑事案件无罪推定的基本理念，对犯罪构成要件事实由公诉人承担证明责任，公诉人无法提供充分的证据证明时，推定被告人无罪，由公诉人承担败诉风险。针对犯罪构成要件事实提出的“幽灵抗辩”，则要审查、评价和判断控方证据是否确实、充分，达到排除合理怀疑的程度。如果控方证据对该犯罪构成要件事实的证明能够达到排除合理怀疑，则认定该事实；如果证据不足的，就不能够认定该事实，并由犯罪构成要件事实没有得到证明，作出无罪判决。“幽灵抗辩”者对其他事实主张，就有责任提供证据证明，当其无法对自己的主张提供证据证明的时候，亦应当承担该“幽灵抗辩”主张不被法官采信的法律后果。从有利于被告人的基本点考虑，基于公检法的客观义务，公检法应当针对被告人的“幽灵抗辩”尽可能地进行必要的调查取证，但取证不能的后果还得由被告人承担。

当然“幽灵抗辩”的对象事实和抗辩方法也是多种多样的，对于典型的类似台湾士林地区的抗辩，笔者认为一方面要加强落实间接证据定案的理念与方法，采用间接证据印证的方法进行评判；另一方面要落实排除合理怀疑的证明标准。排除合理怀疑的证明标准也正是笔者的证据评判理论所主张的。如果以确定无疑和排他性作为证明标准，那么大部分“幽灵抗辩”事实都应当被认定，而几乎所有的案件都是有可能提出“幽灵抗辩”事实的。这样一来，大量的犯罪人就可以通过“幽灵抗辩”逍遥法外了。

八、正确理解证明标准的分层和统一

基于笔者对证明概念的广义理解，证明主体发生变化，证明标准应当有所不同就容易理解了。刑事诉讼、民事诉讼和行政诉讼的证明标准应当有所不同，但都属于审判证明标准的范畴。对于巨额财产来历不明罪等案件，是基于特殊的政治需求或者其他突出的社会问题而采取的特殊做法，有其必要性，我们应当通过立法明示的方法，作为审判证明标准的例外。对同一诉讼

内部的实体事实与程序事实的证明标准应当有所不同的观点，这很容易达成共识。而对于刑事案件强制措施的采用，以及民事立案、回避等事项，实际上也存在证明标准的问题，肯定不同于审判证明标准，表现为一种“形式证明标准”，实践中主要表现为对“证据的要求”或者“证据应当达到的条件”。对此，笔者建议，采用“证据条件”的提法，既能比较准确地表达形式证明标准的含义，又能够避免混淆和歧义。由此可见，证明标准的含义是丰富的、多层次的。但是，对于当前很多人主张的刑事诉讼不同阶段采用不同证明标准的观点，以及对刑事简易程序、自白认罪程序、刑事和解程序应当采取低于审判证明标准的标准之观点，笔者不敢苟同。简要分析如下：

关于刑事案件中的侦查终结证明标准、提起公诉证明标准以及审判证明标准应当采取不同标准的观点，主要是没有把握证明的特点造成的误解。因为实践中确实存在三者证明标准有差别的客观情况，要不然侦查终结之后，检察院为什么有证据不足不起诉的，法院为什么有判无罪的呢？造成这种差别的原因在于侦查思维、公诉思维和审判思维的不同特点所致。也就是说，是证明主体的不同，造成视角的不同。这种差别必然是客观存在的，也是允许存在的，这也是为什么刑事司法要将三个阶段分开的重要原因之一。三者产生的差异，最终以审判证明标准为准。从这个意义上讲，刑事案件中的侦查终结证明标准、提起公诉证明标准以及审判证明标准都应当是一致的，笔者主张都应当用排除合理怀疑为标准，只是评断的主体不同。关于主张这些证明标准也应当有不同的观点，是笔者所不能认同的。

关于刑事简易程序、自白认罪程序、刑事和解程序存在特殊情况，应当采取低于审判证明标准的观点，情况比较复杂。采用客观真实或者排他性作为审判证明标准的，就会存在这三类案件可能达不到标准的情况。而当前国情下，亟待建立有效的诉讼分流体系，三类案件作为诉讼分流的主要途径，就应当规定相对较低的审判证明标准。如果采用排除合理怀疑作为审判证明标准，这三类案件由于被告人认罪并且有必要的证据印证，实际上已经达到排除合理怀疑的程度，因此标准应当也是统一的。笔者主张，将排除合理怀疑作为审判证明标准，认为不管在简易程序中，还是普通程序中，不管在刑事和解程序中，还是自白认罪程序中，都应当达到排除合理怀疑的程度，都应当提取和固定必要的证据。即使是自白认罪的案件，也要收集固定必要的物证，进行物证检验，做相互印证，达到排除合理怀疑的审判证明标准。如果仅靠自白定案，不进行实物验证的话，替人顶罪或者非自愿自白认罪的情况就无法发现。概言之，关于审判证明标准应当多元化的观点，笔者认为是不妥的，要予以反对，要从根子上解决问题，要确立恰当的、统一的标准。

对于证据评判理论视野下的实务建议，是一个宏大的课题。在这里只能简单地进行粗略的描述，只是描述了一些现状，表述了一些观点。研究的深度和论证都是远远不够的，有待今后继续探索和总结。这是本篇论文的最后一章，实际上更是今后研究方向的一个前奏乐章。

结　论

自然和社会是世界的两大组成部分。自然是一个复杂而精妙的生态系统，其实社会也是。只是我们现在往往关注于自然的生态，却没有多少人研究社会的生态。生态是一个复杂而精妙的系统，有大生态，有小生态，甚至于自然生态与社会生态也会相互影响。对其规律的把握，常人难有所及，我们只有秉持系统的观点和理念，方能略窥一斑。

法治在社会生态中的作用是至关重要的，而法治本身也蕴含着一个复杂而精妙的生态系统。具体到法官证据评判的理论研究，笔者在此仅初步分析了其轮廓，至于对其在法治生态系统中的位置和作用的定位，笔者也不敢说已经做到了精准的把握，因此偏颇也难免会存在。但是，有一点却是肯定的。法官证据评判的随意性已经对当前我国的司法权威造成极大的破坏，从而影响法治生态，进而波及社会生态，我们亟待对其进行深入研究，以规范其运行。对证据评判的规范，我们必须架构一个精妙的系统保障，企望于通过某一点或者某一方面的改革就改变实践现状，是不现实的，也是不可能的。我们需要关注于证据评判的主体保障、客体保障、行为保障、程序保障、规则保障、理念保障、人文保障，等等。证据评判的保障体系是笔者在本书之后应该继续深入研究的领域。

本书对证据评判的基础理论、基本原则进行了分析，对证据评判的结构进行了解剖，对证据评判的工作机理进行了探索，对证据评判的实务建议也进行了若干初步的总结。但是，所有的这些也不过是初步完成了宏观的分析，初步归纳了发展的规律。对具体的可操作性的实务架构和设计还远远不够深入，只能留待今后探索，当然这也绝非易事。

在选题上，“小题”大做是比较明智的选择。法官证据评判研究的理论意义与实践意义当然是巨大的，但是作为这么大的一个题目，把握起来却极难无比，一不小心就会变成大而空的垃圾文章。导师也一直在为我担心，对我的文章倾注了更多的心血，给予了更多的指导。导师反复强调，要求本书的观点必须努力形成自有的理论框架和体系，并且必须理论紧密结合实践，要有血有肉有骨架，要写出精气神。囿于我个人能力，虽能领会导师意蕴，却总有心至而笔难触及之感，勉强成文。幸亏在成文之后，还有个“人形”，没有散架，也算是对导师一番心血有个交代。对于本书的研究，只希望能够给读者以启发，从而有更多的人关注于证据评判的研究，推进其发展，我的目的也就达到了。也就是说，如果能够起到抛砖引玉的作用，也就完成了本书的历史使命。

参考文献

专著译著

1.《毛泽东选集》(第1卷)，人民出版社。

2.《列宁全集》(第4卷)，人民出版社。

3.《马克思恩格斯选集》(第3卷)，人民出版社1972年版。

4.《马克思恩格斯选集》(第4卷)，人民出版社1972年版。

5. 毕玉谦著:《民事证据法及其程序功能》，法律出版社1997年版。

6. 毕玉谦、郑旭、刘善春著:《中国证据法草案建议稿及论证》，法律出版社2003年版。

7. 卞建林主编:《证据法学》，中国政法大学出版社2000年版和2005年版。

8. 卞建林主编:《刑事证明理论》，中国人民公安大学出版社2004年版。

9. 崔敏、张文清主编:《刑事证据的理论与实践》，中国人民公安大学出版社1992年版。

10. 陈一云主编:《证据学》，中国人民大学出版社1991年版和2002年版。

11. 陈瑞华著:《刑事审判原理论》，北京大学出版社1997年版。

12. 陈瑞华著:《刑事诉讼的前沿问题》，中国人民大学出版社2000年版。

13. 陈瑞华著:《看得见的正义》，中国法制出版社2000年版。

14. 陈忠林著:《刑法散得集》，法律出版社2003年版。

15. 陈光中主编:《刑事诉讼法学》，中国政法大学出版社1990年版和1999年版。

16. 陈光中、徐静村主编:《刑事诉讼法学》，中国政法大学出版社2002年版。

17. 陈光中、江伟主编:《诉讼法论丛》各卷，法律出版社。

18. 陈光中主编:《21 世纪域外刑事诉讼立法最新发展》，中国政法大学出版社 2004 年版。

19. 陈波著:《逻辑哲学导论》，中国人民大学出版社 2000 年版。

20. 樊崇义主编:《诉讼法学研究》各卷，中国检察出版社。

21. 樊崇义著:《迈向理性刑事诉讼法学》，中国人民公安大学出版社 2006 年版。

22. 樊崇义等著:《刑事证据法原理与适用》，中国人民公安大学出版社 2001 年版。

23. 樊崇义主编:《刑事诉讼法学》，中国政法大学出版社 1999 年修订版。

24. 樊崇义著:《诉讼原理》，法律出版社 2003 年版。

25. 樊崇义主编:《刑事诉讼法学》，法律出版社 2007 年版。

26. 樊崇义主编:《正当程序文献资料选编》，中国人民公安大学出版社 2004 年版。

27. 樊崇义等著:《正当法律程序研究——以刑事诉讼程序为视角》，中国人民公安大学出版社 2005 年版。

28. 方金刚著:《案件事实认定论》，中国人民公安大学出版社 2005 年版。

29. 葛洪义主编:《法律方法与法律思维》，中国政法大学出版社 2005 年版。

30. 胡伟希著:《知识、逻辑与价值——中国新实在论思潮的兴起》，清华大学出版社 2002 年版。

31. 胡锡庆主编:《诉讼证据学通论》，华东理工大学出版社 1995 年版。

32. 黄道主编:《诉讼法》，知识出版社 1981 年版。

33. 何秉松著:《犯罪构成系统论》，中国法制出版社 1995 年版。

34. 黄朝义著:《刑事证据法研究》，元照出版公司 1999 年版。

35. 何家弘、张卫平主编:《外国证据法选译》(上卷)，人民法院出版社 2000 年版。

36. 何家弘主编:《新编证据法学》，法律出版社 2000 年版。

37. 何家弘主编:《证据学论坛》各卷，中国检察出版社。

38. 季卫东著:《法治秩序的建构》，中国政法大学出版社 1999 年版。

39. 金岳霖著:《知识论》，商务印书馆 1996 年版。

40. 江伟主编:《证据法学》，法律出版社 1999 年版。

41. 李静著:《证据裁判原则初论——以刑事诉讼为视角》，中国人民公安大学出版社 2008 年版。

42. 梁慧星主编:《自由心证与自由裁量》，中国法制出版社 2000 年版。

43. 梁慧星著:《民法解释学》，中国政法大学出版社 1995 年版。

44. 梁治平著:《法意与人情》，海天出版社 1992 年版。

45. 龙宗智著:《刑事庭审制度研究》，中国政法大学出版社 2001 年版。

46. 刘金友主编:《证据法学》，中国政法大学出版社 2001 年版。

47. 毛立华著:《论证据与事实》，中国人民公安大学出版社 2008 年版。

48. 彭漪涟著:《事实论》，上海社会科学院出版社 1996 年版。

49. 彭勃著:《日本刑事诉讼法通论》，中国政法大学出版社 2002 年版。

50. 裴苍龄主编:《证据法学新论》，法律出版社 1989 年版。

51. 史立梅著:《程序正义与刑事证据法》，中国人民公安大学出版社 2003 年版。

52. 沈家本著:《历代刑法考》，中华书局 1985 年版。

53. 沈宗灵著:《现代西方法理学》，北京大学出版社 1992 年版。

54. 沈宗灵主编:《法学基础理论》，北京大学出版社 1994 年版。

55. 沈宗灵、吴大英主编:《中国社会主义法律基本理论》，法律出版社 1987 年版。

56. 沈达明编著:《英美证据法》，中信出版社 1996 年版。

57. 宋英辉、汤维建著:《证据法学研究述评》，中国人民公安大学出版社 2006 年版。

58. 沈德咏主编:《刑事证据制度与理论》，人民法院出版社 2006 年版。

59. 宋英辉著:《刑事诉讼原理导读》，法律出版社 2003 年版。

60. 宋英辉、汤维建主编:《证据法学研究述评》，中国人民公安大学出版社 2006 年版。

61. 吴宏耀、魏晓娜著:《诉讼证明原理》，法律出版社 2002 年版。

62. 王亚新著:《社会变革中的民事诉讼》，中国法制出版社 2001 年版。

63. 王纳新著:《法官的思维——司法认知的基本规律》，法律出版社 2005 年版。

64. 王以真主编:《外国刑事诉讼法学》，北京大学出版社 2004 年版。

65. 巫宇甦主编:《证据学》，群众出版社 1983 年版。

66. 薛波主编:《元照英美法词典》，法律出版社 2003 年版。

67. 徐端康著:《欧洲近代经验论和唯理论哲学发展史》，武汉大学出版社 1992 年版。

68. 肖扬主编:《当代司法体制》，中国政法大学出版社 1998 年版。

69. 徐静村主编:《刑事诉讼法学》，法律出版社 1997 年版。

70. 袁吉富著:《历史认识的客观性问题研究》，北京大学出版社 2000 年版。

71. 杨仁寿著:《法学方法论》，中国政法大学出版社 1999 年版。

72. 叶自强著:《民事证据研究》，法律出版社 1999 年版。

73. 张守文、周庆山著:《信息法学》，法律出版社 1995 年版。

74. 朱云编著:《刑事诉讼证据制度》，法律出版社 1986 年版。

75. 张卫平主编:《外国民事证据制度研究》，清华大学出版社 2003 年版。

76. 张俊浩主编:《民法学原理》，中国政法大学出版社 1997 年版。

77. 张文显著:《二十世纪西方法哲学思潮研究》，法律出版社 1996 年版。

78. 张文显著:《法哲学范畴研究》中国政法大学出版社 2001 年版。

79. 蔡墩铭著:《刑事诉讼法论》，台湾五南图书出版公司 1993 年版。

80. 陈朴生著:《刑事证据法》，台湾三民书局 1984 年版。

81. 陈宗荣、林庆苗著:《民事诉讼法》，台湾三民书局 1996 年版。

82. 刁荣华主编:《比较刑事证据法各论》，台湾汉林出版社 1984 年版。

83. 李学灯著:《证据法比较研究》，台湾五南图书出版公司 l995 年版。

84. 林钰雄著:《刑事诉讼法》，中国人民大学出版社 2005 年版。

85. ［爱尔兰］J. M. 凯利著:《西方法律思想简史》，王笑红译，法律出版社 2002 年版。

86. ［德］汉斯·普维庭:《现代证明责任问题》，法律出版社 2000 年版。

87. ［德］尤尔根·哈贝马斯著:《合法化危机》，刘北成、曹卫东译，上海人民出版社 2000 年版。

88. ［德］克劳恩·罗科信著:《刑事诉讼法》，吴丽琪译，法律出版社 2003 年版。

89. ［德］阿图尔·考夫曼、温弗里德·哈斯默尔主编:《当代法哲学和法律理论导论》，郑永流译，法律出版社 2002 年版。

90. ［德］卡尔·拉伦茨著:《法学方法论》，陈爱娥译，台湾五南图书出版公司 1996 年版。

91. ［德］托马斯·魏根特著：《德国刑事诉讼程序》，岳礼玲、温小洁译，中国政法大学出版社 2004 年版。

92. ［美］罗纳德·德沃金著：《认真对待权利》，信春鹰、吴玉章译，中国大百科全书出版社 1998 年版。

93. ［法］福柯著：《规训与惩罚》，刘北成、杨远婴译，三联书店 2003 年版。

94. ［法］卡斯东·斯特法尼等著：《法国刑事诉讼法精义》，罗结珍译，中国政法大学出版社 1999 年版。

95. ［古希腊］亚里士多德著：《尼各马科伦理学》，苗力田译，中国社会科学出版社 1990 年版。

96. ［美］波斯纳著：《证据法的经济分析》，徐昕译，中国法制出版社 2001 年版。

97. ［美］E. 博登海默著：《法理学：法律哲学与法律方法》，邓正来译，中国政法大学出版社 1999 年版。

98. ［美］伯纳德·施瓦茨著：《美国法律史》，王军、洪德、杨静辉译，中国政法大学出版社 1990 年版。

99. ［美］米尔建·R. 达马斯卡著：《飘移的证据法》，李学军等译，中国政法大学出版社 2003 年版。

100. ［美］哈罗德·J. 伯尔曼著：《法律与革命——西方法律传统的形成》，贺卫方等译，中国大百科全书出版社 1993 年版。

101. ［美］本杰明·卡多佐著：《司法过程的性质》，苏力译，商务印书馆 1998 年版。

102. ［美］本杰明·N. 卡多佐著：《法律的成长法律科学的悖论》，董炯、彭冰译，中国法制出版社 2002 年版。

103. ［美］罗伯科·庞德著：《法律史解释》，邓正来译，中国法制出版社 2002 年版。

104. ［美］理查德·A. 波斯纳著：《法律理论的前沿》，武欣、凌斌译，中国政法大学出版社 2003 年版。

105. ［美］理查德·A. 波斯纳著：《法理学问题》，苏力译，中国政法大学出版社 2002 年版。

106. ［美］理查德·A. 波斯纳著：《道德和法律理论的疑问》，苏力译，中国政法大学出版社 2001 年版。

107. ［美］赖茨曼著（Lawrence S. Wrightsman）：《司法心理学》，吴宗

宪等译，中国轻工业出版社 2004 年版。

108. ［美］马丁·P. 戈尔丁著：《法律哲学》，齐海滨译，三联书店 1987 年版。

109. ［美］穆尼茨著：《当代分析哲学》，吴牟人等译，复旦大学出版社 1986 年版。

110. ［美］乔恩·R. 华尔兹著：《刑事证据大全》，何家弘等译，中国人民公安大学出版社 1993 年版。

111. ［美］迈克尔·D. 贝勒斯著：《法律的原则——一个规范的分析》，张文显等译，中国大百科全书出版社 1996 年版。

112. ［美］W. V. 奎因著：《真之追求》，王路译，生活·读书·新知三联书店 1999 年版。

113. ［美］希拉里·普特南著：《理性、真理与历史》，童世俊、李光程译，上海译文出版社 1997 年版。

114. ［美］约翰·W. 斯特龙主编：《麦考密克论证据》，汤维建等译，中国政法大学出版社 2004 年版。

115. ［奥地利］维特根斯坦：《逻辑哲学论》，郭英译，商务印书馆 1962 年版。

116. ［苏联］阿斯姆斯著：《关于证明与反驳的逻辑学说》，藏之权译，生活·读书·新知三联书店 1955 年版。

117. ［日］兼子一、竹下守夫著：《民事诉讼法》，白绿铉译，法律出版社 1995 年版。

118. ［日］田口守一著：《日本刑事诉讼法》，刘迪等译，法律出版社 2000 年版。

119. ［英］戴维·M. 沃克：《牛津法律大辞典》，邓正来等译，光明日报出版社 1988 年版。

120. ［英］丹宁勋爵著：《法律的正当程序》，李克强等译，法律出版社 1999 年版。

121. ［英］弗里德利希·冯·哈耶克著：《法律、立法与自由》（第 1 卷），邓正来、张守东、李静冰译，中国大百科全书出版社 2000 年版。

122. ［英］弗里德里希·奥古斯特·哈耶克著：《通往奴役之路》，王明毅、冯兴元等译，中国社会科学出版社 1997 年版。

123. ［英］哈特著：《法律的概念》，张文显等译，中国大百科全书出版社 1996 年版。

124. ［英］J. W. 塞西尔·特纳著：《肯尼刑法原理》，王国庆、李启家译，华夏出版社 1989 年版。

125. ［英］卡尔·波普尔著：《客观知识：一个进化论的研究》，舒炜光等译，上海译文出版社 2001 年版。

126. ［英］卡尔·波普尔著：《通过知识获得解放》，范景中、李本正译，中国美术学院出版社 1996 年版。

127. ［英］柯林武德著：《历史的观念》，何兆武、张文杰译，商务印书馆 1997 年版。

128. ［英］罗素著：《我们关于外界世界的知识》，上海译文出版社 1990 年版。

129. ［英］尼尔·麦考密克著：《法律推理与法律理论》，姜峰译，法律出版社 2005 年版。

130. ［意］贝卡里亚著：《论犯罪与刑罚》，黄风译，中国大百科全书出版社 1993 年版。

期刊中的文献

1. 白丽云、王庆波：《法律与情理关系的辩证思考》，载《石家庄学院学报》2008 年第 10 卷第 4 期。

2. 毕玉谦：《试论民事诉讼中的经验法则》，载《中国法学》2000 年第 6 期。

3. 毕玉谦：《举证责任分配体系之构建》，载《法学研究》1999 年第 2 期。

4. 卞建林、郭志媛：《论诉讼证明的相对性》，载《中国法学》2001 年第 2 期。

5. 陈汉新、余红：《认识论研究的新发展》，载《哲学动态》1998 年第 3 期。

6. 陈瑞华：《通过法律实现程序正义——萨默斯“程序价值”理论评析》，载《北大法律评论》1998 年第 1 卷第 1 辑。

7. 陈瑞华：《从认识论走向价值论——证据法理论基础的反思与重构》，载《法学》2001 年第 1 期。

8. 陈瑞华：《程序正义论》，载《中外法学》1997 年第 2 期。

9. 陈光中：《诉讼中的客观真实与法律真实》，载《检察日报》2000 年 7 月 13 日第 3 版。

10. 陈光中、陈海光、魏晓娜：《刑事证据制度与认识论——兼与误区论、法律真实论、相对真实论商榷》，载《中国法学》2001 年第 1 期。

11. 曹红：《人—符号—文化：试论卡西尔符号哲学的三要素》，载《遵义师范学院学报》2006 年第 8 卷第 4 期。

12. 杜汝楫：《马克思主义论事实的认识和价值的认识及其联系》，载《学术月刊》1980 年第 10 期。

13. 段玉裁：《说文解字注 · 玉部》，转引自柏桦、崔永生：《“情理法”与明代州县司法审判》，载《学习与探索》2006 年第 1 期。

14. 邓玮：《数字时代与符号哲学》，载《上饶师范学院学报》2002 年第 22 卷第 2 期。

15. 樊崇义：《客观真实管见——兼论刑事诉讼证明标准》，载《中国法学》2000 年第 1 期。

16. 樊崇义、吴宏耀：《论证据裁判原则》，载《法律应用研究》2001 年第 6 期。

17. 何家弘：《中国刑事证据规则体系之构想》，载《法学家》2001 年第 6 期。

18. 何家弘：《论司法证明的目的和标准——兼论司法证明的基本概念和范畴》，载《法学研究》2001 年第 6 期。

19. 何家弘：《为“自由心证”正名》，载《法学杂志》1997 年第 6 期。

20. 韩象乾：《民、刑事诉讼证明标准比较论》，载《政法论坛》1996 年第 2 期。

21. 黄松有：《谈法律适用中的情理》，载《人民法院报》2002 年 2 月 27 日。

22. 龙宗智：《我国刑事诉讼的证明标准》，载《法学研究》1996 年第 6 期。

23. 龙宗智：《印证与自由心证——我国刑事诉讼证明模式》，载《法学研究》2004 年第 2 期。

24. 龙宗智：《确定无疑——我国刑事诉讼的证明标准》，载《法学》2001 年第 11 期。

25. 李佑标：《试论证明标准的范围》，载《人民检察》1996 年第 9 期。

26. 李玉萍：《论心证的合理性及其保障》，载《河北法学》2002 年第 1 期。

27. 刘春梅：《浅论经验法则在事实认定中的作用及局限性之克服》，载

《现代法学》2003 年第 3 期。

28. 林俊益：《二〇〇三年一月修正刑事诉讼法简介》（上），载《月旦法学教室》2003 年总第 5 期。

29. 劳东燕：《推定研究中的认识误区》，载《法律法学》2007 年第 5 期。

30. 李浩：《我国民事诉讼中举证责任含义新探》，载《西北政法学院学报》1986 年第 3 期。

31. 李浩：《差别证明要求与优势证据证明要求》，载《法学研究》1995 年第 5 期。

32. 李祥琴：《论民事诉讼中的举证责任》，载《法学研究》1990 年第 4 期。

33. 林劲松：《论运用证据的高度盖然性原理》，载《争鸣》1993 年第 1 期。

34. 李海星：《从罗素到亨普尔：“经验证实”原则的历史演变》，载《燕山大学学报》（哲学社会科学版）2001 年第 2 卷第 1 期。

35. 刘仲秋、熊志海：《证据中的事实信息》，载《西南师范大学学报》（人文社会科学版）2005 年第 31 卷第 5 期。

36. 彭焚、李智雄：《沉默权移植与刑事证明标准的重构》，载《人民检察》1999 年第 12 期。

37. 彭漪涟：《再论事实——评有关事实分类的某些观点》，载《学术月刊》1994 年第 7 期。

38. 彭漪涟：《罗素事实观述评》，载《江淮论坛》1993 年第 3 期。

39. 裴苍龄：《也论事实、命题与证据》，载《中国刑事法杂志》2003 年第 3 期。

40. 邱联恭：《心证公开之理论与实践》（一）（二）（三）（四），载《月旦法学杂志》1997 年总第 19 ~ 22 期。

41. 苏力：《“海瑞定理”的经济学解读》，载《中国社会科学》2006 年第 6 期。

42. 苏力：《关于对抗制的几点法理学和法律社会学思考》，载《法学研究》1995 年第 4 期。

43. 沈宗灵：《卢埃林的现实主义法学》，载《法学研究》1990 年第 5 期。

44. 汤维建：《关于程序正义的若干思考》，载《法学家》2000 年第

6 期。

45. 汤维建、陈开欣：《试论英美证据法上的刑事证明标准》，载《政法论坛》1993 年第 4 期。

46. 王圣扬：《论诉讼证明标准的二元制》，载《中国法学》1999 年第 3 期。

47. 王亚新：《刑事诉讼中发现案件真相与抑制主观随意性的问题》，载《比较法研究》1993 年第 2 期。

48. 王世明、张锐：《信息、证据与刑事诉讼——从信息的视角看我国刑事诉讼中的证据》，载《重庆交通学院学报》（社科版）2004 年第 4 卷第 4 期。

49. 汪建成、王敏远：《刑事诉讼法学研究述评》，载《法学研究》2001 年第 1 期。

50. 汪海燕、胡常龙：《自由心证新理念探析——走出对自由心证传统认识的误区》，载《法学研究》2001 年第 5 期。

51. 吴宏耀：《刑事诉讼证明解析》，载《检察日报》2000 年 12 月 17 日第 3 版。

52. 吴行政：《英美证据法上的刑事证明标准探析》，载《政法论丛》1999 年第 4 期。

53. 吴永农：《案件证据问题新探》，载《法学研究》1993 年第 5 期。

54. 吴峤：《人类符号系统的演进——文字的符号学探源》，载《江汉大学学报》1997 年第 14 卷第 15 期。

55. 俞世峰：《中国法文化中的情理交融现象形成原因分析》，载《赤峰学院学报》（汉文哲学社会科学版）2008 年第 29 卷第 3 期。

56. 郁云：《论心证公开的几个基本问题》，载《云南大学学报》（法学版）2004 年第 2 期。

57. 邹川宁：《论法官职业道德建设》，载《法官职业化建设指导与研究》2003 年第 2 辑。

58. 周亨元：《评刑事诉讼法学中高度盖然性观点——兼与林劲松同志商榷》，载《政法论坛》1995 年第 2 期。

59. 郑禄：《证据概念素说》，载《证据科学》2008 年第 16 卷（第 5 期）。

60. 郑成良、杨云彪：《关于正当程序的合法性与合理性思考——兼及中国宪政制度的反思》，载《法制与社会发展》1999 年第 3 期。

61. 张建伟：《证据法学的理论基础》，载《现代法学》2002 年第 2 期。

62. 张弘：《证据评价问题探究》，载《国家检察官学院学报》2007 年第 15 卷第 3 期。

63. 张友好：《经验与规则之间——为法定证据辩护》，载《中国刑事法杂志》2005 年第 6 期。

64. 张云鹏《刑事推定研究》，载《刑事法评论》2007 年第 1 期。

65. 张中：《论刑事诉讼的证明标准》，载《法学论坛》1999 年第 6 期。

66. 张玉能：《新康德主义的符号哲学与文学思想》，载《吉首大学学报》（社会科学版）2008 年第 29 卷第 2 期。

67. 张继成：《事实、命题与证据》，载《中国社会科学》，2001 年第 5 期。

68. 陈朴生：《刑事证据法序说》，载刁荣华主编：《比较刑事证据法各论》，汉林出版社 1984 年版。

69. ［美］克利福德·吉尔兹：《地方性知识：事实与法律的比较透视》，载梁治平编：《法律的文化解释》，三联书店 1994 年版。

70. ［美］塔尔斯基：《真理的语义学概念和语义学基础》，载涂纪亮主编：《语言哲学名著·英美部分》，三联书店 1988 年版。

论文集

1. 景汉朝、卢子娟：《经济审判方式改革若干问题研究》，载江平主编：《民事审判方式改革与发展》，中国法制出版社 1998 年版。

2. 闵春雷：《刑事诉讼证明概念的重新思考》，载陈光中主编：《诉讼法理论与实践（上）》，中国政法大学出版社 2004 年版。

3. 宋英辉、许身健：《刑事诉讼中法官评判证据的自由裁量及其制约》，载何家弘主编：《证据学论坛》（第一卷），中国检察出版社 2000 年版。

4. 王敏远：《一个谬误、两句废话、三种学说》，载王敏远主编：《公法》第四卷，法律出版社 2004 年版。

5. 王振河：《谈我国诉讼中有关证据立法的修改与完善》，载《中国诉讼法研究会 1995 年年会论文》。

6. 汪建成、孙远：《自由心证新论》，载何家弘主编：《证据学论坛》，中国检察出版社 2000 年版。

7. 吴宏耀：《司法裁判视野中的事实》，载《诉讼法学研究》（第十一卷），中国检察出版社 2006 年版。

8. 吴宏耀：《论证据的自由评价》，载陈光中、江伟主编：《诉讼法论丛》（第八卷），法律出版社2003年版。

9. 吴杰：《民事推定问题研究》，载陈光中主编：《诉讼法理论与实践》，中国政法大学出版社2002年版。

10. 徐静村：《我的“证明标准”观》，载陈光中、江伟主编：《诉讼法学论丛》（第七卷），法律出版社2002年版。

11. 叶俊荣：《美国最高法院于正当程序双阶结构与利益权衡理论的演变与检讨》，载焦马凯主编：《美国最高法院重要判例之研究》（1990—2002），我国台湾地区“中央研究院”欧美研究所1995年版。

12. 叶自强：《论推定法则》，载陈光中主编：《诉讼法论丛》第2卷，法律出版社1998年版。

13. 叶自强：《从传统自由心证到现代自由心证》，载陈光中、江伟主编：《诉讼法论丛》第3卷，法律出版社1999年版。

14. 曾华松：《经验法则在经界诉讼中的运用》，载我国台湾地区《民事诉讼法之研讨》。

15. 张永泉：《推定与举证责任分配比较研究》，载陈光中主编：《诉讼法理论与实践》，中国政法大学出版社2002年版。

16. 张文宇：《“命题”概念源流考略及新探》，载福建省外国语文学会2003年会暨学术研讨会论文集。

17. 萧郁雯：《价值的客观性》，载台湾哲学学会2008年学术研讨会议论文集。

18. ［日］春日伟知郎：《自由心证主义的现代意义》，载《民事证据法论集——情报开示、证据收集与事案的解明》，有斐阁1995年版。

学位论文

1. 沈仲衡：《价值衡量法律思维方法论》，吉林大学馆藏2005年博士学位论文。

2. 盛宏意：《中世纪欧洲神示法的历史考察》，首都师范大学馆藏2005年硕士学位论文。

3. 王淑荣：《论法官职业伦理——一种法官职业化视角的研究》，吉林大学馆藏2007年博士学位论文。

4. 王红艳：《试论法官的中立角色》，苏州大学馆藏2007年硕士学位论文。

5. 郑未媚：《自由心证原则研究——以刑事诉讼为视角》，中国政法大学馆藏2005年博士学位论文。

6. 赵承寿：《论司法裁判中的事实问题》，中国社会科学院馆藏2002年博士学位论文。

外国文献

1. A. Prior, *Papers in Logic and Ethics*, London: Dockworth, 1976.

2. *Black's Law Dictionary* (fifth edition), West Publishing Co, 1979.

3. Byrne, D. M. & Heydon, J. D., *Cross on Evidence* (Third Australian Edition). BUTTERWORTHS. 1986.

4. Carl J. Franklin, *Constitutional law for the criminal justice professional*, by CPC Press LL, 1999.

5. D. J. Galligan, *Due Process and Fair Procedures*, London: Clarendon Press, Oxford, 1996.

6. Elizabeth A. Martin, *Oxford Dictionary of Law*, Oxford University Press, 1997

7. Henry Campbell Black, *M. A. Black's Law Dictionary*, 6 Edition, St. Paul, Minn, West Publishing Co., 1990.

8. I. M. Bochenski, *A History of Formal Logic*, Notre Dame, 1961.

9. Terence Anderson, and William Twining, *Analysis of Evidence*, Northwestern University press.

10. John Henry Wigmore, *The Principles of Judicial Proof*, *Little*, Brown, and Company, 1913.

11. Jon R. Waltz, Roger C. Park, *Evidence Case and Material*, Foundation Press, New York, 2004.

12. Jenny Mcewan, *Evidence and the Adversarial Procers*, Biackwall, 1992.

13. Peter Murphy, *A Practical Approach To Evidence*, Blackstone Press Limited, 1992.

14. R. B. Morris, *Basic Documents in American History*, D, Van Nostrand Co, 1956.

15. Ronald Banaszak, *Fair Trial Rights of The Accused: A Documentary History*, Greenwood Press, 2002.

16. Richard. J. Pierce, Jr, *The Due Process Conterrevolution of The 1990s*, Co-

lumbia Law Review, Volume96, Number7, 1973 – 1999.

17. Rolando del Carman, *Criminal Procedure and Evidence*, Harcourt Brace Jovanovich. INC.

18. M. Damaska, *Evidence Law Adrift*, (New Haven Conn.: Yale University Press, 1997.

19. Terence J. Anderson, *On Generalizations I: A Preliminary Exploration*, Tex. L. Rev. 455.

20. William Twining and Alex Stein, *Evidence and Proof*, New York University Press, 1992.

诉讼法学文库书目

Ⅰ 刑事证据法原理与适用
Ⅱ 刑事诉讼法实施问题与对策研究
Ⅲ 刑事程序的法哲学原理
Ⅳ 视听资料研究综述与评价
Ⅴ 刑事司法体制原理
Ⅵ 刑事证人证言论
Ⅶ 刑事一审程序理论与实务
Ⅷ 非法证据排除规则研究
Ⅸ 美国的外国法院判决承认与执行制度研究
Ⅹ 我国未成年人刑事案件诉讼程序研究
Ⅺ 侦查程序原理论
Ⅻ 侦查讯问程序正当性研究
XⅢ 死刑案件程序问题研究
XⅣ 刑事上诉程序研究
XⅤ 程序正义与刑事证据法
XⅥ 司法改革原理研究
XⅦ 刑事诉讼行为基础理论研究
XⅧ 无罪辩护
XⅨ 刑事诉讼中的禁止双重危险规则论
XX 刑事证据可采性研究
XXⅠ 刑事诉讼模式的演进
XXⅡ 正当程序文献资料选编
XXⅢ 刑事程序法功能研究
XXⅣ 论行政诉讼审查标准
XXⅤ 清末刑事司法改革研究
XXⅥ 民事诉讼标的论
XXⅦ 现代公诉制度研究
XXⅧ 民事司法现代化的探索
XXⅨ CEPA 框架下的经贸争端解决机制与程序
XXX 证据能力论
XXXⅠ 刑事诉讼主体论
XXXⅡ 刑事程序性裁判研究
XXXⅢ 案件事实认定论
XXXⅣ 正当法律程序研究
XXXⅤ 强制执行立法的探索与构建
XXXⅥ 行政行为的可诉性研究
XXXⅦ 清末民初刑诉法典化研究
XXXⅧ 底限正义论
XXXⅨ 行政诉讼类型研究
XXXX 公诉权原论

诉讼法学文库2006

1 刑事正当程序原理
2 自白制度研究
3 警察作证制度研究
4 司法公正的理念与制度研究
5 人本精神与刑事程序
6 刑事诉讼平衡论
7 刑事诉讼关系的社会学分析
8 刑事证明责任分配研究
9 刑事司法权力的配置与运行研究
10 行政诉讼原告论

诉讼法学文库2007

1 刑事诉讼交叉询问之研究
2 检警关系论
3 鉴定结论论
4 检察职能研究
5 美国死刑程序研究
6 行政诉讼问题研究与制度改革
7 刑事司法民主论
8 被追诉人的宪法权利
9 刑事裁判权研究

诉讼法学文库2008

1 论证据与事实
2 法院调解制度研究
3 弱势群体的法律救助
4 刑事赔偿制度研究
5 秘密侦查比较研究
6 非法证据排除规则：话语解魅与制度构筑
7 民事当事人证明权保障
8 现代社会中的诉讼功能
9 诉讼认识、证明与真实
10 中国刑事审前程序制度构建

诉讼法学文库2009

1 检察官证明责任研究
2 刑事诉讼生态化研究
3 对质权制度研究
4 无效刑事诉讼行为研究
5 刑事诉讼中的财产权保障
6 论对抗式刑事审判
7 案件事实认定方法
8 中国区际刑事司法协助研究

诉讼法学文库 2010

1 侦查程序诉讼化研究
2 媒体与司法关系研究
3 刑事诉讼中的公正审判权
4 证明标准研究
5 刑事诉讼客体论
6 审查判断证据
7 民事判决既判力主观范围研究
8 刑事诉讼程序的人性分析
9 检察监督与公诉职能关系论
10 中国检察制度改革与探索
11 证明力判定论
12 侦查学基础理论研究

诉讼法学文库 2011

1 减刑假释程序研究
2 论刑事证据排除
3 刑事被害人作证制度研究
4 渎职罪定罪事实暨证据研究
5 民事既判力扩张问题研究
6 刑事人身检查制度研究
7 刑事法官的证据调查权研究
8 刑事诉权研究
9 民事诉讼证据收集制度的构建

诉讼法学文库 2012

1 法官证据评判研究
2 刑事错案的侦查程序分析与控制路径研究